普通高等院校城市轨道交通"十三五"规划教材

城市轨道交通车辆电器与装备

陈新华 张军 周素霞 主编

清华大学出版社
北京

内 容 简 介

本书作为"城市轨道交通车辆电器与装备"这门重要专业课的教材,从理论和实际相结合的角度出发,系统介绍了城市轨道交通车辆相关的基础电器理论、典型电器与装备的原理、系统组成、结构特点、故障判断和检修等内容,每章最后配有习题。

本教材适合作为城市轨道交通车辆专业的本科生、研究生教材,也可供地铁行业工程师和研究人员自学和培训使用。

版权所有,侵权必究。举报: 010-62782989, beiqinquan@tup.tsinghua.edu.cn。

图书在版编目(CIP)数据

城市轨道交通车辆电器与装备/陈新华,张军,周素霞主编. —北京:清华大学出版社,2019(2025.1重印)
(普通高等院校城市轨道交通"十三五"规划教材)
ISBN 978-7-302-51922-5

Ⅰ. ①城… Ⅱ. ①陈… ②张… ③周… Ⅲ. ①城市铁路-铁路车辆-电气设备-高等学校-教材
Ⅳ. ①U239.5

中国版本图书馆 CIP 数据核字(2018)第 288607 号

责任编辑:许　龙
封面设计:常雪影
责任校对:刘玉霞
责任印制:丛怀宇

出版发行:清华大学出版社
　　　网　　址: https://www.tup.com.cn, https://www.wqxuetang.com
　　　地　　址: 北京清华大学学研大厦 A 座　　　邮　编: 100084
　　　社 总 机: 010-83470000　　　邮　购: 010-62786544
　　　投稿与读者服务: 010-62776969, c-service@tup.tsinghua.edu.cn
　　　质量反馈: 010-62772015, zhiliang@tup.tsinghua.edu.cn
印 装 者: 北京建宏印刷有限公司
经　　销: 全国新华书店
开　　本: 185mm×260mm　　印　张: 17.5　　字　数: 423 千字
版　　次: 2019 年 5 月第 1 版　　印　次: 2025 年 1 月第 3 次印刷
定　　价: 48.00 元

产品编号: 078795-01

前言
FOREWORD

近年来,城市轨道交通已成为我国各大中城市公共交通系统的骨干,急需大量德才兼备的专业人才,特别是高、中级工程人才。"城市轨道交通车辆电器与装备"是一门重要的专业技术必修课,是适应城市轨道交通车辆现代化对高级车辆技术人才需求而设置的课程,通过该课程的学习,可以掌握城市轨道交通车辆电器的工作原理、系统组成、结构特点,同时掌握城市轨道交通车辆电器系统的故障判断和检修知识。

目前,城市轨道交通车辆电器与装备相关课程一直没有适用于本科层次人才培养的教材。大部分所采用的职业教育教材存在以下问题:

(1) 知识层次不够,应用性不强。该类教材主要面向中高职业教育的学生,侧重于一般知识的了解,缺少各知识点的工作原理分析,虽然介绍了维修和诊断所需的电工知识,但缺少对具体车辆电器诊断和检修知识的系统介绍,不利于学生提高理论联系实际的能力。

(2) 结构设置缺少逻辑性,不适合本科生现在的学生基础。该类教材各知识点之间不但缺少内在电路逻辑结构关联性的介绍,而且内容详略不当,篇幅过多集中于电动机、元器件等内容。本书将从基本的电器学理论出发,针对城市轨道交通车辆的特点,按照不同的系统,将相关电器装备知识进行有机融合,便于学生能更好地理解系统中各部件的相互联系和作用,更好地从整体上清楚地认识各个工作系统。

(3) 该类教材不能全面反映教育部最新的"新工科"人才培养理念,相关内容缺少更新。

编写本书的理由如下:

(1) 课程设置的需要。"城市轨道交通车辆电器与装备"是车辆工程(城市轨道交通车辆)的一门专业技术必修课,在专业学习和学生从事相关工作中占有很重要的位置。电器学基础知识是城市轨道交通车辆电器与装备的先修课程,但车辆工程专业通常没有设置电器学和电气学基础课程,因此,在讲述城市轨道交通车辆电器与装备之前,需要补充大量的电器学和电气学基础知识,而且市场上相关教材主要面向高职层次学生,内容缺少系统性,给学生培养和学习等方面造成了不便。本书是适应城市轨道交通车辆现代化对高级车辆技术人才需求而进行的尝试。

(2) "新工科"人才培养的要求。在国家发展战略需求的背景下新工科建设要求深化专业的"新"内涵,是传统机电类专业"新工科"建设的重要途径。城市轨道交通车辆电器与装备新技术发展很快,迫切需要进行教材内容有机更新,从而达到人才培养系统的整体优化。

本书的特色有：

（1）内容更系统，强调知识系统性和内在逻辑性。先介绍电气系统知识，然后介绍电器学原理，再针对各具体系统全面介绍各电器的结构和原理。内容连贯系统，内在逻辑性强。

（2）具有前沿性，反映学科专业最新前沿发展内容。随着技术的发展，很多新的技术有待介绍。例如，能源的缺乏和社会对环保的要求，推动了节能新技术和新电器的发展。本书吸收了行业企业实际迫切急需的相关新技术等。

（3）应用型。强调专业应用优势和特色。体现车辆工程专业优势和特色。本书在介绍理论知识的同时，以真实问题为导向，从工程问题的系统出发，让学生能够更快、更直接、更有效地吸收世界最前沿的学科理论，培养学生多种不同思维方式及创新思维分析能力。

（4）体例体系新颖，具有"新工科"的时代特点。每个模块由基本理论—实际应用—思考练习构成，编写思路清晰，符合学生认知发展规律。本书既有助于学生更好地理解理论知识，又有助于学生实践能力提升和相关实验的开展，符合当前科技变革、新经济创新驱动国际大背景下"新工科"高等教育改革和人才培养的新要求。

本书由北京建筑大学陈新华、张军、周素霞主编，是北京建筑大学校级教材项目（C1506），得到了北京未来城市设计高精尖创新中心开放课题项目（No. UDC2017033022）、北京市优秀人才培养资助青年骨干个人项目（No. 2017000020124G005）、教育部产学合作协同育人项目（No. 201702091035）等项目的支持；同时，在编写过程中，参考了国内外大量的文献资料，在此一并表示感谢。

由于编者水平有限，本书存在缺点和错误在所难免，故恳请各位读者给予指正，以便修订完善，更好地服务于城市轨道交通车辆教学和工作一线。

作　者

2018 年 4 月

目录 CONTENTS

第 1 章　绪论 ··· 1
　1.1　电器的定义及分类 ·· 1
　1.2　城市轨道交通车辆电器装备分类 ·· 3
　1.3　城市轨道交通车辆电气系统概述 ·· 4
　1.4　城市轨道交通车辆电器工作条件要求与发展 ···························· 6
　1.5　新技术在电器设计和开发中的应用 ··· 8
　思考与练习 ··· 9

第 2 章　电动力 ·· 10
　2.1　电器中的电动力现象 ··· 10
　2.2　计算电动力的基本方法和公式 ·· 12
　2.3　导体截面形状对电动力的影响 ·· 14
　2.4　电器的电动稳定性 ·· 16
　小结 ··· 16
　思考与练习 ··· 17

第 3 章　电器发热与散热 ·· 18
　3.1　电器的允许温升 ··· 18
　3.2　电器中的热源 ·· 21
　3.3　电器的散热 ··· 25
　3.4　电器的工作制 ·· 27
　小结 ··· 31
　思考与练习 ··· 32

第 4 章　电接触与触头 ··· 33
　4.1　电接触与触头的分类和要求 ··· 33

4.2　接触电阻 ··· 38
4.3　触头的振动 ··· 43
4.4　触头的温升与熔焊 ·· 44
4.5　触头的磨损 ··· 45
4.6　触头的材料 ··· 47
小结 ·· 49
思考与练习 ··· 50

第 5 章　电弧与灭弧装置 ·· 51

5.1　电弧的物理基础 ··· 51
5.2　直流电弧及其熄灭 ·· 56
5.3　交流电弧及其熄灭 ·· 59
5.4　灭弧方法及装置 ··· 63
小结 ·· 68
思考与练习 ··· 69

第 6 章　电器传动装置 ··· 70

6.1　电磁传动装置 ·· 70
6.2　电空传动装置 ·· 78
小结 ·· 80
思考与练习 ··· 80

第 7 章　城轨车辆电机 ··· 81

7.1　直流电动机 ··· 84
7.2　交流牵引电动机 ··· 91
7.3　直线牵引电动机 ··· 101
小结 ·· 107
思考与练习 ··· 108

第 8 章　城轨车辆常用低压电器 ·· 109

8.1　继电器 ··· 109
8.2　接触器 ··· 118
8.3　主令电器 ·· 127
8.4　低压断路器 ··· 130
小结 ·· 136
思考与练习 ··· 137

第 9 章　城轨车辆辅助系统电器 ·· 138

9.1　辅助逆变器 ··· 138

9.2 变压器 ………………………………………………………………………… 147
9.3 蓄电池 ………………………………………………………………………… 154
9.4 列车照明系统 ………………………………………………………………… 160
小结 …………………………………………………………………………………… 162
思考与练习 …………………………………………………………………………… 162

第10章 城轨车辆牵引与制动系统典型电器 ……………………………………… 163

10.1 受流器 ………………………………………………………………………… 163
10.2 牵引逆变器 …………………………………………………………………… 174
10.3 高速断路器 …………………………………………………………………… 189
10.4 制动系统电磁阀 ……………………………………………………………… 195
10.5 制动电阻器 …………………………………………………………………… 199
10.6 司机控制器 …………………………………………………………………… 201
10.7 浪涌电压吸收器（避雷器） …………………………………………………… 206
小结 …………………………………………………………………………………… 209
思考与练习 …………………………………………………………………………… 209

第11章 车辆空调与空气调节装置 …………………………………………………… 210

11.1 热力学理论知识 ……………………………………………………………… 217
11.2 制冷与空调的基本原理 ……………………………………………………… 222
11.3 城轨车辆客室内空气参数的确定 …………………………………………… 227
11.4 制冷剂与冷冻油 ……………………………………………………………… 231
11.5 制冷压缩机 …………………………………………………………………… 234
11.6 换热器和辅助设备 …………………………………………………………… 236
11.7 节流元件和阀门 ……………………………………………………………… 239
11.8 制冷自动化元件 ……………………………………………………………… 242
11.9 空调装置的调节及控制 ……………………………………………………… 244
11.10 空调装置的维护与故障分析 ………………………………………………… 248
11.11 空调系统的消声与隔振装置 ………………………………………………… 254
11.12 车辆制热、加湿与减湿系统 ………………………………………………… 255
11.13 南京地铁车辆空调通风系统简介 …………………………………………… 257
11.14 广州地铁1号线车辆空调通风系统简介 …………………………………… 260
11.15 上海地铁车辆空调系统 ……………………………………………………… 261
11.16 城轨车辆空调系统的现状与发展方向 ……………………………………… 263
小结 …………………………………………………………………………………… 263
思考与练习 …………………………………………………………………………… 263

第 12 章　传感器与检测系统装置 …… 265

 12.1　概述 …… 265

 12.2　电流、电压传感器 …… 265

 12.3　速度传感器 …… 267

 12.4　温度传感器 …… 268

 小结 …… 269

 思考与练习 …… 269

参考文献 …… 270

第1章

绪　论

城市轨道交通车辆具有运量大、舒适性好、能源利用率高、对环境污染小等优点,是一种快速、安全、便捷的绿色城市交通工具,对促进我国经济发展和城市化进程具有重大战略意义。作为一种机电一体化技术密集型的综合性产品,城市轨道交通车辆电器装备是城市轨道交通车辆的重要组成部分,也是城市轨道交通装备高技术含量的重要体现,对城市轨道交通车辆的功能、性能、可靠性、安全性和可维修性有着决定性作用。城市轨道交通的良好运营,不仅要求电器装备有完善、合理的结构,良好的工作性能,还有赖于对它们的正确使用、维护和调整。城市轨道交通车辆性能的不断提升和舒适性等方面的改进也离不开电器装备的发展与应用。可见,随着城市轨道交通的不断发展,城市轨道交通车辆电器装备所起的作用会越来越重要。

"城市轨道交通车辆电器与装备"是将专业课和专业基础课中有关城市轨道交通车辆电气理论和相关电器装备的内容取出,经整理、归纳、精炼而形成的一门专业技术必修课。它以电接触理论、电弧理论、发热与电动力理论和电磁机构理论等电器学主要理论为基础,论述发生在本专业中的电器装备作用、组成结构、工作原理、设备的选择和计算、检修与维保基础知识,为学生进一步掌握专业知识打下良好的基础。

1.1　电器的定义及分类

电器装备是因电能的广泛运用而产生的,因此广泛应用在工业、农业、国防、交通及民用生产生活等众多强电和弱电领域。然而,电能的运用需要一系列的控制、调整、保护装置的作用才能很好地完成。例如,电力网或电力电路需要进行接通与分断及操作转换;电动机需要实现启动、停止、正转、反转控制;用电设备离不开超载、过压、短路、断相等故障的保护;电路的自动检测和调节作用需要对电的或非电的信号进行传递、变换、放大作用等,这些根据外界特定信号与要求,断续或连续地改变电路参数,实现电路或非电路对象的切换、控制、调整、保护、检测、变换及调节作用的电工器械,都属电器的范畴。

电器的用途广泛,功能多样,品种规格繁多,工作原理和组成结构各异,有许多种分类方法:

(1) 按电器与使用系统的关系，可分为电力体系用电器、拖动自动控制系统电器、自动化通信用弱电电器。

(2) 按照电器的结构工艺和生产部门，可分为高压电器、低压电器、自动电磁元件、成套电器和自动化装置等。

(3) 按用途，可分为以下几类：

开关电器：用来自动或非自动地开闭有电流的电路，如闸刀开关、自动开关、转换开关、按钮开关、隔离开关和主断路器等。此类开关操作次数少，断流能力强。

控制电器：自动或非自动地控制电机的启动、调速、制动及换向等，如接触器。

保护电器：用于保护电路电机或其他电气设备，使其免受不正常的高电压大电流的损害，如各种保护继电器、避雷器、熔断器及电抗器等。

调节电器：用于自动调节电路和设备，使参数保持给定值，如电压调节器、温度调节器等。

仪用变流和变压器：用于将高电压及大电流变为低电压、小电流以及供仪表测量或继电器保护电路之用，如电流互感器、电压互感器。

受流器：用于受取电网电能，以作为轨道车辆电源，如受电弓。

成套电器：由一定数量的电器按一定的电路要求组合的整体电器屏柜，如高压柜、辅助柜、控制屏、信号屏等。

(4) 按操作方式，可分为以下几类：

手动电器：如闸刀开关、按钮开关、司机控制器等。

自动电器：如高压断路器、低压熔断器、接触器、继电器等。自动电器还可根据传动方式分为电磁传动电器、电控传动电器、电动机传动电器等。

(5) 按接入电路电压，可分为以下几类：

高压电器：用于500V以上电压电路的电器。

低压电器：用于500V以下电压电路的配电系统和电机控制调节及保护的电器。

(6) 按电器的执行机能和转换深度，可分为以下几类：

有触点电器：通断电路的执行功能由触头来实现的电器，如各种继电器、接触器等。

无触点电器：通断电路的执行功能是根据开关元件输出信号高低电平来实现的电器，如电子时间继电器等。

混合式电器：有触点和无触点结合的电器。

在执行通断任务的转换过程中，引入转换深度的概念：

$$h = \frac{R_{DK}}{R_{JT}}$$

式中：R_{DK} 为断开或截止时，执行电路的电阻值；R_{JT} 为接通或导通时，执行电路的电阻值。

对于无触点电器，$h=10^{10} \sim 10^{14}$；而对于触点电器，$h=10^4 \sim 10^7$。混合电器 h 介于二者之间。

(7) 按电器使用场合和工作条件，可分为以下几类：

一般工业企业用电器：适用于大部分工业企业环境的电器。

特殊工业企业用电器：适用于矿山、冶金、化工等特殊环境，如矿用防爆电器和化工用特殊电器。

农用电器：适用于农业、农村环境的电器。

热带用电器和高原用电器：适用于热带、亚热带地区以及高原地区而派生出的电器。

牵引、船舶、航空等电器：适用于轨道交通运输中各种车辆、车辆上的牵引电器，汽车、拖拉机用电器，船用电器，航空电器等。

1.2 城市轨道交通车辆电器装备分类

在城市轨道交通车辆上起着开关、控制、转换、保护、检测等作用的电工器械称为牵引电器。在城市轨道交通车辆上，既有专门为它设计制造的适用于轨道交通运输车辆的牵引电器装备，也有一般工业企业生产的通用电器装备，本书中，两者统称为城市轨道交通车辆电器装备。根据其特殊性情况，城市轨道交通车辆电器装备还有以下特有的分类方法。

(1) 按城市轨道交通车辆电器所接入的电路分类

主电路电器：使用在城市轨道交通车辆主电路中的电器，如受电弓、主断路器、高压连接器、高压互感器、转换开关等。

辅助电路电器：使用在城市轨道交通车辆辅助电路中的电器，如空气压缩机回路、通风机回路及照明取暖信号电路中的各种电器等。

控制电路电器：使用在城市轨道交通车辆控制电路中的电器，如各种低压电器、电控阀、按钮开关及远距离控制主/辅回路的司机控制器等。

(2) 按电器在城市轨道交通车辆的用途可类

控制电器：用于对城市轨道交通车辆牵引设备进行切换、调节的电器，如司机控制器、接触器、继电器、按钮开关、刀开关等。

保护电器：用于保护城市轨道交通车辆上电气设备不受过电压、过电流及保护其他设备不受损害的电器，如避雷器、自动开关、熔断器、接地及过载继电器、风压及风速继电器、油流继电器等。

检测电器：用于与其他设备配套，检测城市轨道交通车辆各种电路电压、电流及车辆运行速度等电器，如互感器、传感器等。

受流器：用于轨道车辆从接触网或第三轨上受取电能的电器，如受电弓、集电靴。

图1.1给出了庞巴迪公司与长春客车厂生产的地铁车辆的主要设备配置。在城市轨道交通电动列车中，动车和拖车通过车钩连接而成的一个相对固定的编组称为一个(动力)单元。一列车可以由一个或几个单元编组而成。图示列车为两单元六节编组，记为—A*B*C=C*B*A—，B带受电弓的动车、C为动车(分别记作M_p^f、M)，A为带司机室的拖车(记作Tc)，亦称为4M2T编组列车。PH箱位于B车底架下部的牵引高压箱内，高速断路器位于PH箱的高压区内，与B、C车的逆变器箱相连接。PA箱位于C车底架下部，主要由C车的逆变器和辅助逆变器组成。

列车的各车辆间电器设备靠密接式车钩实现机械、电气、气路的整体连接。其中每一节列车的两端(A车驾驶端)装有全自动车钩，B车通过半永久牵引杆与A车和C车连接，C车之间通过半自动车钩连接。

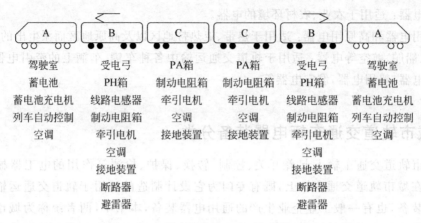

图 1.1 地铁车辆的主要电器与装备配置

1.3 城市轨道交通车辆电气系统概述

从电气控制系统的角度看,一切高低压电器装备,包括成套电器在内,均是线路中的一个元件。城市轨道交通车辆电气控制系统主要由主牵引传动系统、牵引与制动控制系统、辅助供电系统和车门控制系统组成。

城市轨道交通车辆电器装备由用于城市轨道交通车辆上的电气负载、供电系统和输配电以及其他的自动化装置等组成。城市轨道交通车辆上的各个电器装备,通过机械、电气、电磁、网络等技术联系,组成了统一整体城市轨道交通车辆的电气系统,通过驾驶员操纵实现列车运行的控制,而对于装置有列车自动控制(ATC)系统的电动列车,还可实现城市轨道交通列车的列车自动驾驶(ATO)、列车自动保护(ATP)、列车自动监控(ATS)、列车通信控制(TCC)等全自动控制。

这些电器装备主要包括车辆上的各种电气部件、设备及其控制电路。此外,随着电能在车辆上使用日益增加,为了提高对旅客的服务水平,创造舒适的旅行环境,保证运输安全,车辆上安装了电气照明、空气调节、轴温检测与报警及自动门控制装置等。

城市轨道交通车辆为电传动车辆的一种,在电传动车辆上,将外部(接触网等)输入的电能传递给车辆动轮,是通过一整套与电能有关的能量变换、传递及控制装置,才得以实现的。这套车辆电力牵引装置包含了各种实现电-机能量变换的电机、电器等电气设备,构成一个综合的电气系统。根据牵引电机种类,如果为交流电机牵引,则该系统称为交流传动系统;如果车辆采用直流电机牵引,则该系统称为直流传动系统。另外,城市轨道交通车辆用辅助电源系统为车辆上除牵引用电外的其他用电设备供电,包括直流用电设备和交流用电设备等,因此辅助电源装置包含了各种实现电能变换的逆变器、整流器、变压器等电气设备,也构成一个复杂的电气系统。城市轨道交通车辆的主牵引传动系统(主电路系统)是列车牵引动力和电制动力得以实现的载体。辅助供电系统为城市轨道交通车辆提供辅助供电,其主要为下列系统提供电源;为主传动系统提供通风冷却中压电源和控制通信低压电源;为制动系统的空气压缩机提供中压电源和控制通信低压电源;为全车提供客室正常照明、应急照明;为空调系统提供中压电源和控制通信低压电源;为列车的自动控制系统、通信及列车综合管理系统提供低压电源。

城市轨道交通车辆电气包括车辆上的各种电气设备及其控制电路,按作用和功能可分为主电路系统、辅助电路系统和电子与控制电路系统3个部分。

图 1.2 所示为城市轨道交通车辆电气控制系统组成框图,牵引/制动控制系统是列车实现牵引和制动控制相关功能的控制电路系统,通过电气、器件的组合实现一定的逻辑功能。通过单元模块的控制程序运算,再经列车通信控制系统的实时响应,最终实现对列车的有效控制。

车门控制系统关系到城市轨道交通车辆的运营安全。车门是乘客乘降必须接触的车辆部件,关系到乘客的人身安全。因此在城市轨道交通车辆中,将客室车门的状态直接与列车的运行状态相关联,通过列车信息显示系统,告知和提醒驾驶员与乘客车门的状态,从而保证行车的安全。

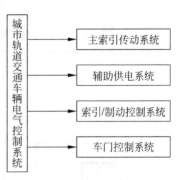

图 1.2 城市轨道交通车辆电气控制系统组成框图

城市轨道交通车辆控制原理如图1.3所示。首先,动力电源电流由变电所送到接触网经受流器(受电弓)引流到车辆,然后,经过车辆牵引传动控制系统将电流送入牵引电动机,牵引电动机驱动车辆运行,驾驶员通过操纵驾驶控制器改变牵引电动机的运行速度和运行方式,此时电流经过车辆轮对、钢轨(或回流装置)回到变电所,形成闭合回路。

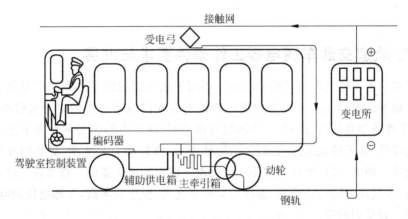

图 1.3 城市轨道交通车辆控制原理图

城市轨道交通车辆的控制实际上是对牵引电机的控制。在轨道交通运输中,采用电动机传动来满足车辆牵引的电气部分,称为电力牵引传动控制系统。它是以牵引电动机作为控制对象,通过控制系统对电动机的速度和牵引力进行调节,以满足车辆牵引和制动特性的要求。根据驱动电动机形式的不同,控制系统分为两大类,即采用直流牵引电动机的直流传动控制系统和采用交流牵引电动机的交流传动控制系统。

利用电机的可逆性原理完成车辆牵引和电制动工况的控制。在牵引工况时,牵引电机用作电动机运行,城市轨道交通车辆通过受电弓将接触网的 DC1500V(DC750V)电能引入到车底架下部高压箱中,在高压箱中受高速断路器控制后,经牵引逆变器送入牵引电动机,使牵引电动机驱动车辆轮对从而牵引列车。在电制动工况时,牵引电机用作发电机运行,通过牵引电机将列车的动能转化成为电能,并经牵引逆变器、高速断路器、受电弓等将电能反馈给电网。如果电能不能回馈给电网,则通过牵引逆变器和制动电阻以热量的形式散发掉。图1.4为城市轨道交通车辆单元车辆总体控制图。

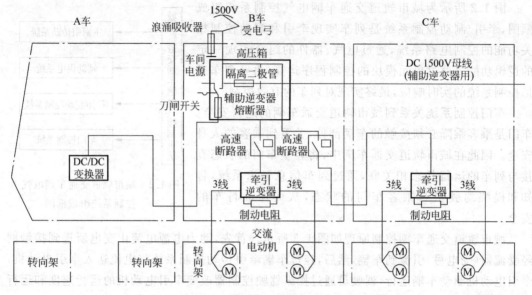

图1.4 城市轨道交通车辆单元车辆总体控制图

1.4 城市轨道交通车辆电器工作条件要求与发展

城市轨道交通车辆电器装备的运用条件不同于地面固定的工业和民用电器装备,也不同于航空和船舶的电器装备。城市轨道电器是安装在高速运行着的电力城轨车辆上工作的,所以其工作条件及环境与一般工作环境有所不同,除了电器装备共性要求之外,还有安全可靠的绝缘性、必要的载流能力、较高的通断能力、良好的力学性能、必要的电寿命、完善的保护功能等。因此,相应地也有些不同的要求。城市轨道电器的工作条件及特点主要是:较强烈振动、大气环境的污染严重、温度与湿度变化大、操作频率高,工作电压和电流波动大及安装空间位置受限制等。

器件的环境温度变化通常在50℃以上,必须承受大的温度应力;由于空间体积、重量的限制,要求器件尽量小,必须掌握器件高效率的散热技术;工作的电磁环境恶劣,必须考虑EMC设计。在高压直流输电应用领域,通常需要上百个器件串联运行,必须考虑器件的动态均压技术,确保串联器件的反向恢复电荷保持高度一致性;可靠性要求极高,使用寿命长,器件必须考虑设计容量;充分考虑电压冲击,满足特殊的雪崩浪涌试验和应用要求。

振动问题:城轨车辆运行中,当城轨车辆轮对通过钢轨接缝时,产生垂直方向的振动;当城轨车辆启动或制动时,产生沿城轨车辆纵向的振动;当城轨车辆通过曲线或道岔时,产生沿城轨车辆横向的振动。这样必然引起电力城轨车辆电器的各零件也产生振动,另外,城轨车辆内部的一些旋转性设备(如电机、通风机、压缩机等)也会引起一些振动。振动使电器各部件受到附加力的作用,严重时会影响电器的正常工作。为此,在选用、布置、安装电器时应考虑振动因素的影响。要注意紧固件应有弹簧垫及防松装置,以防松脱。电器中弹簧的力量及电磁吸力应适当增加,以防振动发生误动作。连接线(如母线、电子线路)连接要坚固,避免发生由于振动而产生接触不良、内部发热而造成事故。

工作环境问题：由于车辆运行环境复杂,由于空气湿度和大气中的粉尘及其他污染物对电力城轨车辆电器的腐蚀也较为严重,从而降低了电器的绝缘能力,严重时会影响其正常工作。因此,在电力城轨车辆电器选择时,相应的标准要高一些,并对电器要经常进行清扫、保养,以保证其工作正常。

操作频率问题：电力城轨车辆主电路的电压在较大范围内变动而电流则随牵引电动机的工作状态而变化,故城轨车辆电器工作在电压、电流波动范围相当大的条件下。另外,城轨车辆常有启动、停车及在不同工况时进行调速的操纵,所以电力城轨车辆电器的操作频率是较高的。对电力城轨车辆电器而言,则要求其操作频率的等级要高些,且其电气及机械寿命应长一些。

空间安装位置问题：由于安装电器的城轨车辆内部空间是有一定限制的,因此对电器要求尽量小的安装尺寸。为了更有效地利用城轨车辆内有限的空间,应尽量采用成套装置；同一电路中的电器应安装在同一屏柜中,这样既便于安装又便于检修。

随着我国电气化铁路及城市轨道交通车辆技术的迅速发展,城市轨道车辆电器在产品的组成、形式、质量等方面都有了巨大的改善和提高。在国产车辆中,不断采用了性能较好、运行可靠及免维护的接触器及继电器,真空断路器在城市轨道交通车辆上得到应用,无触点电器在车辆上也得到了越来越多的应用。

城市轨道电器发展的一般趋势概括起来有以下几个特点：

(1) 从有触点电器逐步过渡到无触点电器,且使两者互相结合,取长补短。随着电子技术的迅速发展,使用电子元件的无触点电器得到了广泛的应用。无触点电器有很多优点,如不怕振动、工作可靠、操作频率高、寿命长、体积小、重量轻、维修方便,适用于防火、防爆场合,有利于实现系统的自动化且动作可靠、灵敏。但也有不足之处,主要包括：导通时有较大的管压降,阻断时有较大的残余电流,不能完全切断电路；功率损耗大；承受过载和过电压的能力差。基于此,在城轨车辆电器的发展中,有触点电器应与无触点电器应联合使用,各自发挥其优点,从而推动城轨车辆电器的发展。

(2) 从单个电器过渡到成套电器或成套装置。所谓成套装置,不是指将一般结构的电器简单地、机械地连接在一起,而是将所有电器、组件和小体积的零件按照一定的要求,有机地结合在一起。目前,电力城轨车辆同一电路中的电器安装在同一屏柜上,这样既便于安装又便于检修。

(3) 趋向于标准化、系列化、通用化、小型化、智能化。城轨车辆电器在发展中越来越标准化、系列化、通用化、小型化。

(4) 采用绿色材料。产品材料的选用、制造及使用过程不污染环境,符合环保认证。

总之,城市轨道电器与装备是向着提高工作的可靠性、电器寿命、提高分断能力及减小体积、简化拆装线路、降低费用的基本方向发展。随着我国电力轨道交通车辆更新换代速度的加快,将有更多性能及质量上乘的电器应用在城市轨道交通车辆上。

1.5 新技术在电器设计和开发中的应用

近年来,"物联网""大数据""人工智能""云计算"等新技术的兴起,进一步推动了智能电器等新技术在电器设计研发等技术革新和产业发展中的应用。

1. 三维计算机辅助设计系统

三维计算机辅助设计系统集设计、制造和分析于一体,设计者可在三维空间完成零部件设计和装配,实现设计和制造的自动化与优化,并在此基础上自动生成工程图纸。

2. 低压电器专用计算机应用软件

应用软件有:专用分析、计算软件,如磁系统三维分析、计算软件包;电器开关特性的计算机模拟和仿真、低压电器合闸和分断过程动态仿真、电磁机构和触头运动过程动态仿真、电弧产生与熄灭过程的动态仿真、样机测试等软件包。

3. 计算机网络系统的应用

低压电器与控制系统已形成了智能化监控、保护与信息网络。

监控器在网络中起参数测量、显示和某些保护功能,还具有通信接口的作用,代替了传统的指令电器、信号电器和测量仪表。网络元件用于形成通信网络,主要有现场总线、操作器与传感器接口、地址编码器及寻址单元等。

微处理机技术、计算机网络技术和信息通信技术的应用一方面使低压电器智能化,提高了低压配电与控制系统的自动化程度;另一方面使智能化电器与中央控制计算机进行双向通信,使低压配电、控制系统的调度、操作和维护实现了四遥(遥控、遥信、遥测、遥调),提高了整个系统的可靠性。

4. 可靠性技术

电器装备在长期的工作过程中可能会受到相关存在因素的影响,对于自身的使用寿命带来了潜在的威胁。因此,需要利用可靠的电器装备寿命评估技术对其机械寿命和电寿命进行深入的分析,为城市轨道交通车辆电气系统结构的优化奠定坚实的基础。这些寿命评估技术主要包括:

(1) 可靠性物理研究,即产品失效机理研究;

(2) 可靠性指标与考核方法研究;

(3) 可靠性实验装置研究;

(4) 提高可靠性水平研究。

5. 新的灭弧系统和限流技术

(1) 实现开关电器"无飞弧";

(2) 电子灭弧装置;

(3) 实现无弧分断电路。

6. 冷却技术

随着变流技术的不断发展,变流装置的体积趋于紧凑化,但系统趋于复杂化,高热密度成了一股不可抗拒的发展趋势。变流装置的紧凑化和集成化要求冷却装置具有紧凑性、可靠性、散热效率高、维护简便等特点。

7. 传动控制技术

传动控制技术是牵引传动系统的核心技术,传动控制技术已经由转差电流控制发展成矢量控制和直接转矩控制等。

国外从20世纪90年代后期就推出了智能化、可通信的第四代产品。如今,我国低压电器也已进入第四代的开发。传统低压电器向着高性能、高可靠、小型化、多功能、组合化、模块化、电子化、智能化和零部件通用化的方向发展。

思考与练习

1. 请简述城市轨道交通车辆电器与装备的主要特点。
2. 城市轨道车辆电气系统如何实现列车的控制?

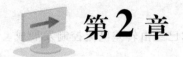

第 2 章

电 动 力

各种城市轨道交通车辆电器装备都有载流系统,因此都存在热效应和电动力效应。在短路故障等情况下,这两种效应都会引起电器装备损坏。本章主要介绍电动力的作用、危害和计算方法。

2.1 电器中的电动力现象

在磁感应强度为 B 的磁场里以速度 v 运动的电荷 Q 会受到磁场力的作用。磁场对运动电荷的作用力 F 称为洛伦兹力。磁场中的载流导体也会受到磁场对电流的作用力,这个力本质上就是导体中定向运动的电荷在磁场中所受到的洛伦兹力的叠加。由于电流产生磁场,因此载流导体之间也要受到力的作用,这种力称为电动力。

电动力的大小和方向与电流的种类、大小和方向有关,也与电流经过的回路形状、回路的相互位置、回路间的介质、导体截面形状等有关。图 2.1 中,假定磁场是均匀的,磁感应强度为 B,导体的长度为 l,截面积为 S,通过的电流为 I,而且电流 I 的方向与 B 的方向互相垂直。又设 m 和 Q 分别为运动电荷的质量和电量,则每个电荷受到的洛伦兹力为

$$f = QBv$$

设导体中单位体积内的运动电荷数为 n,则长度为 l 的导体内电荷总数为

$$N = nlS$$

所以全部电荷受到的洛伦兹力的合力,即导体所受的电动力为

$$F = Nf = nlSQBv$$

又因 $I = QnvS$,所以上式可写成

$$F = BIL \tag{2.1}$$

如果电流 I 与磁感应强度 B 的方向成 β 角,见图 2.1(b),则电动力的大小为

$$F = BIL\sin\beta \tag{2.2}$$

电动力的方向可用图 2.1(b)所示的左手定则判断:手心向着磁感应强度 B 的方向,四指伸直指向电流 I 的方向,则大拇指的指向就是电动力 F 的方向。也可用磁通管侧压力原理来判断电动力的方向。磁通管侧压力原理(米特开维奇定则)是:把磁力线看成磁通管,

磁通管密度高的一侧具有推动导体向密度低的一侧运动的力,这个方向即电动力的方向。电动力方向判断的两种方法其结果是一样的,可根据具体情况采用某一种。在结构及产生磁场因素复杂的情况下用磁通管侧压力原理来判定电动力方向较为方便。例如图2.2、图2.3所示情况。

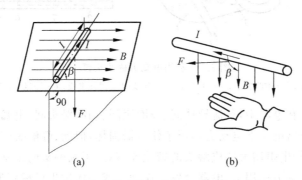

图2.1　直导体在均匀磁场中受到的电动力

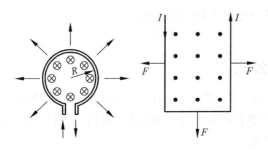

图2.2　环形导体和U形导体所受电动力　　图2.3　电弧受到的电动力

在各种电器产品中,有许多受到电动力作用的例子。这些电动力在有些情况下可以产生有利的一面,如电动机的工作原理就是利用电动力将电能转换为机械能。在隔离开关中,设计适当的触头回路结构,使电动力的作用方向为增加触头压力,而不是削弱触头压力(图2.4)。在限流式开关中,利用触头回路电动斥力快速断开触头,以实现开关限流的特殊功能。在低压电器中,广泛采用触头回路电动力吹弧,使电弧迅速运动而熄灭(图2.5)。这些都是利用电动力提高电器性能的例子。

在有些情况下,这些电动力也会对电器产生危害,使电器性能降低,甚至使电器遭到破坏,例如对大容量输配电设备来说,在短路情况下电动力可达很大数值,对配电装置的性能和结构影响极大。在高压开关中支持导体的绝缘子,当短路电流通过导体回路时,绝缘子可能因受巨大电动力而破裂。又如隔离开关的触头回路,当短路电流通过时,可能因触头回路产生巨大电动力使触头自己断开,由于隔离开关不允许分断短路电流,触头受电动力自动断开产生强大电弧而不能熄灭,

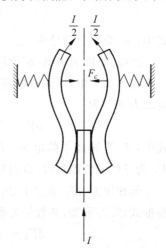

图2.4　利用回路电动力将隔离开关触头夹紧

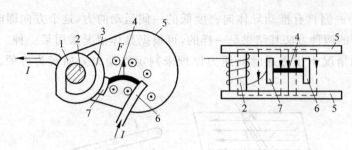

图 2.5 利用电动力磁吹灭弧

1—磁吹线圈；2—磁吹铁芯；3—引弧角；4—电弧；5—磁性夹板；6—动触头；7—静触头

必然产生严重事故。在电器中，载流导体间、线圈匝间、动静触头间、电弧与铁磁体间等都有电动力的作用。在正常电流下电动力不至于使电器损坏，但动、静触头间的电动斥力过大会使接触压力减小，接触电阻增大造成触头的熔化或熔焊，影响触头的正常工作。有时在强大短路电流所形成的电动力作用下，电器会发生误动作或导体发生机械变形甚至损坏。

电器中的电动力，不论是有害方面还是有利方面，都直接影响到电器的工作性能，在设计电器装备或作产品分析中，常常需要对这些电动力作定量计算。

2.2 计算电动力的基本方法和公式

电动力计算的常用方法有两种。一是用毕奥-萨伐尔定律计算电动力；二是用能量平衡法计算电动力。两种方法的本质相同，原则上说用任何一种方法计算电动力即可，但是对不同的具体对象来说，两种方法各有方便之处。

1. 毕奥-萨伐尔定律

在图 2.6 中，电流为 I 的载流导线上，任意一电流元 $I\mathrm{d}l$ 在真空中任意一点 P 处产生的磁感应强度 $\mathrm{d}B$ 可表示为

$$\mathrm{d}B = \frac{\mu_0}{4\pi} I \frac{\mathrm{d}l \sin\alpha}{r^2} \text{ (Wb/m}^2\text{，即 T)} \tag{2.3}$$

式中：μ_0 为空气磁导率，$\mu_0 = 4\pi \times 10^{-7}$ (H/m)。

式(2.3)即为毕奥-萨伐尔定律。

在图 2.7 中，当载有电流 I_1 的导体处在磁场 B 中时，在元长度 $\mathrm{d}l_1$ 一段导体上所受的电动力 $\mathrm{d}F_1$ 为

$$\mathrm{d}F_1 = I_1 \mathrm{d}l_1 \times B \tag{2.4}$$

式中：I_1 为导体中的电流；B 为 $\mathrm{d}l_1$ 处的磁感应强度矢量；$\mathrm{d}l_1$ 为导体元长度矢量，取向与电流方向相同。

元作用力 $\mathrm{d}F_1$ 垂直于 $\mathrm{d}l_1$ 和 B 两个矢量所形成的平面，根据式(2.2)可知，其数量关系为

$$\mathrm{d}F_1 = I_1 B \sin\beta \mathrm{d}l_1 \tag{2.5}$$

式中：β 为 B 与 $\mathrm{d}l_1$ 间的夹角。$\mathrm{d}F_1$ 的方向由左手定则判断。

对式(2.4)沿导体 l_1 全长进行积分，则可得到 l_1 全长上总电动力 F_1，即

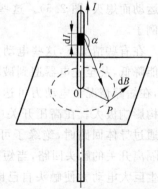

图 2.6 直载流导体周围的磁场

$$F_1 = \int_{l_1} \mathrm{d}F_1 = \int_{l_1} I_1 B \sin\beta \mathrm{d}l_1 \tag{2.6}$$

由式(2.6)可知,要计算电动力 F,首先应知道导体 l_1 上磁感应强度 B 的分布情况。一般来说,电器设备中导体 l_1 所在处的磁感应强度是由另外的导体 l_2 产生的。

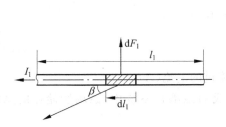 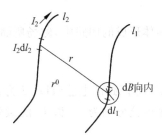

图 2.7　元长度 $\mathrm{d}l_1$ 上的电动力　　图 2.8　元长度 $\mathrm{d}l_2$ 在元长度 $\mathrm{d}l_1$ 处所形成的磁感应强度 $\mathrm{d}B$

导体 l_2 中流过的电流为 I_2,I_2 在导体 l_1 的任一位置 $\mathrm{d}l_1$ 处产生的磁感应强度可由毕奥-萨伐尔定律求得。

将导体 l_2 沿导体长度分成若干元长度 $\mathrm{d}l_2$,元电流 $I_2 \mathrm{d}l_2$ 在 $\mathrm{d}l_1$ 处产生的磁感应强度 $\mathrm{d}B$ 表示为

$$\mathrm{d}B = \frac{\mu_0}{4\pi} \cdot \frac{I_2 \mathrm{d}l_2 B \sin\alpha}{r^2} \tag{2.7}$$

式中:μ_0 为真空磁导率,$\mu_0 = 4\pi \times 10^{-7}$(H/m);$r$ 为 $\mathrm{d}l_2 \sim \mathrm{d}l_1$ 处的距离;α 为 l_2 与 r 间小于 90°的夹角。

$\mathrm{d}B$ 的方向按右手螺旋定则确定。对导体 l_2 全长积分,就得到载流导体 l_2 在 $\mathrm{d}l_1$ 处的 B 值

$$B = \int_{l_2} \mathrm{d}B = \frac{\mu_0 I_2}{4\pi} \int_{l_2} \frac{\mathrm{d}l_2 \sin\alpha}{r^2} \tag{2.8}$$

将 B 代入计算电动力 F 的式(2.6),可得载流导体 l_1 在载流导体 l_2 的磁场中所受的电动力 F:

$$F = I_1 \int_{l_1} B \sin\beta \mathrm{d}l_1 = 1 \times 10^{-7} I_1 I_2 K_c \tag{2.9}$$

$$K_c = \int_{l_1} \int_{l_2} \frac{\mathrm{d}l_1 \mathrm{d}l_2}{r^2} \sin\alpha \sin\beta \tag{2.10}$$

式中:K_c 称为回路系数,是一个无量纲系数,K_c 只与所研究的导电系统的几何尺寸、形状有关。计算出回路系数 K_c 的数值,再知道 I_1 与 I_2,就可以得出电动力的数值。常用 K_c 值在相关资料中可查出,这给电动力的计算带来很大方便。

2. 能量平衡法

能量平衡法计算电动力原理如下:外部电源提供的磁场使导体受电动力作用在某一方向产生元位移。当外电源提供能量变为零时,此导体所做的功应等于系统储能的变化,即为导体在 F 作用下产生元位移时导体系统储能的变化。也就是说,任一回路内,电动力 F 对导体所做的功等于该回路中所储存能量的变化,即

$$\partial W = F \partial x \tag{2.11}$$

式中：∂W 为导体在电动力 F 作用下产生元位移 ∂x 时导体系统储存能量的变化。

因此，作用在导体上的电动力 F 为

$$F = \frac{\partial W}{\partial x} \tag{2.12}$$

载流导体形成的回路中，磁场所储存的能量 W 为

$$W = \frac{1}{2} L I^2 \tag{2.13}$$

式中：L 为导体回路的电感（H）；I 为导体回路中流过的电流（A）。

在两个电流分别为 I_1 和 I_2 的载流导体所形成的磁耦合系统中，磁场所储存的总能量为

$$W = \frac{1}{2} L_1 I_1^2 + \frac{1}{2} L_2 I_2^2 + M I_1 I_2 \tag{2.14}$$

式中：L_1、L_2 为两导体回路系统的自感系数；M 为两导体回路系统的互感系数；I_1、I_2 为两导体回路系统中的电流。

当载流导体回路的自感和互感为已知时，利用式（2.12）就可以计算出电动力。

$$F = \frac{\partial W}{\partial x} = \frac{1}{2} I_1^2 \frac{\partial L_1}{\partial x} + \frac{1}{2} I_2^2 \frac{\partial L_2}{\partial x} + I_1 I_2 \frac{\partial M}{\partial x} \tag{2.15}$$

同样也可以看出，能量平衡法计算电动力的局限性在于，在计算电动力时，需要先知道不同回路的自感系数和互感系数。

2.3 导体截面形状对电动力的影响

上面几节在分析电动力时都没有考虑导体本身截面大小、形状的影响，实际上我们都是假设电流集中在导体的轴线上来分析的。这对圆截面导体来说，不管截面大小如何，只要电流在导体内均匀分布，计算的结果完全是准确的。对其他截面形状（如矩形截面）的导体，当导体之间的距离比导体截面的尺寸大得多时，也可以应用上述有关电动力的计算公式。但当导体截面尺寸较大，导体间距离又很近时，应用上面的公式就会带来很大误差。

1. 矩形等截面平行载流导体的电动力

电动力计算公式如下：

$$F = 1 \times 10^{-7} K_c I_1 I_2 \lambda$$

式中：λ 为与导体截面尺寸及导体间距离有关的修正系数，可通过图 2.9 确定。

如果载流导体的截面是很薄的矩形，即 $b \gg a$，通过图 2.9 中的曲线可以看出，当 $\frac{c-a}{b+a} \geqslant 2$，也就是 $\frac{c}{b} \geqslant 2$ 时，$\lambda \approx 1$，此时可以完全不用考虑截面对电动力所造成的影响。

2. 触头接触点的收缩电动力——变截面导体的电动力

当载流导体的截面沿导体长度（轴向）发生变化时，在截面变化处会出现导体的轴向电动力。这种电动力也称收缩电动力。断路器触头的接触点附近所产生的电动力就是典型的收缩电动力。

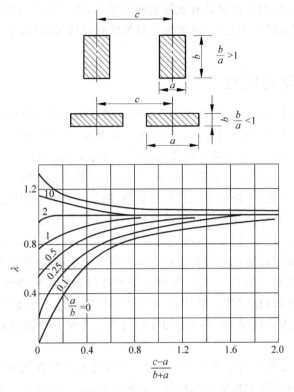

图 2.9 矩形截面导体电动力的修正系数 λ

图 2.10 为触头闭合通过电流时,在触头接触处电流线的分布示意图。从图中可以看出,在距离接触点较远之处,各电流线基本平行。在触头接触处的表面并不是理想的平面,从微观角度上看,不管加工得怎样平整,仍然存在凹凸不平,触头之间的实际接触面积远小于触头表面积,在接触点处电流线产生强烈的收缩,从而导致触头间产生电动斥力的电动力。当电流很大时,此电动力可将触头拉开或使触头间接触压力减小,甚至引起触头的机械形变或触头拉开造成误动作。图 2.11 所示为闭合的隔离开关动静触头间存在电动斥力情况的示意图。因此,要保证触头工作的可靠性,必须将触头加大压力。由于触头表面加工情况不同,触头压力情况不同,因而难以确定触头接触处电流线收缩的情况,故由电流线收缩而产生电动力的计算较为复杂。一般可以简化为锥壳模型进行定量计算,也可以利用能量平衡法进行计算。

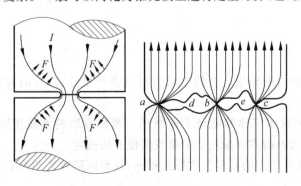

图 2.10 触头电流线分布示意图

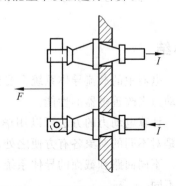

图 2.11 隔离开关受到的电动斥力

通过分析可以看出，触头接触处有效接触面积越小，电流线就会收缩得越厉害，电动斥力也越大。触头之间接触压力越大，将增加接触处的有效接触面积，电动斥力也就越小。

2.4 电器的电动稳定性

电器能承受短路电流电动力的作用而不致破坏或产生永久变形的能力称为电器的电动稳定性。对触头部件来说，短路电流通过时触头不应被电动力斥开和产生熔焊。电器的电动稳定性常用电器能承受的最大冲击电流的峰值来表示，有的则用此峰值电流与额定电流的比值来表示。国家标准对各类电器的电动稳定性指标都有具体的规定。

对三相交流系统来说，短路的形式有单相短路、两相短路和三相短路。对于不同的短路形式，短路电流的大小和导体间作用的电动力也不同。如果短路电流的周期分量有效值相同时，单相短路电动力最大。但是，在现代电力系统中，不是所有变压器的中点都接地，故当短路地点相同时，三相短路电流一般都比单相和两相短路电流大，即电器在电力系统中运行时，三相短路受到的电动力最大。因此，使用电器的部门在选用电器时，一般都根据三相短路电流来校核电器的电动稳定性。但是，由于电力系统的具体结构不同，也可能有单相短路电磁比三相短路电流大的情况，选用电器的原则当然是考虑系统短路最严重的情况来选择电器。

交流电动力的交变频率为电流频率的 2 倍。如果电动力的作用频率与导体系统的固有振荡频率相等，导体就会发生机械共振现象，这将对导体系统产生很大的破坏力。

为了避免机械共振，一切承受电动力的电器结构不应该具有和电动力频率接近的固有振荡频率。在考虑这一问题时，最好使承受电动力部件的固有振荡频率低于电动力的作用频率。因为当导体系统的固有频率高于基波电动力作用频率时，如果此时短路电流含有较大的高次谐波，导体便可能与高次谐波电动力发生共振。

在实际电器中，导体系统的结构和固定方式比较复杂，推导固有振荡频率的计算公式比较困难。对于单跨距导体，其固有振荡频率可按下式估算：

$$f = \frac{35}{L^2}\sqrt{\frac{EJ_p}{m_0}}$$

式中：L 为支持绝缘子间的跨距(m)；E 为导体的弹性模量(Pa)，对于铜导体而言，$E = 1.13 \times 10^{11}$ Pa；J_p 为垂直于弯曲方向的轴的惯性矩(m^4)；m_0 为导体单位长度的质量(kg/m)。

小结

电器中的载流导体系统会受到电动力的作用。有的电动力对电器产生危害，有的利用电动力来改善电器的性能。

计算电动力的方法可以用毕奥-萨伐尔定律和能量平衡原理。两种方法的本质相同，只是对不同的对象各有方便之处。电动力的方向按左手定则或其他方法确定。

不同回路和截面的导体系统，计算电动力的基本公式形式相同，只是回路因数和截面因数不同。

电器的电动稳定性用电器能承受的最大冲击电流的峰值来表示。一般情况下按三相短路时短路电流来校核电器的电动稳定性。在考虑电动稳定性时还要注意避免受力部件的机械共振。

思考与练习

1. 判断载流圆环导体各部分电动力的方向(图 2.12)。
2. 判断两个同轴线平行放置线圈的电动力的方向(图 2.13)。

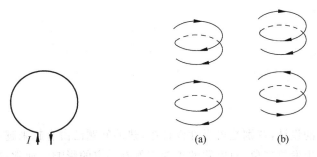

图 2.12　载流圆环导体　　图 2.13　两个同轴线平行放置线圈

3. 判断拉开隔离开关时所形成的电弧 A 所受到的电动力的方向(图 2.14)。

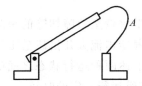

图 2.14　拉开隔离开关时所形成的电弧

4. 举例说明利用电动力作用改善和提高电器性能。
5. 为什么触头闭合通过电流时,在触头间会形成电动力?

第 3 章

电器发热与散热

在现代化产品的设计,特别是可靠性设计中,热的问题已占有越来越重要的地位。电器装备在工作时会产生发热现象,对电器的正常工作有一定的影响。通常,电器装备的运行状态主要有三种:

(1) 正常运行状态,即电压和电流都不超过额定值的允许偏移范围。正常运行状态是一种长期工作状态。

(2) 故障运行状态,即系统发生故障至故障切除的短时间内的工作状态。短路故障将引起电流突然增加,短路电流要比额定电流大几倍甚至几十倍。

(3) 不正常运行状态,即介于上述两种运行状态之间的一种运行状态。它不能够长期运行,但也不需立即切除,即可以继续运行一定的时间。

设备选择中常用"正常"和"短路"两种运行状态进行计算。发热计算的目的是研究各种工作状态的发热与散热问题,保证这些部分最高温度不超过规定的极限允许温度,以保证电器工作的可靠性,对保证电器正常可靠地运行及缩小电器体积、节约原材料、降低成本、延长使用寿命等方面具有重要意义。本章对电器发热的原因、影响、不同工作制发热的特点及电器的散热问题等进行了一定的分析。

3.1 电器的允许温升

有触点电器是由导电材料、导磁材料和绝缘材料等组成的。电器在工作时由于有电流通过导体和线圈而产生电阻损耗。如果电器工作于交流电路,则由于交变电磁场的作用,在铁磁体内产生涡流和磁滞损耗,在绝缘体内产生介质损耗。所有这些损耗几乎全部转变为热能,其中一部分散失到周围介质中,另一部分加热电器本身,使其温度升高。

电器温度升高后,其本身温度与周围环境温度之差称为温升。电器的温度超过某一极限值后,其中金属材料的机械强度会明显下降,绝缘材料的绝缘强度会受到破坏,若电器温度过高,会使其使用寿命降低,甚至遭到破坏。反之,电器工作时的温度也不宜过低,因为电器工作时温度太低,说明材料没有得到充分利用,经济性差,相对体积大、质量大。

电器工作时,电流通过导电部分将产生电阻损耗,此损耗转变为热能使电器发热;常见损耗是电阻损耗、磁滞和涡流损耗。对高压电器还应考虑介质损耗。

电器各部分的发热与散热是一个非常复杂的过程。影响它的因素很多,所以很难建立一个考虑到所有影响因素的热过程解析公式。目前,电器的发热计算还只能是近似的,但经过实验校核以后,对于各种不同的具体条件,应用一些经验数据,也可以得到比较准确的结果。近年来,采用电子计算机计算电器的温度场,可以得到更加准确的结果。为了确保电器的工作性能和使用寿命,各国电器技术标准都规定了电器各部件的发热温度极限及允许温升。

发热温度极限就是保证电器的机械强度、导电性、导磁性以及介质的绝缘性不受危害或使工作寿命过分降低的极限温度。

允许温升是发热温度极限与最高环境温度的差值。因为电器的工作环境温度的高低直接影响电器的散热过程,我国国家标准规定最高环境温度为40℃(一般为35℃),从发热温度极限减去最高环境温度即为允许温升值,即

$$允许温升 = 发热温度极限 - 40℃$$

表3.1所示为各种不同电器装备零部件及材料的发热温度极限值,该条件是在对电器装备的电压线圈施加最大电压,对电流线圈、触头等导电件通以额定电流情况下,各电器装备零部件在最高环境温度下的发热温度。

表3.1 电器部件及材料发热温度极限

零部件名称	材料和形式	发热温度极限/℃
发热温度不影响接触压力的触头	紫铜或铜合金	115
	银或银合金触头	以不损害相邻部件为限
发热温度影响接触压力的触头	磷青铜	75
	弹簧负片构成的簧片	75
	夹形触头刀形开关铜质触头	90
用螺钉、铆钉紧固的导电连接	紫铜或黄铜	95
	紫铜或黄铜接触处镀银	100
	紫铜或黄铜接触处镀银	105
	铝质	80
单层电流线圈	铜质	145
软连接线	铜质镀(或搪)锡	130
电阻	康铜或类似的电阻带、丝	390
	铁铬铝电阻带、丝	640
	镍铬电阻带、丝	690
绝缘线圈及与绝缘材料接触的金属零件	A级绝缘	120
	E级绝缘	135
	B级绝缘	145
	F级绝缘	170
	H级绝缘	195

当金属材料的温度高达一定值以后,其机械强度就会显著降低,见图3.1。机械强度开始显著下降时的温度称为材料的软化点。软化点不仅与材料种类有关,而且是加热时间的函数,加热的时间越短,材料达到软化点的温度越高。以铜为例,长期发热时它的软化温度

约 100~200℃，短时发热时它的软化温度增高到 300℃ 左右。电器中裸导体的极限允许温度应小于材料的软化点。

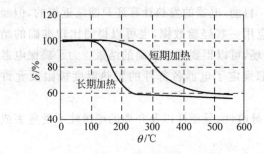
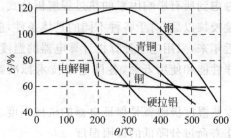

图 3.1　金属材料机械强度与温度的关系

对于触头材料，除考虑机械强度外，还要考虑氧化和其他问题（详见第 4 章电接触理论）。

绝缘材料和外包绝缘的导体，其极限允许温度决定于绝缘材料的老化和击穿特性。当绝缘材料的温度超过允许工作温度时，材料便急剧老化，温度越高，老化越快，寿命越短。当绝缘材料的温度超过一定极限后，其击穿电压明显下降。图 3.2 为陶瓷的击穿电压与温度的关系。

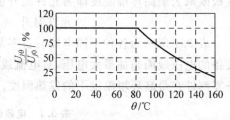

图 3.2　陶瓷的击穿电压与温度的关系

对于短路电流下电器各部分的短时发热允许温升，我国标准尚未作统一规定。如表 3.2 所示，一般要求油中的裸导体不应超过 250℃，不和有机绝缘材料或油接触的铜或黄铜部件不应超过 300℃，铝在任何情况下都不应超过 200℃。固定接触连接部分的发热不应超过其他部分载流导体的发热。电器主触头的温度应限制在 200℃ 以内，对弧触头的要求是不熔焊。

表 3.3 所列数据为环境温度为 40℃ 时，绝缘线圈及包有绝缘材料的金属导体的允许温升。

表 3.2　电器部件及材料短时发热极限温度

部件名称及材料	短时最高允许温度/℃	部件名称及材料	短时最高极限温度/℃
油中未绝缘的载流导体	250	任何情况下的铝导体	200
不和有机绝缘材料及油接触的铜和黄铜部件	300	闭合情况下的主触头	200

表 3.3　绝缘线圈的允许温升

绝缘材料耐热等级	线圈在空气中允许温升/℃		线圈在油中允许温升/℃
	长期工作制	反复短时、间断长期及短时工作制	
A	65	80	60
E	80	95	60
B	90	105	60
F	115	130	—
H	140	155	—

必须指出，电器各部分的温度是用一定的测量方法得到的，标准中所规定的允许温度与测量方法有关。各类电器零部件极限允许温升及测量方法的具体规定可参考有关电器技术标准。

关于表中绝缘等级的说明：由于绝缘材料的品种繁多，耐热性各不相同，为此国家标准规定按耐热性将绝缘材料分为若干耐热等级，如表 3.4 所示。

表 3.4 我国标准规定的电气绝缘材料的极限温度

相对耐热指数（RTE）	极限温度/℃	以前表示方法
<90	70	—
>90~105	90	Y
>105~120	105	A
>120~130	120	E
>130~155	130	B
>155~180	155	F
>180~200	180	H
>200~220	200	—
>220~250	220	—
>250	250	—

3.2 电器中的热源

电器中的热源主要来自三个方面：①电流通过导体产生的电阻损耗。从广泛意义上说，电阻可以是导体的金属电阻，可以是导体连接处的接触电阻，也可以是触头开断线路时出现的电弧电阻。②交流电器铁磁体内产生的涡流、磁滞损耗。③交流电器绝缘体内产生的介质损耗。此外，还有电器运动部分产生的摩擦和撞击损耗等。

1. 电阻损耗

电器装备的导电回路中通过电流时会存在能量损耗，称为电阻损耗，其量值为

$$P = K_f I^2 R \tag{3.1}$$

式中：P 为电阻损耗功率（W）；K_f 为附加损耗系数，该系数需要考虑到交变电流集肤效应和邻近效应对电阻的影响；I 为通过导体的电流（A）；R 为导电回路中的导体电阻（Ω）。

在电器装备导电回路中，导电电阻可表示为

$$R = \rho \frac{l}{A} \tag{3.2}$$

式中：l 为导体长度；A 为导体截面；ρ 为导体材料的电阻率。

导体电阻率 ρ 与温度 θ 之间的关系为

$$\rho = \rho_0 (1 + \alpha\theta + \beta\theta^2 + \cdots) \tag{3.3}$$

式中：ρ_0 为 0℃ 时的导体电阻率；$\alpha,\beta,\cdots$ 为导体电阻温度系数。当温度 $\theta \leqslant 100$℃ 时，θ 的高次幂项可以忽略不计，此时，式(3.3)可写作

$$\rho = \rho_0 (1 + \alpha\theta) \tag{3.4}$$

当导电回路中的导体流过电流为交变电流时，会产生集肤效应和邻近效应而形成电阻

的附加损耗。此时,附加损耗系数 K_f 为集肤系数 K_j 和邻近系数 K_l 之积,即

$$K_f = K_j K_l \tag{3.5}$$

交流电流通过导体时在导体内将建立交变磁通,交变磁通感应电势和电流用以阻止原电流流通。导体中心部分匝链的磁通较其表面部分多,因而使导体中心部分电流密度减小,导体表面部分电流密度增大,产生所谓集肤效应;当两导体平行且靠得较近时,导体中的交变电流建立的磁通彼此耦合,使导体截面中的电流分布不均匀,产生所谓邻近效应。集肤效应和邻近效应都使电流分布不均,导体有效截面面积减小,有效电阻增大,损耗增加。

当一正方形截面的铜导体内通过工频正交电流时,越接近导体表面,电流密度值越大,相位越超前。这种现象称为集肤效应,它使导体的有效截面减少,使电阻值增大。这是由于当交变电流通过良导体时,在导体横截面上会出现电流分布不均匀的现象,并且有远离中心趋于表面的效应。根据电磁感应定律,时变电场产生时变的磁场,当电流频率升高时,由于导体内部电磁场的作用,电流就被驱向导体表面。交变电流的频率越高,导体表面的电流密度也会越大,中心位置的电流密度越小,甚至接近为零,通常称这种集肤效应的程度越高、越显著。集肤效应最直接的影响是导致导体的阻抗增加,并且根据信号频率的不同,导体的阻抗也随之改变。

集肤效应的作用原理如下:当交变电流以一定的频率通过良导体时,根据电磁感应原理,导体内部及周围都会产生磁链,而导体中心相对于导体表面来说磁链会更大一些,再由楞次定律可知,电磁链又会感应出涡流,并且方向与导体内部原来的电流相反,导致导体中心两个相反方向的电流发生中和,其程度要远远大于导体表面,因此最终的结果就是导体表面的电流密度远远大于导体中心的密度,并且电流密度与离中心的距离成正比关系,即离中心越远电流密度越大。

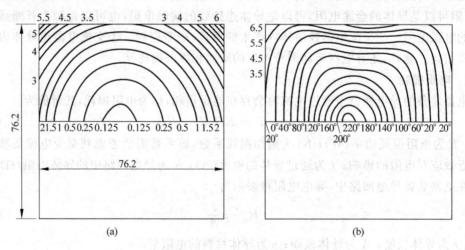

图 3.3 集肤效应示意图

为了更加形象地表示集肤效应的程度,定义集肤深度的概念:当导体中通有交变电流时在集肤效应的作用下,交变电流从导体的表面所能够达到的径向深度。其计算公式为

$$\Delta = \sqrt{\frac{2}{\omega \mu \gamma}} \tag{3.6}$$

式中:Δ 为集肤深度(mm);ω 为角频率;μ 为磁导率(H/m);γ 为电导率(S/m)。由此式可

知,集肤深度与角频率的平方根成反比,也与频率的平方根成反比,还与磁导率、电导率的平方根成反比。由于电流的集肤效应特性,使导体有效截面积得不到充分利用。在产品设计中,应根据不同的工作频率,合理地选用载流导体的尺寸,或采用多根导体并联,既满足载电流强度的要求,又提高导体的有效利用率。

由于相邻载流导体间磁场的相互作用,使两导体内产生电流分布不均匀的现象称为邻近效应。邻近效应与相邻载流导体内电流流向有关。如图 3.4 所示为两导体电流在邻近效应影响下的电流密度 $J(x)$ 分布图。当电流同向时,相邻侧感应的反电势偏大,故电流密度偏小;当电流反向时,相邻侧感应的反电势偏小,故电流密度偏大。

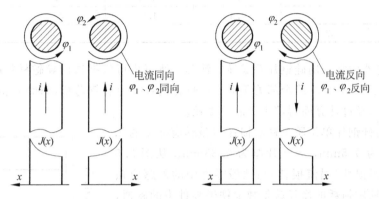

图 3.4　两导体电流在邻近效应影响下的电流密度 $J(x)$ 分布图

导电回路的电阻损耗将转变为热能。正常状态时,其中一部分散发到周围介质中去,另一部分使导体的温度升高,形成温升。如果发热时间极短(如短路时的发热),由于来不及散热,可认为损耗功率全部用来加热导体,提高导体的温升。此时可得出能量平衡公式为

$$Pt = Gc\tau (\text{W} \cdot \text{s}) \tag{3.7}$$

式中:P 为电阻损耗功率(W);t 为发热时间(s);G 为导体质量(kg);c 为导体的比热[W·s/(kg·℃)];τ 为导体的温升(℃)。上式可用于计算短路电流导体的温升。

2. 铁磁损耗

电器中的载流导体有时要从铁磁零件附近通过。由于铁的磁导率高,磁通将通过铁磁零件而成闭路。如果导体通过的电流为交流,则交变磁通在铁磁体内产生涡流和磁滞损耗。铁磁体在交变磁通的作用下,会在铁磁零件中产生一定的涡流。这是因为铁的磁导率很高,磁通将通过铁磁零件而成闭路,如果导体通过的电流为交流,而磁通变化速度又快,因而交变磁通产生相应的电动势和涡流损耗。同时,磁通的方向和数值变化使铁磁材料反复磁化,产生磁滞与涡流损耗可以导致铁质零件发热。一般来说,这个损耗不大。但如果制造不当,如材料较差、铁片较厚或片间绝缘不好,涡流损耗就比较大。

铁磁材料在交变磁场的作用下反复磁化时,内部的磁畴不停地往返倒转,磁畴之间不停地互相摩擦而消耗能量,引起的损耗称为磁滞(magnetic hysteresis)损耗。

导体置于随时间变化的磁场中或在非均匀磁场中移动,在电磁感应作用下,导体内会形成循环的电流,这些涡流使导体发热,因涡流而导致的能量损耗称为涡流(eddy current)损耗。涡流损和电流循环面积的大小成正比,和材料的电阻率成反比。

磁滞与涡流损耗一般与磁通密度大小、磁通变化率及铁磁材料有关,其损耗可用

式(3.8)进行计算：

$$P = \left[\sigma_c \frac{f}{100} + \sigma_\omega \left(\frac{f}{100}\right)^2\right] B_m^2 \times 10^{-8} \, (\text{W/kg}) \tag{3.8}$$

式中：P 为铁磁材料的损耗（W/kg）；σ_c/σ_ω 分别为磁滞、涡流损耗系数，见表 3.5；f 为电源频率，即磁通频率（Hz）；B_m 为磁通密度幅值（Wb/m²）。

表 3.5 铁芯材料的磁滞、涡流损耗系数

钢的类别	普通电机钢			高硅钢	
片厚/mm	1	0.5	0.35	0.5	0.35
σ_c	4.4	4.4	4.7	3	2.4
σ_ω	22.5	5.9	3	1.3	0.7

在交流电器中常采用硅钢片叠成导磁铁芯。所以也可根据选用导磁材料的型号，直接由 YB73—70、YB73—63（冶金部关于电工用热轧钢片及冷轧钢薄板部标）查得相应型号材料的单位铁损，经过计算而得整个铁芯的损耗。

图 3.5 为硅钢片单位质量铁磁损耗与磁感应强度的关系，实线片厚为 0.5mm，虚线片厚为 0.35mm。从图 3.5 可以看出，铁磁损耗（涡流损耗）与铁磁零件中的磁感应强度有关，减少铁磁损耗的途径就是减少铁磁零件中的磁通，或者不用铁磁件。常用的措施有：

（1）改用非磁性材料。如无磁钢、无磁性铸铁、黄铜、硅铝合金等。

（2）采用非磁性间隙。在围绕导电杆的环形铁件上开槽，在槽内充填黄铜或无磁钢等非磁性材料。铁件开槽后，在磁通的通路中出现非磁性间隙，磁阻加大，铁件内磁通量减小，因此损耗减小。非磁性间隙宽度越大，铁件内磁通量就越小，因而损耗也越小。当间隙不大时，增加间隙，对减

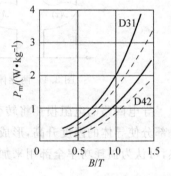

图 3.5 硅钢片单位质量铁磁损耗与磁感应强度的关系
（实线片厚 0.5mm，虚线片厚 0.35mm）

少损耗的效果比较显著，间隙增大到一定值后，再进一步加大间隙，降低损耗的作用就不明显了。

（3）采用短路圈。在围绕导电体的铁筒上绕以高电导率材料（如铜）制成的短路圈，在交流磁通通过铁筒时，就会在短路圈内感应出涡流，涡流使铁筒内的磁通减小，从而使铁筒中的涡流磁滞损耗下降。此时，在短路圈内虽有电阻损耗，但总损耗仍比不加短路圈时小些。短路圈截面 S 越大，总损耗不断越小，但过分加大短路圈截面 S 的尺寸效果也会变得有限。

3. 电介质损耗

电介质中的带电质点在交变电场的作用下，往复移动和重新排列，而质点来回移动需要克服质点间的相互作用力，即分子之间的内摩擦力，由此造成的能量损耗称为介质损耗。

绝缘介质中的介质损耗一般与电场强度及频率有关：电场强度和频率越高，则介质损耗也越大。对于电场强度较小的低压电器而言，介质损耗通常很小，可以忽略。但在高压电器中这种损耗应该考虑，电压很高，介质中的电场强度很大，必须考虑电介质损耗及其产生

的发热,以免引起过热而使绝缘老化加速,甚至引起热击穿而损坏。例如,电容套管常因介质损耗发热而击穿。

介质损耗的大小可以用介质损耗角(tanδ)表征,介质损耗角是指电介内流过的电流向量和电压向量之间的夹角的余角。tanδ 与温度、材料、工艺等许多因素有关。交变电场中的介质损耗为

$$p = 2\pi f C U^2 \tan\delta \qquad (3.9)$$

式中:f 为电场交变频率;C 为介质的电容;U 为外加电压;δ 为介质损耗角。

3.3 电器的散热

电器工作时,只要电器温度高于周围介质及接触零件的温度,它便向周围介质散热,所以发热和散热同时存在于电器发热过程中。

当电器产生的热量与散失的热量相平衡时,电器的温升维持不变,这时称电器处于热稳定状态,此时的温升称为稳定温升。若温升随着时间而变化,则称为不稳定发热状态。电器的散热以热传导、热对流与热辐射 3 种基本方式进行。

1. 热传导

当电流通过电器与装备时,温度会升高,与其相接触的零部件温度也会发生上升现象,这种通过物体之间直接接触,或者发生在物体内部由较热部分向较冷部分之间的传热现象就是热传导。内能存在于任意物质的基本质点之中。热传导现象的实质是通过质点与质点之间相互直接作用,将能量由一个质点传递到相邻的另一个质点。固体传热的主要方式是热传导,气体和液体中也可以进行热传导。在绝缘的液体和固体中,质点间的能量传递是通过弹性波进行的。气体中的热传导还伴随着原子和分子的扩散,金属中则有电子的扩散。

热传导现象的机理十分复杂,但分析其宏观规律需要用到著名的傅里叶定律。该定律可描述为,单位时间内通过物体单位面积的热量与该处的温度梯度成正比,其表达式为

$$q = -\lambda \mathrm{grad}\theta \qquad (3.10)$$

式中:λ 为热导率,负号表示热量的传递方向与温度梯度相反,即向温度降低的方向传递。根据傅里叶定律可以写出热传导功率 P_{cd} 的向量形式:

$$P_{cd} = -\mathrm{div}(\lambda \mathrm{grad}\theta) \qquad (3.11)$$

式中:div 为向量,矢量单位。

热导率 λ 是表征物体传热能力的重要参数,它与材料、温度等许多因素有关。λ 越大,物体的热传导能量越强,且有 $\lambda_{金属} > \lambda_{非金属} > \lambda_{液} > \lambda_{气}$。多数材料在一定的温度范围内 λ 与 θ 近似地成线性关系,即

$$\lambda = \lambda_0(1 + b\theta) \qquad (3.12)$$

式中:λ_0 为 0℃时的热导率;θ 为温度;b 为常数。

热导率范围甚大,银为 425W/(m·K),铜为 390W/(m·K),铝为 210W/(m·K),黄铜为 85W/(m·K),某些气体可达到 0.006W/(m·K)。气体的热导率与各种因素间的关系非常复杂。在 100~150℃范围内,空气的 $\lambda = (0.244 \sim 0.75) \times 10^{-4}$ W/(m·K)。SF_6 的 $\lambda = 1.36 \times 10^{-2}$ W/(m·K)。

2. 热对流

热对流是通过流体(液体与气体)的运动而传递热量。热量的转移和流体本身的转移结合在一起。根据流体流动的原因,对流分为自然对流和强迫对流。自然对流是指流体质点因温度升高而上升形成的对流;强迫对流是指质点在外力作用下被迫流动形成的对流。自然对流发生在不均匀加热的流体中,在高温区,粒子密度比低温区的小,温度较高的粒子向上迁移,温度较低的粒子向下迁移。这种因粒子密度的不均匀性产生的自然上升力和下降力,导致了流体中的自然对流和热交换。在中小容量电器中,一般都采用自然对流散热。强迫对流是在外界因素强迫作用下形成的,例如用气流或液流进行强吹和强冷,这在某些强电流电器或高频电器中采用。因受安装空间的限制,城市轨道交通车辆的电机、电器变流器等,大多采用强迫对流,即强迫风冷却或强迫油循环冷却及强迫水冷却,可加强散热,缩小体积。

图 3.6 所示为发热体附近流体介质的对流。对流有层流和紊流两种形式。前者粒子运动的特点是速度较低,运动平稳,粒子平行分层运动。后者的特点是粒子运动速度高,形成漩涡式的紊乱运动。靠近发热体表面的一薄层流体,质点平行分层运动为层流,在这层流体中有很高的温度梯度,热量通过热传导的形式传导到外层流体中去。粒子的运动速度越高,发热体表面的层流层越薄,热量散发越强烈。

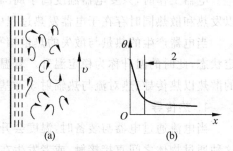

图 3.6 发热体附近流体介质的对流

单位体积流体介质因对流而散出的功率可用以下关系式表示:

$$P_{dl} = K_{dl}(\theta - \theta_0)A \tag{3.13}$$

式中:θ、θ_0 分别为发热体表面和流体介质的温度;A 为冷却表面的面积;K_{dl} 为对流散热系数,可由实验进行确定。

3. 热辐射

热辐射是发热体的热量通过电磁波的形式不需直接接触而进行能量传播的过程。热辐射可穿越真空和气体而传播,但不能透过固体和液体物质。根据斯忒藩-玻耳兹曼定律,物体单位面积的辐射功率为

$$P_f = \sigma \varepsilon_f (T_2^4 - T_1^4) \tag{3.14}$$

式中:σ 为斯忒藩-玻耳兹曼常数,$\sigma = 5.67 \times 10^{-8} \text{W}/(\text{m} \cdot \text{K})$;$T_2$ 为发热体表面的温度;T_1 为接受辐射物体的温度;ε_f 为发射率。

式(3.14)适用于发热体辐射表面积比吸收体表面积小得多的情况。发射率与发热体表面状况及颜色有关,对于绝对黑体,它的辐射及吸收能力最强,$\varepsilon_f = 1$。对于一般物体,ε_f 在 0~1 之间。由于电器装备的极限允许温度低,仅有几百摄氏度,因而辐射功率较小,电器散热通常考虑的方式是热传导和热对流。而对于电弧而言,辐射功率不能忽视。

4. 电器表面的稳定温升——牛顿热计算公式

热传导、热对流、热辐射 3 种传热过程可通过相关公式来计算,但是分别进行热计算是相当复杂的,而且结果并不十分准确。所以在实际计算发热体表面温升时,不进行单独考

虑,而是在一定表面情况和周围介质条件下,把 3 种散热方式综合起来,用综合散热系数 K_T 来考虑散热,这就是通常采用的牛顿热计算公式求电器表面的稳定温升值,即

$$P = K_T S \tau \tag{3.15}$$

式中:P 为总散热功率(W);K_T 为综合散热系(W/(m² · ℃));S 为有效散热面积(cm²);τ 为发热体温升(℃),$\tau = \theta - \theta_0$,θ 和 θ_0 是发热体温度和周围环境温度。

通过式(3.15)可得出,散热功率和温升及有效散热面积成正比,温升越高,有效散热面越大,则散热功率越大。严格地讲,综合散热系数 K_T 不是常数,它是指温度升高 1℃,发热体单位面积发散到周围介质的功率,其大小和发热体结构、工作制、布置方式及周围介质密度、传热系数等诸多因素有关。K_T 值由实验方法确定。表 3.6 为 K_T 的一些实验数据,供参考。在应用牛顿公式时重要的问题在于正确地选取综合散热系数。

表 3.6 综合散热系数 K_T 的实验值

序 号	散热体表面及其特性	K_T/[W/(cm² · ℃)]	附 注
1	窄边直立的扁平铜母线	$(6 \sim 9) \times 10^{-4}$	
2	涂绝缘漆的钢或生铁表面	$(10 \sim 14) \times 10^{-4}$	
3	具有绝缘纸的线圈	$(10 \sim 12.5) \times 10^{-4}$	
4	螺旋状生铁电阻	$(10 \sim 13) \times 10^{-4}$	K_T 值对应于全部螺旋表面
5	由康铜或镍铬丝或带绕的电阻组件	$(10 \sim 14) \times 10^{-4}$	K_T 值对应于全部导体表面

3.4 电器的工作制

电器装备在使用过程中,由于工作任务的要求不同,其工作时间的长短也不同。如供电系统中的一些开关,只要不出现故障和必要的检修,它就一直处于工作状态,而列车上控制空气压缩机的电器则根据实际需要处于一种断续工作状况。由于工作时间长短不同,电器的发热及冷却状况也不同。根据国家标准规定,电器的工作状况可以划分为 4 种工作制:长期工作制、几小时工作制(间断长期工作制或 8 小时工作制)、反复短时工作制(间断工作制)和短时工作制。

1. 长期工作制时电器的发热

长期工作制是指电器通电后连续工作到发热稳定,此时温升达到稳定值。其特点是电器损耗所产生的热量全部散发到周围介质中。当发热未达到稳定前,这个热量一部分用于升高导体的温度,另一部分散发到周围介质。电器工作于长期工作制时,其工作时间常数大于 8h,有的连续工作几天,甚至几个月。实际上电器达到稳定温度的时间往往不需要 8h 或更长时间。根据能量平衡原理,得能量平衡公式为

$$P dt = cG d\tau + K_T S \tau dt \tag{3.16}$$

式中:Pdt 为 dt 时间内电器总的发热量;$K_T S \tau dt$ 为 dt 时间内电器的散热量;$cGd\tau$ 为加热电器本身的热量;S 为有效散热面积;G 为质量。

通过计算可得

$$\tau = \frac{P}{K_T S}\left[1 - e^{-t/\left(\frac{cG}{K_T S}\right)}\right] \tag{3.17}$$

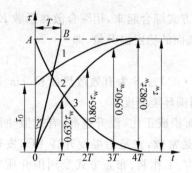

图 3.7 长期工作制电器的冷却曲线

不难看出,这是一条上升的指数曲线,如图 3.7 中曲线 2 所示。

当 $t \to \infty$ 时,电器的温升达到稳定值,称为稳定温升 τ_w。

$$\tau_w = \frac{P}{K_T S} \tag{3.18}$$

电器各部分的稳定温升不应超过允许温升。

式(3.17)中 $\frac{cG}{K_T S}$ 是一个常数,称为电器的热时间常数,简称时间常数,用 T 表示:

$$T = \frac{cG}{K_T S} (\text{s}) \tag{3.19}$$

由以上分析可得以下几点:

(1) 导体的温升 τ 是随时间的增长按指数曲线上升的,开始上升速度较快,随着 τ 的增大,上升速度逐渐减慢,直到稳定温升。此时达到热稳定状态。其原因是散热功率和温升成正比所致。

(2) 稳定温升 τ_w 与起始温升无关,它由 $\frac{P}{K_T S}$ 决定。当散热面积 S 和散热条件 K_T 已确定时,τ_w 正比于发热功率 P,或正比于电流的平方,电流越大,稳定温升值也就越大。如要限制最大温升,在散热条件不变的情况下,实际上就是限制通过的最大电流。因此,电器的额定电流值就是根据长期发热时的最大温升不超过允许温升来确定的。

(3) 时间常数 T 决定于导体总的热容量与其散热情况之比。其值是由电器本身的物理参数决定的,与发热功率(电流)无关。总之,T 值越大,表示达到稳定温升所需的时间越长。

(4) 理论上讲,$t \to \infty$ 时,温升达到稳定值 τ_w。实际上接近稳定温升所需的时间并不需要无限长。从图 3.7 中可以看出:当 $t = 4T$ 时,$\tau = 0.98\tau_w$,这时温升 τ 即可认为达到稳定值 τ_w。由于 T 与电流无关,故对同一电器,通以不同电流,虽其 τ_w 值不等,但达到 τ_w 的时间是相等的。

几小时工作制(间断长期工作或 8h 工作制)也属于长期工作制。在电器规定的工作时间内温升早已达到稳定值,但超过 8h 之后必须分断电源,分断后可以清除触头的氧化物及尘垢。电器触头工作于间断长期工作制时,其允许温升可以比长期工作制时取得略高一些。

2. 短时工作制及过载系数

电器的短时工作制是指电器通电时间很短,温升未达到稳定就停止工作,并且下一次工作要等到电器冷却到周围介质温度。例如城轨车辆主断路器中的分、合闸电磁铁即属于短时工作制情况,它们仅在分、合闸时短时通电,分、合闸结束时就断电。

短时工作制的发热和冷却曲线如图 3.8 中曲线 1、2 所示。

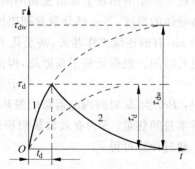

图 3.8 短时工作制的发热和冷却曲线

设短时工作制时发热功率为 P_d，通过工作电流为 I_d，发热时间为 t_d。由于发热时间 t_d 很短（一般 $t_d < T$），达不到稳定温升，到 τ_d 时即停止发热。经分析可得

$$\tau_d = \tau_{dw}(1 - e^{-t_d/T}) \tag{3.20}$$

$$\tau_d = \frac{P_d}{K_\tau S}(1 - e^{-t_d/T}) \tag{3.21}$$

τ_d 以后电器冷却到周围介质温度。

假设短时温升 τ_d 恰好与某额定功率为 P_e、工作电流为 I_e、长期工作制发热的稳定温升 τ_w 相等，即 $\tau_d = \tau_w$，可得

$$\frac{P_d}{K_\tau S}(1 - e^{-\frac{t_d}{T}}) = \frac{P_e}{K_\tau S} \tag{3.22}$$

变化为

$$\frac{P_d}{P_e} = \frac{1}{1 - e^{-\frac{t_d}{T}}} \tag{3.23}$$

P_d 与 P_e 的比值称为功率过载系数，表示在温升、散热一定的条件下短时工作与长期工作相比，功率允许过载的倍数。同时也可相应得到短时工作时电流的允许过载倍数为

$$\frac{P_d}{P_e} \approx \frac{T}{t_d} \tag{3.24}$$

$$\frac{I_d}{I_e} \approx \sqrt{\frac{T}{t_d}} \tag{3.25}$$

由以上分析可得出以下几点：

(1) 某电器在长期工作制下工作时，其稳定温升不允许达到允许温升。该电器若用于短时工作制时，允许超载运行，这样可使电器得到充分作用。

(2) 该电器在短时工作制下，其功率（或电流）的过载倍数与发热时间 t_d 及时间常数 T 有关。T 越大，t_d 越小，过载倍数则越高。

3. 反复短时工作制（间断工作制）

间断工作制是指电器在通电和断电周期循环下的工作过程。通电时间内温度未达到稳定值，断电后又不能冷却到周围介质温度。多次重复通电后，电器可能达到稳定温升。

图 3.9 说明了间断工作制的发热过程，以 t_1 表示通电发热时间，t_2 表示断电冷却时间，$t = t_1 + t_2$ 称为工作周期。通过分析可得其功率过载倍数、电流过载倍数分别为

$$\frac{P_d}{P_e} = \frac{t}{t_1} \tag{3.26}$$

$$\frac{I_d}{I_e} = \sqrt{\frac{t}{t_1}} \tag{3.27}$$

由式(3.26)、式(3.27)可以看出间断工作制的过载倍数与工作周期 t 及发热时间 t_1 有关，t 越大或 t_1 越小，过载倍数就越大。

在电器标准中常用通电持续率 TD% 来表示间断工作制的负荷轻重程度，通电持续率的定义是：工作时间 t_1 与工作周期 t 之比的百分数。显然 TD% 值越大，说明工作时间越长，任务越繁重，过载系数就越小。

$$TD\% = \frac{t_1}{t} \times 100\% \tag{3.28}$$

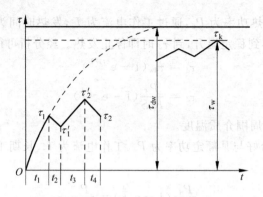

图 3.9　间断工作制的发热曲线

4. 短路时电器的发热

电器在通过工作电流时,在其工作制下,要经受额定电流发热的考验。若电路发生了短路故障,其短路电流远大于额定电流,当保护电器还未将故障切除前,电器还必须能承受住一定时间内短路电流的发热考验。由于短路电流的时间很短,向外散热量很少,可以对其忽略,因而,全部损耗所产生的热能都用来加热电器装备,导致电器装备温度上升,这种不向外散热的过程称为绝热过程。那么由能量平衡可知,此时温度 θ 与电阻 R 均为时间 t 的函数(变量),损耗功率 P 不为常数,可以得到能量平衡方程为

$$P\mathrm{d}t = C_t\mathrm{d}\theta \tag{3.29}$$

式中:C_t 为导体的热容量(J/K)。

对于某一温度为 θ 的瞬间 $\mathrm{d}t$ 而言,式(3.29)可具体为

$$I_s^2 \rho_0 (1+\alpha\theta) \frac{l}{A} \mathrm{d}t = c\gamma lA \mathrm{d}\theta \tag{3.30}$$

式中:ρ_0 为导体的电阻率,对于交变电流需要考虑附加损耗系数 K;l 为导体的长度(m);A 为导体的截面积(m²);γ 为导体的密度(kg/m³)。

对式(3.30)微分方程在时间段 0 至热稳定时间 t_s 积分,可以求得

$$I_s = \sqrt{\frac{\gamma_c A^2 \ln[(1+\alpha\theta_s)/(1+\alpha\theta_0)]}{\rho_0 t_s \alpha}} \tag{3.31}$$

从此公式可看出:$I_s^2 \cdot t_s$ 为常数,称为电器的热稳定性。同时可得到:$\dfrac{I_{s1}}{I_{s2}} = \sqrt{\dfrac{t_{s2}}{t_{s1}}}$。

为选用导体尺寸,需规定电流密度 j_s 值(即允许电流密度)。

$$j_s = \frac{I_s}{A} = \sqrt{\frac{\gamma_c}{\rho_0 \alpha t_s} \ln\left(\frac{1+\alpha\theta_s}{1+\alpha\theta_0}\right)} \tag{3.32}$$

表 3.7 所示为不同材料的导体在短路状态下不同时间允许的电流密度。

表 3.7　短路状态下允许的电流密度　　　　　　　　　　　A/mm²

材料	热稳定时间		
	1s	2s	3s
铜	152	107	76
铝	80	63	45
黄铜	73	52	37

5. 电器的热稳定性

电器在经受短路电流通过时应有一定的热稳定性。电器的热稳定性是指在一定时间内能承受短路电流（或所规定的等值电流）的热作用而不发生热损坏的能力。例如不会因发热而产生不允许的机械变形，触头处不会熔焊等。热稳定性以 $I_t^2 \cdot t$ 表示，I_t 称为 $t(\text{s})$ 时热稳定电流（用有效值表示），一般时间采用 1s、5s 与 10s 为准的热稳定电流 I_1、I_5 及 I_{10}。按照热量相等的原则，同一电器不同时间的热稳定电流可以互相换算。换算公式为

$$I_{t_1}^2 \cdot t_1 = I_{t_2}^2 \cdot t_2 \tag{3.33}$$

例如：

$$I_1^2 \times 1 = I_5^2 \times 5 = I_{10}^2 \times 10 \tag{3.34}$$

如表 3.8 所示为开关电器的热稳定电流。时间越短，其热稳定电流可以越大。各种电器使用于不同电路，热稳定电流有不同的规定。

表 3.8 开关电器的热稳定电流

电器类别	额定电流/A	热稳定电流峰值/A	热稳定电流有效值/A	热稳定电流通电时间/s
电路隔离用或有载通断用主开关	10	$120I_e$	$70I_e$	
	25	$120I_e$	$70I_e$	
	60	$110I_e$	$60I_e$	
	100	$110I_e$	$60I_e$	
	200	$100I_e$	$50I_e$	
	400	$100I_e$	$50I_e$	
	600	$80I_e$	$40I_e$	
	1000	$60I_e$	$30I_e$	
	1500	$40I_e$	$20I_e$	
电动机用控制电器的主回路	I_e	$>20I_e$	$>7I_e$	10

小结

电器在工作时由于有电流通过导体会产生电阻损耗；对于交流电器由于考虑导体的集肤效应和邻近效应，在导磁体中除电阻损耗外还有磁滞和涡流损耗，对于高压交流电器还要考虑介质损耗。所有这些损耗几乎全变为热，一部分散失到周围介质中，一部分加热电器，使它的温度升高。

电器的零部件温升过高，会导致机械强度降低和绝缘损坏。因此标准中对不同工作制下电器各零部件的极限允许温升有明确规定。

电器的散热有传导、对流和辐射 3 种方式，可以用一个综合的散热系数来考虑，这就是牛顿公式。

计算电器温升的基本方程是热平衡方程，其中包含发热、散热和吸热 3 项。在稳定状态下吸热项为零；短时发热时可不考虑散热项。

电器的工作制有长期工作制、间断长期工作制、反复短时工作制和短时工作制 4 种。

电器加热和冷却对应的温度上升和下降的过程是指数曲线。表征温度上升和下降快慢

的是热时间常数,热时间常数与发热体的质量和比热成正比,与散热系数和散热面积成反比。当电器的通电时间超过4倍热时间常数以后,温升已基本稳定,即可按长期工作制处理,此时可用牛顿公式和傅里叶定律计算温升。若电器短时通电或反复短时通电和断电的时间小于4倍热时间常数,即可视为短时工作制或反复短时工作制,在这两种工作制下电器有一定的过载能力。

  电器在经受短路电流通过时应有一定的热稳定性。在此情况下,电器的极限允许温升可以高一些。

思考与练习

  1. 填空题

  (1) 电器温度升高后,其本身温度与周围环境温度之差,称为_____。

  (2) 所谓_____,就是保证电器的机械强度、导电性、导磁性以及介质的绝缘性不受危害的极限温度。

  (3) 我国国家标准规定最高环境温度为40℃(一般为35℃),把发热温度极限减去最高环境温度即为_____允许温升值。

  (4) 电器的散热以_____、_____与_____3种基本方式进行。

  (5) _____是固体传热的主要方式。

  2. 判断题

  (1) 热辐射可以穿过任何物体。( )

  (2) 散热功率和温升及有效散热面积成反比。( )

  3. 什么是热的传导、对流和辐射?

  4. 电器发热的原因是什么?

  5. 说明电器的温升、发热温度极限、允许温升的意义。

  6. 长期工作制下电器的发热有哪些特点?

  7. 开关柜中垂直安放的铝母线尺寸为$80\times6mm^2$,表面涂漆,允许极限温度85℃,散热系数K_T为12.5W/($m^2\cdot$℃),电阻率$\rho=3.75\times10^{-8}\Omega\cdot m$。求该铝母线最大长期允许直流电流。(答案:1200A)

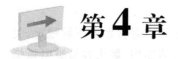

第 4 章

电接触与触头

电路的通断和转换是通过电器中的执行部件,主要是其触头来实现的。触头是有触点电器的执行器,可以直接控制电路连接或断开。由于它经常受到机械撞击、发热及电弧等的影响,极易损坏,一方面,两导体接触后,接触处会出现局部高温,严重时可达接触导体材料的熔点;另一方面,触头在通断过程中,触头间会产生电弧,其高温使触头表面熔化和气化,使触头材料损失,或导致触头的熔焊。因此,触头是电器中最薄弱的环节之一,其工作性能的优劣直接影响电器的性能。

4.1 电接触与触头的分类和要求

电器装备的导电回路是由若干元件构成的,在电路中两个零件通过触头的机械连接而相互接触实现导电的现象称为电接触现象。电接触是用来使导电回路中的电流从一个导体到另一个导体,以完成该电路中电信号或电能传送,因此它被称为接触连接。触头是接触连接的一种形式。

1. 电接触的分类

电接触按工作方式,一般可分为三大类:

(1) 固定接触:用紧固件如螺钉、螺纹、铆钉等压紧的电接触称为固定接触。固定接触在工作过程中没有相对运动。主要包括:①可拆卸的连接:采用螺栓连接方式,以方便安装和维修。②不可拆卸的连接:采用铆接或压接方式,触头连接后便不可拆卸。如母线与电器接线端的连接;母线与母线的连接等。

(2) 滑动及滚动接触:在工作过程中,一个接触面沿另一个接触面滑动或滚动,但不能分断电路的接触,称为滑动及滚动接触。如直流电机的电刷与换向器之间的连接、滑线电阻器的滑臂与电阻线之间的连接等。

(3) 可分合接触(触头):在工作过程中可以分开的电接触称为可分合接触,又称触头。开关电器触头中,触头总是成对出现的,一个是动触头,另一个是静触头。动、静触头分开用于分断电路,动、静触头闭合用于接通电路。触头关合时,一般靠弹簧压紧。可分合接触触头广泛应用于高低压开关电器中,可分合接触广泛用于各种断路器、接触器和继电器中。按其结构可分为对接式和插入式两大类。

(1) 对接式触头。这种触头优点是结构简单,分断速度快；缺点是接触面不够稳定,关合时易发生触头弹跳,由于触头间无相对运动,故基本上没有自洁作用,触头容易被电弧烧伤,动热稳定性较差。因此,对接式触头只适用于 1000A 以下的断路器中。

(2) 插入式触头。它包括刀形、瓣形、指形等触头。特点是所需接触压力小,有自洁作用,无弹跳现象,触头磨损小,动热稳定性好。缺点是除了刀形触头外,结构复杂,分断时间长。

可动触头也叫做中间触头,又称滑动触头,是指在工作中被连接的导体总是保持接触,能由一个接触面沿着另一个接触面滑动的触头,这种触头的作用是给移动的受电器供电,如电机的滑环碳刷、行车的滑线装置、油断路器的滑动触头等。

电器的电接触,特别是可分合接触的工作可靠性是很重要的。如果触头的材料、结构或制造质量不好,触头在工作过程中就会发生严重损坏或因电弧而熔焊,电器工作的可靠性就无法保证。

对开关电器电接触在工作中的主要要求是：

(1) 电接触在长期通过额定电流时,温升不超过国家标准规定的数值,而且温升长期保持稳定；

(2) 电接触在短时通过短路电流或脉冲电流时,要求电接触不发生熔焊、松弛或触头材料的喷溅等；

(3) 可分合接触在开断过程中,接触材料电磨损等损失尽量小；

(4) 可分合接触在闭合过程中,要求触头能关合短路电流,接触处不应发生不能断开的熔焊,且触头表面不应有严重损伤或变形。

不同的接触形式所涉及的问题不相同。对于固定接触,滑动或滚动接触,它们的工作性质决定了只有前两项要求。滑动或滚动接触还存在润滑和磨损问题。可分合接触最关心接触电阻、电弧以及由电弧引起的材料转移、接触恶化、动熔焊等。

本章主要讨论可分接触即触头。

2. 触头的定义及工作特点

触头被广泛应用于继电器、接触器、负荷开关、低压电器开关等主导电接触材料。有触点电器中,可以接通和断开电路的零件称为触头。

触头是有触点电器实现其机能的执行机构。触头在结构上可分为 3 类：可断触头、滑动触头、固定触头。电路是依靠动触头的动作来实现接通和断开的。

触头性能的优劣,有决定性作用,它将直接影响电器工作的稳定性,甚至还会影响电动车辆的安全运行问题。由于城市轨道交通车辆在运行过程中,特别是车辆通过道岔和起动、加速、制动时会引起较大的振动和冲击,从而引起电器的振动和冲击,可能导致紧固螺栓松动或触头误动作,造成电器工作时的误动作。触头的工作频率比较高,长期工作后触头本身温度上升,造成触头表面的氧化程度加剧,使接触电阻增加,从而使功率损耗增加,又使表面温升增加,形成恶性循环,最终使触头由于温度太高而发生熔焊,动、静触头熔化成一体而失去作用。由于空气中的灰尘、水和油会使接触表面腐蚀,再加上热和有害的影响的电弧,接触很容易损坏。另外,触头通、断电路时存在电弧燃烧现象,易烧伤触头表面,出现凹凸不平的毛刺,最后又易产生熔焊现象,使触头不能断开而失去触头的作用。由于上述各种原因,触头是有触点电器的薄弱环节。

触头有 4 种工作情况：

（1）触头处于闭合状态。

触头在闭合状态时的主要任务就是保证能通过规定大小的电流，且触头温升不能超过允许值，主要的问题就是触头的发热以及热和电动稳定性，触头的发热是由于接触电阻引起的，因此应该设法减少接触电阻。

（2）触头闭合过程。

从动、静触头刚开始接触到触头完全闭合，由于振动，所以不是一次接触就可以关闭，而是有一个过程，这个过程称为接触闭合过程。接触的过程中由于碰撞，会产生机械振动，所以过程中的主要问题是减少机械振动，从而减少接触磨损，避免接触熔焊。

（3）触头处于断开状态。

触头在断开状态的时候，必须保持足够的开距，以保证安全地熄灭电弧以及开断电路。

（4）触头的开断过程。

触头的开断过程是触头最复杂的工作过程。一般可以分为 3 个阶段：第一阶段是从接触完全封闭，接触会开始分离；第二个阶段是从触头开始分开之后的一段时间；第三个阶段是电路彻底切断的过程。因为在触头开断的电路时，一般会在触头之间产生电弧，于是这个进程的主要问题是熄灭电弧，减少由于电弧产生的触头电磨损。

3. 触头的基本要求及分类

根据接触的工作情况，为保证电气设备的可靠运行，并有充足的寿命，对触头有以下几个要求：

（1）工作可靠，接触电阻要小；

（2）有足够的机械强度；

（3）长期通过额定电流时，温升不超过规定值；

（4）通过短路电流时，有足够的电动稳定性与热稳定性；

（5）有足够抵抗外界腐蚀（如氧化、化学气体腐蚀）的能力；

（6）寿命长；

（7）所用的材料少，质量轻，价格便宜，便于制造和维修等。

4. 触头的分类

触头可以按照所控制电流的大小进行分类：

（1）弱电流触头——电流在 1A 以下。

（2）中电流触头——电流从几安到几百安。

（3）强电流触头——电流在几百安以上。开关电器的触头一般属于强电流范围。

触头又可按以下方法分类：

（1）按触头工作情况可分为有载开闭和无载开闭两种。前者在触头开断或闭合过程中，允许触头中有电流通过；后者在触头开断或闭合过程中，不允许触头中有电流通过，而在闭合后才允许触头中通过电流，如转换开关等。无载开闭触头，由于触头开断时无载，故无电弧产生，对触头的工作十分有利。

（2）按开断点的数目可分为单断点式触头与双断点式触头。

（3）按触头正常工作位置可分为常开触头和常闭触头。

(4) 按结构和形状可分为指形触头和桥式触头等。

(5) 按触头相互运动状态可分为滑动式和滚动式两种。在工作过程中,触头间可以互相滑动或滚动但不能分开的电接触称为滑动及滚动接触。开关电器的中间触头就是采用这种电接触。

(6) 按触头的接触方式可分为面接触、线接触和点接触3种。

5. 触头接触面形式的选择

对于点、线、面3种接触形式(见图4.1),它们各自的特点和适用场合如下:

1) 点接触

点接触是装置的两个导体只发生点或小面积接触(如球面对球面,球面对平面)。触头间是"点"与"点"的接触。在同样的触头压力下,它的单位压力大,因此,可得到较小的接触电阻。但其散热条件差,用于大电流是不合适的。同时,点接触的机械强度较弱,只适用于开断负荷小的触头。如多用于10A以下的继电器,以及接触器和自动开关的联锁触头等,一般控制电路的触头都采用点接触形式。由于接触面积小,保证其工作可靠性所需的接触压力也较小。

2) 线接触

线接触是装置沿着线或较窄的面积发生在两个导体之间的接触(如圆柱对圆柱、圆柱对平面)。在相同的压力条件下,接触线的接触电阻比前两种较低。其原因是触头的压力强度和实际接触面得到了适当配合。面接触的接触点虽较多,但压力强度小,点接触的压力强度虽高,但接触点少,因此它们的接触电阻都比线接触情况大。另外,线接触容易做到触头间有滑动和滚动,从而使触头的工作条件得到改善。同时,线接触触头的制造、调整、装配均比较方便,因而得到广泛的采用。常用于几十安至几百安电流的中等容量的电器,如接触器、自动开关及高压开关电器的主触头。

3) 面接触

面接触是装置的两个导体接触到一个较宽的表面接触(如平面对平面)。其接触面积与触头压力都较大。由于其触头在开闭过程中接触面间无相对滑移,不能清除氧化膜等高电阻物质,所以在此种触头面上需嵌上贵重的银片。而且面接触的接触电阻很不稳定,当外界对接触面稍有一些破坏或者装配不当,都会使接触电阻大大增加。所以此种形式应用较少,仅用于电流大、接触压力大的场合,如固定母线接触、大容量的接触器和断路器的主触头。闸刀开关常采用面接触的形式。

触头实现电连接,一般采用触头弹簧压紧,压力较小,并考虑到装配检修的方便和工作可靠,多采用点接触或线接触的形式。在近代高压断路器和低压自动开关中,有的采用多个线接触和点接触并联使用,以减小接触电阻,使得工作可靠,制造检修方便。

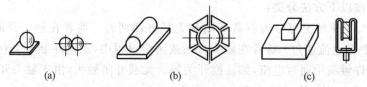

图 4.1 触头接触面形式
(a) 点接触;(b) 线接触;(c) 面接触

6. 触头的参数

触头的参数主要有触头的结构尺寸、开距、超程、研距、触头初压力和终压力等。

(1) 触头的结构尺寸。触头的结构尺寸主要是根据触头工作时的发热条件确定,同时要考虑到它的机械强度与工作寿命等条件。

(2) 触头的开距。触头处于断开位置时,动、静触头之间的最小距离 s 称为触头的开距(或行程),如图 4.2(a)所示。开距是触头的一个主要参数,它不仅要保证在开断正常电流时能可靠地熄弧,而且还要使触头间具有足够的绝缘能力,当电源出现不正常的过电压时不致击穿。它不仅影响触头与灭弧系统的尺寸,而且影响电磁传动机构的尺寸。

从减小电器的尺寸和减少触头闭合时振动的观点出发,在保证可靠开断电路的原则下,触头开距越小越好。触头开距的大小与开断电流大小、线路电压、线路参数以及灭弧装置等有关。

(3) 触头的超程。触头的超程是指触头对完全闭合后,如果将静触头移开,动触头在触头弹簧的作用下继续前移的距离 r,如图 4.2(c)所示。

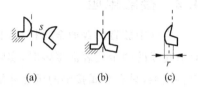

图 4.2 触头不同状态及参数
(a) 断开状态;(b) 刚接触时;
(c) 闭合状态(静触头移走)

触头超程是用来保证在触头允许磨损的范围内仍能可靠地接触。一般在计算时选取超程 $r=(0.6\sim0.8)d$,式中 d 为新触头的厚度。但应指出,超程不宜取得过大,因为当超程大时,在一定的吸力情况下,触头的初压力相应要小些。而初压力小,对减小触头振动是不利的。

(4) 触头的初压力。触头闭合后,其接触处有一定的压力,称为触头压力。触头压力是由触头弹簧产生的。触头弹簧有一预压缩,使得动触头刚与静触头接触时就有一互压力 F,称为触头初压力,它是由调节触头弹簧预压缩量来保证的。初压力可以降低触头闭合过程的振动。

(5) 触头的终压力。动、静触头闭合终了时,触头间的接触压力称为终压力 F。它是由触头弹簧最终压缩量来决定的。它使触头闭合时的实际接触面积增加,使闭合状态时的接触电阻小而稳定。

(6) 触头的研距。动触头和静触头接触过程中,触头接触表面既有滚动,又有滑动,这种滚动和滑动称为触头的研磨过程。由研磨所产生的距离称为研距。

为了保证触头工作时有良好的电接触,一般线接触触头开闭过程的起止点不重合,且有一定距离。研距是触头开闭过程中动、静触头间滚动量与滑动量之和。

如图 4.3 所示,动、静触头开始接触时,其接触线在 a 点处,在触头闭合过程中,接触线逐渐移动,最后停在 b 点处接触,以导通工作电流。由于在动触头上的 a 和静触头上的 $a'b'$ 长度不一样,因此,在两者接触过程中,不仅有相对滚动,而且有相对滑动存在,整个接触过程称为触头的研磨过程。

图 4.3 触头的研磨过程及研距

触头表面有滑动,可以擦除触头表面的氧化层及脏物,减小接触电阻,使触头有良好的电接触。触头表面有滚动可以使触头在闭合时的撞击处与最后闭合位置的工作点之间,以及开断电路时产生电弧处与闭合位置的工作点分开,保证正常工作的接触线不受机械撞击与电弧的破坏作用,保证触头接触良好。

触头的开距、超程、初压力和终压力都是必须进行检测的重要参数。在电器的使用和维修中常用这些参数来反映触头的工作情况及检验电器的工作状态。

4.2 接触电阻

空气中放置的普通金属材料,其表面往往会与氧作用,生成一层不导电的氧化膜。当具有氧化膜的两金属表面接触时,实际接触斑点内只有氧化膜破裂的地方才可能形成金属的直接接触,只有金属接触的斑点才能真正导电,称为导电斑点。工程应用中的电接触实际接触点的总面积往往只有整个视在接触面积的千分之几(压力非常强大时,可达到百分之几),而导电斑点的总面积比实际接触斑点的面积小得多。电流通过两导体点接触的主要现象是接触处出现局部高温。产生此现象的原因是电接触处存在一附加电阻,称为接触电阻。接触电阻是产生局部高温的原因。

1. 接触电阻的产生

关于接触电阻的物理实质,电接触学科的奠基人霍尔姆(R. Holm)做了正确的解释。霍尔姆指出:任何用肉眼看来磨得非常光滑的金属表面,实际上都是粗糙不平的,当两金属表面互相接触时,只有少数凸出的点(小面)发生了真正的接触,其中仅仅是一小部分金属接触或准金属接触的斑点才能导电。当电流通过这些很小的导电斑点时,电流线必然会发生收缩现象。由于电流线收缩,流过导电斑点附近的电流路径增长,有效导电截面减小,因而电阻值相应增大。这个因电流线收缩而形成的附加电阻称为收缩电阻,是构成接触电阻的一个分量。另外,由于金属表面上有膜的存在,如果实际接触面之间的薄膜能导电,则当电流通过薄膜时将会受到一定阻碍而有另一附加电阻,称为膜电阻,它是构成接触电阻的另一个分量。

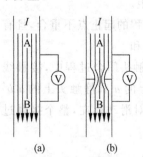

图 4.4 接触电阻
(a) 导体电阻;(b) 接触电阻

如图 4.4(a)所示为一段完整的导体,通入电流为 I,用电压表测得其 AB 段的电压降为 U,则 AB 段的电阻为 $R=U/I$。

如果将此导体截断,仍通以原来的电流,测得 AB 两点之间的电压降为 U_c,如图 4.4(b)所示,U_c 比 U 大得多,AB 点之间的电阻为

$$R_c = \frac{U_c}{I} \tag{4.1}$$

R_c 除含有该段导体材料的电阻 R 外,还有附加电阻 R_j,即

$$R_c = R + R_j \tag{4.2}$$

附加电阻 R_j 为收缩电阻与表面膜电阻之和,是由于接触层之间直接产生的电阻,故附加电阻 R_j 也称为接触电阻。动、静触头在两者接触时也存在接触电阻。

1) 收缩电阻

当电流通过这些很小的导电斑点时,电流线必然会发生收缩现象,见图4.5。因此所产生的附加电阻称为收缩电阻。

2) 表面膜电阻

由于种种原因,在触头的接触表面上覆盖着一层导电性很差的薄膜,如金属的氧化物、硫化物等,也可能是落在接触表面上的灰尘、污物或夹在接触间的油膜、水膜等,其导电性很差,由此而形成的附加电阻称为表面膜电阻。

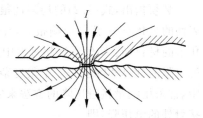

图 4.5 电流线收缩现象示意图

表面膜电阻的大小除和膜的种类有关外,还与薄膜的厚度有关,膜越厚,电阻越大。

以铜和银为例说明金属表面膜的形成:

(1) 以银为例分析:①空气:银不易氧化;②臭氧:可形成 Ag_2O,易清除,200℃即分解;③含 H_2S 的空气:在银表面水膜中易生成 Ag_2S 绝缘暗膜,干燥时不易侵蚀银。Ag_2S 是半导体,近似于绝缘件。

(2) 以铜为例:空气中,金属材料表面由吸附膜发展成肉眼可见的氧化暗膜,生长规律理论上由氧化速率的抛物线定律决定,但实际的生长规律复杂。

共同特点:①膜的起始生长速度很快,以后减慢并趋于某稳定的生长速度;②不同材料、不同介质、不同温度对氧化膜的生长影响很大;③同一材料一定介质下温度是影响膜生长的决定性因素。

可见,氧化膜的生长非常复杂,对于电接触最相关的是氧化膜的导电性和氧化膜的破坏难易程度。表面膜主要有导电膜和绝缘膜。导电膜的面电阻率很小,厚度极小。这类膜由"吸附"效应产生,故也称吸附膜,它的薄膜由电子"隧道效应"导电;绝缘膜电阻率非常大,厚度较大,有氧化物、硫化物、聚合物膜、玻璃状绝缘膜等。导电膜由"隧道效应"导电;绝缘膜靠施加一定的电压或机械压力使膜破坏而导电。

由于膜电阻难以计算,故接触电阻可用经验公式计算,即

$$R_j = \frac{K}{(0.102F)^m} \tag{4.3}$$

式中:R_j 为触头接触电阻(Ω);F 为触头压力(N);m 为与触头接触形式有关的常数,其值为 0.5~1.0,对于点接触 $m=0.5$,线接触 $m=0.5\sim0.8$,面接触 $m=1$;K 为与接触材料、接触表面加工方法、接触面状况有关的常数,见表4.1。表4.1列出了当接触表面没有氧化层及污物时,各种触头材料的 K 值。

表 4.1 各种触头材料的 K 值

触头材料	K	触头材料	K
铜—铜	$(0.08\sim0.14)\times10^{-3}$	铜—铝	0.98×10^{-3}
黄铜—黄铜	0.67×10^{-3}	铝—黄铜	1.9×10^{-3}
铝—铝	$(3\sim6.7)\times10^{-3}$	铜—铜镀锡	$(0.07\sim1)\times10^{-3}$
黄铜—铜	0.38×10^{-3}	银—银	0.06×10^{-3}

必须指出,式(4.2)的局限性很大,不能概括各种因素对接触电阻的影响。尤其是触头表面的氧化对 K 值的影响很大,在表 4.1 中只给出了触头表面未被氧化时的 K 值,至于氧化了的材料,其 K 值远远超过表中给出的数值,它的接触电阻在很大范围内变化。所以,接触电阻的计算实际上是一个很复杂的问题,根据公式计算出的值只能作参考。在实际应用中,常采用测量接触压降的方法来实测接触电阻值。接触压降是指通过一定电流时,触头电接触处的电压降,即

$$U_j = IR_j \tag{4.4}$$

式中:U_j 为接触电压降(V);I 为通过触头电接触处的电流(A)。

【例题】 已知触头材料为一镀锡的铜;接触形式为线接触,玫瑰触头有 6 对触指,每个触指压力为 38N。计算玫瑰触头的接触电阻。

【解】 查表 4.1,$K = 10^{-3}$,线接触,$m = 0.7$,每对触指的接触电阻 R_j 可由式(4.3)求得

$$R_j = \frac{0.01}{(0.1 \times 38)^{0.7}} = 3.94 \times 10^{-5} \Omega$$

玫瑰触头总的接触电阻 R 为 6 个 R_j 的并联值,即

$$R = \frac{R_j}{6} = 6.6 \times 10^{-6} \Omega$$

2. 影响接触电阻的因素

影响接触电阻的因素有很多,如接触压力、触头材料、触头温度、触头表面情况、接触形式及化学腐蚀等。

1) 接触压力的影响

接触压力对接触电阻的影响最大,当接触压力很小时,接触压力微小的变化都会使接触电阻值产生很大的波动。

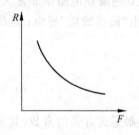

图 4.6 接触电阻与接触压力的关系

触头接触电阻与接触压力近似双曲线关系,即接触电阻值在一定的压力范围内是随外施压力 F 的增大而减小的,如图 4.6 所示。这是因为在压力作用下,两表面接触处产生弹性变形,压力增大,变形增加,有效接触面也增加,收缩电阻减小。

而当压力达到一定值后,收缩电阻几乎不变,这是因为材料的弹性变形是有一定限度的,因而接触面积的增加也是有限的,故接触电阻不可能完全消除。

增大接触压力,可将氧化膜压碎,使膜电阻减小,但压力增大到一定程度后,膜电阻稳定在一个较小的数值。

材料的抗压强度越小,在同样接触压力下得到的实际接触面积就越大,接触电阻就越小。采用抗压强度小的材料可以使接触电阻降低,但由于触头本身需要一定的机械强度,因此常在接触连接处用较软的金属覆盖在较硬的金属上,以获得较好的性能,如铜触头搪锡等。

2) 触头材料的影响

触头材料对接触电阻的影响主要决定于触头材料的电阻系数、材料的抗压强度、材料的化学性能等。触头材料的电阻系数越低,接触电阻就越小。表 4.2 给出了电器中常用材料与铜电阻系数的比较值(铜的电阻系数为 1)。

表 4.2 常用材料与铜电阻系数的比较

触头材料和它的覆盖层	ρ_k 比较值	触头材料和它的覆盖层	ρ_k 比较值
铜	1	钢	35
镀锡的铜	0.7	碳	1000
搪锡的铜	2	黄铜—黄铜	4
镀银的铜	0.3	铜—黄铜	2.2
银	0.2	铜—铝	1.3
铝	2.5	铜—钢	7

银的电阻系数小于铜，但银比铜价格高，所以常采用铜镀银或镶银的办法，以减小接触电阻。电阻材料越易氧化，就越容易在表面形成氧化膜，如不设法清除，接触电阻就会显著增大。例如铝在常温下几秒内就会氧化，其氧化膜导电性很差，故铝一般只用作固定连接，而且通过在其表面覆盖银、锡等方法减小接触电阻。小容量触头常采用点接触的双断点桥式触头，其结构难以实现研磨过程来消除氧化膜，所以触头材料采用银或银基合金。因为银被氧化后的导电能力和纯银相差不多，所以银或镀银的触头工作很稳定。

3) 触头温度的影响

触头的接触电阻与它本身的金属电阻一样，也受温度的影响，随着触头温度的升高，接触电阻增加。由试验得知，接触电阻与温度之间的关系式为

$$R_j = R_{j0}\left(1 + \frac{2}{3}\alpha_0\theta\right) \tag{4.5}$$

式中：R_{j0} 为触头在 0℃时的接触电阻(Ω)；α_0 为触头材料的电阻温度系数(1/℃)；θ 为触头的温度(℃)。

触头金属材料的电阻温度系数为 α_0，接触电阻的电阻温度系数为 $2\alpha_0/3$，后者比前者小 $\alpha_0/3$，这是由于接触处温度升高后，材料硬度有所降低，使有效接触面积增大，以致在温度增加时，接触电阻的增加比金属材料电阻的增加要小一些，这种差别就用它们电阻系数的不同来表示。

应该指出，式(4.5)只对清洁的接触面才正确。实际上，因为温度升高会加剧氧化，所以，温度对接触电阻的影响还要大些。图 4.7 表示在接触压力不变的情况下，接触电阻 R_j 与触头温度的关系曲线。曲线 1 的接触压力比曲线 2 的接触压力小，故接触电阻大。

在 B 点以前，R_j 与 θ 的关系由式(4.5)决定，接触电阻随温度的升高而增加。当温度达到 B 点时，θ 为 250～400℃，材料软化，实际接触面积增大，接触电阻有迅速减小的现象。这时，触头材料的机械强度突减，触头遭到破坏，这是不允许的，这种情况可能发生在触头通过较长时间短路电流的故障状态。

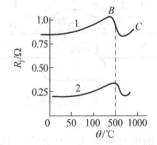

图 4.7 接触电阻与温度的关系

当材料的强度稳定下来后，接触电阻又随温度的增高而增大。当温度达到 C 点时，材料熔化，接触处就会熔焊在一起，触头难以分离，电器不能正常工作。因此，触头的温升不允许超过允许值。

4) 触头表面情况的影响

(1) 触头表面加工方法的影响

表面粗糙度对接触电阻有一定的影响。接触表面可以粗加工,也可以精加工。至于采用哪种方式加工更好,要根据负荷大小、接触形式和用途而定。

对于大、中电流的触头表面,不要求精加工,最好用锉刀加工,接触面达 $Ra \leqslant 6.3 \sim 1.6$ 即可,重要的是平整。两个平整而较粗糙的平面接触在一起,接触点数目较多且稳定,并能有效地清除氧化膜。相反,精加工的表面,当装配稍有歪斜时,接触点的数目显著减少。

对于某些小功率电器,触头电流小到毫安以下,为了保证 R_j 小而稳定,要求触头表面粗糙度越低越好。粗糙度低的触头不易受污染,也不易生成膜电阻。为了达到这样低的粗糙度,往往采用机械、电或化学抛光等工艺。

(2) 触头表面氧化膜的影响

暴露在空气中的接触面(除铂和金外)都将产生氧化作用。空气中的铜触头在室温下($20 \sim 30$℃)即开始氧化,但其氧化膜很薄,在触头彼此压紧的过程中就被破坏,故对接触电阻影响不大。当温度高于70℃时,铜触头氧化加剧,氧化铜的导电性能很差,使膜电阻急剧增加,因此,铜触头的允许温升都是很低的。银被氧化后的导电率与纯银差不多,所以银或镀银的触头工作很稳定。

为了减小接触面的氧化,可以将触头表面搪锡或镀银,以获得较稳定的接触电阻。

(3) 触头表面清洁状况的影响

当触头的压力较小时,触头表面的清洁度对接触电阻影响较大,随着压力的增加,这种影响逐渐减小。

5) 触头表面的电化学腐蚀

采用不同的金属做触头对时,由于两金属接触处有电位差,当湿度大时,在触头对的接触处会发生电解作用,引起触头的电化学腐蚀,使接触电阻增加,并会造成电接触的严重破坏。

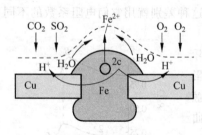

图 4.8 电化学腐蚀

电化学腐蚀的原理也就是化学电池的原理(图 4.8)。电池的电动势决定于金属种类。各种金属在电解液中的电位(与氢相比较),按电位高低排成次序,叫做电化序表。常用金属材料的电化顺序是金(Au)、铂(Pt)、银(Ag)、铜(Cu)、氢(H)、锡(Sn)、镍(Ni)、镉(Cd)、铁(Fe)、铬(Cr)、锌(Zn)、铝(Al)。规定氢的电化电位为0,在它后面的金属具有不同的负电位(如 Al 的电化电位为 -1.34V),在它前面的金属具有不同的正电位(如 Ag 的电化电位为 $+0.8$V)。选取触头对时,应取电化顺序中位置靠近的金属,以减小化学电势。例如不宜采用铝—铜、钢—铜做触头对。电镀层或涂层也要注意电化顺序。

3. 减小接触电阻的方法

当电流通过闭合触头时,如果接触电阻过大,就会产生过大的附加损耗,使触头本身及周围的物体温度升高,加速绝缘材料的老化,触头寿命减少。触头的过度发热还会使触头表面加速氧化,而多数金属(除银外)氧化后产生高阻的氧化膜,使电阻增加,造成恶性循环。

为了避免触头超过允许温升,一方面要尽量减小接触电阻,另一方面应具有足够的触头散热面积。

根据接触电阻的形成原因,减小接触电阻一般可采用下列方法:

(1) 增加接触点数目。选择适当的接触形式,用适当的方法加工接触表面,并在接触处加一定的压力,均可使接触点数目增加。

(2) 选择合适的材料。采用本身电阻系数小,且不易氧化或氧化膜电阻较小的材料作为接触导体,或作为接触面的覆盖层。

(3) 触头在开闭过程中应具有研磨过程,以擦去氧化膜。

(4) 经常对触头清扫,使触头表面无油污、尘埃,保持干燥。

4.3 触头的振动

1. 产生振动的原因

触头在闭合过程中,触头间的碰撞、触头间的电动斥力和衔铁与铁芯的碰撞都可能引起触头的机械振动。

当触头闭合时,电器传动机构的力直接作用在动触头支架上,使得质量为 m 的动触头以速度 v_1 向静触头运动,在动、静触头相撞时动触头具有一定的动能 $mv_1^2/2$。触头发生碰撞后,触头表面将产生弹性变形,此时,一部分能量消耗在碰撞过程中(因为触头不是绝对弹性体),而大部分能量转变为触头表面材料的变形势能。当触头表面到达最大的变形 x_{SD} 时,见图 4.9(b),变形势能到达最大,而动触头的动能变为零,于是动触头停止了运动。紧接着触头的弹性变形开始恢复,将势能释放,由于静触头固定不动,动触头应会受到反力作用,以初速度 v_2 弹回,见图 4.9(b),甚至离开静触头,并把触头弹簧压缩,将动能储存在弹簧中,在触头弹簧的作用下,动触头反跳的速度逐渐减小。与此同时,传动机构继续推动触头支架将弹簧进一步压缩。当动触头反跳的速度降为零时,反跳距离达到最大值 x_m,见图 4.9(c)。随后,动触头在弹簧张力的作用下又开始向静触头运动,触头间发生第二次碰撞和反跳。

由于触头第一次碰撞和反跳都要消耗掉一部分能量,同时,在碰撞和反跳的过程中,传动机构使触头弹簧进一步压缩,因而动触头的振动时间和振幅一次比一次要小,直至振动停止,触头完全闭合,见图 4.9(d)。

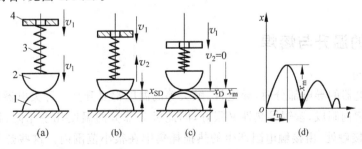

图 4.9 振动过程示意图

(a) 触头碰撞开始瞬间;(b) 触头碰撞后瞬间;(c) 触头振动变化过程;(d) 触头振幅的变化

1—静触头;2—动触头;3—触头弹簧;4—动触头支架;

x_{SD}—塑性和弹性变形量;x_D—弹性变形量;x_m—最大振幅

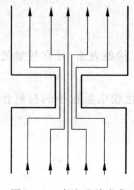

图 4.10 点电流线密集情况示意图

另外,在触头带电接通时,由于实际接触的只有几个点,在接触点处便产生电流线的密集或弯曲,如图 4.10 所示,畸变的电流线和通过反向电流的平行导体一样,相互作用产生斥力,使触头趋于分离,该电动力称为收缩电动力。收缩电动力也能引起触头间的振动,特别是在闭合大的工作电流或短路电流时,电动斥力的作用更为显著。

对于电磁传动的电器来讲,在触头闭合过程中,衔铁以一定的速度向静铁芯运动,当衔铁吸合时,同样会因碰撞而产生振动,以致触头又发生第二次振动。

在触头振动过程中(见图 4.9),如果 $x_m \leqslant x_{SD}$,则碰撞后触头不会分离,这样的振动不会产生电弧,对触头无害,因而称之为无害振动。反之,若 $x_m > x_{SD}$,则碰撞后动静触头分离,在触头间隙中会出现金属桥,造成触头磨损或熔焊,甚至产生电弧,严重影响触头寿命,故称为有害振动。两个触头在闭合时发生碰撞产生振动是不可避免的,所谓消除触头闭合过程中的振动,是指消除触头的有害振动。

2. 减小振动的方法

为了提高触头的使用寿命,必须减小触头的振动。减小触头振动有以下几种方法:

(1) 使触头具有一定的初压力。增大初压力可减小触头反跳时的振幅和振动时间。但初压力增大是有限的,如果初压力超过了传动机构的作用力(例如电磁机构的吸力),则不仅触头反跳的距离增加,而且触头也不能可靠地闭合,反而造成触头磨损增加。

(2) 降低动触头的闭合速度,以减小碰撞动能。由实验可知,减小触头闭合瞬间的速度可减小触头振动的振幅。这要求吸力特性和反力特性良好配合。需要指出的是,当触头回路电压高于 300V 时,若闭合速度过小,则在动、静触头靠近时,触头间隙会击穿形成电弧,反而会引起电磨损的增加。

(3) 减小动触头的质量,以减小碰撞动能,从而减小触头的振幅。但是,在减小触头质量时,必须考虑触头的机械强度、散热面积等问题。

(4) 对于电磁式电器,减小衔铁和静铁芯碰撞时引起的磁系统的振动,以减小触头的二次振动。其方法是吸力特性与反力特性有良好的配合及铁芯具有缓冲装置。

4.4 触头的温升与熔焊

1. 触头温升

电流流经电器的导电部分时,导电杆、触头等的温度都要升高。开关电器的触头大多是用截面很大的紫铜制成,紫铜导热性又很好,因此触头部分的温度几乎相同,称为触头的本体温度 T_b;在接触处,由接触电阻产生的热损耗集中在很小范围内。这些热量只能通过传导向触头本体传热,因此接触点处的温度 T_m 要比触头本体温度高。T_b 与 T_m 之差称为接触点温升,即

$$\tau_j = T_m - T_b = \frac{I^2 R_j^2}{8\lambda\rho} \tag{4.6}$$

式中：L 为洛伦兹常数；$L = 2.4 \times 10^{-8}(\text{V}^2/\text{K}^2)$，$T$ 为本体的绝热温度。对所有金属材料：

$$\lambda \rho = LT \tag{4.7}$$

$$\tau_j = \frac{I^2 R_j^2}{8LT} \tag{4.8}$$

【例题】 计算某枚触头在长期通过额定电流时的接触点温升 τ_j。已知额定电流 $I = 600\text{A}$，本体温度 $90℃$，接触电阻 $R_j = 6.6\mu\Omega$。

【解】 触头本体绝对温度为

$$T = t_b + 273\text{K} = 363\text{K}$$

所以

$$\tau_j = \frac{I^2 R_j^2}{8LT} = \frac{(600 \times 6.6 \times 10^{-6})^2}{8 \times 2.4 \times 10^{-6} \times 363}\text{K} = 0.23\text{K}$$

这个计算结果表明，只要接触电阻不大，在长期通过额定电流时，接触点温度与触头本体温度相差无几。但当接触电阻由 $6.6\mu\Omega$ 增加为 $66\mu\Omega$ 时，接触点温升将由 0.23K 增大为 23K，此时，接触电阻对接触点温升的影响已不容忽视。

由于接触点处导电状态的恶化破坏或在突然的短路电流作用下热效应剧增，接触处的温度就可能达到金属材料的软化点或熔点，使触头局部软化或熔化。如果熔化较厉害就会造成熔焊。熔焊严重时就有可能将触头焊在一起而无法自行分开。

2. 触头的熔焊

触头的熔焊主要发生在触头闭合有载电路的过程中和触头处于闭合状态时。

在触头闭合过程中，触头的机械振动使触头间断续产生电弧，在电弧高温的作用下，使触头表面金属熔化，当触头最终闭合时，这些熔化金属可能凝结而引起熔接，使动、静触头熔焊在一起不能打开。

在触头处于闭合状态时，若通过过大的电流，会使触头接触处温度升高，如果达到了熔化温度，两触头接触处的材料便熔化并结合在一起，使接触电阻迅速下降，其损耗和温度都下降，熔化的金属可能凝结而引起熔接。这种由热效应而引起的触头熔接，称为触头的"熔焊"。

还有一种触头熔接现象，产生于常温状态，通常称为"冷焊"。"冷焊"常常发生在用贵金属材料（如金与金合金等）制成的小型继电器触点中。其原因为贵金属表面不易形成氧化膜，纯净的金属接触面在触头压力作用下，由于金属原子间化学亲和力的作用，使两个触头表面结合在一起，产生"冷焊"现象。由"冷焊"产生的触头间粘接力很小，但是在小型高灵敏继电器中，由于使触头分开的力也很小（一般小于 $9.8 \times 10^{-2}\text{N}$），不能把冷焊粘接在一起的触点弹开，常常出现触头粘住不释放的现象。

4.5 触头的磨损

1. 触头磨损的原因

新加工的触头，表面氧化膜很薄，触头接触电阻较小。触头在多次接通和断开有载电路后，它的接触表面将逐渐产生磨耗和损坏，接触电阻会不断增加，这种现象称为触头的磨损。触头磨损达到一定程度后，其工作性能便不能保证，此时，触头的寿命即告终结。继电器和接触器的电寿命主要取决于触头的寿命。为了保证触头工作可靠，在长期工作过程中，必须保证触头接触电阻长期稳定。为此，必须分析造成接触电阻不稳定的原因。触头磨损包括机械磨损、化学磨损和电磨损。

（1）机械磨损

机械磨损是在触头闭合和打开的时候研磨和机械碰撞造成的，它使得触头的接触表面产生压皱、裂痕或者塑性变形与磨损。

机械磨损与化学磨损一般都很小，大约占全部磨损量的10%。

（2）化学磨损

当可分触头分开时，构成接触连接的金属（如铜、铝及其合金）与周围介质中的某些成分（如空气中的氧、变压器油中的有机酸等）起化学作用，生成不导电的化学膜，由此会出现很大的表面电阻，致使接触电阻变大，且不稳定，甚至完全破坏了触头的导电性能。电接触受化学腐蚀的程度与金属种类、周围介质及接触面的温度有很大关系。但是在触头关合过程中，由于触头间发生碰撞和滑动，又会使化学膜部分去除，使接触电阻降低。这种非导电性的薄膜在触头相互地碰撞及触头的压力作用下，逐渐剥落，造成金属材料的损耗，称为化学磨损。

当触头长期闭合时，接触面虽不与周围介质相接触，但周围介质中的氧分子等会从接触点周围逐渐侵入，与金属起化学作用，形成金属氧化物。这样会使实际接触面积减小，接触电阻增加。接触点温度越高，氧分子活动能力越强，可以更深地侵入金属内部，这种作用更为严重。因此，为了使接触电阻在长期工作情况下保持稳定，必须保证接触点在长期工作下的温度不应过高。电接触的长期允许温度很低的原因就在于此。增加接触压力可以提高接触电阻的稳定性。另一个有效措施就是在容易腐蚀的金属上覆盖银、锡等金属。

（3）电磨损

触头的磨损主要取决于电磨损。电磨损主要产生在触头的闭合与开断过程中，尤其是以触头开断过程中形成的电磨损为主。在触头闭合时产生的电磨损，主要是由触头碰撞产生的振动造成的，在触头开断过程中所产生的电磨损，主要是由高温电弧造成的。

2. 触头的磨损形式

触头在多次接通和断开有载电路后，它的接触表面将逐渐产生磨耗和损坏，使触头材料损耗和变形，这种现象称为触头的电磨损。电磨损直接影响电器的寿命。

触头的电磨损存在以下两种形式：

（1）液桥的形成和金属转移。由上述分析可知，液桥的形成和金属转移发生在触头分断过程中，在从触头完全闭合到触头刚开始分离的时间内，先是触头的接触压力和接触点数目减少，使接触电阻越来越大，这样就使接触点的电流密度急剧增加，从而使热量集中的接触处金属熔化，形成液态金属滴。触头继续断开时，将金属液体滴拉长，形成液态金属桥，简称液桥。接着在电动力的作用下发生金属转移。由于温度沿液桥的长度分布不对称，且其最大值是发生在靠近阳极的地方，因此，使金属熔液由阳极转移到阴极。实践证明，由于液桥的金属转移作用，经过很多次的操作后，触头的阳极因金属损耗而形成凹坑，阴极则因金属增多而形成针刺，凸出于接触表面，从而产生电磨损。

在弱电流电器（如继电器）中，液桥对触头的电磨损有着重要的影响。

（2）电弧对触头的腐蚀。当负荷电流超过20A，或者达到几百安或上千安时，电弧的温度极高、触头间距离又较大，一般都有电动力吹弧，再加上强烈的金属蒸气热浪冲击，往往把液态金属从触头表面吹出，四周飞溅。这种磨损与小功率电弧的磨损是不同的，金属蒸气再度沉积于触头接触表面上的概率已大大减小,使触头阴、阳极都遭到严重磨损,由于阳极温度高于阴极,所以阳极磨损更为严重。

3. 减小触头电磨损的方法

减小触头电磨损,提高触头的寿命,可以从减小触头在分断过程和闭合过程中的磨损两方面着手。

1) 减小触头开断过程中的磨损,即减小触头在开断时的电弧,其方法如下:

(1) 合理选择灭弧系统的参数,例如磁吹的磁感应强度 B。B 值过小,吹弧电动力小,电弧在触头上停留时间较长,触头的电磨损增加;B 值过大,吹弧电动力过大,会把触头间熔化的金属液桥吹走,电磨损也增加,因此,有一个最佳的 B 值,在该值下电磨损最小。

(2) 对于交流电器(如交流接触器)宜采用去离子栅灭弧系统,利用交流电通过自然零点时不再重燃而熄弧,减小触头的电磨损。

(3) 采用火花熄灭电路,以减小触头的电磨损。这种方法就是在弱电流触头电路中,在触头上并联电阻、电容,以熄灭触头上的火花。这种火花熄灭电路对开断小功率直流电路很有效。

(4) 正确选用触头材料。例如,钨、钼的熔点和气化点高,因此,钨、钼及其合金具有良好的抗磨损特性,银、铜的熔点与气化点低,其抗磨损性较差。

2) 减小触头闭合时的磨损。触头闭合时的磨损主要是由于触头在闭合过程中的振动所引起的,因此,为了减小触头的电磨损,必须减小触头的机械振动。

4.6 触头的材料

触头工作的可靠性由触头的材料决定,尤其是对触头磨损影响甚大。根据各种电器的任务和使用条件的不同,对触头材料性能的要求亦不同,一般要求如下:

(1) 电气性能:要求材料本身的电阻系数小,接触电阻小且在长期工作中能保持稳定。要求生弧的最小电流大和最小电压高,电子逸出功及游离电位大。

(2) 热学性能:要求熔点要高,导热性要好,热容量要大。

(3) 力学性能:要有适当的强度和硬度,耐磨性好。

(4) 化学性能:要具有很好的化学稳定性,在常温下不易氧化,或者氧化物的电阻尽量小,耐腐蚀。

此外,还要考虑材料的可加工性能好,价格便宜,经济适用。但实际上是不可能同时满足以上各项要求的,而只能根据触头的工作条件及负荷的大小,满足其主要的性能要求。

触头材料分为 3 大类,即纯金属、合金和金属陶冶材料。对于弱电流主要采用铜、银、铂和铜银合金、铂合金及金;对于中、强电流主要采用铜、黄铜、青铜及其他合金,其中金属陶冶(粉末冶金)材料被大量使用。对于固定电接触选材,常选铝,实际工作中,在其上常常覆盖有银、铜、锡等材料,目的是降低接触表面的 R_j,以减少静熔焊。对于真空开关电器的触头材料性能,除一般要求外,还要求触头表面特别洁净,触头材料的抗熔焊性能更高,材料有坚固而致密的组织、截流值小、本身含杂质很少等要求。

1. 纯金属材料

(1) 银。银是高质量的触头材料,具有高的导电和导热性能。银在常温下不易氧化,其氧化膜能导电，在高温下易分解还原成金属银。因此，银触头能自动清除氧化物，接触电阻低且稳定，允许温度较高。银的缺点是熔点低，硬度小，不耐磨。由于银的价格高，一般仅用于继电器和小功率接触器的触头或用于接触零件的电镀覆盖层。

(2) 铜。铜是广泛使用的触头材料，导电和导热性能仅次于银。铜的硬度较大，熔点较高，易加工，价格较低。铜的缺点是易氧化，其氧化膜的导电性很差，当长时间处于较高的环境温度下，氧化膜不断加厚，使接触电阻成倍增长，甚至会使电流通路中断。因此，铜不适于做非频繁操作电器的触头材料。对于频繁操作的接触器，电流大于150A时，氧化膜在电弧高温作用下分解，可采用铜触头，并做成单断点指式触头，在触头分、合过程中有研磨过程，以清除氧化铜薄膜。

(3) 铂。铂是贵金属，化学性能稳定，在空气中既不生成氧化物，也不生成硫化物，接触电阻非常稳定，有很高的生弧极限，不易生弧，工艺性好。铂的缺点是导电和导热性能差，硬度低，价格昂贵。因此，不采用纯铂作为触头材料，一般用铂的合金做小功率继电器的触头。

(4) 钨。钨的熔点高，硬度大，耐电弧，钨触头在工作过程中几乎不会产生熔焊。但是，钨的导电性能较差，接触电阻大，易氧化，特别是与塑料等有机化合物蒸气作用(例如在封闭塑料外壳内的钨触头)，生成透明的绝缘表面膜，而且此膜不易清除，加工困难。因此，除少数特殊场合(如火花放电间隙的电极)外，一般不采用纯钨做触头材料，而与其他高导电材料制成陶冶材料。

2．合金材料

由于纯金属本身性能的差异，将它们以不同的成分相配合，构成金属合金或金属陶冶材料，使触头的工作性能得以改进。

常用的合金材料有银铜、银钨、钯铜、钯铱等。

(1) 银铜合金。适当提高银铜合金的含铜量，可提高其硬度和耐磨性能。但是，含铜量不宜过高，否则，会和铜一样易于氧化，接触电阻不稳定。银铜合金熔点低，一般不用作触头材料，主要用作焊接触头的银焊料。

(2) 银钨和钯铜。银钨和钯铜都有较高的硬度，比较耐磨，抗熔焊。有时用于小功率电器及精密仪器仪表中。

(3) 钯铱合金。钯铱合金使用较广泛，铱有效地提高了合金的硬度、强度及抗腐蚀能力。

3．金属陶冶材料

金属陶冶材料是由两种或两种以上的彼此不相熔合的金属组成的机械混合物，其中一种金属有很高的导电性(如银、铜等)，作为材料中的填料，称为导电相；另一种金属有很高的熔点和硬度(如钨、镍、钼、氧化镉等)，在电弧的高温作用下不易变形和熔化，称为耐熔相，这类金属在触头材料中起着骨架的作用。这样，就保持了两种材料的优点，克服了各自的缺点，是比较理想的触头材料。

常用的金属陶冶材料有银—氧化镉、银—氧化铜、银—钨、银—石墨等。

(1) 银—氧化镉。导电性能和导热性能好，抗熔焊，耐电磨损，接触电阻低且稳定，特别是在高温电弧的作用下，氧化镉分解为氧气和镉蒸气，能驱使电弧支点迅速移动，有利于吹灭电弧，故银—氧化镉触头具有一定的自灭弧能力。此外，它的可塑性好，且易于加工。因此，它是一种较为理想的触头材料，广泛用于大、中容量的电器中。

(2) 银—氧化铜。与银—氧化镉相比,耐磨损,抗熔焊性能好,无毒,在高温下触头硬度更大,使用寿命长,价格便宜。试验结果表明,银—氧化铜触头比银—氧化镉触头在接触处具有更低且稳定的接触电压降,导电性能更好,发热情况较轻,温升较低。因此,近年来银—氧化铜材料得到了广泛的应用。

(3) 银—钨。具有银的良好的导电性,同时,又具有钨的高熔点、高硬度、耐电弧腐蚀、抗熔焊、金属转移小等特性,常用作电器的弧触头材料。随着含钨量的增加,其耐电弧腐蚀性能和抗熔焊性能也逐渐提高,但其导电性能下降。银—钨的缺点是接触电阻不稳定,随着开闭次数的增加,接触电阻增大,其原因在于分断过程中,触头表面产生三氧化钨、钨酸银等电阻率高的薄膜。

(4) 银—石墨。导电性好,接触电阻低,抗熔焊,耐弧能力强,在短路电流作用下也不会熔焊,其缺点是电磨损大。

上述陶冶材料利用粉末冶金法、化学沉淀法(也称沉淀法)及内氧化法等制成。

4. 电接触新材料的发展

电器新产品的开发在很大程度上依赖于电工绝缘材料和电工合金的新发展,新材料的应用使电工产品的单机输出功率大大提高、功耗降低,同时极大地缩小体积、减轻重量,也改善和提高了产品的性能,甚至可以美化外观造型。

由于电接触材料已成为现代科学技术和工业发展不可缺少的重要材料,国外特别重视电接触复合材料,其发展方向主要是"合金多元化、复合多元化、超小型化和性能综合化",如"粒状强化(粉末冶金)、弥散强化、纤维增强和层状复合材料",其中的"层状复合材料"应用广泛,MAX 相导电陶瓷等新材料已开始作为铜基增强相用于真空触头和轨道交通车辆受流器等应用。

小结

电接触分为固定接触、滑动接触和可分合接触3类。可分合接触又称触头,是三类接触形式中工作任务最重的一类。

名义上光滑的金属表面实际上都是凹凸不平的,并常覆盖有一层不导电的表面膜。这样的金属表面互相接触时,实际上只有极少的点(面)发生了真正的接触,在这些实际接触的面中又只有少部分膜被压破了面能够导电。

接触电阻为收缩电阻和膜电阻之和。收缩电阻与接触元件材料的电阻率成正比,与导电斑点的直径成反比。金属表面的表面膜有绝缘膜和导电膜两类。导电膜由"隧道效应"导电;绝缘膜靠施加一定的电压或机械压力使膜破坏而导电。对电接触的基本要求是接触电阻小而稳定,实现的方法是选用合适的接触材料和接触形式,保持一定的接触压力,防止表面膜的生长和接触面的污染。电流通过接触面而发热,其中导电斑点的温度最高。

触头闭合过程中常产生机械振动,供触头磨损增大和发生熔焊。减小振动的方法是:采用一定的触头预压力,选用一定刚度的触头弹簧,减小动触头闭合速度和减轻动触头质量。

电流通过触头,因电流线收缩而产生触头电动斥力,它正比于电流的平方,并与触头的最大导电截面和最小导电截面有关。

触头熔焊有静熔焊和动熔焊之分。触头焊接后拉开触头的力称为焊接力。减轻触头熔焊的方法是选用抗熔焊性能好的材料,采取一切有效措施减小接触电阻和触头振动。

触头磨损有机械的、电的(热的)和化学的三方面原因,电的原因是主要的。触头电磨损有金属桥和电弧磨损之分。金属桥和小电流电弧磨损的特点是材料定向的转移,而强电流电弧磨损常因触头强烈气化和喷溅造成净损失。消除桥磨损的主要方法是材料配对,减轻电弧磨损的主要方法是选用复合材料,加磁场使弧根运动和使电弧迅速熄灭。

触头材料触头工作的可靠性和寿命起重要作用。触头材料有纯金、合金和金属陶冶之分。现代电器一般较少采用纯金属。

思考与练习

1. 电器的电动稳定性是指当大电流通过电器时,在其产生的电动力作用下,电器有关部件不产生损坏或永久变形的_____。
2. 触头处在闭合位置能承受短路电流所产生的电动力而不致损坏的能力,称为触头的_____。
3. 由于辅助触头常常起到电气联锁作用,所以又称为_____。
4. 触头的接触形式有点接触、线接触和_____ 3种。
5. 增大触头的_____可以降低触头闭合过程的弹跳。
6. 触头的发热是由_____引起的,因此应设法减小。
7. 触头材料分3类:纯金属、金属合金和_____。
8. 金属陶冶材料是由两种或两种以上的彼此不相熔合的金属组成的机械混合物,其中一种金属有很高的导电性(如银、铜等),作为材料中的填料,称为_____;另一种金属有很高的熔点和硬度(如钨、镍、钼、氧化镉等),在电弧的高温作用下不易变形和熔化,称_____。这类金属在触头材料中起着骨架的作用。
9. 触头磨损包括机械磨损、化学磨损和_____。
10. 触头的磨损主要取决于_____。
11. 请简述触头基本参数的定义、作用,理解其调整方法。
12. 请简述接触电阻的产生原因、影响因素及减小的方法。
13. 请简述振动对触头的影响及减小振动的方法。
14. 电磨损产生的原因是什么?

第 5 章

电弧与灭弧装置

5.1 电弧的物理基础

当在大气中开断或闭合电压超过 10V、电流超过 0.5A 的电路时,在触头间隙(或称弧隙)中会产生一团温度极高、亮度极强并能导电近似圆柱形的气体,称为电弧。电弧由于具有高温及发强光的性质,可以广泛应用于焊接、熔炼、化学合成、强光源及空间技术等技术领域。但是,在开关电器中,对于有触点电器而言,电弧的存在却具有两重性,一方面它可给电路中磁能的泄放提供场所,从而降低电路开断时产生的过电压,另一方面电弧是导电体,它会延迟电路的开断、烧损触头及绝缘,在严重的情况下甚至可能引起相间短路、开关电器的着火和爆炸,酿成火灾,危及人员及设备的安全。只有将电弧熄灭才能实现电路的开断。所以,从电器的角度来研究电弧,不在于如何利用电弧稳定燃烧的特性为生产服务,而在于采取怎样的措施使其存在的时间尽量缩短,以减轻其危害。或者说,研究电弧的目的是为了了解它的基本规律,找出相应的办法,让电弧在电器中尽快熄灭。因此,电弧现象也即电弧燃烧和熄灭过程是开关电器最重要的内容。

1. 电弧现象及特点

为了弄清电弧的性质,首先应了解气体放电的物理过程。在有触点的电器中,触头接通和分断电流的过程中往往伴随着电弧的产生及熄灭,这种弧隙中气体由绝缘状态变为导体状态、使电流得以通过的现象叫做气体放电现象。切断的电流越大,触头间出现的电弧就越强烈。

开关电弧是电弧等离子体的一种。开关电弧的主要外部特征有:

(1) 电弧是强功率的放电现象。在开断几十千安短路电流时,以焦耳热形式发出的功率可达 10000kW。因此,电弧温度能达到上万甚至更高摄氏度及强辐射,如图 5.1 所示。

(2) 气体放电分为自持放电与非自持放电两类,电弧是气体放电的一种形式,电弧属于气体自持放电中的弧光放电。电流通过空气所产生的瞬间火花,是一种带电质点的急流。

(3) 电弧是等离子体,质量极轻,极容易改变形状。电弧区内气体的流动包括自然对流以及外界甚至电弧电流本身产生的磁场都会使电弧受力,改变形状,有的时候运动速度可达每秒几百米。设计人员可以利用这一特点来快速熄弧并预防电弧的不利影响及破坏作用。

图 5.1 电弧及城轨车辆电弧现象

电弧对开关电器具有一定的危害,要求尽快熄灭,否则电弧产生的高温足以熔化触头、烧损绝缘材料,或烧伤触头表面,使触头表面形成弧坑和尖刺。当电弧不能及时熄灭时,不仅使电路的切断时间延长,妨碍电路的正常分断,严重时会烧坏电器部件及附近的电气设备,还会引起短路事故,甚至引起火灾。为了确保电器可以稳定性工作和电器的安全,必须采用有灭弧装置电器使电弧熄灭。

借助一定的仪器仔细观察电弧,可以发现,除两个极(触头)外,电弧明显地分为3个区域,即近阴极区、近阳极区及弧柱区,如图 5.2 所示。

近阴极区的长度约等于电子的平均自由行程。在电场力的作用下正离子向阴极运动,造成此区域内聚集着大量的正离子而形成正的空间电荷层,使阴极附近形成高电场强度($10^6 \sim 10^7$ V/m)。正的空间电荷层形成阴极压降,其数值随阴极材料和气体介质的不同而有所变化,但变化不大,为 10~20V。

近阳极区的长度约为近阴极区的数倍。在电场力的作用下自由电子向阳极运动,它们聚集在阳极附近而且不断被阳极吸收而形成电流。在此区域内聚集着大量的电子形成负的空间电荷层,产生阳极压降,其值也随阳极材料而异,但变化不大,稍小于阴极压降。由于近阳极区的长度比近阴极区的长,故其电场强度较小。

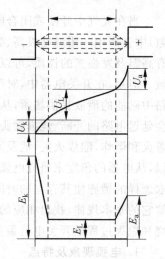

图 5.2 电弧 3 个区及电位降、电位梯度分布

阴极压降与阳极压降的数值几乎与电流大小无关,在材料及介质确定后可以认为是常数。弧柱区的长度几乎与电极间的距离相同,是电弧中温度最高、亮度最强的区域。因在自由状态下近似圆柱形,故称为弧柱区。在此区中正、负电粒子数相同,称等离子区。由于不存在空间电荷,整个弧区的特性类似于一个金属导体。每单位弧柱长度电压降相等。其电位梯度 E_L 也为一个常数,电位梯度与电极材料、电流大小、气体介质种类和气压等因素有关。

电弧按其外形分为长弧与短弧。长短之别一般取决于弧长与弧径之比。若弧长大大超过弧径的电弧称为长弧,其特点是电弧的过程主要取决于弧柱,电弧压降的大小主要由弧柱压降所决定,即长弧的电压是近极压降(阴极压降与阳极压降)与弧柱压降之和: $U = U_{阴} +$

$U_阳 + U_柱$；若弧长小于弧径，两极距离极短，如几毫米，这样的电弧称为短弧，此时两极的热作用强烈，近极区的过程起主要作用，电弧的压降以近极压降为主，几乎不随电流变化。

由于电弧产生的物理过程比较复杂，且影响电弧特性的因素很多，因此还不能全用理论方法来计算电弧特性。在设计灭弧装置时，通常用经验的方法并通过实验来解决。因此应很好掌握电弧产生的内在物理过程及其基本规律，并把密切相关的一些因素联系起来进行分析，就可以了解如何熄灭电弧的问题了。

电弧电流的主要特征：

（1）电弧温度极高，亮度很强，能量集中。

（2）电弧由阴极区、阳极区和弧柱区组成，处在大气中的铜触头上的电弧，其极旁压降为 10～15V；若为碳触头，其极旁压降为 20～25V。弧柱区的电压称为弧柱压降。弧柱处的温度最高，达几千甚至上万摄氏度。弧柱为电弧的阴极、阳极（上、下电极）之间的部位。弧柱中间具有稳定的放电条件及均匀的放电亮度，常被用于光谱激发的主要区域。

（3）电弧的气体放电是自持放电。当外加的电压逐渐变高后，气体的放电过程将发生转变，此时如果去掉外界激励的因素，放电仍然要继续发展，成为自持放电。

（4）电弧是一束游离的气体。电弧质量很小，在气体流量或电功率的作用下，可以移动、拉伸、弯曲和变形。

2．电弧产生的物理过程

当触头开断电路，在间隙中产生电弧时，电路仍然是导通的，这说明已分开的触头间的气体由绝缘状态变成了导电状态；但当电弧熄灭之后触头间又恢复了绝缘状态。那么，究竟有哪些物理过程在电弧的产生与熄灭过程中起了作用呢？下面就此进行分析。

金属材料表面在某些情况下能发射出自由电子，这种现象叫表面发射。自由电子的产生是由于金属内的电子得到能量，克服内部的吸引力而逸出金属。一个电子逸出金属所需的能量叫逸出功。不同金属材料逸出功的大小不一样。

原子从物质的结构而言，是由原子核与若干电子构成的。如果外界加到电子上的能量足够大，能使电子克服原子核的吸引力作用而成为自由电子，这种现象称为游离。游离所需的能量叫游离能。不同的物质其游离能不同。

触头开断电路时，弧隙中电子和离子的产生主要有以下原因：电子热发射（阴极热发射电子）、电子强电场发射（阴极冷发射电子）、碰撞游离和热游离等。

1）电子热发射（阴极热发射电子）

触头开断过程中，触头间的接触面积逐渐减小，接触处的电阻越来越大，电流密度也逐渐增大，触头表面的温度剧增，金属内由于热运动急剧活跃的自由电子就克服内部的吸力而从阴极表面发射出来，撞击电离产生的正离子向阴极运动，撞击在阴极上会使阴极温度逐渐升高，使阴极金属中电子动能增加，当温度达到一定程度时，一部分电子有足够动能将从阴极表面逸出，再参加撞击电离。这种主要是由于高温使电极发射电子的现象称为电子热发射。热发射电子的多少与阴极表面温度及阴极的材料有关。阴极表面温度越高，则发射电子的电流密度就越多；阴极表面温度越低，逸出的功越大时，则热发射电子的电流密度就越少。

2）电子强电场发射（阴极冷发射电子）

在触头刚刚发生热发射开始分离的同时，由于触头之间的间隙距离很小，线路的电压在这很小的间隙内形成很高的电场,因此该位置的电场强度很高,每米可达到几亿伏,此强电场将电子从阴极表面拉出,形成自由电子,自由电子发散到气隙中,使触头的间隙出现较多的电子,这就是强电场放射。在强电场发射中,并不需要热功的参与,所以强电场发射也称作冷发射。

这种发射与阴极材料和阴极表面附近的电场强度有关。电场强度越高,则发射电子的数目越多;反之当金属的温度越低、阴极表面电场越小时,电子发射的数量就越少。

通常阴极电子的发射,同时包含了热发射和冷发射的过程,只是不同的材料热发射和冷发射的程度各不相同。

3) 碰撞游离

由于以上两种发射的作用,大量电子从阴极表面进入弧隙。触头间隙中的自由电子在电场的作用下,获得动能而加速,随着触头的分开,它在前进途中不断地撞击气体的原子或分子(中性粒子),触头间隙中的电场强度越大,电子在加速过程中所走的路程越长,它所获得的能量就越大,撞击电离的电子就越多。当高速运动的粒子具有的动能大于中性粒子的游离能时,这些原子和分子最外层电子脱离原子核的束缚而成为自由电子,失掉电子的那些原子和分子成为正离子,即气体被游离,这一过程称为碰撞游离(如图 5.3 所示)。碰撞游离后出现的自由电子在电场作用下又可同其他中性粒子发生新的撞击和游离,使得自由电子和正离子数累积增加。弧隙中的中性气体就变为导电的自由电子与正离子,在电场作用下,它们向阴极、阳极运动,当它们遇到其他中性气体粒子,碰撞将再次发生。这样连续不断地碰撞游离,使得气体介质中带电质点大量增加,在外加电场作用下,气体介质被击穿,形成电弧放电。随着电弧形成,电路并未断开。若电子撞击中性粒子不足以使其立即游离,但经多次撞击,中性粒子所获得能量也使其发生了游离,这种过程称为累积游离。在带电粒子中,由于电子体小质轻,自由行程长,容易加速而获得能量,故其游离作用比正、负离子大得多。

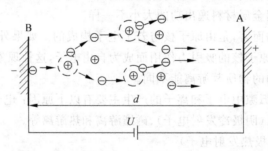

图 5.3 碰撞游离

4) 热游离

随着电弧的形成,在电弧燃烧时,弧隙中气体温度很高(3000~4000K 以上),气体中的中性原子或分子由于热运动而发生互相撞击,其结果也造成游离,这种因高温使分子撞击产生的游离称为高温游离。热游离实质上也是碰撞游离,只不过碰撞是高温引起而不是电场引起的。所以温度越低,热游离越弱;相反温度越高,热游离越强。

中性粒子热游离的程度与温度的高低、气压的大小、物质的游离能大小有关。在高温状况下,金属材料容易发生气化,金属蒸气的游离能比气体的小得多。当电弧间隙中混有金属蒸气时,高温游离程度大大增加。

此外,还有由于光或射线照射金属表面引起电子从金属表面逸出的现象称为光发射和由于高速的正离子撞击阴极、电子撞击阳极而形成的发射电子称为二次发射两种形式。

由上可见,电弧由碰撞游离产生,靠热游离维持。第一是由于热的作用,发生热发射和热游离;第二是由于电场的作用,发生冷发射和碰撞游离,在气隙间出现大量电子流,使气体由绝缘体变成导体。应该注意的是,在整个过程中几种物理作用并不是截然分开的,而是交叉进行或同时存在的。电弧燃烧期间,起主要作用的是热游离。所以要使电弧熄灭,必须加强对电弧的冷却,这样既可以抑制游离过程,又可加强消游离作用,有利于电弧熄灭。

从能量的角度来说,电弧燃烧时要从电源不断向电弧内部输入能量,而这个能量又不断转变为电弧的热量通过传导、对流及辐射三种方式散失。

设输入弧隙的功率为 $P_h(W)$,电弧散失功率为 $P_s(W)$,则:

当 $P_h=P_s$ 时,电弧电流不变,稳定燃烧;

当 $P_h>P_s$ 时,电弧电流变大,电弧越燃越烈;

当 $P_h<P_s$ 时,电弧电流变小,电弧逐渐熄灭。

3. 电弧熄灭的物理过程

电弧稳定燃烧时处在热动平衡状态,此时不可能有电子和离子的积累。这说明电弧在触头间隙产生大量带电粒子的气体游离现象的同时还存在一个带电粒子消失的相反过程,该过程称为消游离或去游离。当消游离作用比游离作用强时,电弧电流将逐渐减少而使电弧熄灭。因此,要熄灭电弧,就必须加强消游离作用。消游离过程主要包括复合和扩散两种形式。

1) 复合

带异性电荷的粒子相遇后相互作用中和而变成中性粒子称为复合。复合按其作用的地点不同可分为以下两类:

(1) 表面复合:带正、负电荷的粒子附在金属或绝缘材料表面上,相互吸引而中和电荷,变成中性粒子。

(2) 空间复合:带正、负电荷的粒子在放电间隙中相互吸引而中和电荷,变成中性粒子。自由电子与正离子相遇,相互吸引而中和电荷而变成中性粒子,称为直接复合。由于自由电子的运动速度比正离子大得多,所以直接复合的概率很小。往往自由电子粘合在中性粒子上,再与正离子相遇而复合,中和电荷形成两个中性粒子。这种过程称间接复合。因为正、负离子的运动速度相当,间接复合的概率大,约为直接复合的上千倍。自由电子粘合在中性粒子上形成负离子的强弱与气体的种类和纯净度有关。氟原子及其化合物 SF_6 分子与自由电子的粘合作用很强,所以称为负电性气体。SF_6 的复合能力很强,是比较理想的消游离绝缘介质,现已应用在高压断路器中。

显而易见,带电粒子运动速度是直接影响复合作用大小的重要因素。降低温度、减小电场强度可使粒子运动速度减小,易于复合;带电粒子浓度增大时,复合机会增多,复合作用也可以加强,在电弧电流不变的条件下,设法缩小电弧直径,则粒子浓度可增大;此外,加入大量的新鲜气体分子,也可增强复合作用,如压缩空气吹弧。

复合过程总是伴随着能量的释放。释放出来的能量成为加热电极、绝缘物及气体的热源,同时也向四周散发。

2) 扩散

扩散过程中,带电粒子克服电场力的束缚,从电弧区逸入到周围介质中变为中性质点的现象称为扩散。电弧是一个电子和离子高度密集的空间,其中温度很高。它和气体分子一样,有均匀地分布在容积中的倾向,这样电子便从弧隙中向四周扩散,扩散出来的电子(或离子)因冷却互相结合而成为中性分子,这种过程不在电弧的内部,而在电弧的表面空间进行。

扩散的方向一般为从高温、高浓度区向低温、低浓度区。扩散使电弧中的带电粒子减少。扩散出来的带电粒子因冷却很容易相互结合,中和电荷而形成中性粒子。扩散速度与电弧内外浓度差、温度差成正比。电弧直径越小,弧区中带电粒子浓度越大;电弧与周围介质温差越大,扩散速度均越大。因此,加速电弧的冷却是提高扩散作用的有效方法。

综上所述,电弧中存在着游离和消游离两方面的作用。当游离作用占优势时电弧就会产生和扩大;当消游离作用占优势时,电弧就趋于熄灭;当游离作用和消游离作用处于均衡状态时,则弧隙中保持一定数量的电子流而处于稳定燃烧状态。游离与消游离作用与许多物理因素有关,如电场强度、温度、浓度、气体压力等。那么,我们可以根据这些物理因素的变化影响情况,找出一些切实可行的方法,减小游离,增加消游离,使触头断开电路时产生的电弧尽快地熄灭。

5.2 直流电弧及其熄灭

1. 直流电弧的伏安特性

直流电弧是指产生电弧的电路电源为直流。当直流电弧稳定燃烧时,电路仍是导通的,因而电弧中有电弧电流,电弧两端有电弧压降。电弧的伏安特性就是指电弧电压与电弧电流之间的关系曲线,它实质上是反映电弧内的物理过程,是电弧的重要特性之一。影响电弧伏安特性的因素很多,通常可用实验方法求得。

直流电弧的伏安特性是指当直流电弧稳定燃烧时,电弧两端电压与电弧中通过电流的关系。它是电弧的重要特性之一,描述了放电的最基本形式。

如图 5.4 所示,在两极中有一稳定燃烧的电弧。我们若是通过调节可变电阻 R 的值非常缓慢地调节回路电流($di/dt \to 0$),在这个过程中分别测量电弧电流和电弧两端电压 U_{DH},可绘出其伏安特性,如图 5.4 中曲线 1。

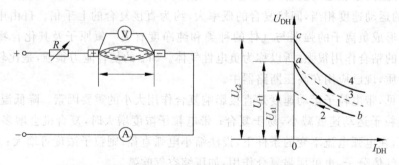

图 5.4 直流电弧及其伏安特性曲线

此伏安特性称为直流电弧的静伏安特性(简称静特性)。静特性是指在电弧稳定燃烧($di/dt=0$)条件下,电弧不受热惯性影响时,电弧电流与电弧压降的关系。

从曲线 1 可见,触头在开断直流电路时所产生的电弧,相当于在电路中串入一个非线性电阻,当电弧电流 I_{DH} 增加时,电弧电压 U_{DH} 减小。这和我们熟知的普通电路的情况相反。在普通电路中,当电流增加时,电阻上的电压也增加,这是因为电路中的电阻值不变的缘故。但在弧隙中,电弧电阻随着电弧电流而变化。随着电流的增大,电弧内的游离作用越来越激烈,离子浓度越来越大,导电性变好,其对外所呈现的电阻值减小,从而维持电弧稳定燃烧所需的电压也相应减小;反之,当电弧电流减少时,维持电弧稳定燃烧所需的电压相应增大。

若调节可变电阻 R 来调节回路电流,让回路电流以一定速度增加($di/dt > 0$)或减少($di/dt < 0$),则可得曲线 3 和 2。这时所得的伏安特性称直流电弧的动伏安特性(简称动特性)。动特性是指在电弧不稳定燃烧条件下,电弧电流变化快,其热惯性对电弧有影响时,电弧电流与电弧压降的关系。根据电流变化速度的不同,动特性曲线有许多条。从图 5.4 中可得出,伏安特性曲线 1、2、3 并不重合,而且电流增加过程的伏安特性 3 位于静伏安特性 1 之上方,电流减小过程的伏安特性 2 位于静伏安特性 1 的下方。其原因是因为当回路电流以一定速度变化时,电弧内部保持原来热状态(游离和消游离状态)的热惯性作用,致使电弧内部状态的变化总是滞后于回路电流的变化。当回路电流变化速度愈大时,这种热惯性作用就愈明显。电弧的电阻也就不同于相应点应有的电阻值,电弧的压降同样就和相应点的压降不同。

在图 5.4 中,静特性曲线 1 与纵轴交点的电压值称为燃弧电压,用 U_{rl} 表示。燃弧电压就是产生电弧所必需的最低电压,电压低于此值,就不足以点燃电弧。伏安特性曲线 2 与纵轴交点的电压值称为熄弧电压,用 M_{sl} 表示。熄弧电压就是指熄灭电弧的最高电压,电压高于此值,电弧将不能熄灭。熄弧电压总是小于燃弧电压,其原因是燃弧前弧隙中介质强度高,即游离程度小,要形成电弧就必须具有较高的电压。燃弧电压应比维持电弧所需的最低电压要高。电弧在燃烧过程中游离程度高,介质强度低,维持其燃烧的最低电压就低,而熄弧电压应比这个电压还要低,所以熄弧电压 M_{sl},总是小于燃弧电压 U_{rl}。

电弧的静伏安特性与弧长有关。在其他条件相同时,弧长 L 越长,静伏安特性越向上移,如图 5.4 中曲线 4 所示。其原因如下:在同一电流情况下,电弧单位长度的电阻值不变,电弧拉长后的总电阻增加,因而电弧的电压就增大了。由于静伏安特性向上平移,燃弧电压和熄弧电压也都要增加。从这个角度来说,拉长电弧,可以加速电弧的熄灭。

影响电弧伏安特性的主要因素有:

(1) 电弧长度的影响(在相同冷却条件下)。当电弧长度改变时,其伏安特性也相应变化。在相同的电流下,若电弧的长度增加时,保持单位长度电弧的电阻不变,则拉长后的总电阻增大,保持电弧正常燃烧所需要的电压也增大。如果电源电压不能维持线路弧压与压降,电弧将熄灭,即整个伏安特性曲线上移。所以,在相同的冷却条件下,电弧越长,越易熄灭。

(2) 冷却条件的影响(在电弧长度相同的条件下)。电弧的伏安特性还与周围的介质温度、本身的冷却条件有关。在良好的冷却和通风条件下,电弧中的复合与扩散会加强,使消游离作用加强,弧隙间的带电粒子密度减小,弧电阻增加,维持电弧燃烧所需要的电压提高,即伏安特性曲线上移。所以在电弧长度相同的条件下,冷却条件越好,电弧越易熄灭。

2. 直流电弧的熄灭

设有如图 5.5(a)所示典型的直流电弧电路,E 为电源电势,L 和 R 分别为电路中和电弧串联的电感和电阻。根据克希荷夫第二定律,可写出电压平衡方程式:

$$E = V_{DH} + iR + L\frac{di}{dt} \tag{5.1}$$

由于电弧的电阻呈非线性的特点,因此图解法最简便。将式(5.1)中各项的伏安特性表示在同一坐标系中,以便分析其相互间的关系。如图5.5(b)所示,曲线2为电弧的静伏安特性,直线1为$E-iR$。从图中可以得出:直线1与曲线2相交于A、B两点,其对应的电流值为i_A与i_B。

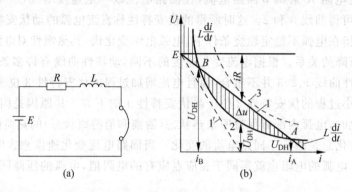

图5.5 开断电感电路的直流电弧及其熄灭
(a)直流电弧;(b)直流电弧的熄灭

一个直流电弧能够稳定燃烧的条件是有稳定燃烧点,即$\frac{di}{dt}=0$。那么,要想使直流电弧熄灭,就应该消除稳定燃烧点,且$\frac{di}{dt}<0$。从图形来看就应该是曲线1与直线2没有交点且曲线1位于直线2的上方。要想达到这个目的,图形上的变化可有很多种,但结合实际来考虑,将曲线1向上平移至3的做法最为可行。从其代表的物理意义上来讲,就是将电弧拉长。所以,拉长电弧对熄灭直流电弧是最常用的方法,而且拉长的方式也有多种。

还有一种方法也能使直流电弧熄灭,那就是在电弧两端并联电阻,如图5.6所示。从图形上看,由于$i=i_h+i_{Rb}$,使得电弧两端的伏安特性发生了变化,满足了直流电弧熄灭的条件,电弧将熄灭。这种方法有一定的缺陷,那就是电弧虽熄灭了,但电路并未断开。所以要利用这种方法,还必须安装附加开关以分断并联电阻电路。

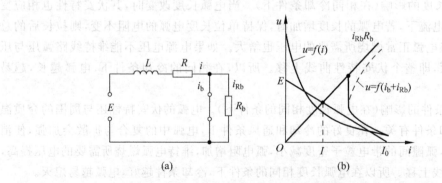

图5.6 电弧并联电阻电路(a)及其伏安特性(b)

3. 断开感性电路的过电压

为了减小电弧对触头及电器的烧损,通常希望熄弧时间越短越好。但是在断开感性电路时,若熄弧时间过短,电感中将产生很大的自感电势,也就是 $L\dfrac{\mathrm{d}i}{\mathrm{d}t}$ 的值很大。其数值常比电源电压大好多倍,通常称之为过电压。为了区别于大气过电压,称之为内部过电压(或操作过电压)。过电压产生后,一方面可能将电气设备的绝缘击穿,引起破坏性故障;另一方面可能击穿弧隙,使电弧重燃。为此必须加以防止和限制。

断开感性电路产生过电压的根本原因,在于要在非常短暂的时间内将储存在电感中的磁场能力释放出来并消耗掉。若能将磁场中的能量逐步地作用在电阻上,此时的过电压就能够被控制。

以下几种方法均能将电感中的磁场能量逐渐地消耗在电阻上或者延长电路电流变化的时间,起到抑制过电压的作用。图 5.7(a)中所表示的方法缺点是在正常工作时,附加电阻有功率损耗。图 5.7(b)中的情况在正常工作时电容充电达到电源电势,在附加电阻上没有功率消耗。图 5.7(c)所示情况在正常工作时二极管的反向电流很小,其上的功率损耗亦很小。

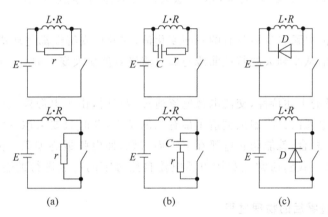

图 5.7 减小直流电弧熄灭时过电压的方法
(a) 并联电阻法;(b) 并联 RC 支路法;(c) 并联整流二极管法

5.3 交流电弧及其熄灭

1. 交流电弧的伏安特性

交流电弧与直流电弧有所不同,交流电流的瞬时值随时间变化,每周期内有两次过零点。在交流电路中,若电流经过零点时,则弧隙的输入能量为零,当电弧温度下降时,电弧会熄灭。过零后随着电压、电流的变化,电弧又重新点燃。所以,交流电弧的燃烧,实际上是一连串点燃和熄灭周而复始的过程。这个特点也反映在它的伏安特性中,即在弧长不变时,一个周期内,电弧电压与电流之间的关系。它的特点是,随时间的变化交流电流的瞬时值变化,变化每个周期内有两次通过零点。电流的变化速度快,弧柱的受热升温和散热降温都需要一个过程,所以电流的变化速度快于电弧温度变化的速度。这个现象称为电弧的热惯性。

图 5.8 为交流电弧在一周内的伏安特性。图中箭头方向表示电流变化和方向。从 O 点开始,因电弧还未产生,所以随着电压的增加只有小量的由阴极发射产生的电流。到 A 点

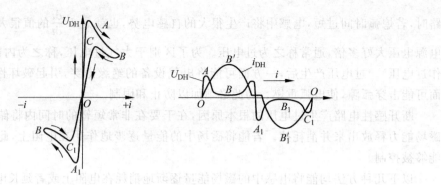

图 5.8 交流电弧的伏安特性

时电弧点燃,再随着电流的增大,电弧电阻减小,电弧压降也下降,直到 B 点,此时弧电流达到峰值。在 B 点后随着电流的减小,弧电阻增加,电弧压降上升。变化到 C 点时,电弧电流趋近于零,电压达到熄弧电压,电弧熄灭。当电流过零点后,在第三象限重复上述规律。

显然,由于交流电弧自身所具有的不断变化值,它的伏安特性都是动特性。由于热惯性作用,弧电流绝对值从小到大的特性曲线与弧电流绝对值从大变小的特性曲线不重合,这种现象称为"弧滞"。

按照交流电弧的上述特性,交流电弧电流通过零点时,由于电源停止供给电弧能量,热游离迅速下降,为电弧的最终熄灭创造了最有利的条件,此时只要采取一定的消游离措施,使少量的剩余离子复合,就能防止电弧在下半周重燃,使电弧最终熄灭。因此,交流电弧比直流电弧容易熄灭。我们通常把利用电弧电流自然过零的特点进行的熄弧称为零点熄弧原理。

2. 交流电弧过零后的物理过程

交流电弧由于弧电流过零时,因为电源停止供给能量,电弧自然熄灭。这也是交流电弧比直流电弧容易熄灭的原因。但是交流电弧过零自然熄灭后,还会重新燃烧。所以怎样防止电弧重燃就是研究交流电弧的重点。为此,我们将研究在电流通过零点时弧隙中存在的物理过程,了解哪些因素能使电弧重新点燃,哪些因素抑制电弧重燃,从这一观点出发,凡是抑制电弧重新点燃的因素,或是加强不利于电弧重新点燃的因素,都可以促使交流电弧熄灭。

交流电弧电流过零期间,同时存在两个对立的基本过程,一是介质强度恢复过程,一是弧隙电压恢复过程。如果电源电压恢复过程大于介质恢复强度,气隙被击穿,电弧重燃;反之则熄灭。

1) 弧隙介质强度恢复过程

对于能够承受所施加的电压,而不会造成击穿的电弧间隙,称为电介质强度的电弧间隙。交流电弧过零熄灭后,由于弧电流值下降至零,弧隙温度迅速下降,促进了消游离作用,使弧隙由原来的导电状态转变为绝缘介质状态,此过程称为介质强度恢复过程。这是促使电弧熄灭的因素。这个过程的快慢与许多因素有关,如温度、散热情况、空间位置等。在靠近两极的区域,由于金属材料的传热性好,所以此区域的温度要比弧柱区的温度低,故此处的介质强度恢复要比弧柱区快。弧柱区的恢复强度要比此处的介质强度慢。

近阴极效应对介质强度恢复过程也是一个影响因素。电流过零后,两电极改变极性,原来的阴极改变为新的阳极,而原来的阳极改变为新的阴极。电场方向的改变,弧隙中剩余电子和离子的运动方向也应随之改变。但是由于电子的质量远比正离子质量小得多,因而电子的运动方向改变要远比正离子灵敏得多,形成电子很快向新阳极运动,而正离子在此瞬间几乎停止在原地,来不及向新阴极运动。新的阴极此时还不能形成强电场发射电子与热发射。因此,在新的阴极附近就存在一层没有电子而只有正离子的空间,相当于形成了一薄层绝缘介质,如图 5.9(b)所示。从电路的角度来看,必须加一定的电压才能将此绝缘薄层击穿,电弧才会重燃,弧隙重新导电。这个击穿电压值称为弧隙的起始介质强度。起始介质强度在电流过零后 $1\mu s$ 内就会出现,这种在交流电弧电流过零后弧隙几乎立即出现一定的介质强度的现象,称为交流电弧的近阴极效应。

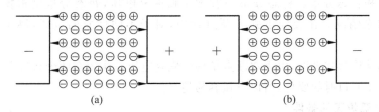

图 5.9 近阴极效应

(a)电弧过零前带电粒子状况;(b)电弧过零后瞬间带电粒子状况

实验证明:近阴极效应所产生的起始介质强度与电极材料、温度,特别是所通过的电流有关。其数值为 $40\sim250\mathrm{V}$。电流越大,其值越低。近阴极效应是交流短弧熄弧的主要因素,是低压交流电器的主要熄弧方法。

通常把弧隙间介质强度恢复随时间变化的关系称为弧隙介质恢复强度特性。此特性可通过实验测出并用图形表示,如图 5.10 所示。图中的 OA 段与近阴极效应产生的起始介质强度有关,AB 段与电弧熄灭的方法和装置有关。灭弧装置效果越好,图中的 α 角就越大,说明介质强度恢复速度越高。

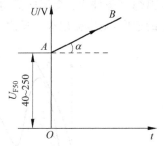

图 5.10 介质强度恢复特性

2) 弧隙电压恢复过程

在交流电路中,电流过零电弧熄灭后,触头两端电压从熄弧电压恢复到电源电压的过程称电压恢复过程。电压恢复过程与线路参数、负荷性质等有关。根据线路参数情况的不同形成较为复杂的情况。因为在实际中,触头两端电压不是从熄弧电压立即恢复到电源电压,而是要经过一段过程,而且这个过程会呈现振荡或非振荡现象。图 5.11(a)所示为一非振荡恢复过程,而图 5.11(b)为一振荡恢复过程。发生这种现象的原因是:触头所接的线路中总是存在着电感和电阻。此外,线路中的导线对地之间、发电机的绕组之间都存在着电容。这样,由于电阻、电感和电容的作用,就可能产生振荡现象。由于电压恢复过程是使电弧重燃的因素,很显然,周期振荡电压恢复过程中有较高的电压峰值,对电弧不再重燃是十分不利的,所以也是应该尽量避免的。

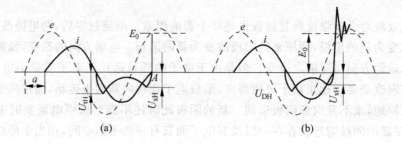

图 5.11 电压恢复过程
(a) 非振荡电压恢复过程；(b) 振荡电压恢复过程

恢复过程中的电压称为恢复电压。从图 5.11 中可以看出，恢复电压可由两部分组成：稳态分量和暂态分量。稳态分量一般称工频恢复电压，暂态分量则根据线路负载情况不同呈较复杂情况。在交流电弧开断过程中，对于不同性质的负载，触头上电压变化过程不同。

从触头的结构形式来说，由于双断点结构时恢复电压是作用在两个断口上，使每个断口的电压值比一个断口时的要低，所以电弧容易熄灭。

3. 交流电弧熄灭的条件

如图 5.12 所示，交流电弧过零后弧隙间介质强度的恢复和电压的恢复是两个对立的过程。因为介质强度恢复过程主要是弧隙内部带电粒子不断减少的过程，而电压恢复过程则相反，它使弧隙中的气体产生新的游离而使带电粒子不断增加。那么可以简单地确定交流电弧熄灭条件为：交流电弧电流过零后，如果弧隙介质强度恢复的速度超过了弧隙电压恢复的速度，则电弧熄灭。反之，电弧重燃，如图 5.13 所示。

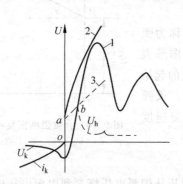

图 5.12 恢复电压与介质强度曲线
1—恢复电压强度曲线；2,3—介质强度曲线

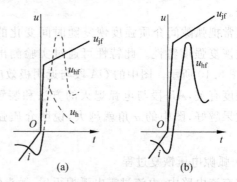

图 5.13 交流电弧熄灭的条件
(a) 重燃；(b) 熄灭

因此，交流电弧的熄灭条件为 $U_j(t) > U_{hf}(t)$，$U_j(t)$ 为弧隙介质强度；$U_{hf}(t)$ 为弧隙恢复电压。

在实际中，由于介质恢复过程与电压恢复过程是相互联系又相互影响的，所以情况较为复杂。如果恢复电压上升得快，弧隙游离加强，使得介质强度恢复速度减慢。如果介质强度增长的速度快，它又对恢复电压上升起阻尼作用。因此，在交流电弧熄灭过程中有两个方面的因素要加以考虑：

(1) 交流电弧电流过零是最有利的灭弧时机,这时输入弧隙的功率趋近于零,如电弧散失的功率大于此时由电源输入的功率,使电弧熄灭。我们通常把利用电弧电流自然过零的特点进行熄弧的原理称为零点熄弧原理。如果熄弧措施太强,使电弧电流提前强制过零,这时交流电弧的熄灭与直流电弧相同,会造成熄弧困难。

(2) 对交流电弧的电路参数而言,电源电压越高,恢复电压峰值也越高,熄弧困难。电弧熄灭前电路的电流越大,电弧功率越大,熄弧困难。电路中电感比例越大,熄弧越困难。

为了使交流电弧过零点后不再重燃,总的来讲可减小恢复电压增长速度和增加介质强度恢复速度。增加介质强度恢复速度,在实际运用中效果较显著的方法主要就是通过金属栅片将电弧分割成许多短弧,这样每一个短弧相当于处在一对电极之中,电流过零后,就产生近阴极效应。此时起始介质强度之和比一对极下产生的扩大了许多倍。当外界加在电弧两端的电压小于此值时,电弧在过零后就不再重燃。

对于减小恢复电压增长速度,抑制电弧重燃,一般采用的方法为在弧隙两端并联一电阻 r_m,如图 5.14 所示。其原理如下:在弧电流经过零点前后几十微秒内,$i_{DH}\approx 0$,所以可近似认为 $R_{DH}\approx\infty$。此时 i 分成向电容 C 充电的电流 i_1 和流经 r_m 的电流 i_2。由于 r_m 分流了 i_2,使电容 C 的充电时间加长,即 a、b 两端电压的增长速度变慢,因此就抑制了燃弧因素。从熄

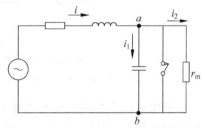

图 5.14 并联电阻灭弧原理

灭电弧的角度出发,分流电阻 r_m 的值越小越好,但 r_m 值过小,在正常情况下损耗过大。所以希望 r_m 在正常工作时其阻值很大,$i_2\approx 0$;而在触头断开电路时,要求 r_m 值很小。为此,一般用非线性电阻较好。

5.4 灭弧方法及装置

通过前面的一系列理论分析,可以找出加速电弧熄灭的很多方法,例如:拉长电弧、降低温度、将长弧变为短弧、将电弧放置于特殊介质中,增大电弧周围气体介质的压力等。为了减少电弧对触头的烧损和限制电弧扩展的空间,通常要将这些方法加以应用,为此而采用的装置称为灭弧装置。一个灭弧装置可以采用某一种方法进行熄弧。但在大多数情况下,则是综合采用几种方法,以增加灭弧效果。例如拉长和冷却电弧往往是一起运用的。

1. 拉长电弧

电弧拉长以后,电弧电压就增大,改变了电弧的伏安特性。在直流电弧中,其静伏安特性上移,电弧可以熄灭。在交流电弧中,由于燃弧电压的提高,电弧重燃困难。

电弧的拉长可以沿电弧的轴向(纵向)拉长,也可以沿垂直于电弧的轴向(横向)拉长,如图 5.15 所示。

1) 机械力拉长

电弧沿轴向拉长的情况是很多的,电器触头分断过程实际

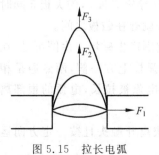

图 5.15 拉长电弧

上就是将电弧不断地拉长。刀开关中闸刀的拉开也拉长电弧,电焊过程中将焊钳提高可使电弧拉长并熄灭。

2) 回路电动力拉长

载流导体之间会产生电动力,如果把电弧看作为一根软导体,那么受到电动力它就会发生变形,即拉长。如图 5.16 所示,在一对桥式双断点结构形式的触头断开时,电弧受回路电动力 F 的作用被横向拉长,也就是图 5.15 中受 F_2 作用力的情况。横向拉长时电弧与周围介质发生相对运动而加强了冷却,这样就加速了电弧的熄灭。有时为了使磁场集中,在触头上添加磁性片 6,以增大吹弧力,如图 5.16(b) 所示。

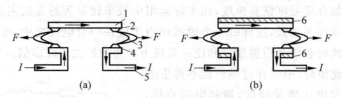

图 5.16 触头回路电动力吹弧

(a) 常用触头回路电动力吹弧;(b) 增磁型触头回路电动力吹弧
1—触头桥;2—动触头;3—电弧;4—静触头;5—静触头座;6—磁性片

因利用回路本身灭弧的电动力不够大,电弧拉长和运动的速度都较小,所以这种方法一般仅用于小容量的电器中。开断大电流时,为了有较大的电动力而专门设置了一个产生磁场的吹弧线圈,这种利用磁场力使电弧运动而熄灭的方法称为磁吹灭弧,如图 5.17 所示。由于这个磁场力比较大,其拉长电弧的效果也较好,如图 5.15 中 F_3 所示的情况。该过程所用的装置称为磁吹灭弧装置。直流电器一般采用磁吹灭弧装置。

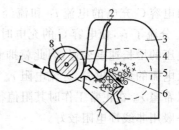

图 5.17 磁吹灭弧装置示意图
1—磁吹铁芯;2—导弧角;3—灭弧罩;
4—磁吹线圈;5—铁夹板;6—静触头;
7—动触头;8—绝缘套

磁吹灭弧装置主要由磁吹铁芯、磁吹线圈、导弧角、导磁夹板及灭弧罩等组成。它的作用原理是:在触头电路中加入磁吹线圈(磁吹线圈与触头串联),该线圈造成的磁场由导磁夹板流入触头周围;磁吹线圈造成的磁场和电弧造成的磁场互相叠加,而且这两个磁场在电弧的下方,方向相反,因此电弧下方的磁场弱于上方的磁场;电弧在下方磁场作用下,受力拉长并被吹离触头,经过导弧角到灭弧罩,从而熄灭。

磁吹线圈 4 是接在引出线和静触头 6 之间,通过绝缘套与磁吹铁芯绝缘,导弧角 2 和静触头 6 固装在一起。磁吹线圈 4 中的磁吹铁芯 1 两端各装有一片导磁夹板 5,磁夹板 5 同时夹于灭弧室两侧,用来加强弧区磁场。设在灭弧室中的动静触头就处在磁板之间。

当触头分开有电弧燃烧时,磁吹线圈和电弧本身均在电弧周围产生磁场。由图可见,在弧柱下方一侧,磁吹线圈的磁通和电弧的磁通是相叠加的,而在弧柱上方一侧,两磁通是相削弱的,因此就产生磁吹力。电弧在磁吹力的作用下发生运动,电弧被拉长,电弧的根部离开静触头而移到导弧角 2 上,进一步拉长电弧,使电弧迅速熄灭。

导弧角 2 是根据回路电动力原理设置的,用来引导电弧很快离开触头且按一定方向运动,以保护触头接触面免受电弧的烧伤。

由于磁吹线圈与电路的连接方式不同而有串激线圈和并激线圈之分。

上面所介绍的这种磁吹线圈和触头相串联的激磁方法称为串激法。它的优点是：电流流向改变但磁吹力方向不变，即磁吹方向不随电流极性的改变而改变。具有这种磁吹的电器称为"无极性电器"。同时因为是串激，通过磁吹线圈的电流与弧电流相同，因此弧电流越大则灭弧效力就越强；反之弧电流小时，灭弧效力就弱。所以串激法适用于切断大电流的电器。

在熄灭直流电弧时，外加磁场除了串激法外，还有并激法和他激法。它们的工作原理相同。

并激法的磁吹线圈不是和负载回路串联，而是直接跨接在电源上。它的优点是，可产生一个与回路电流无关的恒定磁场。这样，在一定的恒定磁场下，不论开断大电流或小电流，都可使电弧很快熄灭。但是由此产生的缺点是使电器的接线带有极性，即当触头上电流反向时，必须同时改变并激线圈的极性，否则磁吹力就会反向，所以使用中不太方便。

他激法就是用永久磁铁来代替并激法的磁吹线圈，它的磁吹特性和并激法相似。不同点是无须线圈和电源，因而结构更趋简单。

2. 灭弧罩灭弧

灭弧罩是用来拉长和冷却电弧，让电弧与固体介质相接触，降低电弧温度，从而使电弧熄灭速度加快的比较常用的装置。灭弧罩都是装在分断大电流的电器主触头上，主要起着增强消游离因素、限制游离因素的作用，从而加速电弧熄灭。其结构形式是多种多样的，但其基本构成单元为"缝"。我们将灭弧罩壁与壁之间构成的间隙称作"缝"。根据缝的数量可分为单缝和多缝。根据缝的宽度与电弧直径之比可分为窄缝与宽缝。缝的宽度小于电弧直径的称窄缝，反之，大于电弧直径的称宽缝。根据缝的轴线与电弧轴线间的相对位置关系可分为纵缝与横缝。缝的轴线和电弧轴线相平行的称为纵缝，两者相垂直的则称为横缝。

1) 纵缝灭弧罩

图 5.18 所示为一纵向窄缝的灭弧情况，当电弧受力被拉入窄缝后，电弧与缝壁能紧密接触。在继续受力情况下，电弧在移动过程中能不断改变与缝壁接触的部位，因而冷却效果好，对熄弧有利。但是在频繁开断电流时，缝内残余的游离气体不易排出，这对熄弧不利。所以此种形式适用于操作频率不高的场合。

图 5.19 所示为一纵向宽缝的灭弧情况，宽缝灭弧罩的特点与窄缝的正好相反，冷却效果差，但排出残余游离气体的性能好。图 5.19 所示情况是将一宽缝中又设置了若干绝缘隔板，这样就形成了纵向多缝。电弧进入灭弧罩后，被隔板分成两个直径较原来小的电弧，并和缝壁接触而冷却，冷却效果加强，熄弧性能提高。此外，由于缝较宽，熄弧后残存的游离气体容易排出，所以这种结构形式适用于较频繁开断的场合。

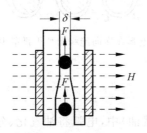
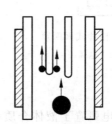

图 5.18　纵向窄缝灭弧罩　　　　图 5.19　纵向宽缝灭弧罩

图 5.20 所示为纵向曲缝式灭弧罩的灭弧情况。纵向曲缝式又称迷宫式,它的缝壁制成凹凸相间的齿状,上下齿相互错开。同时,在电弧进入处齿长较短,越往深处,齿长越长。当电弧受到外力作用从下向上进入灭弧罩的过程中,它不仅与缝壁接触面积越来越大,而且长度也越来越长。这就加强了冷却作用,具有很强的灭弧能力。但是,也正因为缝隙越往深处越小,电弧在缝内运动时受到的阻力越来越大。所以,这种结构的灭弧罩,一定要配合以较大的让电弧运动的力。否则,其灭弧效果反而不好。

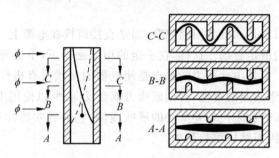

图 5.20　纵向曲缝式灭弧罩

2) 横缝灭弧罩

为了加强冷却效果,横缝灭弧罩往往以多缝的结构形式使用,也就是称为横向绝缘栅片,如图 5.21 所示。当电弧进入灭弧罩后,受到绝缘栅片的阻挡,电弧在外力作用下便发生弯曲,从而拉长了电弧,并加强了冷却。为了分析电弧与绝缘栅片接触时的情况,以图 5.22 来放大说明:设磁通方向为垂直向里,电弧 AB、BC 和 CD 段所受的电动力都使电弧压向绝缘栅片顶部,而 DE 段所受的电动力使电弧拉长,CD 段和 EF 段相互作用产生斥力。这样一些力的作用,使电弧拉长并与缝壁接触面增大而且紧密,所以能收到比较好的灭弧效果。

由于灭弧罩要受电弧高温的作用,所以对灭弧罩的材料也有一定的要求,如:受电弧高温作用不会因热变形、绝缘性能不能下降,机械强度好且易加工制造等。灭弧罩材料过去广泛采用石棉水泥和陶土材料,现在逐渐改为采用耐弧陶瓷和耐弧塑料,它们在耐弧性能与机械强度方面都有所提高。

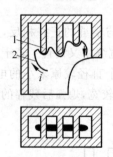

图 5.21　横向绝缘栅片式灭弧罩
1—灭弧罩;2—电弧

图 5.22　电弧在横向绝缘栅片灭弧罩中的放大图

3. 油冷灭弧

油冷灭弧是将电弧置于液体介质(一般为变压器油)中,电弧将油气化、分解而形成油气。油气的主要成分是氢,在油中以气泡的形式包围电弧。氢气具有很高的导热系数,这就使电弧的热量容易散发。另外,由于存在着温度差,所以气泡产生运动,又进一步加强了电弧的冷却。若再要提高其灭弧效果,可在油箱中加设一定机构,使电弧定向发生运动,这就是油吹灭弧。由于电弧在油中灭弧能力比大气中拉长电弧大得多,所以这种方法一般用于高压电器中,如油开关。

4. 气吹灭弧

气吹灭弧装置是利用触头在密闭的容器内,通过压缩空气来熄灭电弧。压缩空气作用于电弧,可以很好地冷却电弧、提高电弧区的压力、很快带走残余的游离气体,所以有较高的灭弧性能。按照气流吹弧的方向,它可以分为横吹和纵吹两类。横吹灭弧装置的绝缘件结构复杂,电流小时横吹过强会引起很高的过电压,故已被淘汰。图 5.23 表示了纵吹(径向吹)的一种形式。压缩空气沿电弧径向吹入,然后通过动触头的喷口、内孔向大气排出,电弧的弧根能很快被吹离触头表面,因而触头接触表面不易烧损。因为压缩空气的压力与电弧本身无关,所以使用气吹灭

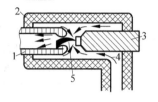

图 5.23 纵吹灭弧装置
1—动触头;2—灭弧室瓷罩;
3—静触头;4—压缩空气;5—电弧

弧时要注意熄灭小电流电弧时容易引起过电压。由于气吹灭弧的灭弧能力较强,故一般运用在高压电器中。

5. 横向金属栅片灭弧

横向金属栅片又称去离子栅,它利用的是短弧灭弧原理。用磁性材料的金属片置于电弧中,将电弧分成若干短弧,利用交流电弧的近阴极效应和直流电弧的近极压降来达到熄灭电弧的目的。

横向金属栅片灭弧情况如图 5.24 所示。栅片的材料一般采用铁。当电弧靠近铁栅片时,由于铁片为磁性材料,所以栅片本身就具有一个把电弧拉入栅片的磁场力(当电弧移近金属栅的上沿时,铁栅片又具有把电弧拉回的特性,可防止电弧逸出栅外,烧损它物)。当电弧被这个磁场力或外力作用刚进入铁栅片中时,由于磁阻较大,铁栅片对电弧的吸力不大。为了减小电弧刚进入铁栅片时的空气阻力,铁栅片做成楔口并交叉装配,如图 5.24(b)所示,即只让电弧先进入一半铁栅片中以增大最初接触电弧的铁片片距。随着电弧继续进入铁栅片中,磁阻减小,铁片对电弧的拉力增大,足以使电弧进入所有的铁栅片中。电弧进入栅片后分成许多串联短弧,电流回路产生作用于各短弧上的电动力使短弧继续发生运动。此时应注意短弧被拉回向触头方向运动的力,它会使电弧重燃并烧损触头。为了消除这种现象,可以采用凹形栅片和 O 形栅片。铁栅片在使用时一般外表面要镀上一层铜,以增大传热能力和防止铁片生锈。

横向金属栅片灭弧装置主要用于交流电器,因为它可将起始介质强度成倍地增长。对于直流电弧而言,因无近阴极效应,只能靠成倍提高极旁压降来进行灭弧。由于极旁压降值较小,要想达到较好的灭弧效果,金属栅片的数量太大,会造成灭弧装置体积庞大,所以直流电器中很少采用。

6. 真空灭弧装置

真空灭弧是使触头电弧的产生和熄灭在真空中进行,它是依据零点熄弧原理,以真空为熄弧介质工作的。真空中的气体非常稀薄,电子的自由行程远大于触头间的距离。当真空度为(10~5)mm 汞柱时,电子的自由行程达 43m。自由电子在弧隙中作定向运动时几乎不

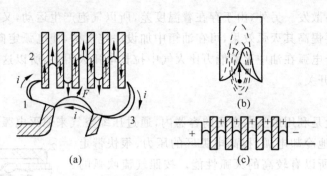

图 5.24 横向金属栅片灭弧罩结构、原理示意图
(a) 电弧在横向金属栅中状况；(b) 横向金属栅对电弧的作用；(c) 横向金属栅灭弧原理
1—入栅片前的电弧；2—金属栅；3—入栅片后的电弧

会和气体分子或原子相碰撞，不会产生碰撞游离。所以将触头置于真空中断开时产生的电弧则是由于阴极发射电子和产生的金属蒸气被电离而形成的。当电弧电流接近零时，阴极发射的电子和金属蒸气减少，弧隙中残留的金属蒸气和等离子体向周围真空迅速扩散。这样，弧隙可以在数微秒之内由导电状态恢复到真空间隙的绝缘水平。因此，在真空中触头有很高的介质恢复速度、绝缘能力和分断电流的能力。

真空电弧按其电流的大小可分为扩散弧和收缩弧两种。扩散弧的电流较小（几百至几千安培），此时电弧分裂为许多并联的支弧。每一支弧有自己的阴极斑点和弧柱，阴极斑点互相排斥且均匀分布在阴极上。在电磁场的作用下阴极斑点不断地沿左旋方向运动，触头表面的平均温度较低且分布均匀。阳极此时不存在阳极斑点。阴极斑点既发射电子又产生金属蒸气。当电流接近于零值时，最终只剩下一个斑点。电流过零时，电弧自行熄灭。当扩散弧的电流增加到足够大时，阴极斑点相互聚成一团，运动速度很小甚至不再运动。阴极表面不但产生大量的金属蒸气，而且有一部分金属直接以颗粒或液滴的形式向弧隙喷射。阳极此时也出现炽热的阳极斑点且蒸发和喷射一定数量的金属，触头的电磨损迅速增加。当真空灭弧装置中出现收缩弧后，就不能再开断电路。电弧由扩散弧转变为收缩弧的电流，也就是该真空灭弧装置的极限开断电流，它随触头材料和直径大小而不同。

在开断交流电路时，当被开断的电流减小到某一数值时，扩散弧会发生电流突然被截断的现象，称为截流。这样，在开断感性负载电流时，弧隙上将产生很高的过电压，这是使用真空灭弧装置应注意的问题。

小结

本章介绍了电器触头在断开时电弧产生的原因、危害及在实际运用中加速电弧熄灭的方法及装置。学习本章时，理论的分析是熄灭电弧有效的方法。不管是从物理学的角度，还是从直流、交流的角度去进行分析，都应注意以下知识点：

本章所接触到的概念较多，需注意掌握和理解，如近极压降、近阴极效应等。
注意掌握电弧产生的物理过程中起主要作用的是哪些，理解各物理现象及影响因素。
注意掌握电弧熄灭的物理过程中复合及扩散的概念及影响因素。
理解交、直流电弧的伏安特性；理解交流电弧较直流电弧易于熄灭的原因；掌握交、直流电弧常用的熄弧方法；掌握常用灭弧装置的结构及作用原理。

断开感性电路时产生的过电称为内部过电压,其危害性较大,应掌握减小或抑制过电压产生的方法。

思考与练习

1. 电器产生电弧的基本条件是什么？电弧对电器有什么危害？
2. 请简述电弧产生和熄灭的物理过程。
3. 电场强度、温度、压力等因素对电弧的熄灭有怎样的影响？
4. 请分析直流电弧和交流电弧的熄灭条件。
5. 请分析各种灭弧装置或灭弧方法灭弧的原理。

第 6 章

电器传动装置

传动装置是电器的感测部分。传动装置接收外界的信号,并通过转换、放大、判断,作出有规律的反应,使电器的执行部分(触头、接点)动作,输出相应的指令,实现控制目的。城市轨道交通车辆上的电器主要采用电磁传动装置和电空传动装置,其次还采用了手动、机械式传动装置,个别采用了电动机传动装置如调压开关等。本章主要介绍应用最为广泛的电磁传动装置和电空传动装置。

电磁传动装置就是通过电磁铁把电磁能转变成机械能来驱动电器动作的机构,主要用于小型电器。在城市轨道交通车辆中装有大量的电磁式接触器、电磁式继电器、自动开关等,它们都是以电磁铁作为传动机构。

电空传动装置是以电磁阀控制的压缩空气作为动力,驱使电器运动部件动作的机构,它广泛用于触头开闭高电压、大电流的场合。

6.1 电磁传动装置

电磁传动装置是一种通过电磁铁把电磁能转变成机械能来驱使电器触头动作的机构。电磁传动装置实际上就是一个电磁机构。

1. 电磁机构(电磁传动装置)的分类

电磁机构可根据吸引线圈通电电流的性质、吸引线圈与电路的连接方式(图 6.1)、衔铁的运动方式、磁系统的结构形式的方式等不同分为多种形式和类型。图 6.2 所示是几种常见电磁机构的结构形式。

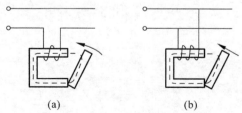

图 6.1 线圈连接电路的方式
(a) 串联电磁机构;(b) 并联电磁机构

(1) 按吸引线圈通电电流的性质,可分为直流电磁机构和交流电磁机构。

直流电磁机构线圈通的是直流电流,当电流达到稳定值后,可以认为匝数 W、电流 I 均不变,故其为恒磁势(IW)系统,磁通不随时间而变化,在铁芯中没有涡流和磁滞损耗,铁芯可用整块钢或工程纯铁制造。为了便于制造,铁芯和极靴一般做成圆形,线圈也做成圆形,形状细高,与铁芯配合较紧密。

交流电磁机构的吸引线圈通的是交流电流,可以认为匝数 W 和磁通有效值 Φ 不变,故其为恒磁链($\psi=\Phi W$)系统。但总磁通 Φ 交变,在铁芯中有涡流和磁滞损耗,铁芯不能再用整块钢铁制造,一般是用硅钢片叠制而成。为了便于制造,把铁芯制成方形的,线圈往往也制成方形,且为"矮胖形",线圈与铁芯的间隙较大,以利于线圈散热。

(2) 按吸引线圈与电路的连接方式,可分为并联电磁机构和串联电磁机构。

并联电磁机构的线圈与电源并联,输入电量是电压,其线圈称并联线圈或电压线圈。其阻抗要求大,电流小,故线圈匝数多且线径小,这种电磁机构应用较为广泛。

串联电磁机构的线圈与负载串联,反映的是电流量,其线圈称为串联线圈或电流线圈。其阻抗要求小,故其匝数少且导线粗,应用较少。

(3) 按衔铁的运动方式,可分为直动式和转动式电磁机构两大类。图 6.2 中(a)和(f)为转动式,其余均为直动式。

(4) 按磁系统的结构形式,可分为 U 形、E 形和螺管形。图 6.2 中(a)和(g)为 U 形,(b)和(c)为螺管形,(d)、(e)、(f)均为 E 形。

此外,还可按照电磁机构动作速度划分为快速电磁机构、一般速度电磁机构和延时动作电磁机构。

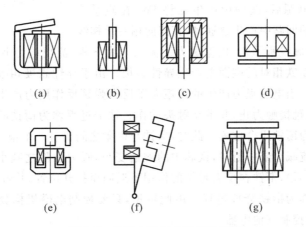

图 6.2 常见电磁机构的结构形式
(a) 拍合式;(b) 螺管式;(c) 装甲螺管式;(d) 盘式;
(e) 双 E 直动式;(f) 双 E 转动式;(g) 单 U 直动式

2. 电磁机构工作原理

电磁机构的作用是通过产生的电磁吸力,将电磁能转换成机械能带动触头动作,使触点闭合或断开,完成接通或分断电路的功能。因此,电磁机构兼具能量转换和控制两方面的作用。电磁机构的用途很广,可以广泛应用于电器中作为电器的感测元件(接受输入信号)、驱动机构(实行能量转换)以及灭弧装置的磁吹源。它既可以单独成为一类电器,诸如牵引电磁铁、制动电磁铁、起重电磁铁和电磁离合器等；也可作为电器的部件，如各种电磁开关电器和电磁脱扣器的感测部件、电磁操动机构的执行部件。在接触器中，利用电磁机构带动触头运动，只要控制电磁机构线圈电流的通断，就能使电磁机构完成某一工作任务，实现自动控制及远距离操纵的目的。在许多继电器中利用电磁机构作感受元件，它可以反映出电路中电压、电流、功率等参数的变化，对电路及电气设备进行保护和控制。

电磁机构主要由吸引线圈和磁系统两部分组成。磁系统一般由铁芯、磁轭和衔铁三部分组成。衔铁又称为动铁芯，铁芯和磁轭又称为静铁芯。当线圈从电源吸取能量后，其周围空间内就建立了磁场，使磁导体磁化，产生电磁吸力，吸引磁导体中的衔铁，借其运动输出机械功，以达到某些预定目的。下面以直流接触器和继电器常用的拍合式电磁机构为例，说明其工作原理和各组成部分的用途。

如图 6.3 所示为一个直流拍合式电磁机构的结构，它由线圈 3、极靴 2、铁芯 4、磁轭 5 和衔铁 1 等组成。线圈 3 套装在铁芯 4 上，极靴 2 与衔铁 1 之间的空气隙称为工作气隙，磁轭 5 与衔铁 1 之间的气隙称为棱角气隙。极靴用来增大气隙磁导，并可以压住线圈。非磁性垫片 6 用来减少剩磁通，以防线圈断电后衔铁被剩磁吸力吸住而不能释放。由于非磁性材料的磁导率和空气的磁导率很接近，故可认为是一个空气隙，称非工作气隙。

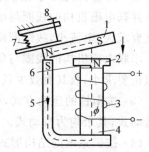

图 6.3 电磁机构工作原理图
1—衔铁；2—极靴；3—线圈；
4—铁芯；5—磁轭；6—非磁性垫片；
7—反力弹簧；8—调节螺钉

其工作原理是：在吸引线圈未通电时，衔铁在反力弹簧的作用下，处于打开位置，衔铁与极靴之间保持一个较大的气隙。当线圈接通电源后，线圈中产生磁势 IW，在磁系统和工作气隙所构成的回路中产生磁通 Φ，其流向用右手螺线管法则确定（如图中虚线所示）。根据磁力线流入端为 S 极，流出端为 N 极的规定，在工作气隙两端的极靴和衔铁相对的端面上产生异性磁极。由于异性磁极相吸，于是在铁芯和衔铁间产生电磁吸力。当电磁吸力产生的转矩大于反力弹簧反作用力产生的转矩时，衔铁被吸向铁芯，直到与极靴接触为止，并带动触头动作。这个过程称为衔铁的吸合过程，衔铁与极靴接触的位置称为衔铁闭合位置。此时，衔铁与极靴之间仍有一个很小的气隙。

当线圈中的电流减小或中断时，铁芯中的磁通变小，吸力也随之减小，如果吸力小于反力弹簧的反力（归算后），衔铁在反力弹簧的作用下返回至打开位置，并带动触头处于另一工作位置。这个过程称为衔铁释放过程。由此可见，只要控制电磁机构吸引线圈电流（或电压）就能通过触头来控制其他电器。

一般规定，当线圈失电时，触头若是打开的，称为常开触头（也称动合触头）；触头若是闭合的，则称为常闭触头（也称动断触头）。

3. 电磁机构中的磁场及其路化

当电磁机构的励磁线圈通电以后，其周围的空间就出现了磁场。通常，电磁机构的磁场都是三维场，其计算非常复杂。因此，寻求一种简捷的计算方法是很有必要的。

在磁场内作一闭合曲线，并过曲线上所有各点作磁力线，即得磁通管，其管壁处处与磁感应矢量 **B** 平行（图 6.4(a)）。借助于磁通管可形象化地认为磁通是沿着它流动，宛如电流沿着导体流动。显然，整个磁场空间可看作是由许多磁通管并联组成。若将磁场空间内磁位相等的点连成一片,可得等磁位面;再以平面截割之又可得磁位线。不言而喻,磁力线(以同心圆表示)与等磁位线(以射线表示)是正交的(图 6.4(b))。如果将整个磁场按磁通管和等磁位面划分为许多个串联和并联的小段,就把磁场化为串并联的磁路了。然而,磁通管和等磁位线均属未知,故磁场的路化并不简单。但就大多数电磁机构而论,磁通分布往往很集中,而且是沿着以磁性材料构成的磁导体为主体的路径闭合。以图 6.5 所示电磁机构为例,由于磁导体在未饱和情况下的磁导率是空气的数千倍,故绝大部分磁通是以磁导体为主的路径作为通路,犹如电流以导体作为通路一样。倘若只考虑沿磁导体形成闭路的磁通(习惯上称它为主磁通,而把路径在磁导体外的磁通称为漏磁),则磁通便完全在磁导体内"流动"了。这样,磁导体也就成为与电路对应的磁路,这就是场的路化。

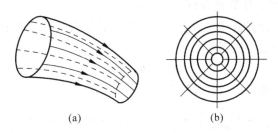

图 6.4 磁场的路化
(a) 磁通管;(b) 磁力线与等磁位线

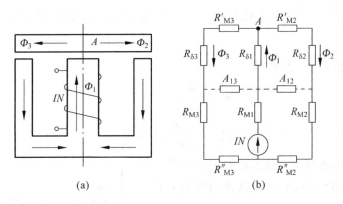

图 6.5 电磁机构及其等效磁路

在很多电器装备(像变压器、电机、电磁铁电工测量仪器等)中,不仅有电路的问题,同时还有磁路的问题。只有同时掌握了电路和磁路的基本理论,才能对以上电器装备进行全面分析。磁路和电路往往是相关的。在电机、变压器及各种铁磁元件中常用磁性材料做成一定形状的铁芯。铁芯的磁导率比周围空气或其他物质的磁导率高得多,磁通的绝大部分经过铁芯形成闭合通路,磁通的闭合路径称为磁路。实际电路中有大量电感元件的线圈中有铁芯。线圈通电后铁芯就构成磁路,磁路又影响电路。

磁路与电路的区别主要是,电路中有电流就有功率损耗。磁路中恒定磁通下没有功率损耗;电流全部在导体中流动,而在磁路中没有绝对的磁绝缘体,除在铁芯的磁通外,空气中也有漏磁通;电阻为常数,磁阻为变量;对于线性电路可应用叠加原理,而当磁路饱和时为非线性不能应用叠加原理。综上所述,磁路与电路仅是数学形式上的类似,而本质是不同的。

4. 电磁铁的吸力计算基本公式

这里只给出电磁铁吸力计算的基本公式,以便做简单的定性分析。

1) 直流电磁铁的吸力计算基本公式

根据物理学推导,我们可以得到计算电磁铁衔铁吸力 F 的基本计算公式:

$$F = \left(\frac{\Phi}{5000}\right)^2 \cdot \frac{1}{S} \tag{6.1}$$

式中: Φ 为磁极端面磁通(Wb); S 为磁极的面积(cm^2)。

这个公式是在假定磁极端面下的磁力线均匀分布的情况下得出的,适合工作气隙 δ 较小时的分析。

2) 交流电磁铁的吸力计算及分析

交流电磁铁的吸力计算公式可以在直流电磁铁计算公式的基础上得到。

设交流电磁铁中的交变磁通为

$$\Phi_t = \Phi_m \sin\omega t \tag{6.2}$$

Φ_m 代表磁通的幅值,将 Φ_t 代入式(6.1)得

$$F_t = \left(\frac{\Phi_t}{5000}\right)^2 \cdot \frac{1}{S} = \left(\frac{\Phi_m}{5000}\right)^2 \cdot \frac{1}{S} \cdot \sin^2\omega t = F_m \sin^2\omega t = \frac{1}{2}F_m(1-\cos2\omega t)$$

$$= \frac{1}{2}F_m - \frac{1}{2}F_m \cos2\omega t = F_0 - F_j$$

式中: $F_m = \left(\frac{\Phi_m}{5000}\right)^2 \cdot \frac{1}{S}$ 为最大吸力; $F_0 = F_m/2$ 为平均吸力; $F_j = (F_m \cos2\omega t)/2$ 为吸力中的交变分量。

若磁通有效值用 Φ_0 表示,则

$$\Phi_0 = \frac{\Phi_m}{\sqrt{2}}$$

$$F_0 = \left(\frac{\Phi_0}{5000}\right)^2 \cdot \frac{1}{S} \tag{6.3}$$

交流电磁铁磁通与吸力波形如图 6.6 所示。

通过以上内容可知,交流电磁铁的吸力有以下两个特点:

(1) 吸力由一个不变分量的平均吸力 F_0 和一个交变分量的脉动吸力 F_j 组成。

(2) 总的吸力虽然也随时间周期变化,但总是大于或等于零,即只有吸力,没有斥力。

(3) 吸力的频率是磁通频率的 2 倍。

交流电磁机构的电磁吸力是随时间变化而变化的。在工作中,能否将衔铁吸住是由平均吸力 F_0 的大小来决定的。所以通常所说的交流电磁机构的吸力,就是指它的平均吸力。

由于单相交变磁通所产生的吸力在每一周期内有两次经过零点,所以在工频电路上,每秒钟内有 100 次经过零点。当吸力为零时,衔铁

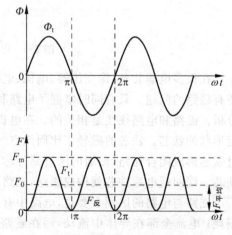

图 6.6 交流电磁铁的磁通与吸力波形

因失去吸力而开始返回,还没有离开多远时,又被吸住,如此反复,使衔铁产生振动,发出噪声。而振动会造成电器结构松散、寿命降低,同时使触点接触不良,易于熔焊和烧损。因此,必须采取措施抑制振动和噪声。通过以上分析可知,只有使电磁机构的吸力 F_{at} 在任何时候都大于反力 F_r,才有可能消除振动和噪声。在实际中,常将气隙磁通分为两部分,并使它们在相位上相差一个角度 Ψ,并使一个磁通为零时,另一个磁通恰好达到最大或接近于最大。这样,无论何时,两个磁通产生的电磁吸力都不会同时为零,而且它们的合力有可能一直大于反力 F_r,从而达到消除振动和噪声的目的,如图 6.7 所示。实现上述要求的具体措施是在铁芯端部开一个槽,在槽内嵌以铜环(称之为短路环或分磁环),套在部分铁芯上就可减小振动和噪声,它是利用通过环内和端面的磁通有相位角差,这两磁通产生的电磁吸力不同时为零,两吸力叠加形成的总吸力任何时刻都不为零。在衔铁闭合位置,如果总吸力的最小值大于作用在衔铁上的反作用力,则可以基本消除电磁铁的振动和噪声。但吸力仍然是脉动的,故交流电磁铁一般均发出轻微的"嗡嗡"声,俗称"交流声"。对于三相交流电磁铁一般不需加分磁环。

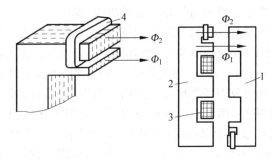

图 6.7 交流电磁机构的短路环
1—衔铁;2—铁芯;3—线圈;4—短路环

短路环一般包围铁芯 2 截面的 2/3,用铜条制成。交流电磁机构是一种操作频繁的控制设备,其衔铁 1 在闭合时产生强烈的冲击力,容易造成短路环 4 脱落或断裂,此时会导致电磁机构产生强烈的振动和噪声。所以,在维修电磁式电器时应检查短路环的完好情况,如发现有异常,应及时修好。

对于交流并联电磁铁,其线圈可以看成感抗很大、内阻很小的电压源,则有

$$U \approx 4.44 f W \Phi_m \cdot 10^{-8} \text{(V)}$$

式中: f 为电源频率(Hz); W 为线圈匝数; Φ_m 为磁通最大值(Wb)。

整理得

$$\Phi_m W \approx \frac{U \cdot 10^8}{4.44 f} \tag{6.4}$$

说明交流电磁铁为恒磁链系统。

若忽略铁芯磁阻,而气隙磁导为 G_δ,则对磁路有:

$$\sqrt{2} I W = \frac{\Phi_m}{G_\delta} \cdot 10^{-8} \tag{6.5}$$

将式(6.4)代入式(6.5)有:

$$I = \frac{U}{\sqrt{2} \cdot 4.44 f W^2 \cdot G_\delta}$$

该式说明交流电磁铁线圈中电流与气隙磁导成反比,即与工作气隙大小成正比,电磁铁在刚要吸合时电流很大,若因某种原因衔铁卡住,则线圈将被烧毁。

此外，电磁机构在工作时，衔铁吸合和释放过程中吸合时间、释放时间与衔铁行程的关系称为时间特性。励磁电流、磁通、磁链、电磁吸力、衔铁运动速度等参数在衔铁吸合或释放过程中，与衔铁位移或时间之间的关系，以及衔铁位移与时间的关系等称为动态特性。

5. 电磁机构的特性

电磁机构是一种依靠电磁吸力使衔铁产生机械位移而输出机械功的电器装置，电磁机构工作时，线圈产生的磁通作用于衔铁，产生电磁吸力 F，并使衔铁产生机械位移 δ，衔铁复位时复位弹簧将衔铁拉回原位。因此作用在衔铁上的力有两个：电磁吸力和反力。电磁机构的工作特性常用吸力特性和反力特性来衡量，二者间的配合关系将直接影响电磁式电器的工作可靠性。

1) 电磁机构的吸力特性

衔铁在运动过程中所受的电磁吸力 F_x 与它的行程 δ 之间的关系，F_x 必然地成为表征其主要性能的基本特性。这个特性习惯上称为吸力特性或吸引特性。

电磁机构的吸力特性是指吸力与气隙的关系曲线，即 $F = f(\delta)$。这个特性可以表征带动负载的吸引能力，习惯上称为吸力特性或吸引特性。它主要取决于线圈的连接方式（串联或并联）以及励磁电流种类（交流或直流）。吸力特性可以用计算方法得到，也可用实验方法得到。图 6.8(a) 是直流电磁铁（陡峭）和交流电磁铁（平坦）的吸力特性示意图。图 6.8(b) 是有极靴和无极靴电磁铁的吸力特性比较示意图。根据电磁铁的吸力计算公式分析可知，工作气隙 δ 小时，磁路磁阻小，衔铁上的电磁吸力 F 大；当工作气隙 δ 大时，衔铁上的电磁吸力 F 小。所以吸力特性近似于双曲线，如图 6.8(a) 所示。对于直流电磁铁来说，由于其为恒磁势系统，即 IW 基本不变，当工作气隙 δ 变化时，磁阻变化，磁通也变化，直流电磁机构的吸力与气隙的平方成反比，故其特性陡峭。对于交流电磁铁来说，由于其为恒磁链系统，其磁通有效值基本不变，所以吸力随工作气隙的大小无关，故其特性相对平坦。

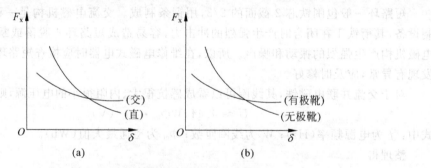

图 6.8 电磁铁的吸力特性和反力特性
1—直流电磁机构的吸力特性；2—交流电磁机构的吸力特性；3—反力特性
(a) 交直流电磁铁吸力比较；(b) 有无极靴吸力比较

有时为了改变直流电磁铁的吸力特性，使其较平坦些，以减少闭合时机械冲击，在磁极端上加一极靴，如图 6.8(b) 所示。当然个别情况下也希望吸力陡一些，以保证吸合时有较大的吸力，确保可靠吸合衔铁，如 E 形电磁铁。

2) 电磁铁的反力特性

电磁机构的衔铁在运动过程中是克服机械负载的阻力而做功的，习惯上把这种阻力称为反作用力，并以 F_f 表示。电磁机构转动部分的静阻力 F_f 与工作气隙 δ 的关系曲线 $F_f = f(\delta)$ 称为机械特性或反力特性，它也是电磁机构的基本特性。电磁机构的机械特性因其控制对象而异。机械特性是电磁机构的负载特性,但电磁机构的设计是以此为依据的,所以将它作为电磁机构的一种特性来处理。可能有的反力有反力弹簧力(主要)、触头弹簧力、摩擦阻力、重力等。反力特性与阻力的大小、作用弹簧、摩擦阻力以及衔铁重量有关。电磁机构的反力,在忽略电磁机构运动部件重力的情况下,主要由触点弹簧和释放弹簧的反力构成。由于在弹性限度内,弹簧的作用与其长度成线性关系,因此反力特性曲线均是直线段。

图 6.9 为直流接触器的反力特性示意图,斜线 1 为常开触头弹簧力,它只存在于动静触头刚接触到完全闭合的这个过程中。曲线 2 为反力弹簧力,它随工作气隙减少而增大,在触头由开断状态向闭合状态变化时,始终存在一斜直线;曲线 1 和曲线 2 合成的结果,即为反力特性,这里没有考虑其他反力。触点弹簧压缩的距离称为超行程,即从静、动触点刚开始接触到静、动触点压紧的距离。触点完全闭合后动触点已不再向前运动时的触点压力称为终压力。

通过以上分析可知,触点闭合的过程就是气隙减小的过程。触点的 4 个主要参数是开距、超行程、初压力和终压力。开距用以保证断开电弧和在规定的试验电压下触点不被击穿;初压力主要用来限制并防止触点在刚接触时出现的机械振动;超行程用以保证触点可靠接触;终压力是确保触点在闭合状态下接触电阻较小,使触点温升不超过允许值。

3) 电磁铁的吸力特性与反力特性的配合

吸力特性与反力特性配合的宗旨,是在保证衔铁产生可靠吸合动作的前提下尽量减少衔铁和铁芯柱端面间的机械磨损和触点的电磨损。对于一个电磁铁,如果吸力特性与反力特性配合不好,将影响其工作可靠性、寿命、参数等。对于不同性能的电磁铁,其配合有些差别,但总的要求是:吸合时,吸力大于反力,释放时,反力大于(或等于)吸力,因此,吸力特性曲线应在反力特性曲线的上方且彼此靠近。

图 6.10 为电磁铁的特性配合情况。图中曲线 1 为反力特性,曲线 2、3、4、5 为吸力特性。曲线 2 和曲线 1 适合于快速动作的场合,但冲击较大,一般不用。曲线 3 和曲线 1 能保证衔铁的可靠吸合,曲线 4 和曲线 1 将不能保证衔铁可靠吸合。曲线 5 和曲线 1 将不能吸合。一般采用曲线 3 和曲线 1 的配合。

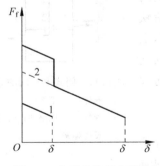

图 6.9 电磁铁的反力特性

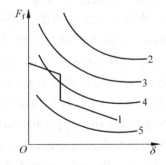

图 6.10 吸力特性与反力特性的配合

可见,如果反力特性曲线在吸力特性曲线的上方,此时的衔铁无法产生闭合动作,特别是对于交流并联电磁机构,由于衔铁无法吸合而导致线圈严重过热乃至烧坏。如果反力过小则反力特性曲线远离吸力特性曲线,这时衔铁虽能产生闭合动作,但由于吸力过大,使衔铁闭合时的运动速度过大,因而会产生很大的冲击力,使衔铁与铁芯柱端面造成严重的机械磨损。此外,过大的冲击力有可能使触点产生弹跳现象,从而导致触点的熔焊或烧损,也就会引起严重的电磨损,降低触点的使用寿命。为此,当特性配合不好时,可改变吸力特性,调整工作气隙、线圈电流、电压等;也可以改变反力特性,如改变反力弹簧的松紧来实现吸力特性与反力特性的适当配合等。只要改变释放弹簧的松紧,就可以改变反力特性曲线的位置。若将释放弹簧扭紧,则反力特性曲线平行上移;反之,反力特性曲线平行下移。

6.2 电空传动装置

电空传动装置是一种以电磁阀(电空阀)控制的压缩空气作为动力,驱使触头按规定动作的执行机构。电磁传动装置的特点之一就是电磁吸力随着工作气隙的增大而减小。在经过长时间行程和大传动力的传动场合,电磁传动装置就无法达到预想效果。而电空传动在电动气动传动装置中,在较大的行程中,可保持一个大的功率传输。因此,使用电空传动装置,不仅可获得大的传输功率,而且比电磁传输装置更经济。电空传动装置一般用于大功率、高电压、大电流的场合。它是以电磁阀(电空阀)控制的压缩空气作为动力,推动活塞(或传动薄膜)运动,以操纵电器触头的分合。

电空传动装置由电磁阀(电空阀)和压缩空气驱动装置组成。

1. 电磁阀(电空阀)工作原理

电空阀是借电磁吸力来控制压缩空气管路的导通或关断,从而达到远距离控制气动器械的目的。

电空阀按工作原理分,有开式和闭式两种,但从结构来说都由电磁机构和气阀两部分组成,工作原理也类似。

闭式电空阀是城市轨道交通车辆上应用较多的一种。原理结构如图 6.11 所示。

其工作原理:当线圈有电时,衔铁吸合,阀杆动作,使上阀门关闭,下阀门打开,关断了传动气缸和大气的通路,打开了气源和传动气缸的通路,压缩空气从气源经电空阀进入传动气缸,推动气动器械动作。当线圈失电时,衔铁在反力弹簧作用下打开,带动阀杆上移,使下阀门关闭,上阀门打开,关断了气源和传动气缸的通路,打开了传动气缸与大气的通路,传动气缸的压缩空气经电空阀排向大气,气动器械恢复原状。其实际结构如图 6.12 所示。

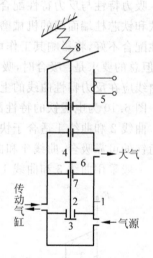

图 6.11 闭式电空阀的原理结构
1—阀体;2—下阀门;3、6—阀块;
4—阀杆;5—电磁铁;7—上阀门;
8—反力弹簧

在城市轨道交通车辆上,闭式电空阀应用较多。

开式电空阀是在线圈失电时,使气源和传动气缸接通,大气和传动气缸关闭的阀。其原理结构如图 6.13 所示。

2. 压缩空气驱动装置

压缩空气驱动装置有气缸式传动和薄膜式传动两种。

1) 气缸传动装置

(1) 单活塞气缸传动装置

单活塞气缸传动装置原理结构如图 6.14 所示。其工作原理是:当电空阀有电时,其控制的压缩空气进入传动气缸,推动活塞,压缩弹簧,使活塞杆右移,带动触头闭合。当电空阀失电时,其控制的气源被关断,在弹簧的作用下,推动活塞,带动活塞杆左移,使触头打开。

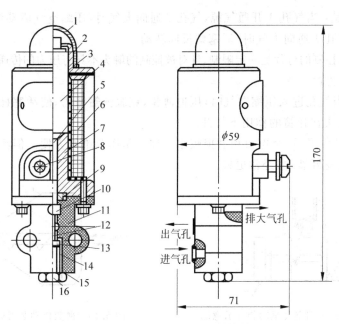

图 6.12　TFK1B 型电空阀结构简图

1—防尘罩；2—磁轭；3—铜套；4—动铁芯；5—心杆；6—线圈；7—铁芯座；8—接线座；
9—滑道；10—上阀门；11—阀座；12—阀杆；13—下阀门；14—弹簧；15—密封垫；16—螺母

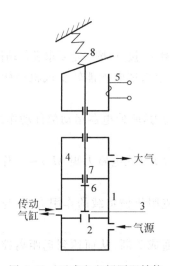

图 6.13　开式电空阀原理结构

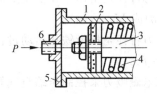

图 6.14　单活塞气缸传动装置

1—气缸；2—活塞；3—活塞杆；4—弹簧；
5—气缸盖；6—进气孔

通常活塞由皮碗或耐油橡胶制成，活塞上涂有机油，以减少摩擦力并具有良好的密封性能。

该种传动方式的优点是工作行程可以选择，以满足开距和超程的要求。缺点是摩擦力较大，动作较慢。

（2）双活塞气缸传动装置

双活塞气缸传动装置原理结构如图 6.15 所示。

其工作原理是：当气孔1开通气源，气孔2通向大气时，压缩空气驱动活塞右移。当气孔2开通气源，气孔1通向大气时，活塞则反向转动。

其特点是：所控制的行程受一定限制，且对被控制的触头不具有压力的传递，所以应用较少。

2) 薄膜传动装置

工作原理：当气孔进入压缩空气时，压迫薄膜，克服弹簧张力，使活塞杆右移，带动触头动作。反之，则触头在弹簧的作用下打开。

其特点是：动作灵活，摩擦力和磨损较小。加工制作及维修方便。但活塞杆行程小，在低温条件下，薄膜易开裂，需经常更换。

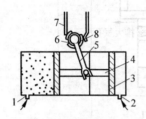 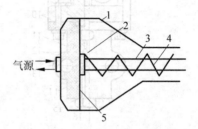

图6.15 双活塞压缩空气驱动装置示意图　　图6.16 薄膜传动装置原理结构
1、2—气口；3—活塞；4—活塞杆；　　　　1—阀体；2—活塞；3—活塞杆；
5—曲柄；6—转鼓；7—静触头；8—动触头　　4—开断弹簧；5—橡胶薄膜

小结

电器的传动装置是有触点电器驱使电器运动部分(触头、接点)按一定要求进行动作的机构。

电磁铁主要由吸引线圈和磁系统两部分组成，是用来把电磁能转变成机械能来驱动电器动作的机构。

电空传动装置是以电磁阀控制的压缩空气作为动力，驱使电器运动部件动作的机构，它广泛用于触头开闭高电压、大电流的场合。

电磁铁的吸力特性是指作用在衔铁上的电磁吸力 F_d(或电磁力矩 M_d)和工作气隙 δ 的关系，即 $F_d = f(\delta)$ 或 $M_d = f(\alpha)$。

电磁铁的反力特性是指衔铁在运动过程中需要克服机械负载的作用力 F_f 与工作气隙 δ 的关系，即 $F_f = f(\delta)$。

电空阀是借电磁吸力来控制压缩空气管路的导通或关断，从而达到远距离控制气动器械目的的机构。

压缩空气驱动装置有气缸式传动和薄膜式传动两种。

思考与练习

1. 请简述电磁传动装置的基本组成及工作原理。
2. 电磁传动装置其电磁吸力特性及交、直流电磁铁吸力特性的不同特点是什么？
3. 请分析交流电磁铁分磁环是如何起作用的。
4. 请归纳磁阀的种类、结构及应用。

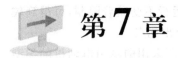

第7章

城轨车辆电机

从国内外城轨列车运用情况看,电力牵引传动毫无例外地采用电传动方式。所谓电传动力式就是将外部输入的能源(如电力动力车)或本身产生的能源(如轨道内燃动力车)通过一整套电能变换和传递装置,将电能转换为机械能,驱动动轮轮对以牵引列车。这种电能变换和传递装置称为电传动装置。

用于干线铁路电传动车辆与城轨车辆的电机,通常称为牵引电机。它包括驱使电传动车辆或城市轨道交通车辆行驶的牵引电动机及供给牵引电动机电能的主发电机和其他辅助用电设备。牵引电动机是城市轨道交通车辆得以实现牵引及电制动的动力机械。在起动、牵引及制动等各种工况下,都是通过电气传动控制系统改变牵引电动机的转速以达到车辆调速的目的。牵引电动机将电能变为机械能,产生牵引力驱动列车;又可在电制动状态下转换成发电机状态,将机械能转变为电能,实现电制动。所以,牵引电动机是城市轨道交通车辆电气设备中最主要的构成部分,其性能和可靠性直接关系到城市轨道交通车辆的运行。

牵引电动机取代蒸汽机用于城市轨道交通车辆已有100多年的历史,牵引电动机有许多类型,诸如直流牵引电动机、脉流牵引电动机、单向整流子牵引电动机、交流异步旋转牵引电动机、交流同步旋转牵引电动机、直线异步电动机及直线同步电动机。但是就其类型而言,不外乎两大类,即直流牵引电动机和交流牵引电动机(包括直线牵引电动机)。早期的城市轨道交通电动车辆中应用较广泛的是直流牵引电动机,因为其具有优良的牵引和制动性能,调节端电压和励磁,就可以方便地进行调速。但是,直流牵引电动机的换向器结构尚存在一系列缺点:电机换向困难和电位条件恶化、结构复杂、工作可靠性较差、制造成本高和维修麻烦。特别是在高电压大功率时,换向变得困难,电位条件恶化,使电机的工作可靠性降低。随着大功率晶闸管,特别是近年来全控型电力电子器件的迅速发展,可调压调频的逆变装置已经成功解决了交流电动机的调速问题。交流电动机没有换向器,作为牵引电动机就消除了由此引起的一连串问题,而且具有结构简单、维修方便、体积小、重量轻、转速高、功率大、能自动防滑等一系列优点,所以是一种较理想的牵引电动机,在城市轨道交通领域中正在迅速取代直流牵引电动机。

近年来,作为最有实用价值的非黏着驱动方式,直线牵引电动机在城市轨道交通车辆中的应用也越来越受到各国的重视。直线牵引电动机无旋转部件,呈扁平形,可降低车辆的高度,从而缩小地铁隧道直径,降低工程成本。直线牵引电动机运行不受黏着限制,可得到较高的加速度,噪声较小,这都是适合城市轨道交通车辆应用的突出优点。

城市轨道交通车辆其供电电源是直流电网,按电传动装置所采用的牵引电动机的类型的不同,电力传动形式分为三类:以直流(或脉流)牵引电动机为动力的直-直型电传动方式,交流旋转牵引电动机为动力的直-交型电传动方式,直线牵引电动机为动力的直-交型电传动方式。交流电传动方式又根据采用的同步或异步牵引电动机的不同分为交流同步电传动方式和交流异步电传动方式。

1) 直流牵引电动机为动力的直-直型电传动方式

直-直型电传动是指由直流供电系统供电、直流牵引电动机为动力的传动方式。图7.1所示为直流牵引电动机为动力的电气系统电传动装置示意图。车辆主传动系统工作过程为:接触网或接触轨的直流电经城市轨道交通车辆上的受流器引入车内,经高速断路器、网侧高压电路、直流牵引电动机调速电路,再经接地回流装置回电源负极。随着电动机接入电源即行旋转,电能转化为机械能,牵引电动机产生的牵引转矩经齿轮传动装置传递到轮对实现牵引运行。

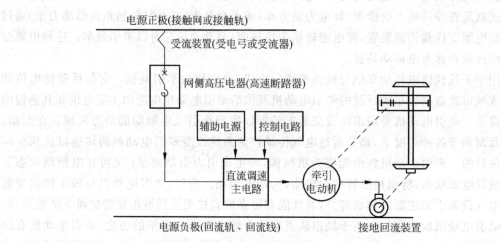

图 7.1 直流牵引电动机为动力的电传动装置

2) 交流旋转牵引电动机为动力的直-交型电传动方式

交流旋转牵引电动机为动力的直-交型电动车组,由直流电网供电,用逆变器调压调频完成三相交流电的变换,供给三相异步电动机,如图7.2所示。

整个牵引系统主要由VVVF牵引逆变器、牵引电动机、制动电阻等组成,VVVF牵引逆变器采用PWM脉宽调制模式,将高压直流电逆变成频率、电压可调的三相交流电,平行供给车辆四台交流鼠笼式异步牵引电动机,对电动机进行调速,实现列车的牵引、制动功能,其变流元件采用大功率晶闸管,输出可调频、调压的三相电源供牵引电动机使用。

对于交流鼠笼式感应电动机,只有通过调频才能调节感应电动机的速度;通过调压才能使感应电动机具有恒力矩或恒功率的牵引特性;同时,鼠笼式电动机具有结构简单、质量轻、防滑性能好等优点。只有大功率电力电子器件和微机技术的出现和应用,才使感应电动机的牵引性能得到充分的利用。此外,采用这种直-交电传动方式,可使车辆具有良好的制动性能。制动时,电机处于发电机状态,将车辆机械能变为电能,经逆变器整流成直流电反

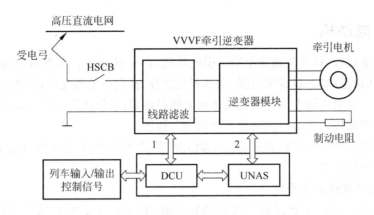

图 7.2　交流旋转牵引电动机为动力的直-交型电传动装置

馈回接触网,可供其他车辆牵引或作他用。当无其他装置吸收时,可全功率转变为电阻制动,低速或紧急制动时还有空气投入,车辆制动十分可靠。

3) 直线牵引电动机为动力的直-交型电传动方式

直线牵引电动机的电传动方式为直-交系统,由直流电网供电,采用电压型逆变控制。直线感应电机运载系统是应用于城市轨道交通的典型非黏着驱动方式的系统,其机理如图 7.3 所示。固定在转向架的一次线圈通过交流电流,产生移动磁场(行波磁场),通过相互作用,使固定在整体道床上的二次感应板(展开的转子)产生磁场,通过磁力(吸引、排斥)实现车辆的运行和制动。由于不受黏着系数的限制,有较强爬坡能力,最大坡度可达 80%。采用了车轮与铁轨非黏着驱动技术,轮轨磨耗少;同时,利用轻型材料可以达到轮轨系统所达不到的起动加速度、制动减速度。

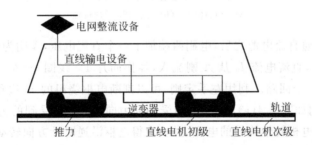

图 7.3　直线牵引电动机为动力的直-交型电传动装置

广州地铁 4、5、6 号线及北京机场线地铁动车采用的是逆变器变频调压的直线感应电机牵引系统。

4) 牵引系统辅助电机

为了保证城轨电动车组正常运行,电动车组中装有许多辅助机械,这些辅助机械多采用一般的直流电动机、交流异步电动机、永磁同步电机(直流无刷电机)来驱动。在地铁动车中有由辅助电源(SIV)提供的电压为 AC380V/50Hz(或 AC400V/50Hz)三相交流异步电动机驱动空调、空压机等的正常工作;有由辅助电源(SIV)提供的电压为 DC110V 的车辆客室门(电动门)驱动电机及受电弓驱动电机。

7.1 直流电动机

直流牵引电动机,特别是直流串励牵引电动机,由于具有适合牵引需要的"牛马"特性、起动性能好、调速范围宽、过载能力强、功率利用充分、控制简单等优点,因此,多年来一直作为各种车辆的主要牵引动力。应用大功率可关断晶闸管(GTO)等元件构成斩波调速系统,进一步改善了直流传动城市轨道交通车辆的运行性能。

在学习直流电动机在城市轨道交通车辆上的应用之前,首先要了解直流电动机基本的工作原理及其机械特性。

1. 直流电动机的工作原理

直流电动机主要由定子和转子两大部分组成,其工作基于电磁感应原理。此处利用图7.4所示的直流电动机结构简图来说明其工作原理。图7.4中N、S为一对主磁极,通过直流电源励磁产生恒定磁场。励磁绕组未画出,图中 abcd 线圈表示电枢绕组,1、2为两个换向片,与电枢绕组相连,A、B两个电刷与外电路相连。

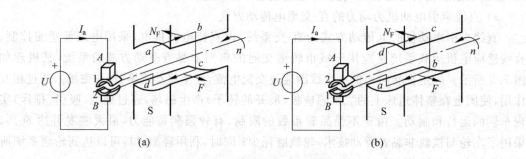

图 7.4 直流电动机转动原理图
(a) 初始位置;(b) 转过 180°后的位置

直流电动机接通直流电源之后,电刷两端加了一个直流电压,A刷为正,B刷为负,换向片1与A刷相接触,直流电流 I_a 从A刷流入,经换向片1—线圈 a—b—c—d—换向片2—电刷B流出,形成一个回路。利用左手定则,可以判断电枢绕组的 ab 边和 cd 边都受到电磁力的作用,力的方向如图7.4(a)所示,ab边受到的力向左,cd边受到的力向右,这一对力对电枢将产生一个绕电机转轴旋转的电磁转矩,使得电枢沿逆时针方向转动起来。

电枢转了180°之后,ab 边在下,cd 边在上,因为电刷不动,换向片与电枢一起转动,所以此时换向片1转到下方与B刷相接触,换向片2转到上方与A刷相接触。电源电流 I_a 从正极性端到A刷,经换向片2—线圈 d—c—b—a—换向片1,从电刷B流出,形成一个回路。此时,电枢绕组中的电流与刚才比较已经反向,根据左手定则可以判断,电枢的电磁转矩不变,仍然是逆时针方向,所以转轴旋转方向不变。

综上所述,直流电动机就是利用励磁绕组通电产生磁场,使通电的电枢绕组受到电磁力的作用,而绕电机转轴旋转工作的一种电器装置。

2. 直流电动机的特性

直流电动机的特性与励磁方式有关,直流电动机的励磁方式有串励、他励、并励和复励4种励磁方式,如图7.5所示。

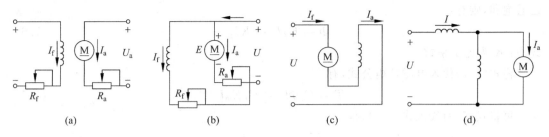

图 7.5 直流电动机的励磁方式

(a) 他励；(b) 并励；(c) 串励；(d) 复励

直流电动机电枢绕组两端的感应电动势公式如式(7.1)，电枢回路电压方程式如式(7.2)，将式(7.1)代入式(7.2)，得式(7.3)，式(7.4)为电磁转矩公式的变形式，再将式(7.4)代入式(7.3)，得直流电动机的转速公式(7.5)。

$$E_a = C_e \Phi n \tag{7.1}$$

$$E_a = U - I_a R_a \tag{7.2}$$

$$n = \frac{E_a}{C_e \Phi} = \frac{U - I_a R_a}{C_e \Phi} \tag{7.3}$$

$$I_a = \frac{T}{C_T \Phi} \tag{7.4}$$

$$n = \frac{U - \frac{T}{C_T \Phi} R_a}{C_e \Phi} = \frac{U}{C_e \Phi} - \frac{R_a}{C_T C_e \Phi^2} T \tag{7.5}$$

式(7.5)为直流电动机转速 n 与电磁转矩 T 之间的关系式。式中第一部分 $U/C_e\Phi$ 在电源电压和主磁通不变时是常数，称为理想空载转速，用 n_0 表示。主磁通是由励磁电源产生的，因此励磁方式不同，电动机的机械特性不同。

1) 他励直流电动机的机械特性

他励直流电动机的励磁绕组单独使用一个电源，其磁通不受负载的影响，当励磁电压一定时，Φ 是个定值，则式(7.5)可以表示为

$$n = n_0 - CT$$

式中：$C = R_a/C_T C_e \Phi^2$ 为常数，反映电动机的机械特性曲线斜率。

因此，他励直流电动机的机械特性曲线是一条略微下斜的直线，如图 7.6 所示。说明当负载 T 增加时，由于电枢电流 I_a 与 T 成正比，I_a 增大，电枢电阻的压降 $I_a R_a$ 增大，造成转速下降。由 C 的表达式可以看出，机械特性曲线斜率较小且较平滑，因此，他励直流电动机的机械特性属于硬特性。

引入机械特性硬度：

$$\beta = dT/dn = (\Delta T/\Delta n) \cdot 100\% = 1/\text{斜率}$$

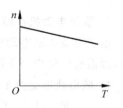

图 7.6 他励直流电动机的机械特性曲线

用 β 来衡量机械特性的平直度，β 值越大直线越平，特性越硬。

2) 串励直流电动机的机械特性

串励直流电动机的励磁绕组与电枢绕组串联，励磁电流与电枢电流相同。因此，串励直流电动机的励磁电流较大，且负载变化时，励磁电流随电枢电流的变化而变化，若不考虑主

磁通饱和,则有:

$$\Phi = K_\Phi I_f = K I_a \tag{7.6}$$

式中:K 为比例系数。

将式(7.7)代入电磁转矩公式,有

$$T = C_T \Phi I_a = C_T K_\Phi I_a^2 \tag{7.7}$$

再将式(7.8)代入式(7.5),得

$$n = \frac{U}{C_e K_\Phi I_a} - \frac{R_a}{C_e K_\Phi} = \frac{U}{C_e K_\Phi \sqrt{\dfrac{T}{C_T K_\Phi}}} - \frac{R_a}{C_e K_\Phi} = \frac{U}{C_e K_\Phi \sqrt{\dfrac{K_\Phi}{C_T}} \sqrt{T}} - \frac{R_a}{C_e K_\Phi} \tag{7.8}$$

式(7.9)给出了串励直流电动机的转速与转矩的关系,据此可以作出串励直流电动机的机械特性曲线,如图 7.7 所示。

图 7.7 的曲线表明,当串励直流电动机轻载或空载时,转速很高,容易发生飞车事故;负载增加时,转速下降很快,特性很软,因此串励直流电动机不允许轻载或空载运行。

由于串励直流电动机的电磁转矩与电枢电流的平方成正比,因此起动转矩较大,过载能力较强,所以一般用于起重机、电动车辆等起动转矩要求较高的运输设备中。

他励、复励和串励三种励磁方式的直流电动机的机械特性曲线如图 7.8 所示。

复励直流电动机的机械特性介于并励与串励之间,如图 7.8 中的曲线 2 所示。它兼有并励与串励的特点,所以既可以用于轻载或空载的情况,也可以用于负载变化较大的场合,应用范围较广。

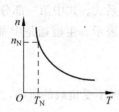

图 7.7 串励直流电动机的机械特性曲线

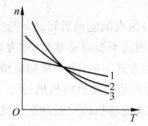

图 7.8 直流电动机的机械特性曲线
1—他励;2—复励;3—串励

3. 直流电动机在城市轨道交通车辆中的应用

由于直流串励电动机在负载变化时,其受到的干扰比他励式电动机小(后面有具体的分析),因而被广泛应用于城市轨道交通车辆中。

1) 城市轨道交通车辆中直流串励牵引电动机的调速

由 $n = \dfrac{E_a}{C_e \Phi} = \dfrac{U_d - I_a R_a}{C_e \Phi}$ 知,可通过改变牵引电动机的端电压 U_d 和改变牵引电动机的主极磁通 Φ 两种途径来调节电动机的转速。

(1) 改变牵引电动机的端电压 U_d

可通过如下方式来改变牵引电动机的端电压 U_d。

① 改变牵引电动机定子绕组和励磁绕组的连接方式,例如由串联改为串并联的方式。由于连接方式有限,所以可调的电压等级也有限,同时使电动机的接线变复杂。

② 在电动机回路中串接电阻,通过凸轮或斩波方法来调节电阻值的大小实现调压。由于这种方法要消耗电能,不经济,现在已基本不使用。

③ 在电动机与电源之间串接斩波器,调节斩波器的导通比来改变电动机的端电压,其原理如图 7.9 所示。这是目前在城市轨道交通车辆中广泛使用的一种调节直流电动机端电压的方法。

(2) 改变电动机的主极磁通 Φ

一般采用主极绕组上并联分路电阻,使电流的一部分流经分路电阻,从而减少励磁电流、磁势和磁通,电路如图 7.10 所示。

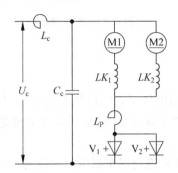
图 7.9 斩波调压原理

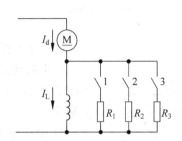
图 7.10 利用分路电阻磁削原理图

直流串励电动机在恒电压下削弱磁场时,电动机的电流增加,动车的功率和牵引力也随之增加,所以普遍采用这种方法来提高动车的功率和速度。但是,削弱磁场的深度是有限制的,因为在高速度大电流时削弱磁场会导致电动机换向困难,可能产生火花甚至环火。

电动机在恒功率条件下削弱磁场,不能提高牵引力和功率,但是可使电动机的恒功率范围扩大。

2) 直流牵引电动机的电制动

直流电动机的制动有机械制动和电气制动两种方式。电气制动是指通过某种方法,让电动机的电磁转矩与电机的转向相反,从而形成制动转矩的一种方法。

电制动是利用牵引电动机由牵引时的电动状态改为发电状态,将已有的机械能转变为电能。牵引电动机所产生的电能,如果利用电阻发热使之转化为热能散掉,称之为电阻制动或能耗制动;如果将电能重新反馈回电网中去加以利用,就称之为再生制动或回馈制动。

(1) 电阻制动

直流串励牵引电动机在进行电阻制动时,按其接线方式不同可以分为以下两种。

① 他励式电阻制动。将串励绕组改由另外电源供电,电枢绕组与制动电阻 R_Z 相连的方式称为他励式电阻制动,如图 7.11(a) 所示。改变他励绕组的励磁电流和磁通,可以调节电动机的制动电流和制动力。

② 串励式电阻制动。牵引电动机励磁绕组反向与电枢串联,再接到制动电阻 R_Z 上,电动机仍保持串励形式,如图 7.11(b) 所示。

这种方式虽不需要有额外的励磁电源,但是需要改变 R 的大小来调节制动电流和制动力。城市轨道交通车辆采用斩波器与制动电阻并联,通过改变斩波器的导通比来调节电阻,如图 7.12 所示。

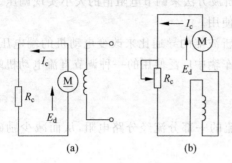
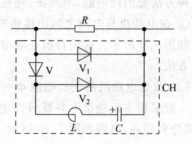

图 7.11 电阻制动原理图
（a）他励；（b）串励

图 7.12 斩波调阻原理

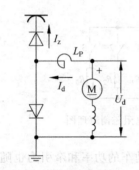

图 7.13 再生制动原理

(2) 再生制动

再生制动时，牵引电动机处于发电机状态向电网回馈电能，如图 7.13 所示。采用 GTO 斩波装置，可以比较方便地实现再生制动。

3) 牵引电动机在城市轨道交通车辆应用中的问题

(1) 负载分配不均问题

列车运行时，为了充分利用动车的功率及黏着重量，动车上各台牵引电动机的负载应该均匀分配。但实际上由于各台牵引电动机特性曲线的差异和动轮直径的差异，不可避免地造成各牵引电动机间负载分配的不均匀。

① 由于牵引电动机之间的特性差异引起负载分配不均

当两台特性有差异的牵引电动机装在同一动车上并联运行时，即使动轮直径完全相同，由图 7.14(a)可以看出，串励电动机由于特性较软，在同一运行速度下的负载电流 I_1 和 I_2 的差值 ΔI_d 比较小。而特性差异程度相同的他励电动机，由于特性较硬（图 7.14(b)），负载电流 I_1 和 I_2 差值 ΔI_d 要比串励电动机大得多，输出转矩的差异他励电动机也要比串励电动机大得多。所以，串励电动机负载分配不均匀的程度远比他励电动机小。

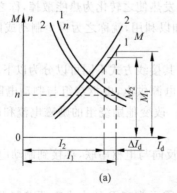
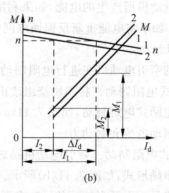

图 7.14 由于牵引电动机的特性差异引起的负载分配不均
（a）串励；（b）他励

② 由于动轮直径的不同引起负载分配不均

如果两台电动机的特性完全相同,而它们各自的动轮直径不同,两台电动机的转速将会产生某些差异。设一台的转速为 n_1,另一台的转速为 n_2,从图 7.15(a) 和 (b) 的比较可以看出,串励电动机负载分配不均匀程度比他励电动机小。

结论:就牵引电动机间负载分配而言,串励优于他励。

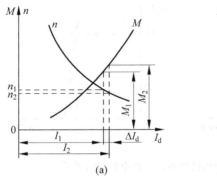
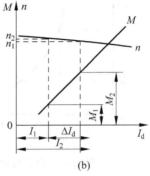

图 7.15 动轮直径不同引起的负载分配不均
(a) 串励;(b) 他励

(2) 电压波动对牵引电动机工作的影响

接触网电压经常会发生波动,例如当动车运行经过两个牵引变电所供电的交界处时,供电电压会发生突然变化,在动车速度还来不及变化时,就可能产生较大的电流冲击和牵引力冲击。图 7.16 表示串励、他励电动机在电压突然增加时产生的电流和牵引力(转矩)的变化。设电动机原来的端电压为 U_1 相应的转速特性曲线为 $n_1 = f_1(I_d)$;变化后的电压为 U_2,相应的转速特性曲线为 $n_2 = f_2(I_d)$。比较图 7.16(a) 和 (b),可以看出,当电网电压波动时,由于他励电动机具有硬特性,其电流冲击和牵引力冲击都比串励电动机大得多,将引起列车冲动并使牵引电动机工作条件恶化。

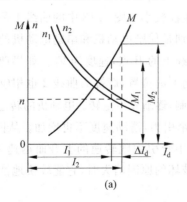
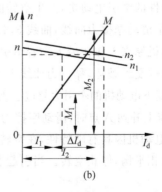

图 7.16 电压波动时牵引电动机电流和牵引力的变化
(a) 串励;(b) 他励

另外,当电动机的外加电压突变时,由于他励电动机励磁电路内电流不变,电枢反电势不能及时增加,将使过渡过程开始阶段的电枢电流冲击过大。而串励电动机的励磁绕组与电枢绕组串联,因而电流增长速度相同;虽有磁极铁芯内涡流的影响,磁通增长速度稍慢于电枢电流的增长速度,但引起的电流冲击比他励电动机要小得多。

结论:对电压波动对牵引电动机的影响而言,串励优于他励。

(3) 功率的利用问题

图 7.17 画出了串励和他励电动机的机械特性 $M=f(n)$,变换比例后,就是动车的牵引特性 $F=f(V)$。

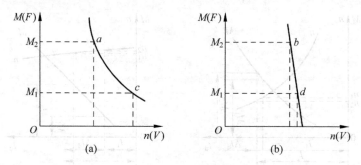

图 7.17 牵引电动机机械特性与功率利用的关系
(a) 串励;(b) 他励

假设串励和他励牵引电动机具有相同的额定转矩和额定转速。当转矩自 M_1 变化到 M_2 时,串励电动机的工作点由 c 点变为 a 点。因为功率是转矩和转速即牵引力和速度的乘积,其功率变化可用 a 点横、纵坐标所围成的矩形面积与 c 点横、纵坐标所围成的矩形面积之差来表示。同理,他励电动机在转矩自 M_1 变化到 M_2 时,他励电动机的工作点由 d 点变为 b 点,其功率变化可用 d 点和 b 点横、纵坐标所围成的矩形面积之差来表示。两者相比,由于串励电动机具有软特性,转速随着转矩的增大而自动降低,所以串励电动机的功率变化比他励电动机要小,接近恒功率曲线,可以合理地利用与牵引功率有关的各种电气设备的容量。

4) 黏着重量的利用问题

具有硬特性的牵引电动机,产生空转的可能性较小。图 7.18 中的曲线 1 是最大黏着力曲线,曲线 2 是滑动摩擦力曲线,曲线 3、4、5 分别是他励电动机和串励电动机的机械特性曲线。假定电动机原来工作在最大黏着牵引力曲线上的 B 点,速度为 V_0。如果偶然因素使轮轨间的黏着条件受到破坏,黏着力曲线 1 下降到 $1'$ 的位置,摩擦力曲线 2 也相应降到 $2'$ 的位置。在 V_0 速度下电动机的牵引力超过了黏着限制,逐渐发生空转。电动机的转速将沿着特性曲线上升,转速上升到 A 点时,滑动摩擦力等于牵引力,滑动速度不再增加。从图 7.18(a) 可以看出,他励电动机因具有硬特性,在空转过程中牵引力随转速的上升而迅速下降,很快地与滑动摩擦力相平衡,停止空转。当引起黏着破坏的原因消失时,它能较快地恢复到原来的工作状态。

串励电动机由于特性较软,如图 7.18(b) 中曲线 4 所示,空转后的稳定滑动速度 V_4 高于他励电动机的稳定滑动速度 V_2。如果串励电动机的特性很软,如图 7.18(b) 中曲线 5 所示,一旦黏着破坏,将产生更大的滑动速度形成空转,使车轮踏面磨损,牵引力下降。

结论:从黏着重量利用观点出发,他励电动机优于串励电动机。

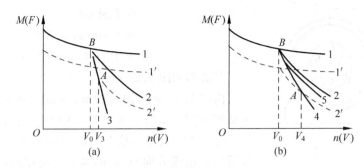

图 7.18 电动机特性与空转的关系
(a) 串励；(b) 他励

1—最大黏着力特性；2—滑动摩擦力特性；3—他励电动机机械特性；
4—串励电动机较软的机械特性；5—串励电动机很软的机械特性

7.2 交流牵引电动机

直流牵引电动机具有优良的牵引和制动性能,通过调节端电压和励磁,就可以方便地进行调速。但是,直流牵引电动机的换向器结构尚存在一系列缺陷:电动机换向困难、结构复杂、工作可靠性较差、制造成本高和维修工作量大。特别是在高电压大功率时,换向变得更加困难,使电动机的工作可靠性降低。随着大功率晶闸管,特别是近年来全控型电力电子器件的迅速发展,可调压调频的逆变装置已经成功解决了交流电动机的调速问题。交流电动机没有换向器,就消除了由此引起的一连串问题,而且交流牵引电动机具有结构简单、维修方便、体积小、质量小、转速高、功率大、能自动防滑等一系列优点,所以是一种较理想的牵引电动机,在城市轨道交通领域中正在迅速取代直流牵引电动机。

城市轨道交通车辆普遍采用的是交流异步牵引电动机,这是因为同步电动机需要集电环和电刷或者在转子上安装旋转整流器,不适于频繁起动和停止的工作需要,也不能在轮径不同或牵引电动机转速有差别时,由一台逆变器驱动多台电动机并联工作。

异步电动机在空间利用和重量上都优于同步电动机,因此被广泛应用。异步电动机采用 VVVF 控制,即直流电通过逆变器变为三相交流电,用电压和频率的变化来控制异步电动机的转速变化,获得最佳的调速性能,并实现再生制动。

1. 交流异步电动机的工作原理

三相异步电动机也由定子和转子两大部分组成,按转子绕组形式不同,可分为绕线式和鼠笼式两种。三相异步电动机工作时,定子通入三相交流电流之后,在定子绕组中将产生旋转磁场,此旋转磁场将在闭合的转子绕组中感应出电流,从而使转子受到旋转电磁力矩的作用而转动起来。因此,在研究三相异步电动机的原理之前,应首先介绍旋转磁场的产生及特点。

1) 旋转磁场的产生

三相异步电动机定子绕组是空间对称的三相绕组,U_1-U_2、V_1-V_2 和 W_1-W_2 空间位置相隔 120°。若将它们作星形连接,如图 7.19 所示,将 U_2、V_2、W_2 连在一起,U_1、V_1、W_1 分别接三相对称电源的 U、V、W 三个端子,就有三相对称电流流入对应的定子绕组,即

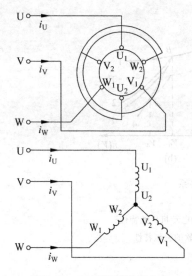

图 7.19 三相定子绕组分布

$$i_U = I_m \sin\omega t \quad (7.9)$$
$$i_V = I_m \sin(\omega t - 120°) \quad (7.10)$$
$$i_W = I_m \sin(\omega t + 120°) \quad (7.11)$$

其波形如图 7.20 所示。

由图 7.20 波形图可看出,在 $\omega t = 0$ 时刻,$i_U = 0$;i_V 为负值,说明 i_V 的实际电流方向与参考方向相反,即从 U_2 流入(用⊗表示),从 U_2 流出(用⊙表示);i_W 为正值,说明实际电流方向与 i_W 的参考方向相同,即从 W_1 流入(用⊗表示),从 W_2 流出(用⊙表示)。根据右手螺旋法则,可判断出转子铁芯中磁力线的方向是自上而下,相当于定子内部是 N 极在上、S 极在下的一对磁极在工作,如图 7.20(a)所示。

当 $\omega t = 120°$ 时,i_U 为正值,电流从 U_1 流入(用⊗表示),从 U_2 流出(用⊙表示);$i_V = 0$;i_W 为负值,电流从 W_2 流入(用⊗表示),从 W_1 流出(用⊙表示)。合成磁场如图 7.20(b)所示,从图可以看出,合成磁场在空间上沿顺时针方向转过了 120°。当 $\omega t = 240°$ 时,同理,合成磁场如图 7.20(c)所示,从图可以看出,它又沿顺时针方向转过了 120°。当 $\omega t = 360°$ 时的磁场与 $\omega t = 0$ 时的相同,合成磁场沿顺时针方向又转过了 120°,N、S 磁极回到 $\omega t = 0$ 时刻的位置,如图 7.20(d)所示。

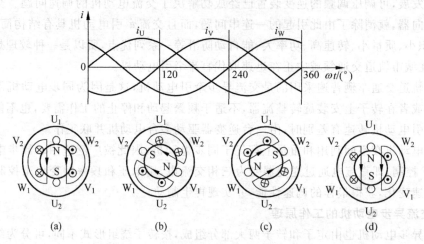

图 7.20 一对磁极的旋转磁场及对应波形
(a) $\omega t = 0$; (b) $\omega t = 120°$; (c) $\omega t = 240°$; (d) $\omega t = 360°$

综上所述,当三相交流电变化一周时,合成磁场在空间上正好转过一周。若三相交流电不断变化,则产生的合成磁场在空间不断转动,形成旋转磁场。

2) 转子的转动原理

三相定子绕组中通入交流电后,便在空间产生旋转磁场,在旋转磁场的作用下,转子将作切割磁力线的运动而在其两端产生感应电动势,感应电动势的方向可根据右手螺旋法则来判断。由于转子本身为一闭合电路,所以在转子绕组中将产生感应电流,称为转子电流,电流方向与电动势的方向一致,即上面流出、下面流进。

转子电流在旋转磁场中受到电磁力的作用,其方向可由左手定则来判断,上面的转子导条受到向右的力的作用,下面的转子导条受到向左的力的作用。电磁力对转子的作用称为电磁转矩。在电磁转矩的作用下,转子就沿着顺时针方向转动起来,显然转子的转动方向与旋转磁场的转动方向一致(图 7.21)。

虽然转子的转动方向与旋转磁场的转动方向一致,但转子的转速 n 永远达不到旋转磁场的转速 n_1,即 $n<n_1$。这是因为,若转子的转速等于旋转磁场的转速,则转子与磁场间不存在相对运动,即转子绕组不切割磁力线,转子电流、电磁转矩都将为零,转子根本转动不起来,因此转子的转速总是低于同步转速。正是由于转子转速与同步转速间存在一定的差值,故将这种电动机称为异步电动机。又因为异步电动机是以电磁感应原理为工作基础的,所以异步电动机又称为感应电动机。

2. 交流异步电动机的特性

1) 交流异步电动机的转矩特性

由图 7.22 所示的电动机的等效电路得以下计算公式。

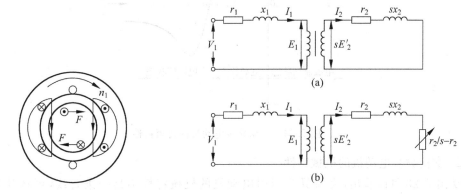

图 7.21 三相异步电动机工作原理图　　图 7.22 交流异步电动机等效电路

由于电子绕组本身的阻抗压降比电源电压要小得多,即可以近似认为电源电压 U_1 与感应电动势 E_1 相等,即

$$U_1 \approx E_1 = 4.44 f_1 K_1 N_1 \Phi \tag{7.12}$$

式中:f_1 为三相电源频率;K_1 为定子绕组系数,与定子绕组结构有关,略小于 1;N_1 为定子每相绕组的匝数;Φ 为旋转磁场的每极磁通,通常指忽略漏磁后每极主磁通的最大值 Φ_m。

转子感应电动势

$$E_2 = 4.44 f_2 K_2 N_2 \Phi = 4.44 s f_1 K_2 N_2 \Phi = s E_{20} \tag{7.13}$$

式中:K_2 为转子绕组系数,与转子绕组结构有关,略小于 1;f_{20} 为起动时转子绕组的频率,与定子频率 f_1 相等。

转子电流为

$$I_2 = \frac{E_2}{\sqrt{R_2^2 + X_2^2}} = \frac{sE_{20}}{\sqrt{R_2^2 + (sX_{20})^2}} \tag{7.14}$$

电磁转矩:

$$T = C_T \Phi I_2 \cos\varphi_2 \tag{7.15}$$

将由式(7.10)到式(7.13)推得的 Φ 和 I_2 表达式,代入式(7.15),可得

$$T = \frac{CsU_1^2 R_2}{f_1[R_2^2 + (sX_{20})^2]} \tag{7.16}$$

由于交流异步电动机在正常工作时,转子转速与旋转磁场的旋转速度很接近,即转差率 s 很小,故 $\frac{r_2}{s}$ 比 r_1、(x_1+x_2) 都大得多,因此异步电动机的力矩可近似用下式表示:

$$T = k(U/f)^2 fs \tag{7.17}$$

转子每相的电阻和静止时的感抗通常也是常数。因此,当电源电压一定时,电磁转矩为转差率的函数,即 $T=f(s)$,其曲线称为异步电动机的转矩特性曲线,如图 7.23 所示。

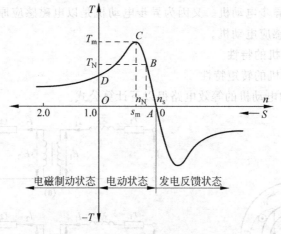

图 7.23 三相异步电动机的转矩特性

2) 交流异步电动机的机械特性

从图 7.23 可以看出,交流异步牵引电动机的机械特性不是一条直线,可将其分为三部分:

(1) 电动状态

在转差率为 $0 < s \leqslant 1$ 范围内,即转速为 $0 < n \leqslant n_s$,电磁转矩 T 和转子转速 n 都为正,方向相同,转子转速 n 与同步转速 n_s 的方向也相同。牵引电机从供电网吸取电功率,从轴上输出机械功率,牵引电机处于电动运行状态。

牵引电机机械特性曲线在此范围内,可划分为 AC 段和 CD 段,以及拥有 4 个特殊点,如图 7.23 所示。

① 同步运行点 A,也称为离心空载点,该点 $T=0, n=n_s, s=0$,此时牵引电机不进行机电能量转换。由于交流异步牵引电动机即使在空载时也存在空载转矩 T_0,牵引电机在没有外力作用下不可能达到此状态。

② 额定工作点 B,该点的转速、转差率、转矩、电流及功率都是额定值。机械特性曲线上的额定转矩就是指额定电磁转矩 T_N,单位为 N·m,它等于额定输出转矩 T_{2N} 与空载转矩 T_0 之和。由于工程计算中通常忽略空载转矩 T_0,所以也可认为额定电磁转矩称为牵引电机的额定输出转矩 T_{2N},计算公式如下:

$$T_N = T_{2N} = 9550 \frac{P_N}{n_N} \tag{7.18}$$

式中：P_N 表示牵引电机的额定功率(kW)；n_N 表示牵引电机的额定转速(r/min)。

③ 最大转矩点 C,也称为临界点,该点 $T=T_m$ 为最大转矩,相应的转差率 s_m 称为临界转差率。最大转矩是交流异步牵引电机的重要性能指标之一,不仅反映了牵引电机的过载能力,对起动性能也有影响。临界状态说明交流异步牵引电动机具有短时过载能力,但在任何情况下牵引电机的负载转矩均不能大于 T_m,否则牵引电机的转速将急剧下降,迫使牵引电机堵转,有可能造成事故。同时,也不允许牵引电机长期过载运行,从而导致其损坏。

在交流异步牵引电动机中,过载能力 λ_m 也称为最大转矩倍数,是指最大电磁转矩 T_m 与额定电磁转矩 T_N 之比,即

$$\lambda_m = \frac{T_m}{T_N} \tag{7.19}$$

④ 起动点 D,该点 $s=1,n=0$,电磁转矩 T 为初始起动转矩 T_{st}。起动转矩 T_{st} 与额定电磁转矩 T_N 之比称为起动转矩倍数 k_{st}。

⑤ AC 段,该段近似为一条直线,对任何负载均能稳定运行,是交流异步牵引电动机机械特性的工作段。

⑥ CD 段,该段的转差率大,以及定子和转子的电流也很大,所以对于恒转矩负载不能稳定运行。

牵引电机在电动状态下,其机械特性分为两个部分(见图 7.24)：在转速大于临界转速,即 $n>n_m$ 时,称为稳定运行区,即正常工作区；在 $n<n_m$ 时,称为不稳定运行区。在转速为 $n_m<n\leqslant n_s$ 的稳定运行区内,转速与负载转矩成反比,可以是负载在一个工况点至另一个工况点达到新的平衡；该段的转速特性曲线比较陡峭,正常运行的转速 n 很接近同步转速 n_s,转速变化不大,其额定转差率很小,即硬的机械特性,从而具有良好的防空转性能。而在转速为 $0<n<n_m$ 的不稳定运行区内,转速与负载转矩成正比,若转速减小,转矩也减小,最终导致牵引电机停转；若转速增大,转矩也增大,使得牵引电机工况越过临界点而进入稳定工况内,达到新的平衡。

(2) 发电反馈状态

在转差率为 $s<0$ 范围内,即转速为 $n>n_s$,旋转磁场的转向与转子转向一致,此时电磁转矩 T 为负值,是制动转矩,牵引电机处于制动状态。由于电磁功率也是负值,向电网反馈电能,因此,牵引电机也处于发电状态。

(3) 电磁制动状态

在转差率为 $s>1$ 范围内,即转速为 $n<0$,旋转磁场的转向与转子转向相反,此时电磁转矩 T 为正值。牵引电机处于制动状态,也称为转速反向的反接制动。

将图 7.23 顺时针转过 $90°$,并把转差率 s 变换成转速 n,便可得到如图 7.24 所示的 n 和 T 的关系曲线,称为异步电动机的机械特性曲线。图中的 T_{st} 为电动机的起动转矩,T_N 为额定转矩,n_N 为额定转速,T_m 为最大转矩,n_m 为产生最大转矩时的转速(该转速并不是最高转速)。

(4) 稳定区和不稳定区

一般而言,电动机具有转速增加时力矩减少、转速减小时力矩增大的特性才能稳定运行,稳定状态下

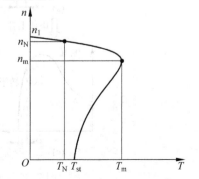

图 7.24 三相异步电动机的机械特性

的转速要比最大力矩转速稍大。

由图7.24可知，以临界转差率 s_m 对应的临界转速 n_m 为界，曲线分为两个不同特征的区域。上边为稳定区，下边为不稳定区。

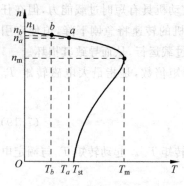

图7.25 自适应过程曲线图

在稳定区（$n_m < n < n_1$），电磁转矩与电机轴上的负载转矩保持平衡，因此电动机匀速运行。若负载转矩发生变化，则电磁转矩自动调整，最后达到新的平衡状态使电动机稳定运行。图7.25所示为一个自适应过程的曲线图，设当负载转矩为 T_a 时，电机稳定运行于 a 点，此时电磁转矩也等于 T_a，转速为 n_a；若负载转矩减少为 T_b，由于惯性，速度不能突变，负载改变后的最初的电磁转矩仍为 T_a，则由于 $T_a > T_b$，电机加速，工作点上移，电磁转矩减小，直到过渡过程到达 b 点，电磁转矩等于 T_b，转速不再上升，电机便运行于 b 点，电机在新的转速下开始稳定运行，完成一次自适应调节过程。同理，当负载转矩增大时，其过程相反，电机也可以自动调节达到新的稳定运行状态。

在不稳定区（$0 < n < n_m$），恒转矩负载的电机在任意点上均无法稳定运行，因为如果负载有所增加，电磁转矩会立即小于负载转矩，引起转速急剧下降，又进一步使电磁转矩变小，即转速进一步下降，造成电机停转（堵转）；而假如负载减少，电机会因电磁转矩大于负载转矩而升速，升速继续造成电磁转矩增大，进一步升速的结果是使电机进入稳定工作区。从图7.25可以看出，电动机在稳定区的转速随电磁转矩的变化较小，曲线较平稳。该段曲线越平稳，则负载变化对稳态转速的影响越小，这种机械特征称为硬特性。

(5) 特性曲线的变化

变流异步电动机的力矩随电源的频率、电压的变化而相应变化的曲线如图7.26所示。由图7.26可知，最大力矩随频率的增大而减小，故特性曲线被拉长；相反，最大力矩随电压的增大而增大，因此特性曲线被拉高；如果同时增大 U 和 f，特性曲线将同时被拉高和拉长。

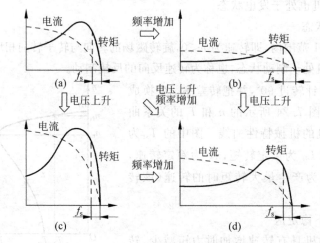

图7.26 异步电动机基本特性曲线的变化

当等比例改变电源的频率和电压,即电源的电压与频率之比保持恒定时,感应电动机的力矩相应变化曲线如图 7.27 所示。

3. 交流异步电动机的转速控制

由异步电动机的转差率公式 $n = n_1(1-s) = n\dfrac{60f_1}{p}(1-s)$ 可知,可通过以下三种方法进行调速:

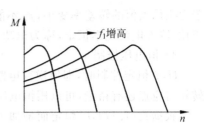

图 7.27 U/f 恒定时异步电动机基本特性曲线的变化

(1) 改变定子绕组的磁极对数 p ——变极调速。

(2) 改变电动机的转差率 s。方法有改变电源电压调速和绕线式异步电动机转子串电阻调速等。

(3) 改变供电电网的频率 f_1 ——变频调速。

为了得到与直流串励电动机类似的牵引特性,异步电动机的转速控制有以下几种方法: U/f 恒定控制、恒功率控制、恒电压控制和恒转差频率控制。

1) U/f 恒定控制

通过逆变器 PWM 脉宽调制实现电动机输入电源的电压 U 和频率 f 成比例增加,但保持 U/f 及转差频率 f_s 恒定,从而使磁通 $\varPhi = \dfrac{U}{4.44 K_1 N_1 f}$ 恒定,转子电流 $I_2 = \dfrac{sE_{20}}{\sqrt{R_2^2 + X_2^2}} = \dfrac{4.44 K_2 N_2 f \varPhi s}{\sqrt{R_2^2 + (sX_{20})^2}}$ 恒定,电机电磁转矩 $T = k(U/f)^2 f_s$ 恒定,从而实现在较大的速度范围内输出恒定力矩。该控制特性与直流串励电动机保持电枢电流和励磁电流恒定、调节电压改变速度的控制方法相同。

另外,从车辆的速度与电源频率基本成正比,而车辆的速度与电动机的反电势也是正比关系来看,电源电压应当与车辆的速度即电源频率成正比,也就是保持 V/f 恒定。但是,逆变电路输出电压的最大值受电网电压限制,采用这种控制方法得到的速度范围不是无限的。它相当于应用直流串励电动机的车辆用调节电阻来控制主电动机的端电压得到的速度范围。

U/f 保持恒定时,如果忽略定子的漏阻抗,气隙磁通和转矩也不变。但是,当定子频率 f 降低至一定数值以下时,虽然定子漏抗数值也相应减小,但定子电阻却与频率 f 无关,此时定子电阻压降影响大大增加,因而造成气隙磁通迅速减小,转矩随之减小,所以用恒 U/f 运行时,低频特性不够满意。为此,在低频时要适当加大电压,即增大 U/f 值以保持气隙磁通不变。

2) 恒转差频率控制

这是逆变电路的输出电压达到最大值后,仅仅改变逆变电路输出频率 f_1 的控制方法。在式(7.17)中,保持 U 和 f_s 恒定,则力矩 T 与电源频率 f 的平方,即与车辆速度的平方基本成反比。这相当于直流串励电动机的自然特性。

3) 恒功率控制

恒转差频率控制时,随着速度增加,力矩急剧下降;如果设计上转差频率对于最大值留有余地,在速度增加的同时增加转差频率,可以防止力矩下降过多。

根据式(7.17),使转差频率与电源频率 f 成正比地增加,则力矩 T 与电源频率,即车辆速度基本成反比,力矩的下降比恒转差频率控制方式小。

这种方式使转差率 $(f_1 - f_s)/f_1$ 为恒定。由图 7.26 可知,随着电源频率的增加,对应于力矩最大值的转差率变小,f_s 不能取得过大。此时,电源电压恒定,转差率与电源频率成正比,输入电流基本恒定,称为恒功率控制。这种方式等效于直流电动机的削弱磁场控制。

4) 恒电压控制

U/f 恒定控制时,即使逆变电路输出电压 U_1 为最大时,如果输出电流、转差率到最大转矩对应点还有裕量,可以用恒电压控制扩大速度范围。

根据式(7.17),U 恒定而增加 f,则使 f_s 与 f 的平方成正比地增加,则同样可获得恒定转矩,从而扩大恒转矩控制范围。但如前所述,f_s 增加的范围十分有限,f_s 与 f 的平方成正比地增加的速度范围比较窄。

以上的方法只是用于开环控制系统。如果采用闭环系统,则可达到 E/f 为常数,这样在包括低频在内的整个频率范围内都可得到恒磁通运行。

目前,用于城市轨道交通车辆的闭环控制系统有转差-电流控制、矢量控制及直接力矩控制等。

4. 交流异步牵引电动机在城轨车辆中的应用

1) 转矩裕量与恒功范围

异步电机的最大电磁转矩取决于电机漏抗,最大电磁转矩与实际输出转矩的差值称为转矩裕量(见图 7.28)。交流异步牵引电机应用于动车时,应确保即使在恒功区的最高速度点仍有适当的转矩裕量。但转矩裕量过大,又会使电机的重量和体积不必要地增加。转矩裕量与恒功范围的关系如图 7.29 所示。

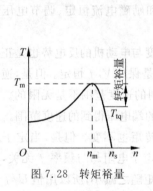

图 7.28 转矩裕量

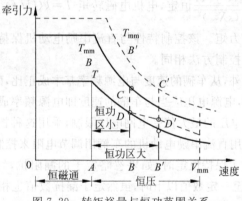

图 7.29 转矩裕量与恒功范围关系

增大异步电机的最大电磁转矩的方法有两种:

(1) 增大磁通(磁负荷型)

磁负荷型电机的铁芯体积较大,重量也增加;定子线圈的导体数较少,因而漏抗较小。

(2) 增大转子电流(电负荷型)

电负荷型电机的磁通较小,因而铁芯体积较小,重量较轻;但定子线圈的导体数较多,因而漏抗大,最大电磁转矩小。

根据城市轨道交通车辆的性能要求,可采用不同的电磁负荷分配。要求恒功范围大的电动机,其最大电磁转矩也较大,属于磁负荷型。恒功范围小的电动机,其最大电磁转矩较小,属于电负荷型。

2) 异步牵引电动机并联运行

变压变频控制有集中控制和分别控制两种方式,两种方式各有利弊(图 7.30、图 7.31)。

分别控制方式所用的轨道车辆电气制动控制过程的计算机模拟元器件及控制装置增多,相应会增加故障率和投资,但是它可克服集中控制中控制时由于轮径差和异步电动机特性不一致而产生黏着力降低滑动的问题;更重要的是某个逆变器出现故障,还有其他几个逆变器照常正常工作,车辆仍可继续运行,在防空转滑动用降功率来抑制空转或滑动时也只涉及到个别轴,所以功率损失也小。城市轨道交通车辆通常是有一台逆变器供电,多台异步电动机并联运行,例如日本城市轨道交通车辆最常用的 4MM/lINV 方式就是由一台逆变器拖动四台异步电动机并联运行。

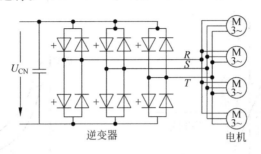

图 7.30 集中控制方式原理图

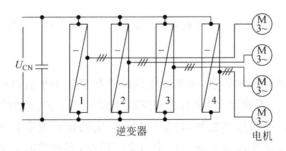

图 7.31 分别控制方式原理图

3) 负载分配不均的理论分析

图 7.32 所示为由于电动机特性差异引起电动机负载分配不均情况。具有不同特性的两台电动机在相同转速时所产生的电磁力矩分别为 T_1 和 T_2,从而导致两台电动机的电流不同。

(1) 电动机电气特性的不同引起的负载分配不均

由于异步电动机的硬特性,电机电气特性或动轮轮径略有差异,就会引起电机负载分配不均。对异步电动机特性影响最大的因素是转子电阻,应选择电阻分散性小、温度变化率小、截面尺寸均匀的材料作电机转子导体(图 7.33)。

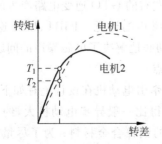

图 7.32 电动机特性差异引起电动机负载分配不均

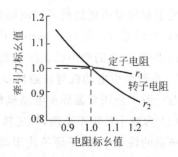

图 7.33 电动机转子电阻的影响

(2) 动轮直径的不同引起的负载分配不均

由于动轮轮径不同,也会产生电动机负载分配不均的情况,如图 7.34 所示。牵引工况时,轮径大的电动机负担的负载偏大,轮径小的负载偏小;制动工况则相反:轮径大的负载偏小,轮径小的负载偏大。

(3) 额定转差率的不同引起的负载分配不均

负载分配不均的程度与电机额定转差率有关,额定转差率越小,负载分配不均越严重,即使轮径差不大,也有较大的牵引力差。注意:额定转差率大又对电机的效率、温升和动车性能不利。

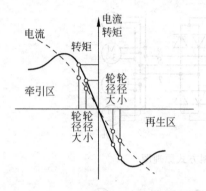 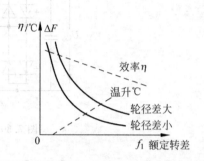

图 7.34 动轮轮径差异引起电动机负载分配不均　　图 7.35 额定转差率的影响

4) 坡道起动

为了防止坡道起动时车辆后退,异步电机的转差频率随动车后退速度增大,但由于逆变器允许电流等限制,电流不能增大,牵引力相应减小以至于不能起动的问题,逆变器应可以在正转和反转的整个范围内连续控制,转矩控制在一定的转差频率和电流下进行,而与后退速度无关。这样可以保证在前进方向上产生需要的转矩,实现坡道安全起动。

5) 防止空转和滑行

异步牵引电机具有硬牵引特性:电机转速增加到接近同步转速时,转矩急剧下降;达到同步转速时转矩为零;超过同步转速则自动进入再生工况,产生制动力矩。这种特性有利于发生空转和滑行后轮轨之间的再黏着,并且保证不会发生类似直流串励牵引电动机的转子飞速现象。

6) 降低噪声

降低噪声是城市轨道交通的一个重要课题,其中交流调速车辆 PWM 控制产生的电磁噪声也应重视。由于调速过程中调制频率不断变化,特别是当调制脉冲数转换时,开关频率的突变引起的噪声更加刺耳。调制频率为 400Hz 左右的 GTO 逆变电路产生的噪声在听觉范围内,可以通过控制方式减小噪声波动,改进对噪声的感觉。IGBT、IPM 逆变电路开关频率高得多,产生的噪声已在听觉范围以外,比较彻底地解决了电磁噪声的问题。

7) 交流牵引电动机与普通异步电动机的不同点

与一般工业用交流异步电动机相比,交流异步牵引电动机在设计上有如下特点:

(1) 为减小转矩不平衡,额定转差率通常设计得比一般异步电动机大,约为 3%;为了确保所需的转差率,转子导条使用高电阻、高强度的铜锌合金材料;为了尽量抑制热膨胀,端环采用低电阻的纯铜;为了提高转子的强度和可靠性,将转子导条和端环焊牢后,还在端环上加装保持环。为保证各电动机的转速-转矩特性相近,选择电阻分散性小、温度变化率小、截面尺寸均匀的导条材料;并在轴端设置高精度的转速检测器,以便对转速进行精确控制。

(2) 来自逆变电路的电流高次谐波分量较大,为防止集肤效应引起的交流电阻增大而增加温升,采取了减小导体截面积、限制绕组导体高度的措施,例如增加定子线圈的并联支路数、线圈断面形状趋于扁平。

(3) 异步电动机无换向器,允许提高额定转速、缩小体积、减轻重量,因而减速器采用尽可能大的传动比。

(4) 适当加大气隙。由于牵引电动机运行环境恶劣,无法避免沙尘和垃圾侵入,为便于拆装,气隙通常为同样大小的普通异步电动机的两倍。

(5) 加大通风量,改善散热效果,并留有一定的温度裕量。考虑电流谐波分量损耗、电动机表面和进出风口滤网污染使散热效果变差,应有 30~50℃ 的温度裕量。

(6) 定子加强防尘、耐振的结构。适当增加定子有效材料、提高转轴强度。

7.3 直线牵引电动机

近年来,作为最有实用价值的非黏着驱动方式,直线牵引电动机在城市轨道交通车辆中的应用也已越来越受到各国的重视。

直线电机无旋转部件,呈扁平形,可降低车辆高度,从而缩小地铁隧洞直径,降低工程成本;直线电机运行不受黏着限制,可得到较高的加速度和减速度;噪声较小。这都是适合城市轨道交通车辆应用的突出优点。

1. 直线异步电动机的工作原理

简单地说,将旋转电动机轴向切开,沿水平方向展开,就可以得到直线电动机的基本结构(见图 7.36)。由于用直线运动取代了旋转运动,称之为直线电动机。

直线电动机也可分为直线异步电动机(linear induction motor,LIM)、直线同步电动机(LSM)和直线直流电动机(LDCM),在城市轨道交通中,以 LIM 应用较多。

图 7.36 直线异步电动机的结构原理图

1) 直线异步电动机的分类(图 7.37~图 7.39)

(1) 按结构分类

可分为平板形单边式(见图 7.37(a))、平板形双边式(见图 7.37(b))、圆筒形(见图 7.38)。

(2) 按电源分类

可分为三相电源和二相电源。

(3) 按动体分类

可分为短初级方式(以初级作为动体,见图 7.37)和短次级方式(以次级作为动体,见图 7.39)。

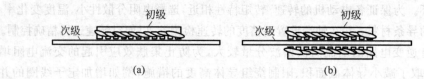

图 7.37 短初级平板形直线异步电动机示意图
(a) 单边式；(b) 双边式

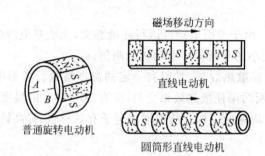

图 7.38 圆筒形直线异步电动机结构形式示意图

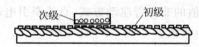

图 7.39 短次级平板形单边式直线异步电动机示意图

2) 直线异步电动机的结构与磁场

(1) 直线异步电动机的结构

直线异步电动机也由定子和转子组成，定子也由冲上齿槽的电工钢片叠成，槽里也同样嵌有绕组；转子大多采用非磁性体（铜板或铝板）和磁性体（钢板）构成的复合金属板，以兼具两者优点。可以是定子移动，也可以是转子移动；为了避免与动体概念的混淆，本书以后将定子称为初级，转子称为次级导体。次级只有感应电流的流动，不需要外界供电。初级和次级导体之间有一定距离即气隙，一般说来，要比旋转电动机的气隙大。

(2) 直线异步电动机的磁场

当初级绕组通入三相或二相交流电时，在直线电动机的长度方向产生行波磁场，这与旋转电动机中产生旋转磁场（rotating magnetic field）的原理相同。以时间 t 和距离 x 作为函数变量的磁通密度为

$$B = B_0 \cos\left(\omega t - \frac{\pi x}{\tau}\right) \tag{7.20}$$

式中：ω 为电源角频率；t 为时间；x 为定子表面上的距离；τ 为极距。

极距 τ 是磁通密度 B 的半波长，图 7.40 所示 B 的波形是 $t=0$ 时的波形，随着 t 的增加，B 的波形将向右移动。

初级通入交流电后产生的交变磁通，在次级的金属板感应出涡流。设引起涡流的感应电压为 E_e，磁通的作用面积为 A，则

$$E_e = -A\frac{dB}{dt} = \omega A B_0 \sin\left(\omega t - \pi \frac{x}{\tau}\right) I_e \tag{7.21}$$

次级有电感 L 和电阻 R，则金属板上的涡流电流为

$$I_e = \frac{E_e}{Z} = \frac{E_e}{Z}\sin\left(\omega t - \pi \frac{x}{\tau} - \varphi\right) \tag{7.22}$$

式中：$Z=\sqrt{R^2+(\omega L)^2}$；$\varphi=\arctan\dfrac{\omega L}{R}$。

涡流电流 I_e 在行波磁场作用下产生连续推力 F，如图 7.40 所示，F 有正有负，但正推力远大于负推力，所以直线异步电动机可以直线推动动体。

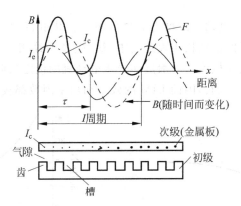

图 7.40　直线异步电动机的行波磁场、涡流电流 I_e 和连续推力 F

2．直线异步电动机的特性

1) 基本特性

（1）推力-速度特性

如图 7.41 所示，将直线异步电动机的推力-速度特性与旋转异步电动机的特性相比较，则滑差率为

$$s = \frac{v_s - v}{v_s} \tag{7.23}$$

旋转异步电动机的转矩最大值发生处转差率较低，而直线异步电动机的最大推力在高滑差率处即 $s\approx1$。可见，直线异步电动机的起动推力大，高速区域的推力小，比较符合动车的驱动要求。

直线异步电动机的推力-速度特性近似成直线，如图 7.42 所示，其推力为

$$F = \frac{(F_s - F_\mu)(V_f - V)}{V_f} \tag{7.24}$$

式中：F_s 为起动推力；F_μ 为摩擦力；V_f 为空载速度。

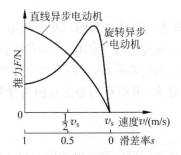

图 7.41　直线异步电动机与旋转异步电动机的推力-速度特性比较

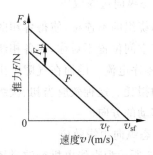

图 7.42　直线异步电动机的推力-速度特性

(2) 速度-时间特性

直线异步电动机的速度随时间以指数函数规律增加,其特性可表示为

$$v = v_f(1 - e^{-\frac{t}{T}}) \tag{7.25}$$

图 7.43 所示为 $T=1$ 时的直线异步电动机速度-时间特性,实际上时间常数 T 随负荷质量等因素而变化。

(3) 推力-气隙特性

图 7.44 表示直线异步电动机的推力 F 随气隙 g 变化的特性。气隙小对电动机特性和工作稳定性有利。但为了保证在长距离运动中,初、次级不致相互摩擦,通常直线异步电动机的气隙要比旋转异步电动机大。一般旋转异步电动机的极距气隙比 τ/g 为 10 左右,而直线异步电动机的 τ/g 为 20 左右,因而 LIM 的效率和功率因数都较低。

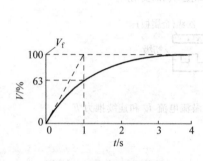

图 7.43 速度-时间特性

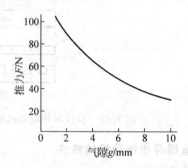

图 7.44 直线异步电动机的推力-气隙特性

(4) 推力-负荷占空因数特性(见图 7.45)

负荷占空因数(duty factor)即通电时间与整个周期时间之比,当负荷占空因数增大时,直线异步电动机的推力按指数函数规律下降。

2) 边缘效应

直线电机不像旋转电机是闭合圆环结构,而是长直的、两端开断结构,由于动体长度有限,存在着始端和终端,引起了边缘效应(端部效应),这是直线电机和旋转电机的基本差异。直线电机的纵向(磁场移动的方向)和横向都存在边缘效应。

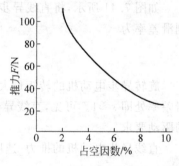

图 7.45 直线异步电动机推力-负荷占空因数特性

(1) 静态纵向边缘效应

铁芯和绕组的不连续,使得各相的互感不相等,即使电源是对称的三相交流电压,由于三相绕组在空间位置不对称,在各相绕组中也将产生不对称电流,利用对称分量法将得到顺序、逆序和零序电流。因而在气隙中出现脉振磁场和反向行波磁场,运行过程中将产生阻力和增大附加损耗。这种效应当初、次级相对静止时也存在,因而称为静态纵向边缘效应,纵向即磁场移动的方向。

(2) 动态纵向边缘效应

图 7.46 所示为直线电机行波磁场方向上的涡流分布,可见,直线电动机的初、次级相对运动时,次级导体板在行波磁场方向上的涡流分布是不对称的。这使得初级进入端的磁场

削弱,离开端的磁场加强。这种当初、次级相对运动时的磁场和涡流分布的畸变称为动态纵向边缘效应。运动速度越高,动态纵向边缘效应越显著,使行波磁场方向上的推力分布不均匀,起减小推力的作用。

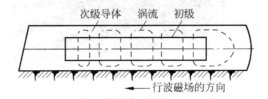

图 7.46　直线电机行波磁场方向上的涡流分布

(3) 横向边缘效应

城市轨道交通车辆应用的直线电动机,大多是次级导体板的宽度小于初级铁芯的宽度,因而在横向的边缘区域磁场削弱,造成空载气隙磁场横向分布的不均匀,这是第一类横向边缘效应。通常采用气隙系数来表示气隙磁通密度的最大值与铁芯宽度范围内磁通密度的平均值之比,以简化考虑了第一类横向边缘效应的定量计算。

次级导体板对电流分布及气隙磁场密度沿横向分布的影响,称为第二类横向边缘效应。次级导体板的宽度大于初级铁芯的宽度时影响较大。

3. 直线异步电动机的优缺点

1) 优点

(1) 直线电动机最主要的优点是直接产生直线运动而不需要中间转换装置。

(2) 起动推力大,可实现大范围的加速和减速,零部件不受离心力的作用,直线速度不受限制。

(3) 直线电动机的初级和次级的结构都很简单,特别是次级,有时甚至可直接利用部分设备本体或运行轨道。可在条件恶劣(潮湿、粉尘、有害气体)的环境中使用。

(4) 总体结构简单,扁平型部件高度低;噪声小,重量轻,维修容易。

(5) 短初级平板型直线电动机的次级长,因而散热面大,热负荷可以取得较高。

2) 缺点

(1) 效率和功率因数低(一般在 0.6～0.65)。通常直线异步电动机的极距/气隙比要比旋转异步电动机大一倍左右。初级和次级之间的气隙大,需要的磁化电流大,所以空载电流大;边缘效应特别是纵向边缘效应减小了驱动推力,增大了损耗。

(2) 除驱动推力外,直线电动机初级和次级间有吸引力,因而必须增加构架强度。

(3) 应满足长距离保持一定气隙的精度要求。

4. 直线电机在城市轨道交通车辆中应用及特点

目前,北京地铁机场线以及广州地铁 4 号线、5 号线、6 号线等,都是使用直线电机列车。图 7.47 为直线电机轮轨交通系统,直线电机轮轨交通系统是一种新型的介于磁悬浮铁路交通与传统轮轨铁路交通的轨道交通形式。该种轨道交通利用车轮起支承、导向作用,这与传统轮轨系统相似。但在牵引方面却采用了短定子列车驱动直线感应电机驱动。

用直线电机,城市轨道交通车辆容易得到较高的加速度、减速度和运行速度。直线牵引电动机应用于城市轨道交通车辆时,初级可以设置在车上,也可以设置在地面,分别称为车

图 7.47 直线电机轮轨交通系统

载初级式和地面初级式。

城市轨道交通车辆较多采用车载初级式异步直线电动机，初级安装在车辆的转向架上，从地面接触网受电，电源的变换和控制设备都安装在车上，动车的重量比较大。而次级就是沿线路敷设在两根走行钢轨之间的导体板，建设费用比较低。

对客流量很大的线路，为了减轻动车重量，实现地面对列车的集中控制，采用沿线路敷设线圈的地面初级式异步直线电动机比较有利。

直线电机城轨车辆性能有如下特点：

1）优良的动力性能和爬坡能力

采用直线电机牵引技术，具有优良的动力性能和爬坡能力，车轮仅起承载的作用，列车的牵引力不受轮轨之间黏着条件的影响，所以能获得优良的动力性能和爬坡能力。

线路的最大坡度理论上可达到 10%，目前可实现 8%，有利于线路纵断面设计，减少隧道及高架的过渡段，减少拆迁工作量，隧道断面小，大大降低工程投资。车轮只起车体的支承作用，轮径较小，使车辆总高度降低，减少行走区间的断面面积，整个系统小型化，降低工程投资。

2）良好的编组灵活性和运营适应性

由于直线电机驱动的车辆具有比传统车辆更强的加减速性能，有更高的停车位置控制精度，因此更易实现小编组，高密度，自动驾驶的运行模式。它可以 2～6 辆灵活编组，适应不同的客运量需要。

由于直线电机驱动地铁车辆仍采用钢轮和钢轨来支承和引导车辆运行，所以仍可采用长期运用成熟的、安全可靠的轨道电路信号系统来实行对列车的信号传输、运行监控和集中调度，运营适应性较好。

3）采用径向转向架，使运行性能大大改善

由于采用直线电机系统，没有了旋转动力源和机械变速传动系统，因此有利于采用径向转向架。小而轻的车辆，使转向架的结构简单轻巧，是该系统除直线感应电机外，另一种具有革新性的走行机械设计。

4）降低振动和噪声

首先，直线电机驱动的地铁车辆，没有齿轮传动机构的啮合振动和噪声；其次，车轮也不是驱动轮，没有动力轮对与钢轨蠕滑滚动产生的振动和噪声；再次，径向转向架有良好的曲线通过性能，避免了过曲线时轮轨冲角带来的振动和噪声。故该型地铁车辆具有振动小、噪声低的优点，有利于环境保护。

5) 良好的安全性和可靠性

直线电机驱动地铁车辆是典型的非黏着驱动方式,牵引-制动性能发挥不依赖于环境,是一种全天候的运载工具。

直线电机驱动的电磁力的分力使轮轨间产生一定的附加压力,有利于提高轮轨运动的稳定性,因此其安全性指标较高。

再加上取消了旋转电机驱动所必需的滚动轴承、传动齿轮,磨耗小,大大提高了车辆运行的可靠性和可维护性,维修工作量较小,维护成本较低。

6) 低效率、低功率因数的缺点

由于车载定子与地面转子是处在一个相对直线运动的弹性(轴箱垂向弹性定位)系统间,不可避免地会造成相互间隙变化,因此气隙设计得不能太小,否则会导致不安全因素,一般定在 12mm 左右(比德国磁悬浮列车的气隙 8mm 要高一些);再加上直线电机是有端部的(旋转电机是闭环),因此漏磁场较大,机电能量转化率低,所以直线电机的效率较低,一般为 0.7~0.8,功率因数也较低,一般为 0.5~0.6;对于直线电机气隙的安装、运行、保养、维护较困难,如何确保运行中气隙的精度是直线电机驱动地铁应给予高度关注的技术难题,为此所需的工作量和维护成本较高,也容易引发安全性问题。

为了保证一定的牵引力和减少能耗,直线电城轨车辆载电磁铁与轨道感应板之间的距离应控制在一定的范围内。

表 7.1 传统地铁与直线电机系统比较

项目	传统轮轨系统	直线电机系统
运输能力(高峰小时单向客流)	小于 8 万人/h	小于 5 万人/h
牵引形式	旋转电机牵引	直线电机磁力牵引
最大坡度	3%~4%	6%~8%,短距离可用 10%
最小曲线半径	300m	80m,车辆段内 35m
轨道	常规设计	需对感应板进行设计,在轨道交叉处,感应轨需被断开
最高速度/(km/h)	80	110
隧道直径/m	5.3~6.1	4.5~4.9
发车间隔	依靠列车控制及信号系统	直线电机地铁能在更短距离内有效制动,使得发车间隔比常规地铁缩短 10%~15%
车辆段布置	规模大	使用小曲率半径,布局紧凑
车辆维修工艺及其他功能设计	维修工艺复杂,维修量大	由于没有旋转电机及传动机构,检修量降低
环境影响	噪声大	轻巧线路产生的噪声和振动很低,对周边环境影响小

小结

牵引电动机是城轨列车电气系统的重要部件之一,城市轨道交通车辆在牵引状态时,牵引电动机将电能转换为机械能,通过轮对与钢轨产生牵引力,并通过轮对驱动电动列车运行。当电动列车在电制动状态下运行时,牵引电动机转换成发电机状态,将机械能转换成电能,通过轮对与钢轨产生制动力。

直流电动机就是利用励磁绕组通电产生磁场,使通电的电枢绕组受到电磁力的作用,而绕电机转轴旋转工作的一种电气装置。

城市轨道交通车辆普遍采用的是交流异步牵引电动机,异步电动机采用 VVVF 控制,获得最佳的调速性能,并实现再生制动。

直线电动机用直线运动取代了旋转电动机的旋转运动,可分为直线异步电动机(LIM)、直线同步电动机(LSM)和直线直流电动机(LDCM),在城市轨道交通中,以 LIM 应用较多。

思考与练习

1. 简述直流电动机的结构、工作原理及其调速方法。
2. 简述交流异步电动机的结构、工作原理及特性。
3. 分析交流牵引电动机的基本调速方式及其调速原理。
4. 简述直线电动机的工作原理及其在轨道交通中的应用。

第 8 章

城轨车辆常用低压电器

各类新型电器的诞生主要得益于新技术的应用,如限流技术的应用催生了限流电器,真空灭弧技术的应用催生了低压真空电器,剩余电流检测技术的应用催生了剩余电流动作保护电器(residual circuit operated protective device,RCD),电子技术的应用催生了电子电器,微处理器的应用催生了智能化电器,通信技术的应用催生了可通信电器,雷击过电压研究与防护技术的应用催生了低压电涌保护器,模数化技术与导轨安装技术的应用催生了模数化终端电器,模块化、集成化技术应用催生了控制与保护开关电器等。

城轨车辆常用低压电器主要是指用于轨道车辆辅助电路及控制电路的电器,不仅包括一般工业企业的通用电器,也包括专门为轨道车辆设计的主令电器、蓄电池等。

8.1 继电器

1. 继电器的定义及组成

继电器是一种根据某一输入量来换接执行机构的电器,用于控制电路,简单地说,就是一种用弱电来控制强电的开关。继电器也可认为是传递信号的电器。在城轨车辆控制电路中,继电器具有控制、保护或转换信号的作用。

任何一种继电器,不论它的动作原理、结构形式、使用场合如何千差万别,都是根据外界输入的一定信号来控制电路中电流的"通"与"断"的,这就是继电器的共性。这种共性说明,任何一种继电器为了完成它的特定使命,一般都应由测量机构、比较机构和执行机构等部分组成,其原理组成方框图如图 8.1 所示。

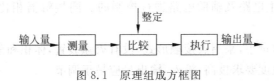

图 8.1 原理组成方框图

对于大部分继电器来说,输入量可以是电量,如电压、电流、阻抗、功率等,也可以是非电量,如压力、速度、温度等。输入量可以是一个量,也可以是两个或多个量。

测量机构是反映继电器输入量的装置,用于接收输入量,并将其转换成继电器工作所必需的物理量。比如电磁型继电器,测量机构是线圈和铁芯构成的磁系统,用来测量输入电量的大小,并在衔铁上将电量的大小转换成相应的电磁吸力。当输入量达到其动作参数时,就将转变为衔铁的吸合动作。

比较机构的作用是将输入量(或转换量)与其预设的整定值进行比较,根据比较结果决定执行机构是否动作。如:电磁继电器的反力弹簧等。当电磁力大于反力时,衔铁吸合,接点动作;当电磁力小于反力时,衔铁不吸合,接点不动作,没有输出。一般可以在比较环节上调整(整定)继电器的动作值。

执行机构是反映继电器输出的装置,它作用于被继电器控制的相关电路中,以得到必需的输出量。执行机构根据比较的结果决定是否动作,当输入量达到动作参数时,它由原来的开断状态转变成闭合状态,并接通被其控制的电路,从而得到一个输出量:有触点电器中触点的分、合动作,无触点电器中晶体管的饱和、截止两种状态,都能实现对电路的"通""断"控制。

输出量是根据比较结果来决定有无的。不管输入是何物理量,输出量往往是电量。

需要说明的是,对于有触点的继电器来说,也可按前面电器基本理论所述,由触头装置和传动装置(一般没有灭弧装置)组成。

2. 继电器的分类

继电器的用途很广,种类繁多,对不同类型的继电器要求不同,有时对同一类型的继电器,也需要从不同的方面去说明它的特性,因此,继电器有很多种分类方法。下面仅根据目前城轨车辆上使用的情况来分类:

(1) 按用途分,有控制继电器和保护继电器。

(2) 按输入物理量的性质分,有电磁式继电器(反映电量的继电器)、机械式继电器(反映非电量的继电器)。

(3) 按执行机构的种类分,可分为有触点继电器和无触点继电器。

(4) 按输入电流性质来分,有直流继电器和交流继电器。

直流电磁继电器是控制电流为直流的电磁继电器。按触点负载大小分为微功率、弱功率、中功率和大功率四种。

交流电磁继电器是控制电流为交流的电磁继电器。按线圈电源频率高低一般分为50Hz和400Hz两种。

(5) 按作用分,有电流继电器、电压继电器、时间继电器、中间继电器、压力继电器等。

3. 继电器的特点

在城轨车辆上,继电器一般不直接控制主电路或辅助电路,而是通过接触器或主、辅电路中的其他电器对主电路及辅助电路进行控制的。同接触器相比较,继电器具有以下特点:

(1) 继电器触头容量小,采用点接触形式,没有灭弧装置,体积和重量也比较小。

(2) 继电器的灵敏度要求极高,输入、输出量应易于调节。

(3) 继电器可以响应各种信号(如各种功率、速度、压力等),其使用范围非常广泛,外观多样化。

(4) 继电器不能用来开断主电路及大容量的控制电路。

4. 继电器的动作原理和特性

继电器的输入量与输出量之间有一特定的关系,叫做继电器最基本的输入-输出特性,亦称继电特性。继电器释放电压小于吸合电压,矩形的特性曲线称为继电特性曲线。继电特性可以通过分析继电器的工作过程来得到。下面分析电磁继电器的工作过程。

图 8.2 为具有常开接点继电器的继电特性,输入量用 X 来表示,输出量用 Y 表示。X_{fh} 为释放值,要使继电器释放,输入量必须小于等于 X_1。X_{dz} 为吸合值,要使继电器吸合,输入量必须大于等于 X_{dz}。当输入量 X 从零增加时,在 $X<X_{dz}$ 的过程中,衔铁不吸合,常开接点保持打开,继电器不动作,输出量 $Y=0$;当输入量达到 $X=X_{dz}$ 时,继电器立即动作,衔铁吸合,常开接点闭合,输出量由 0 跃变,即达到

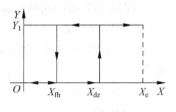

图 8.2 继电特性

了 $Y=Y_1$,继续增加 X 到 X_e(额定输入量),继电器保持该状态不变,输出仍为 Y_1(常开接点继续闭合)。当输入量 X 从 X_e 减少时,在 $X>X_{fh}$ 过程中,继电器仍然保持该状态不变,常开接点继续闭合,输出还是 Y_1。只有当输入量减少到 $X=X_{fh}$ 时,输入量产生的吸力不足以吸合衔铁,衔铁释放,常开触头打开,继电器返回,输出量 Y 由 Y_1 跃变到 0,继续减少输入量 X 到零,输出均保持在 Y 为零状态。

可见,继电特性由连续输入、跃变输出的折线组成,只要某装置有该输入-输出特性就能称为继电器。图中 X_{dz} 称为继电器的吸合值或动作值,X_{fh} 称为继电器的释放值或返回值。

5. 继电器的基本参数

继电器的主要特征参数有额定电压、吸合电压、释放电压、吸合时间、释放时间、线圈消耗功率、触点接触电阻、绝缘电阻、触点负荷和寿命等。

(1) 额定参数。指输入量的额定值及触点的额定电压、额定电流等。

(2) 动作值。使继电器吸合动作所需要的最小物理量的数值,如电流继电器的动作电流,电压继电器的动作电压,风压继电器的动作风压等。有时也称整定值,通常用 X_{dz} 表示。

(3) 返回值。使触头打开所需要的最大物理量的数值,通常用 X_{fh} 表示。

需要注意的是,衔铁的释放值不一定是继电器的返回值(如常闭接点)。

(4) 返回系数。指继电器输入量的返回值 X_{fh} 与动作值 X_{dz} 之比,用 K_{fh} 表示:

$$K_{fh} = \frac{X_{fh}}{X_{dz}}$$

返回系数是继电器的重要参数之一,对继电器来说一般 $K_{fh}<1$。K_{fh} 越接近于 1,继电器动作越灵敏,但抗干扰能力就越差,所以返回系数也不完全是越高越好。对控制继电器来说,返回系数要求不高,对保护继电器要求有较高的返回系数。

(5) 动作值的调整。继电器的动作值(或返回值)的调整,也称继电器参数的整定。对电磁继电器的整定,可通过改变反力弹簧和工作气隙来实现。对电子继电器来说,可改变比较环节的电位器的阻值等来实现。

(6) 继电器在电路中的表示方法。继电器和接触器的符号表示方法,在电路图中一般都有说明,同一电器的输入(如线圈)和输出(如接点)往往不画在一起,但代号是相同的,以表示控制和被控制的关系。不同车型的代号编制方法是不同的。另外,国产车和进口车的常开、常闭接点的表示方法一般也相反。国产车的电器接点表示方法为"上开下闭,左开右闭"。

6. 电磁继电器

电磁继电器的结构和工作原理与接触器基本相同,主要由电磁机构和触头系统组成。

电磁继电器按吸引线圈电流可分为直流电磁式继电器和交流电磁式继电器;按在电路中的作用可分为中间继电器、电流继电器和电压继电器。

1) JZ15-44Z 型中间继电器

(1) 型号及含义

JZ15-44Z 型中间继电器是在轨道车辆上普遍使用的一种中间继电器,其中各字符的含义如下:

J——继电器;

Z——中间;

15——设计序号;

44——4 常开、4 常闭触头数;

Z——直流控制。

(2) 作用

该型继电器用在直流控制电路中,用来控制各种控制电器的电磁线圈,以使信号放大或用一个信号控制几个电器。

(3) 组成

如图 8.3 所示,继电器主要由传动装置和触头(接点)装置组成。

传动装置:由直流螺管式电磁铁构成(螺管直动式),铁芯和线圈布置在继电器中央。为了获得较平坦的吸力特性和足够的开距,铁芯采用锥形止铁。继电器的反力特性依靠动触头支架上的一对拉伸弹簧调节,衔铁上还装有一个手动按钮,以供检查及故障操作使用。

触头装置:8 对双断点桥式触头,分别布置在磁轭两侧。可根据需要任意组合成 2 开 6 闭、4 开 4 闭、6 开 2 闭的方式,但必须注意两个触头盒中的常开、常闭接点数应对称布置。为了防尘和便于观察接点,继电器带有透明的防尘罩。

该型继电器的接点容量为 10A,为了既实现体积小,结构紧凑,又保证大电流分断能力,触头系统采用永磁钢吹弧以提高触头直流分断能力。小型化的永磁钢嵌在静触头的下部,采用无极性布置法,可以将直流电弧拉长,实现吹弧的目的。

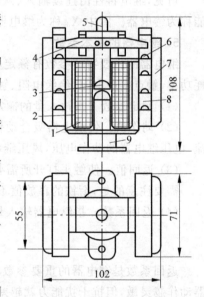

图 8.3 JZ15 继电器结构

1—线圈;2—磁轭;3—铁芯;4—衔铁;
5—按钮;6—触头组;7—防尘罩;
8—反力弹簧;9—支座

在检修时要特别注意以下两点:

① 永磁钢极性不能任意改变,应保证两个静触头下的永磁钢极性相反,若装成同极性,则可能在某一电流方向发生两弧隙电弧拉向内侧,造成静触头间飞弧的事故。

② 若永磁钢丢失,则分断能力要降低一半,触头必须降容量使用。

该型继电器的参数见表 8.1。

表 8.1 电磁继电器主要技术参数

	型 号	JZ15-44Z	JT3 系列	JL14 系列		TJJ2 系列
触头	数量	4常开、4常闭	1常开、1常闭	2常开		2常开、1常闭
	额定电压/V	DC110	DC110	DC110		DC110
	额定电流/A	10	10	5		5
	开距/mm	<3	<3	<2.5		>4
	超程/mm	<2	<1.5	<1.5		1.5
	初压力/N	0.7	0.7			0.9
	终压力/N	0.9	0.9	0.25		1.4
吸引线圈	额定电压(电流)	DC110 V	DC110 V	5A	1200A	
	线径/mm	φ0.16	φ0.18			φ0.29
	匝数	13100	6750	216	1	4000
	阻值/Ω	1000	644	0.417	约为0	120
	线径/mm					0.12
	匝数					3000
	阻值/Ω					205
	整定值		12KT,21KT 为 1s,11~20KT 为 3s	10A	2800A	1KE,2KE 为 18V

该型继电器还用在功率因数补偿装置(PFC)中,用来控制并联电阻,使电容尽快放电,结构要求有些不同,也称为放电接触器,型号为 JD15D-22ZF 型。

2) JT3-21/5 型时间继电器

JT3 系列时间继电器实物如图 8.4 所示,JT3 系列直流电磁继电器在城市轨道交通车辆中,用于电力拖动线路中作为时间(仅在产品断电时延时)、电压、欠电流及中间继电器。

(1) JT3-21/5 型时间继电器型号及含义

JT3-21/5

其中:

J——继电器;

T——通用;

3——设计序号;

2、1——2开1闭接点数目;

5——表示动作值(s)(延时时间)。

(2) 作用

该型继电器作为控制电路中的时间控制环节元件,作衔铁延时释放用。有 3 个时间等级:1s(0.3~0.9s),3s(0.8~3s),5s(2.5~5s)。

(3) 结构

如图 8.4 所示,该型继电器的铁芯和磁轭采用圆柱整体电工钢,使铁芯与磁轭成为一体,再用铝基座浇铸而成,从而减小装配气隙,降低磁阻,有利于提高继电器的灵敏度。衔铁制成板状,装在磁轭端部,可绕棱形支点转动,形成拍合式动作。铁芯端部套有圆环状的极靴。在

图 8.4 JT3 系列时间继电器实物图

衔铁内侧与铁芯相接触处，装有一磷铜皮制成的非磁性垫片，此垫片使衔铁闭合时与铁芯间保持一定的距离，即衔铁与铁芯间有一定数值的磁阻，以防止衔铁在闭合状态下，当吸引线圈断电时，剩磁将衔铁"粘住"，引起继电器不能正常释放而造成事故。时间继电器的延时作用是依靠套装在磁轭上的阻尼套筒来保证的。继电器断电时，可借助于反力弹簧的作用使衔铁打开。

继电器的联锁触头采用标准的CI-1型组件，更换方便，且常开和常闭联锁触头的数量可按需要组合。它装在继电器的前侧。其杆状胶木的动触头支架由与衔铁机械固定在一起的拨叉控制，衔铁动作即通过拨叉带动触头支架上、下动作，使联锁触头作相应的开闭。

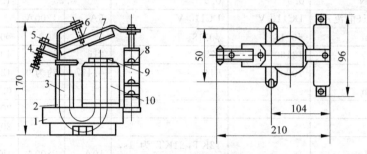

图 8.5　JT3 系列时间继电器结构简图

1—底座；2—阻尼套筒；3—铁芯；4—反力弹簧；5—反力调节螺母；
6—衔铁；7—非磁性垫片；8—触头组；9—极靴；10—线圈

（4）动作原理（延时原理）

当继电器的线圈通电时，在磁路中产生磁通。当磁通增加到能使衔铁吸动的数值时，衔铁开始动作，随着衔铁与铁芯之间气隙的减小，磁通也增加。当衔铁与铁芯吸合以后，磁通最大（此时的磁通大于将衔铁吸住时所需的磁通）。在线圈通电时，因为磁通的增长，衔铁的动作时间很短，所以联锁触头的动作几乎是瞬时的。当线圈断电时，电流将瞬时下降为零，相应于电流的主磁通亦迅速减小，但因其变化率很大，根据楞次定律，在阻尼铜套（或阻尼铝套）内部将产生感应电势，并流过感应电流，此电流产生与原主磁通相同方向的磁通以阻止主磁通下降，这样就使磁路中的主磁通缓慢地衰减，直到磁通衰减到不能吸住衔铁时，衔铁才释放，接点才相应地打开（或闭合），这样就得到了所需的延时。

为保证继电器延时的准确性，在使用时间继电器时必须保证有足够的充电时间（即线圈通电时间），使衔铁和铁芯中的磁通完全达到稳定值。若充电不足，没有建立起稳定的磁通，延时作用将大大削弱。JT3 系列时间继电器的充电时间不能小于 0.8s，故继电器通电时间必须大于 1s。

7. 继电器的选用

继电器是现代工业生产中不可缺少的自动化组件，它广泛地应用于工业、农业、国防和交通运输等各个部门，其品种多、用量大。因此，细致地了解各继电器的性能、参数和使用条件，正确地选择和使用继电器，是确保继电器及其被控制或保护对象可靠工作、正常运行的重要环节。选用继电器的一般方法如下：

（1）根据被控制或保护对象（可以电量或非电量）的具体要求，确定采用的继电器的种类，并设计其继电-接点电路。

（2）确定控制和被控制电路的基本参数，如控制电路（继电器线圈电路）的线圈数量，电流种类,继电器动作、释放和工作状态的电流、电压或功率值以及它们的变化范围;被控制电路(继电-接点电路)的常开和常闭接点的数量,电路中的电流种类(直流或交流)及其大小,负载的电阻和电感量(即 R 和 L 值)等。

(3) 根据控制和被控制电路对继电器的要求,在考虑使用寿命、工作制、使用条件、继电器各主要技术参数及重量和尺寸的基础上,从产品目录中选择合适的继电器。

8. 继电器常见故障及维保

在低压控制回路中,最重要也是数量最多的电器件就是继电器,地铁列车的信号传递、逻辑控制多由继电器完成。正线继电器故障影响大,造成晚点指标,甚至会导致救援。以下为地铁车辆继电器故障原因分析。

1) 使用环境恶劣

地铁车辆继电器的数量很多,但是地铁的电气柜只有有限的空间,所以继电器的安装厂家会对其实现密切性安装,这样就很不利于它的散热。与此同时,由于电气柜常年不打扫,尘土很多,这个恶劣的环境会不同程度导致地铁车辆继电器故障的产生。图 8.6 所示为地铁车辆继电器安装图。

图 8.6 地铁车辆继电器安装图

2) 继电器工况恶劣

地铁的继电器会在不同的回路进行应用,而有的动作很频繁,有的线圈的带电时间很长,动作频繁时可以达到每天两百多次,线圈带电的时间也会长达 16h。长此以往,那些动作频繁或者带电时间长的地铁车辆继电器就会发生故障。

3) 低压回路特性

(1) 电压

蓄电池浮充过压,线圈的集中发热会更大,这样就会对机械的特性造成一定的影响。由于外部的电压发生转变,会造成稳定吸合时间的相应转变,操作的动作如果太快就会导致故障的发生。如果在操作中线圈发生断电,就会产生很大的反峰电压,要是没有安装好抑制二极管,直流电燃弧在触点上通过的时间就会因此而延长,界面膜电阻就非常容易产生,会降低触电的导电性能,影响工作效率。

(2) 电流

电流在触点上通过时不能说是越小就越好,当触点上通过的电流在 100mA 以下时,就会非常显著地减弱电弧的作用,膜电阻比较难击穿,非常容易造成低电平的失效。而当触点上通过的电流比较小的时候,特别是对于动作频次低的地铁车辆继电器的动合触点,有很好的电弧冲击次数,触点的表面非常黑或者非常厚,这也是故障常发的主要原因。

(3) 负载类型

在地铁车辆继电器低负载的时候,存在接触不良等问题,而当地铁车辆继电器在高负载的时候,通常会发生电弧放电,最终导致触点的熔结等故障。由于地铁车辆继电器负载电流的不同,在通断的时候就会有不同大小的浪涌电流的产生。变压器、电机、照明等的负载中有较大的冲击电流流通,因此常有接点熔化事故发生。

4) 人为使用不当

(1) 在具体工作中,有些人员随意改变地铁车辆继电器原电路,这主要表现在对地铁车辆继电器日常的不正确检修或者改造等。

(2) 没有及时清理地铁车辆继电器内尘土及杂物,导致地铁车辆机械经常存在卡死的现象。

(3) 地铁车辆继电器的接线发生松动,长时间的使用导致发热烧损,或者对接线接错。

(4) 地铁车辆继电器的安装方向经常受到谐振的影响,导致触点的突然断开/闭合。

(5) 没有做好地铁车辆继电器的通风、滤尘。

目前地铁车辆上的硬线控制、逻辑转换以及负载驱动基本采用电磁式继电器的触点转换实现。一列地铁车辆上大约装车继电器 200 个,一个继电器按使用 3 对触点计算,则车辆在运行过程中需要接通或断开的触点数大约为 600 个。因此,一天下来,车辆上的继电器触点总的动作次数将达上万次,并且某些特殊部位的继电器(如零速继电器、头灯继电器)的触点甚至一天就要动作将近 400 次。继电器触点是继电器发生故障最高的部位,因此,继电器触点的可靠接触与分断是车辆运行稳定安全很重要的因素。除此之外,还有以下部位会发生故障。

1) 触头故障

(1) 由于触头的机械咬合(触头上形成的针状凸起与凹坑相互咬住)、熔焊或冷焊而产生无法断开的现象。

(2) 由于接触电阻变大和不稳定使电路无法正常接通的现象。

(3) 由于负载过大,或触头容量过小,或负载性质变化等引起触头无法分、合电路的故障。

(4) 由于电压过高,或触头开距变小而出现触头间隙重新击穿的故障。

(5) 由于电源频率过高,或触头间隙电容过大而产生无法准确开断电路的故障。

(6) 由于各种环境条件不满足要求而造成触头工作的失误。

(7) 由于没有采用熄弧装置或措施,或参数选用不当而造成触头磨损,或产生不必要的干扰。

2) 线圈故障

(1) 由于环境温度的变化(超过技术条件规定值)导致线圈温升超过允许值而引起线圈绝缘的损坏;由于潮湿而引起绝缘水平的严重降低;由于腐蚀而引起内部断线或匝间短路。

(2) 由于线圈电压超过 110% 额定电压而导致线圈损坏。

(3) 在使用维修时,可能由于工具的碰伤而使线圈绝缘损坏,或引起线折断。

(4) 由于线圈电压接错,如额定电压为 110V 的线圈接到 220V 的电源电压上,或将交流电压线圈接到同样等级的直流电压上而使线圈立即烧坏。

(5) 交流线圈可能由于线圈电压超过 110% 额定电压,或操作频率过高,或当电压低于 85% 额定电压时因衔铁吸合不上而烧坏。

(6) 当交流线圈接上电压时,可能由于传动机构不灵或卡死等原因,使衔铁不能闭合而使线圈烧坏。

3) 磁路故障

(1) 棱角和转轴的磨损,导致衔铁转动不灵或卡死的故障。

(2) 在有些直流继电器中,由于机械磨损,或非磁性垫片损坏,使衔铁闭合后的最小气隙变小,剩磁过大,导致衔铁不能释放的故障。

(3) 交流继电器铁芯上分磁环断裂,或衔铁和铁芯极面生锈或侵入杂质时,将引起衔铁振动,产生噪声。

(4) 交流继电器 E 形铁芯中,由于两侧铁芯的磨损而使中柱的气隙消失时,将产生衔铁粘住不放的故障。

4) 其他

如各种零件产生变形或松动,机械损坏,镀层裂开或剥落,各带电部分与外壳间的绝缘不够,反力弹簧因疲劳而失去弹性,各种整定值调整不当,产品已达额定寿命等。

继电器产生故障的原因很多,除了要求生产厂确保产品的质量以外,正确使用和认真维修也是减少故障、保证可靠工作的重要环节。

9. 继电器的维修

继电器是车辆控制电路和监测保护系统的主要配件。车辆运行时,当主电路和辅助电路中的电机、电器或联接线路出现故障时,可通过相应监测保护系统的继电器,将故障转化为电信号,一方面反馈到主断路器的分闸线圈,使主断路器跳闸,切断车辆总电源,对车辆进行保护;另一方面反馈到信号装置(包括机械信号和电信号),使其显示不同的故障状态,以便及时而正确地处理故障。可见,继电器虽然不直接控制主电路和辅助电路,但在车辆上的作用却是极其重要的。

由于车辆电器的工作条件恶劣,各继电器及部件的性能与参数也将随着工作任务与使用时间的改变而改变,而且还经常受到各种偶然因素的影响。因此,必须对这些情况经常地监视和及时地了解,对可能出现的各种异常现象及早地提防,对某一继电器或继电器产生故障的某一部件及时地修理或更换,以确保各继电器的使用寿命,保证车辆正常而可靠地工作。所以,坚持预防为主的方针,建立必要的维修制度,对继电器进行经常的和定期的维修是十分必要的。

尽管继电器型号不同,检修方法也有区别,但是在检修时都应按以下共同的要求进行。

(1) 继电器活动部分的动作应灵活、可靠,外罩及壳体应无损坏或缺少零件等情况。

(2) 继电器线圈引出端子及外部连接线必须牢固、可靠,电磁继电器吸引线圈的阻值必须符合有关的技术规定。

(3) 有指示件的继电器应检查指示件的自锁和释放作用,保证其正确、可靠。

(4) 绝缘状态良好,磨耗件及易损件(包括胶木件、外罩、分磁环、非磁性垫片等)有缺损时应更新,各连接部分的紧固状态应良好。

(5) 测量继电器触头厚度、开距、超程及终压力等技术参数，必须符合有关规程和工作文件的要求。

(6) 调整继电器动作参数的整定值，并加漆封固定。有特殊要求时，还应测量继电器的返回系数。

继电器的检修工作除一般的清扫、检查外，主要内容是测量继电器的技术参数并调整其动作的整定值，即上面提到的第(5)条和第(6)条。

车辆上装有电磁式继电器、机械式继电器和电子继电器。从继电器的输入、输出特性我们知道，继电器只有当输入量达到其规定的动作参数时才会动作，即电磁式继电器在达到规定的电压、电流值，或机械式继电器达到规定的压力、速度时，继电器才动作，并带动相应的联锁触头接触或分断相应的控制电路，将故障或正常工况准确显示出来。由此可见，继电器的动作参数是决定继电器准确动作的决定性因素，而调节继电器动作参数的过程，即对继电器的整定过程就显得尤为重要了。所以，在车辆中修时，最主要的任务之一就是必须对全部继电器重新整定、校检。继电器整定值的调试应由专职人员在专用的试验台上进行。电磁式继电器可借调整反力弹簧、初始气隙及非磁性垫片等措施来调整动作值。一般地，调整初始气隙可改变其动作值，调整非磁性垫片可改变其释放值，而调整反力弹簧则动作值和释放值都可改变。应当注意的是，各继电器整定完毕后应铅封或漆封，以防错动而影响整定值。

必要时，某些继电器在检修后还应做振动试验、触头压力及接触电阻测试。

8.2 接触器

1. 接触器的定义及特点

接触器是用来接通或切断较大电流电路的自动控制电器。接触器在城轨车辆中的应用非常广泛，其种类也很多。在城轨车辆中常采用电磁式接触器与真空式接触器，来控制辅助电路中的三相异步电动机以及大容量的控制电路和功率因数补偿装置。

接触器在工业控制中应用非常广泛，在城轨车辆上主要用于频繁地接通或切断正常工作情况的主电路和辅助电路以及大容量的控制电路。与其他开关电器相比，它的特点为：

(1) 城市轨道交通车辆使用的接触器动作频繁，每小时开闭次数可达 150~1500 次。

(2) 能通、断较大电流，一般情况只开断正常额定电流，而不能开断短路或故障电流。

(3) 可以实现一定距离的控制。

2. 接触器的组成

接触器的结构种类很多，但对于任何一种接触器来说，一般均由以下几部分组成：

1) 触头装置

触头装置主要用于直接实现电路的接通与断开，由主触头和联锁触头（辅助触头）两部分组成。控制电路中使用了辅助触头，触头系统具有电气联锁功能。

主触头由动、静主触头和触头弹簧支持件等组成，它是接触器的执行部分，用于直接实现电路的通断。主触头接通和分断的是主电路、辅助电路以及大容量的控制电路，额定电流比较大，通常为数安到数百安，甚至可能高达数千安。

联锁触头通常由两对以上常开触头和两对以上常闭触头组成，用于控制其他电器、信号或电气联锁等。它接通和分断的是控制电路，额定电流只有 5~10A。

常开联锁触头指的是接触器的吸引线圈失电时处于断开状态的触头;与此相反,常闭联锁触头指的是接触器吸引线圈失电时处于闭合状态的触头。

联锁触头与主触头是联动的,在接触顺序上要求主触头闭合前常开联锁触头提前闭合,常闭联锁触头滞后分断;主触头分断时常开联锁触头同时或提前分断,常闭联锁触头同时或稍滞后闭合。

联锁触头与灭弧系统通常在产品上要分开安装,以防电弧弧焰的危害。

2)传动装置

传动装置用来控制触头的闭合与分断。包括电磁机构(驱使触头闭合的线圈、铁芯、衔铁、反力弹簧及缓冲弹簧等)和气缸传动装置(电磁阀、气缸、活塞、弹簧及活塞杆等)。

3)灭弧装置

灭弧系统一般与主触头配合使用,主要用于熄灭触头开断电路时产生的电弧,减少电弧对触头的破坏作用,保证触头可靠地工作。根据电流的性质、灭弧方法和原理,可以制成各种灭弧装置。

4)支架和固定装置

支架和固定装置属于非工作部分,用于合理地安装和布置电器各部件,使接触器构成一个整体。支架和固定装置应有足够的机械强度,并能对内部部件起到保护作用,保证接触器达到一定的寿命。

3. 接触器的分类

接触器的种类多,用途广,可以按不同的种类进行分类。

1)根据传输方式分

可分为电磁接触器和电磁式接触器。电磁式接触器是采用电磁机构(即电磁铁)传动的接触器。电空式接触器由电空阀控制压缩空气,用较小的控制功率,得到较大的接触压力和行程,采用电空传动装置。电磁接触器一般应用于辅助电路中,电空接触器应用于主电路中。

2)按通断电流的种类分

有交流接触器和直流接触器之分。这里指的是主触头通、断电流的种类,它与传动方式无关,如主触头通、断的是交流电,则不管它是采用的是直流电磁机构传动、交流电磁机构传动还是电空传动,都称交流接触器。

3)按主触头所处的介质分

可分为空气式接触器、真空式接触器和油浸式接触器。空气式接触器的主触头敞在大气中,采用的是一般的、常用的灭弧装置。而真空式接触器的主触头却密封在真空装置中,它利用的是真空灭弧原理,具有很高的切换能力。

4)按接触器同一传动机构所传动的主触头数目分

可分为单极接触器和多极接触器。单极接触器只有一对主触头,多极接触器有两对以上的主触头,它们分别用于控制单相和多相电路。

4. 接触器的基本参数

接触器的基本参数除额定电流和电压外还有以下几种:

1)切换能力

切换能力又称开闭能力、通断能力。切换能力是指接通负载和切断负载的能力。接触器的主触头尽管不要求可以分断短路中的电流,可是它很有可能在大于额定电流的情况下接通和切断负载电路,此时电路中可能产生电弧,致使触头严重烧损,甚至可能发生熔焊等故障。因此,必须规定接触器在一定条件下接通和切断电压及电流高于额定值的电路的具体指标,即规定它的切换能力,以保证接触器能在较恶劣的条件下可靠地工作。

2) 工作频率

工作频率是允许在一小时内操作的次数。触头的工作频率越高,在单位时间内的开闭次数越多,接触的工作和灭弧室的工作越多。对交流接触器来说,操作的频率越高表示着线圈受到衔铁铁芯受到冲击及电流冲击的次数也越多。交、直流接触器的操作频率通常为每小时 150、300、600、1200 次。

3) 动作值和释放值

相对电磁的接触器而言,接触器的动作值和释放值主要指它的电压和电流的动作值和释放值;对于电-气动触头,主要是指电磁阀的动作电压和相应的气缸压力值。电磁式接触器的动作电压应不低于 80% 倍线圈额定电压;释放电压要有较低的上限值(不高于 70% 倍线圈额定电压)和较高的下限值(交流接触器不低于 20% 倍线圈额定电压,直流接触器不低于 5% 倍线圈额定电压)。

4) 机械寿命和电气寿命

机械寿命指的是接触器在无负载操作下无零部件损坏的极限动作次数。电气寿命指的是接触器在规定的操作条件下经带负载操作,且无零部件损坏的极限动作次数。由于接触器的操作频率较高,为了保证一定的使用年限,应有较长的机械寿命和电气寿命。目前,接触器的机械寿命一般可达数百万次以至一千万次以上,而电气寿命则按不同的使用类别和不同的机械寿命级别有一定的百分比,一般为机械寿命的 5%~20%。

5) 动作时间和释放时间

动作时间(又称闭合时间)是指从电磁铁吸引线圈通电瞬时起到衔铁完全吸合所需要的时间;释放时间(又称开断时间)是指从电磁铁吸引线圈断电瞬时起到衔铁完全打开所需要的时间。为了对有关电路能准确可靠地进行控制,对接触器的动作时间也有一定的要求,如:直流接触器的闭合时间一般为 0.04~0.11s,开断时间为 0.07~0.12s;交流接触器的闭合时间一般为 0.05~0.1s,而开断时间为 0.1~0.4s。

除保证上述要求外,一般来说,需要保证电压为额定电压的 85% 时触头能吸合,而电压为额定电压的 105% 时不至于烧坏线圈。另外在选择接触器时还应考虑工作制的要求。

5. 直流电磁接触器

电磁接触器采用的是电磁传动装置,通常又分为直流、交流、交直流三种类型。

以 CZ5-22-10/22 型直流接触器为例。

(1) 型号含义

C——接触器;

Z——直流;

5——设计序号;

22——派生代号;

10/22——分子第一位和第二位分别表示常开和常闭主触头数,分母第一、二位分别表示常开和常闭联锁触头数。

(2) 作用

该型接触器是用来控制调压开关伺服电动机电源和车前照灯的。

(3) 组成

该型接触器主要由触头装置、灭弧装置和传动装置等组成。该型接触器结构如图 8.7 所示。

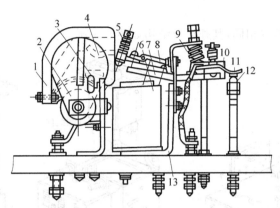

图 8.7　CZ5-22-10/22 型接触器

1—灭弧罩；2—吹弧线圈；3—主静触头；4—主动触头；5—触头弹簧；
6—吸引线圈；7—衔铁；8—软连接；9—反力弹簧；10—绝缘基座；
11—动联锁触头；12—静联锁触头；13—磁轭

触头装置：由单相主触头以及 2 常开和 2 常闭联锁触头组成。静主触头为铜质 T 形结构，与弧角一起装在支架上；动主触头为铜质指形结构，直接装于衔铁上。动联锁触头为指形结构，亦装于衔铁上，静联锁触头为半球形，装于螺杆上，为提高触头寿命，在联锁触头的紫铜块上镶有耐弧材料——银氧化镉片。另外，动主、辅触头上都有触头弹簧，防止触头闭合时产生有害振动。

灭弧装置：由带有灭弧罩的磁吹灭弧装置完成，只设在主触头上。磁吹线圈与主触头串联，当主触头在打开过程中产生电弧时，电弧受到磁吹线圈产生的电场力而被拉向灭弧罩，使电弧变长变冷而熄灭。

传动装置：由直流拍合式电磁铁组成，为了改善吸力特性，静铁芯端面装有极靴，改变反力弹簧和工作气隙，可改变其动作值。为了防止剩磁将衔铁粘住，在衔铁的磁极端面处装有 0.1～0.2mm 厚的紫铜片，亦称非磁性垫片。在铁芯的磁极端面处一般还加装了极靴，以使直流接触器的吸力特性平坦，减少吸合时的冲击。

(4) 工作原理

其工作原理类同电磁铁的工作原理。当吸引线圈未通电时，衔铁在反力弹簧作用下打开，使常开触头打开，常闭触头闭合；当吸引线圈得电时，铁芯与衔铁间产生的吸力将衔铁吸合，使常开触头闭合，常闭触头打开。

6．交流电磁接触器

以 6C 系列交流接触器为例。

1) 型号及含义

6C180 型、6C110 型

6——序号;

C——接触器;

180、110——主触头额定电流(A)。

2) 作用

在辅助电路中,控制辅助电机等设备。

3) 结构

两种型号的结构基本相同,其外形及结构如图 8.8 所示。

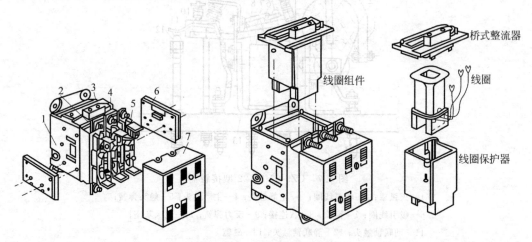

图 8.8 6C 系列三相接触器外形及线圈组件示意图
1—底座;2—静触头;3—桥式整流器;4—接线柱;5—动触头;6—辅助触头;7—灭弧罩

触头装置:主触头采用常开直动式桥式双断点。

传动装置:磁系统为单 E 形直动式,具有较陡的吸力特性,控制线圈由起动线圈和保持线圈并联组成,并串加一个桥式整流器,使控制电源为交、直流两用,整流器输入、输出端都加有压敏电阻进行过电压保护。控制线圈通电后,起动线圈和保持线圈同时工作,在接触器快吸合时,起动线圈断开,只有保持线圈工作。起动线圈的分断由接触器自身一常闭联锁触头完成。

灭弧装置:灭弧罩采用高强度耐弧塑料制成,罩内设有割弧栅片。

6C180 接触器的灭弧室与触头支持件之间设有机械联锁装置,当灭弧罩取下后,其联锁装置会将触头支持件锁住,此时即使有人操作,触头系统也不会动作,能可靠保证维修人员的安全。在控制线圈引线边有一红色指示器,指示接触器的闭合或断开。

4) 动作原理

类似电磁铁的工作原理。

5) 特点

6C180 型交流接触器具有操作频率高、主触头压力大、抗熔焊性好、耐电弧等优点,应用较多。在许多电力机车上,原用的 3TB 系列、6C110 型都改用 6C180 型。

6C 系列接触器结构为模块化设计,配件通用性大,便于维护及更换。

6) 参数

见表 8.2。

表 8.2 6C110、6C180 型交流接触器主要技术参数表

型 号			6C110	6C180
主触头	额定绝缘电压/V		1000	1000
	运行电流频限/Hz		25～400	25～400
	运行电流	Jd/A	160	260
		AC3(415F)/A	110	180
	接通能力(均方根值)		1100	1800
	分断能力(≤440V)		1300	1800
辅助触头	型号		6CA21R	
	约定发热电流 I_{th}/A		15	
	额定绝缘电压/V		660	
	运行电流/A		16.5(DV24V),15(DC110V)	
控制线圈	型号		6CC180/415	
	控制电源		交流或直流	
	额定电压/V		110	
	电阻	闭合/Ω	46	
		吸持/Ω	1240	
	机械寿命/百万次		10	10
	电器寿命/百万次		1.2	1.2
	最大操作频率/(次/h)		2400	2400

7. 接触器的选用

接触器是现代工矿企业电力拖动和自动控制系统中使用量最大的一种电器。由于接触器的可靠性及其使用寿命与使用的电压、电流、控制功率、操作频率的大小密切相关,所以,随着使用场合及控制对象的不同,其操作条件和工作的繁重程度也有很大差异。因此,选用时不能只按铭牌数据,而应比较全面地了解被控对象的工作情况和接触器的使用类别及产品性能,才能正确地选用相应品种和规格的接触器,以保证接触器在控制系统中长期可靠运行,充分发挥其经济技术效益。

接触器的选用一般遵守下列原则:

1) 按一般任务选用

一般任务选用条件是指接触器只需要在额定电压下接通或分断较小倍额定电流,其操作频率不高,只伴有少量点动,而且所控制的电动机是直接起动,满速运行下开断电源。这种任务在作用中所占的比例很大。

接触器在该使用条件下操作时,其触头磨损较轻,寿命较长。所以,选配接触器时,只要选择额定电压和额定电流等于或大于电动机的额定电压和额定电流的接触器即可。

2) 按重任务选用

重任务选用条件是指接触器需要接通或分断较额定电流大很多倍的起动电流,并频繁运行于点动、反接制动、反向和在低速时断开的使用条件。

接触器在该使用条件下操作,其触头会发生严重的电磨损。所以,必须选用适应重任务工作的接触器才能满足其要求。如车辆辅助电路所选用的 CJ8Z-105Z、CJ20、3TB、6C180 等型交流接触器就属于重任务使用条件选用的接触器。

3）按降容量选用

降容量选用一般有两种情况，一种是操作频率高，工作相当繁重，可靠性要求很高的场合，可以适当地选用大"马"来拉小"车"，以延长使用寿命，提高可靠性；第二种是按轻任务使用类别设计的接触器用于繁重任务使用类别时，也应降容量使用。

在接触器的选用中，原则上要以可靠性为前提，因为运行中的安全可靠包含着经济因素。而经济性则要根据使用条件、设备的设计要求，以及用户的重要程度诸多因素来综合考虑，只有兼顾才能做到合理，主要应根据实际情况而定。

8．接触器的检修

接触器的检修包括主触头、电磁机构、传动机构、辅助触头的检修及其检查测试。接触器在闭合过程、闭合状态或断开过程中，都不可避免地会产生机械磨损或疲劳裂损，触头系统产生电磨损，线圈及绝缘件出现过热、老化现象。如不及时检查修理，就会影响其工作的可靠性。因此，对接触器进行预防性的检查、修理，及时更换超过限度的零部件是十分必要的。接触器是根据车辆走行公里的长短来确定修程的。车辆小修时，接触器只作一般的清扫和检查，工作量不大；车辆中修时，安装接触器的屏柜均吊离车体，在地面作较大范围的解体检修。虽然对不同的接触器，不同的修程有着不同的检修工艺、检修范围和技术要求，但它们在检修过程中还是有很多共同点的。比如，中修时对接触器提出的检修技术要求就基本上适用于小修时的检查标准。因此，下面只叙述车辆中修时，接触器的一般检修情况。

1）接触器的主触头的检测与维修

触头的工作状态决定了接触器的性能和可靠性，因此，接触器触头的检修，是有触点电器在检修时的一个关键问题。触头有开距、超程、研距、初压力、终压力等参数，触头的检修就是要注意这几个参数的测定及调试。

检查接触器主触头的接触面，对有烧灼或有轻度结瘤的接触面，应该进行打磨处理；对有较大面积的磨损或烧损熔焊，应该及时更换接触器的主触头。触头开距的大小和开断电流容量、电压等级及灭弧方法有关。检修时，可在触头处于完全打开状态时，用卡尺测量触头的开距。触头的开距由接触器的结构决定，有的可进行微量的调整。检查触头的超程就是检查触头由开始闭合到闭合终了时触头弹簧的压缩量，或者说是衔铁在此期间所走的距离。检修时，若触头片厚度小于规定值，则应当更换。触头的初压力可以认为是动触头弹簧的预压缩力，因此，在动触头弹簧自由长度不变，又无疲劳、断裂的情况下，只要保证组装时的压缩量，触头的初压力也就能够得到保证。终压力的测定方法是当动、静触头处于完全闭合状态时，在动、静触头之间并联一个带电源的指示灯，并在动触头接触线处挂一测力计，保持测力计的拉力方向与触头弹簧轴线方向一致。外施拉力，指示灯熄灭瞬间的拉力值，就是触头的终压力。触头的研磨滚动过程，可以通过在触头间衬垫复写纸的办法，检查研磨滚动的踪迹。动、静触头的接触面一般不少于触头面积的80％。灯光法是检查触头接触状态的常用方法，比较简便、直观。除此以外，最近还根据触头接触电阻可以反映触头接触面的状态这一点，采用专用的测试仪，通过测试接触电阻的大小来判断触头的接触状态。

接触器触头部分检修后，应使用兆欧表检查各带电部分之间及对地的绝缘状态。安装于主电路中的接触器，必要时还需进行对地介电强度的试验。

2）电磁机构的检修

检查铁芯与线圈的表面是否有擦痕；测量线圈阻值是否正常，对于电-气动触头，主要是指电磁阀的动作电压和相应的气缸压力值。

3) 传动机构的检修

由于绝缘的需要,传动机构通常由塑料等绝缘材料制成,在使用一段时间后,因受力、温升等原因会出现裂纹、破损等现象,对于损坏的部件应予以更换。此外,由于转动机构的轴和外壳使用的材料选用不同,外壳的轴孔较易磨损,所以必要的时候应该检查轴孔的工作情况。

4) 辅助触头的检修

测量辅助触头接点的接触电阻是否符合要求;检测维修接触凸轮机构的工作情况,对于接触凸轮磨损严重的应及时更换;清洁、打磨接线端子,使其接触良好。

5) 检查测试

测量主触头与外壳之间的接触电阻,检查接触器的吸合与分断时间。由于列车控制系统是通过辅助开关来检查接触器的工作情况,所以在测量接触器的吸合及分断时间时,应以辅助开关的闭合和断开时间为准。

9. 接触器的常见故障及处理

接触器在使用过程中的常见故障主要发生在电磁接触器上,长期实践统计证明70%的接触器故障发生于触点,可见正确选择和使用接触器触点非常重要。列车接触器触点采用银-氧化镉材料,且动接点氧化镉的含量要达到12%~15%,静接点银的含量要达到85%~88%,才能获得导电和导热的最佳匹配,达到防黏性和接触小的要求,否则接触器动作过程中触点很快被氧化。触点弹片由锡磷青铜带制成,如果材质达不到使用要求,当通过大电流时,有可能使触点弹片变形,导致触点接触不良产生火花,且有鸟啄现象。现将其故障现象、可能原因及处理方法列于表8.3中,以供参考。

表8.3 接触器常见故障的产生原因和处理方法

序 号	故障现象	产生原因	处理方法
1	接触器开合不灵	1. 机械可动部分被卡住 2. 摩擦力过大 3. 气隙中有阻塞 4. 磁极表面积尘太厚 5. 电空接触器漏风或风压不足	排除相应障碍即可
2	通电后不能完全闭合	1. 电源电压低于线圈额定电压 2. 触头弹簧与反力弹簧压力过大 3. 触头超程过大	1. 调整电源电压或更换线圈 2. 调整或更换弹簧 3. 调整触头超程
3	接触器关合过猛或线圈过热冒烟	电源电压过高	调整电源电压或更换线圈
4	断电后不释放	1. 反作用力太小 2. 剩磁过大 3. 触头熔焊 4. 铁芯极面有油污或尘埃黏着	1. 调节或更换反力弹簧 2. 对直流接触器应加厚或更换新非磁性垫片,对交流接触器应将去磁气隙处的极面锉去一部分或更换新磁系统 3. 撬开已熔焊的触头,或酌情更换新触头 4. 清理磁极表面

续表

序号	故障现象	产生原因	处理方法
5	铁芯噪声过大或发生振动	1. 电源电压过低	1. 调节电源电压
		2. 铁芯极面有脏物或锈层,或因过度磨损而不平	2. 清理极面,必要时可刮削修整或更换铁芯
		3. 分磁环断裂	3. 焊接或更换分磁环
		4. 磁系统歪斜或机械上卡住而使铁芯吸不平	4. 排除机械卡住故障更正工作位置
		5. 反作用力过大	5. 调节或更换弹簧
6	线圈过热或烧损	1. 电源电压过高或过低	1. 调整电源电压或更换线圈
		2. 线圈的通电持续率与实际情况不符	2. 更换通电持续率相符的线圈
		3. 交流线圈操作频率过高	3. 降低操作频率或更换线圈
		4. 交流电磁铁可动部分卡住,铁芯极面不平或去磁气隙过大	4. 排除卡住现象,清除极面或调整铁芯
		5. 线圈匝间短路	5. 更换线圈
		6. 空气潮湿,含有腐蚀性气体或环境温度过高	6. 用特殊设计的线圈
		7. 交流电磁铁采用直流双线圈控制时,因常闭联锁触头熔焊而使起动线圈长期通电	7. 更换联锁触头,排除致使该触头熔焊的故障
7	接触器不闭合或正常情况下突然断开	1. 线圈引出线断裂	1. 焊好后可靠绝缘
		2. 线圈内部断线	2. 更换线圈
8	触头严重发热或熔焊	1. 操作频率过高或负载电流过大	1. 更换接触器
		2. 触头表面高低不平,生锈,积有尘埃或铜触头严重氧化	2. 清理接触面
		3. 超程过小或行程过大	3. 调整参数或更换触头
		4. 接触压力不足	4. 调整或更换弹簧
		5. 闭合过程中振动过于剧烈	5. 调整触头参数或更换接触器
		6. 触头分断能力不足	6. 调换合适的接触器
		7. 触头表面有金属颗粒凸起或异物	7. 清理触头表面
		8. 电源电压过低或机械上卡住而使触头停滞不前或反复跳动	8. 调高电源电压,排除机械卡住故障,保证接触器可靠吸合

10. 接触器的简单维护与发展

接触器在使用时应经常或定期地检查其运行情况,并进行必要的合理维护,以延长其使用寿命,保证其安全可靠地运行。维护、检修时应首先断开电源,再按照如下步骤进行操作:

1) 外观检查

用压缩空气清除接触器各部件的灰尘,铁芯极面上的灰尘也可以用毛刷清除。若有油污,可先用棉布蘸少量酒精擦拭,然后再用干布擦净,并仔细观察接触器外观是否完整无损,注意拧紧所有紧固件。

2）灭弧室维护

取下灭弧罩,用毛刷清除罩内落物及金属颗粒,如发现有破裂或严重烧损及零部件(如灭弧栅片)变形、松脱或位置变化等现象而不易修复时,应及时更换新灭弧室。重新安装时,应装回原位,不能随意更换到另一极上,以免影响其灭弧效力。

3）触头的维护

定期检查触头的温升是否超过标准(主触头温升75℃),银或银基粉末冶金制成的触头表面有烧毛发黑的现象是正常的,不会影响其实际工作能力,一般可不必清理。如触头接触处有金属颗粒或毛刺,可以用细锉轻轻锉平,但不能用砂纸或砂布擦拭。对于具有铜触头的转动式接触器,若长时间没使用或连续工作8h以上,在使用前应先开闭1～2次,以便除去触头的氧化膜。触头如有开焊、裂缝或磨损到原厚度1/3的情况时,则应更换新触头。

4）吸引线圈的维护

观察线圈外表层有无过热变色,定期检查线圈温升是否超过所规定的值(一般规定,当环境温度为40℃,A级绝缘的线圈用温度计测得的表面温升不得超过60℃),引线与导线是否有松动、开焊或将断的情况,线圈骨架有无碎裂、磨损或固定不正常现象。此外,还应注意缓冲件是否完整。

5）铁芯的维护

观察铁芯极端面有无变形、松开现象。可用棉纱蘸少量汽油擦拭极面上的污垢。注意交流电磁铁的分磁环有无断裂,中柱气隙是否保持在0.1～0.3mm(如发现过小可略锉去一些);观察直流电磁铁铁芯的非磁性垫片是否磨损或脱落,缓冲件是否完整,位置是否正确。

6）接触器转轴的维护

经常注意接触器的转轴转动是否灵活,在转轴与轴承处可注入少量润滑油,以保持转动灵活。

今后接触器的发展需要进一步开展选型研究,寻找产品替代可根据使用环境、输入信号、输入参量、负载情况,合理选用不同级别要求的接触器。随着微型化和片式化技术的提高,接触器将向二维、三维尺寸只有几毫米的微型和表面贴装化方向发展,随着SOP(Small Outline Package)技术的突破,生产厂家有可能把越来越多的功能集成到一起。从目前应用趋势来看因全固体化接触器灵敏度高,可防电磁干扰和射频干扰强度高,故障率低等优点,将逐步取代现有的电磁式接触器。

8.3 主令电器

在自动控制系统中,主令电器可以接通或断开来控制电路,是专门用来发出控制指令或信号,来改变控制系统工作状态的一种电器。主令电器可以通过电磁式电器的转换对电路实现控制,也可以直接作用于控制电路中。主令电器主要可分为一个按钮开关、一个通用的开关和一个行程开关。

1. 按钮开关

按钮开关是一种手动的、可以自动恢复(即自复式)的主令电器,应用非常广泛。通过按钮之间的电气联锁,可实现对其他电气设备的控制和保护。其主要用于远距离操作接触器和继电器,以切换自动控制电路。

可将按钮开关按结构形式分为旋钮式、指示灯式和紧急式。

在城市轨道交通车辆设置按钮开关是打开/关闭按钮，启动按钮，停车制动按钮，紧急制动按钮和司机的主要驱动控制（司机控制）的报警按钮等。其中紧急制动按钮安装在司机台上，表面呈红色。当发生紧急情况的时候，司机应该按下此按钮，列车将会实行紧急制动，受电弓将会降下，直至列车完全停止。司机主控制手柄上的警惕按钮是用于确认列车处于司机控制状态的控制按钮，用力按下此按钮时，它会自锁，使其触头保持断开状态，列车正常运行。当超过3s或5s（各城市地铁参数有所不同）未按下时，则会产生紧急制动以保证列车安全。

2. 万能转换开关

1) 型号和结构

万能转换开关，也称为转换开关，是一个多块、控制多回路的主令电器和由多个结构相同的堆叠组手动电接触组件，由于接触块多，故称为万能转换开关。它一般用于电机的故障隔离、电气联锁、电源控制等远距离控制。车辆中的照明开关、故障转换开关、头灯开关等也用到万能转换开关。

城轨车辆采用LW5系列万能转换开关作为故障隔离、电气联锁、电源控制之用。

该系列转换开关是一种组合式凸轮转换开关，适用于交、直流电压500V以下的电路（图8.9）。它的型号意义为：

LW5-15 系列

L——主令电器；

W——万能转换开关；

5——设计序号；

15——额定发热电流。

LW5系列万能转换开关由接触系统（图8.10）、定位和限位机构、凸轮、转轴、手柄、面板等主要部件组成，用长螺栓组装成开关整体。

图8.9 LW5万能转换开关外形图

图8.10 LW5系列接触系统结构简图

1—静触头；2—动触头杆；3—动触桥；4—反力弹簧；
5—超程弹簧；6—凸轮；7—底座；8—限弧罩

开关的定位特性是由操作机构（或称定位机构）来决定的，如图8.11所示。

开关的方形转轴从手柄一直贯穿到操作机构及接触系统，起传动作用。棘轮保证了每

45°位置的定位作用,依靠辐射状安装的滚子来卡住棘轮。因为是滚动摩擦,故操作轻便、定位可靠、机械寿命长。开关的操作手柄在两端极限位置的限位采用限制凸轮和限位片来实现,图 8.11(b)所示的是两端极限为 90°位置的限制。

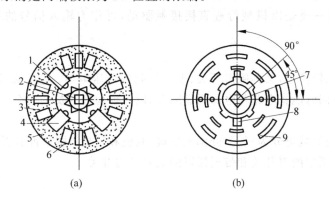

图 8.11 LW5 系列操作机构简图
1—转轴;2—棘轮;3—滚子;4—滑块;5—反力弹簧;6—底座;7—限制凸轮;8—限制片;9—端盖

LW5 系列转换开关的零件广泛采用热塑性塑料,产品结构为积木式组合,通用性强,维修方便,外表美观。

2) LW5 系列万能转换开关主要技术参数

额定电压:500V

额定电流:15V

操作频率:120 次/h

电寿命:20 万次

机械寿命:100 万次

3) 万能转换的检查与维护

(1) 清扫

用 0.2~0.3MPa 压缩空气吹扫各部并用毛刷清扫各部灰尘,使接触器各部清洁无积尘和油污。

(2) 检查

① 外观检查

a) 对各部件进行目测,有破损裂纹的部件须更换。

b) 检查导线无老化线环及各紧固件紧固良好无松动。

② 检查手柄

检查手柄在各工作位置时动作灵活无卡阻,否则查明原因并排除。

③ 检查接点

a) 各部件清扫干净(不允许清洗与解体),零部件应齐全完整。

b) 手压接点动作杆,接点应动作灵活无卡阻。

c) 采用低电阻测试仪测量触头的接触电阻,电阻值应该符合技术要求。

3. 行程开关

行程开关的作用和按钮开关基本一致,是一种经常使用的小电流主令电器。行程开关还可以称为限位开关或位置开关,它实现控制一种电器元件是利用运动部件的行程位置,也可作为限位保护。在电气控制系统中,行程开关的作用是定位控制、实现顺序控制以及位置状态检测的开关。行程开关可以分为两类:一类是由电磁信号(非接触式)作为输入动作信号的接近开关;另一类是以机械行程直接接触驱动,可作为输入信号的行程开关和微动开关。

4. 刀开关

刀开关结构比较简单,又称闸刀开关、手动控制的低压电器。它一般用于将交、直流电路中的电源断开,同时能将电路与电源明显隔开,以保证检修人员的安全。也可以将闸刀开关用作故障开关。

刀开关按刀的极数可分为三类,分别是单极、双极和三极;按是否有灭弧装置可分为两类,分别是不带灭弧罩的刀开关和带灭弧罩的大容量刀开关。

8.4 低压断路器

低压断路器又称为自动空气开关,是一种结构较为复杂、动作性能较为完整、极常用的配电保护电器,能自动切断短路、严重过载、电压过低等故障电路,有效地保护接在它后面的电气设备;同时亦可用它来手动非频繁地接通和分断正常电路。它广泛用于供电支路的过载、过流和短路保护。其可靠性比熔断器更高,因为对于三相电路而言,使用熔断器时,很可能只有一相的熔断器熔断,会造成断相运行。

图 8.12 为 TO-100BA 型三相自动空气断路器(自动开关)。

图 8.12 TO-100BA 型三相自动空气断路器

1. 低压断路器的特点与参数

与其他开关电器相比较,低压断路器具有如下特点:

(1) 能开断较大的短路电流,分断能力较强。

(2) 低压断路器可以对电路过载、短路起到双重保护的作用。

(3) 允许操作频率低。

(4) 动作值可调,动作后一般不需要更换零部件。

低压断路器的主要参数有:

(1) 额定电压。断路器铭牌上的额定电压是指断路器主触头的额定电压,是保证接触器触头长期正常工作的电压值。

(2) 额定电流。接触器铭牌上的额定电流是指路器主触头的额定电流,是保证接触器触头长期正常工作的电流值。

(3) 脱扣电流。脱扣电流是使过电流脱扣器动作的电流设定值,当电路短路或负载严重超载,负载电流大于脱扣电流时,断路器主触头分断。

(4) 过载保护电流、时间曲线。过载保护电流、时间曲线,为反时限特性曲线,过载电流越大,热脱扣器动作的时间就越短。

(5) 欠电压脱扣器线圈的额定电压。欠电压脱扣器线圈的额定电压一定要等于线路额定电压。

(6) 分励脱扣器线圈的额定电压。分励脱扣器线圈的额定电压一定要等于控制控制电源电压。

(7) 额定极限短路分断能力。断路器的分断能力指标有两种：额定极限短路分断能力 I_{cu} 和额定运行短路分断能力 I_{cs}。

额定极限短路分断能力 I_{cu}，是断路器分断能力极限参数，分断几次短路故障后，断路器分断能力将有所下降。

额定运行短路分断能力 I_{cs}，是断路器的一种分断指标，即分断几次短路故障后，还能保证其正常工作。

对塑壳式断路器而言，I_{cs} 只要大于 $25\% I_{cu}$ 就算合格，目前市场上断路器的 I_{cs} 大多为 $(50\% \sim 75\%) I_{cu}$。

(8) 限流分断能力。限流分断能力是指电路发生短路时，断路器跳闸时限制故障电流的能力。电路发生短路时，断路器触头快速打开，产生电弧，相当于在线路中串入一个迅速增加的电弧电阻，从而限制了故障电流的增加，降低了短路电流的电磁效应、电动效应和热效应对断路器和用电设备的不良影响，延长断路器的使用寿命。断路器断开时间越短，限流效果就越好，I_{cs} 就越接近 I_{cu}。

(9) 微型断路器的脱扣特性。断路器脱扣特性分为 A、B、C、D、K 等几种，各自的含义如下：

A 型脱扣特性：脱扣电流为 $(2 \sim 3) I_n$，适用于保护半导体电子线路、带小功率电源变压器的测量线路，或线路长且短路电流小的系统；

B 型脱扣特性：脱扣电流为 $(3 \sim 5) I_n$，适用于住户配电系统、家用电器的保护和人身安全保护；

C 型脱扣特性：脱扣电流为 $(5 \sim 10) I_n$，适用于保护配电线路以及具有较高接通电流的照明线路和电动机回路；

D 型脱扣特性：脱扣电流为 $(10 \sim 20) I_n$，适用于保护具有很高冲击电流的设备，如变压器、电磁阀等；

K 型脱扣特性：具备 1.2 倍热脱扣动作电流和 8～14 倍磁脱扣动作范围，适用于保护电动机线路设备，有较高的抗冲击电流能力。

2. 低压断路器的主要功能

1) 短路保护

短路保护是指断路器跳闸。要实现可靠的短路保护，必须注意以下两点：①断路器额定运行短路分断能力 I_{cs}，要大于电路在近端发生短路时的短路电流；②断路器跳闸保护整定值，要大于负荷正常的运行电流（包括负载起动电流），小于电路在远端发生短路时的短路电流。这样，既能可靠实现短路保护，又不会影响电路的正常工作。

2) 过载延时保护

过载延时保护是指负荷电流超过电气设备的限定范围时，断路器能按设定的延时时间切断电源，使电路和设备得到有效保护。

断路器过载延时时间的整定，要根据被控负载的性质和过载特性相匹配，既不能过长，亦不能过短。延时时间过长，设备得不到有效保护；延时时间过短，影响设备的正常运行，如：电机无法起动，白炽灯无法点亮，电容器无法充电等。

3) 漏电保护

电子式漏电保护器的工作原理是：执行电路接收零序电流互感器二次侧的感应电压信号，当漏电电流达到整定值时，驱动转换触点输出漏电保护信号，使脱扣器动作切断电源。

一般终端开关的漏电脱扣电流整定值为 30mA，上一级支路开关的漏电脱扣电流整定值为 300mA。漏电器可以可靠地断开接地故障，防止人身触电和相地短路故障的发生。

4) 隔离功能

隔离功能是指断路器断开后的泄漏电流不致对人身和设备产生危害，多次短路跳闸后开关性能下降，泄漏电流会增大。

对人体而言，安全漏电电流<30mA；对电路和电器设备而言，安全漏电电流<300mA。泄漏电流超过 300mA，泄漏持续时间达 2h 以上，就可能使绝缘损坏，发生相地短路，进而引发火灾。

3. 低压断路器的分类

自动开关种类繁多，可按以下方式分类。

(1) 低压电路器按其用途可分为四类：有保护配电线路用自动开关、保护电动机用自动开关、保护照明电路用自动开关和漏电保护用自动开关等。

(2) 按结构形式分可分为两类：框架式和塑料外壳式。框架式低压断路器为敞开式结构，要求快速断开，特别是大容量的低压断路器多用此种结构，例如，用作配电网络的保护开关。塑料外壳式低压断路器的结构紧凑、体积小、质量小，且具有安全保护的塑料外壳，所以使用安全可靠，适于单独安装。它除了用作配电网络的保护开关外，还可用作电动机、照明电路以及电热器电路等的控制开关。

(3) 按极数可分为单极、两极、三极和四极等种类。

(4) 按限流性能可分为一般不限流型和快速限流型两种。

(5) 根据操作方式可分为直接手柄操作式自动开关、杠杆操作式自动开关、电磁铁操作式自动开关和电动机操作式自动开关。

4. 基本结构

根据各类自动开关的共同功能，它们在结构上必然具备以下几个基本部分。

1) 触头系统

触头系统是自动开关的重要部件，主要承担电路的接通、分断任务。

对触头系统的一般要求是：能可靠接通和分断一定次数的极限短路电流及额定电流以下的任何电流；具有一定的电寿命，不需要经常更换触头；有足够的热稳定性和电动稳定性，不会因长期使用后触头接触不良导致温升过高，或不能经受极限短路电流的冲击而自动弹开。

因此，自动开关比接触器的触头结构和触头材料要求都要高得多。

2) 灭弧系统

主要有纵窄缝灭弧装置和去离子栅灭弧装置两种。

各类灭弧装置的灭弧方法可概括为长弧熄弧法（将电弧拉长、冷却）和短弧熄弧法（将电弧分割成串联短弧，利用直流电弧的极旁压降或交流电弧的近阴极效应来熄弧）等。

对灭弧系统而言，一般应具备下列功能：短时间内应可靠熄弧，并保持良好的绝缘性能；喷出的电弧火花距离小，以免造成相间飞弧；有足够的热容量，使之在电弧高温作用下不致产生变形、碎裂或灭弧室及栅片严重烧伤；有足够的机械强度，保证在受高温、合闸或冲击振动及运输情况下不会碎裂、缺损。

3）传动机构

用于操纵触头的闭合和断开。传动机构有手操纵直接传动式、手操纵弹簧传动式、电磁铁传动、电动机传动、压缩空气传动等几种。

4）自由脱扣机构

它是与触头系统和保护装置相联系的，通过自由脱扣机构的作用可使触头自动断开。"自由脱扣"是指人为操纵手柄处于闭合位置，当手还未离开手柄就发生短路、过载和欠电压等故障时，保护装置作用于自由脱扣机构，自动开关也能自动断开，起保护作用。

5）脱扣器

用于检测故障并作用于操作机构，使其脱扣，带动自动开关的触头断开。

自动开关通常采用电磁脱扣器和热脱扣器两种。

电磁脱扣器分为过电流脱扣器和欠电压脱扣器，它们实际上是一个小型电磁机构：欠电压脱扣器装有电压线圈，过电流脱扣器装有电流线圈。

现以过电流脱扣器为例说明其动作原理。当被保护电路发生过载或短路故障，电流增加并达到整定值时，衔铁吸合，使脱扣杆钩子与主杠杆脱扣，自动开关断开，切除过载或短路故障，保护电气设备不受损坏。电磁脱扣器的动作电流值可根据需要调整反力弹簧来整定，它具有动作电流大、调节范围宽、动作时间短（一般为 10~40ms）的特点，可用作短路保护。

热脱扣器是由热组件和双金属片等组成。电流通过热组件产生电阻损耗而发热，其温度升高，加热双金属片。双金属片是一个将热能转换为机械能的组件，如图 8.13 所示。它由两种不同膨胀系数的金属片焊接而成，其中，膨胀系数较大的金属片贴近热元件。双金属片一端固定，另一端处于自由状态。当热组件由于间接加热或直接通电流加热时，即将热能传递给双金属片，双金属片受热后温度升高。由于两种金属片膨胀系数不同，结合面的伸长要相同，迫使双金属片向着膨胀系数较小的一侧弯曲。双金属片弯曲时产生作用力，作用于脱扣杆的钩子上，使之脱扣，自动开关断开，即可保护电气设备不因过载而损坏。由于双金属片是因受热而弯曲，所以双金属片弯曲时作用于脱扣机构的动作时间与过载电流大小有关：电流大，动作时间短，电流小，动作时间长，即动作时间与电流大小近似成反比。

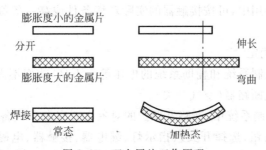

图 8.13 双金属片工作原理

5. 工作原理

自动开关的主触头靠操作机构（手动或电动）合闸，自由脱扣机构是一套连杆机构，当主

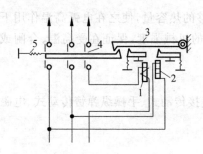

图8.14 自动开关工作原理图
1—过电流脱扣器；2—失压脱扣器；
3—自由脱扣机构的锁钩；
4—主触头；5—开断弹簧

触头闭合以后，将主触头锁在合闸位置，其工作原理如图8.14所示。

低压断路器的主触点是靠手动操作或电动合闸的。主触点闭合后，自由脱扣机构将主触点锁在合闸位置上。过电流脱扣器的线圈和热脱扣器的热元件与主电路串联，欠电压脱扣器的线圈和电源并联。当电路发生短路或严重过载时，过电流脱扣器的衔铁吸合，使自由脱扣机构动作，主触点断开主电路。当电路过载时，热脱扣器的热元件发热使双金属片上弯曲，推动自由脱扣机构动作，主触点断开主电路。当电路欠电压时，欠电压脱扣器的衔铁释放，也使自由脱扣机构动作，主触点断开主电路。当按下分励脱扣按钮时，分励脱扣器衔铁吸合，使自由脱扣机构动作，主触点断开主电路。

在正常工作情况下，自由脱扣机构的锁钩3扣住触头杆，使主触头4保持在合闸位置。

1为过电流脱扣器，它的电磁线圈与被保护电路串联，在正常电流下，脱扣器的弹簧力使衔铁释放；当过载或短路时，强大的电磁吸力使衔铁吸合，带动衔铁另一端的顶杆向上运动，顶开自由脱扣机构中的锁钩3，在开断弹簧5的作用下，主触头4迅速开断，将故障电路分断。

2为失压脱扣器，它的电磁线圈与被保护电路并联。在正常电压下，衔铁吸合，锁钩3不脱扣；当失压时，电磁吸力很小，在失压脱扣器弹簧力的作用下，衔铁释放，其顶杆顶开锁钩3，主触头4在开断弹簧5的作用下迅速开断，切断电路。

在车辆上，为便于维修和检查故障，自动开关用于手动非频繁地切换正常电路，同时，也可对辅助电路和控制电路进行过载、短路保护。

6. 断路器的选型

1) 断路器环境的适应性的确定

使用环境主要指：温度(最高温度与最低温度)、湿度(一般指40℃下的最大相对湿度)、气压(使用高度1000m以下可不考虑)、振动和冲击、盐雾、安装位置、安装方式、安装尺寸等。

环境适应性是断路器可靠性指标之一，超过产品标准规定的环境力学条件下使用，有可能损坏继电器。实际使用中，可按接触器的实际环境条件或高一等级的环境条件确定继电器环境适应性能指标。

2) 断路器种类的确定

(1) 地铁列车的控制系统和辅助系统的电压等级不高，功率不大，安装空间有限(导轨安装)，应选用微型空气断路器(空气开关)。

(2) 地铁列车的控制系统中，断路器保护的对象主要有电子设备、DC/DC电源模块、指令开关(司机控制器、按钮、选择开关)、指示灯、继电器、接触器、电磁阀、加热器、微型电机等。多数负载存在冲击电流，应选用具有C型脱扣曲线的微型断路器。

(3) 地铁列车的辅助系统中，断路器保护的对象主要有冷却风机、空调、空气压缩机、空调、紧急通风逆变器、照明、插座等。多数负载为交流异步电机，起动时有冲击电流，应选用具有 C 型脱扣曲线的微型断路器。

7. 断路器参数的确定

1）额定电压的确定

断路器的额定电压应大于或等于线路、设备的正常工作电压。

2）额定电流的确定

额定电流由下式确定：

$$I_B \leqslant I_n \leqslant I_Z$$

式中：I_B 为线路计算负载电流(A)；I_n 为主触头额定电流(A)；I_Z 为导体允许持续载流量(A)。

考虑到留有一定的裕度，一般选：$I_n = 1.2I_B \sim 1.4I_B$。

断路器的额定电流既不可偏小，亦不可过大。偏小了，将引起频繁的误跳闸；偏大了，负载过载了不跳闸，失去保护作用。

3）过电流脱扣器整定电流的确定

$$I_{1\max} < I_2 \leqslant 1.45 I_{1\max}$$
$$I_{s\min} \geqslant 1.25 I_2$$

式中：I_2 为过电流脱扣器的整定电流(A)；$I_{1\max}$ 为最大负载电流(包括电机起动电流、电源模块输入电容的充电电流等)；$I_{s\min}$ 为线路最小短路电流(A)(线路远离断路器端短路)。

过电流脱扣器整定电流小于线路最小短路电流(线路远离断路器端短路)，保证电路中任何地方发生短路，均能引起断路器跳闸。

过电流脱扣器其动作电流整定值可以是固定的，亦可以是可调的，调节时通常是调节电流脱扣器的杠杆。

4）分断能力的确定

$$I_{cu} > I_{cs} > I_{s\max}$$

式中：$I_{s\max}$ 为线路最大短路电流(A)(线路靠近断路器端短路)；I_{cs} 为额定运行短路分断能力(A)；I_{cu} 为额定极限短路分断能力(A)。

断路器额定运行短路分断能力大于线路最大短路电流(线路靠近断路器端短路)，保证电路中任何地方发生短路，均能可靠地分断电路。

电路采取分级保护时，各级断路器的过电流脱扣器整定值应匹配。

5）过载保护特性的确定

过载保护特性，要和被保护设备允许过载特性相匹配。

断路器的保护特性一定要处于被保护设备允许过载特性的下方，即在被保护对象达到损坏之前分断电路。

热脱扣器的电流-时间特性是一个反时限曲线，过载电流越大，延时分断的时间就越短。

6）欠压脱扣器额定电压的确定

欠压脱扣器额定电压等于线路额定电压。

欠电压脱扣器是一种保护性附件，当电源电压高于欠电压脱扣器额定电压的 85% 时，欠电压脱扣器能保证断路器正常工作；当电源电压下降到欠电压脱扣器额定电压的 35%～70% 时，欠电压脱扣器能使断路器脱扣，保护电气设备免受欠电压的损坏，如电动机负载等。

欠电压脱扣器有多种额定工作电压和频率，必须在订购时加以说明。

7）分励脱扣器额定电压的确定

分励脱扣器额定电压等于控制控制电源电压。

分励脱扣器是一种实现断路器的远距离分闸的附件,当分励脱扣器的外施电压为分励脱扣器额定控制电压的 70%～110% 时,就能可靠地分断断路器。

通常分励脱扣器用于应急状态下对断路器进行远距离分闸操作或作为漏电继电器等保护电器的执行元件,目前较多使用在配电柜开门断电保护电路中。

分励脱扣器有多种额定工作电压和频率,必须在订购时加以说明。

8. TO 系列自动开关

在一些城轨车辆采用 TO-100BA 型和 TO-225BA 型三相自动开关作为各辅助电路单相、堵转、短路等故障保护。

TO 系列自动开关由操作机构、脱扣装置、灭弧装置及触头系统等组成。三个动触头通过支架固装于同一个绝缘方轴上,三个动触头同时开断。每相都有一独立灭弧室,灭弧罩采用铁栅片式。采用热动电磁式脱扣器作为过载和短路保护的执行机构。

例如,TO-100BA 型自动开关在作过电流保护时,自动开关的三相触头依次串接在电机的三相绕组中,当电机中出现相间短路或绕组匝间短路时,故障引起电机电流上升,延时数秒以后,自动开关中的热敏元件动作,使热动-电磁式脱扣器脱扣,其触头切断电机电源,达到保护电机、防止故障恶化的目的。TO 系列三相自动开关主要技术参数见表 8.4。

表 8.4 TO 系列三相自动开关主要技术参数

型 号	TO-100BA	TO-225BA
额定电压/V	AC600V 以下,DC250V 以下	AC600V 以下,DC250V 以下
额定壳架电流/A	100	225
额定频率/Hz	50/60	50/60
脱扣器额定电流/A	15,20,30,40,50,60,75,100	125,150,175,200,225
脱扣器类型	热动-电磁式	热动-电磁式
短路分断能力	AC380V,50Hz；18kA,$\cos\varphi=0.3$	AC380V,50Hz；25kA,$\cos\varphi=0.25$

小结

城轨车辆常用低压电器主要是指用于城市轨道车辆辅助电路及控制电路的电器。

继电器是一种根据某一输入量来换接执行机构的电器,用于控制电路,简单地说,就是一种用弱电来控制强电的开关。继电器也可认为是传递信号的电器。在城轨车辆控制电路中,继电器具有控制、保护或转换信号的作用。

接触器是用来接通或切断较大电流电路的自动控制电器。

主令电器可以接通或断开来控制电路,是专门用来发出控制指令或信号,以改变控制系统工作状态的一种电器。

低压断路器又被称为自动空气开关,是一种结构较为复杂、动作性能较为完整的极常用的配电保护电器,它能自动切断短路、严重过载、电压过低等故障电路,有效地保护接在它后面的电气设备；同时也可手动非频繁地接通和分断正常电路。

思考与练习

1. 归纳继电器、接触器的结构组成特点及工作原理。
2. 简述电磁继电器和接触器的常见故障及处理方法。
3. 简述低压断路器的选用方法。
4. 简述传感器的工作原理。
5. 简述蓄电池的常见故障处理。

第9章

城轨车辆辅助系统电器

9.1 辅助逆变器

辅助逆变器简称SIV,是城市轨道交通车辆上必不可少的电气部件。当供电系统正常时,DC1500V或DC750V的直流电压经辅助逆变器(DC/AC)逆变为三相AC380V/50Hz和单相220V/50Hz的交流电,向通风机、列车空调、空气压缩机、客室照明、电加热器等负载供电;同时,供电网络输出DC/DC变流器提供DC110V和DC24V电源,供给蓄电池充电和车辆控制系统。辅助供电系统的负载设备遍布全车,该系统能自动完成起动、关闭及故障切换功能。辅助供电系统可分为三部分:辅助供电系统电源、供电负载、控制系统。

最早的辅助供电系统的核心部件是旋转式发电机。随着电力电子技术的发展,辅助逆变器已经取代了旋转发电机的位置,辅助逆变器的发展至今也经历了40多年的历程,核心功率器件从最初的快速晶闸管到GTO晶闸管,再到现在的高压IGBT/IPM模块。

1. 概述

目前,世界上的地铁车辆辅助供电系统大都采用绝缘栅双极型晶体管(IGBT)模块来构成。辅助供电系统由每单元配置1台80kW辅助逆变器、1台25kW直-直变换器和150A·h蓄电池组构成。静止辅助逆变器主要由充电保护电路、输入滤波器、直流斩波器中间直流环节、逆变器和隔离输出变压器等几大部分组成。图9.1为上海地铁1号线6辆车编组的辅助系统原理图,图9.2为上海地铁1号线8辆车编组的辅助系统原理图。

DC1500V触网电流经受电弓、列车导线和隔离二极管向每节车的辅助逆变器馈电。其中A车和B、C车上的辅助逆变器有所不同,A车上的逆变器输出DC110V和三相AC380V、50Hz两种电源。DC110V向蓄电池充电,并提供整列车DC110V控制电源。三相AC380V、50Hz向列车提供照明及通风电源。考虑到逆变器可能发生故障,所以每个A车逆变器负担50%的列车照明和通风。B、C车上的逆变器只输出三相AC380V、50Hz电源,向列车提供空调机组电源,各负担一半空调机组的供电。

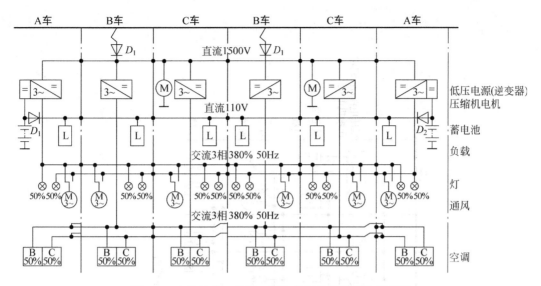

图 9.1　上海地铁 1 号线 6 辆车编组的辅助系统原理图

2．辅助供电系统的主要功能

完整的辅助供电系统由以下三部分构成：

（1）逆变部分：辅助用电设备大都需要三相 50Hz、380V/220V 交流电源，因而首先要将波动的直流网压逆变为恒压恒频的三相交流电。

（2）变压器隔离部分：为了安全起见，必须将电网上的高压和低压用电设备，尤其是经常需要人工看守操作的控制电源设备，在电气的电位上实现隔离。一般使用变压器进行电气隔离，同时也可以通过设计不同的匝数比来满足电压值的需要。

（3）直流电源部分：车辆上各控制电器都由直流电源 DC/DC 变流器供电。车辆上蓄电池为紧急用电所需，所以 DC110V 控制电源同时也是蓄电池的充电器。

逆变器系统是辅助供电系统的核心，主要部件包括滤波电抗器、充电电路、滤波电容器、EMI 电容、辅助逆变器模块、三相滤波器、变压器等。滤波电抗器和滤波电容器构成高压输入部分的滤波器，它能抑制输入电路的谐波和减少输入电路暂态过程的影响。输入电路的负极通过转向架接地，负极上接有 EMI 电容，其作用是确保高频接地和降低电磁干扰对辅助逆变器的影响。辅助逆变器的输出经三相输出滤波器进行滤波，该滤波器由三相滤波电抗器和三相滤波电容器构成，属于低通滤波器，能滤除逆变器输出的 PWM 波的大部分谐波。三相滤波器后面是一个输出变压器，将逆变器的输出电压由 660V 降为 380V，并起到隔离低压和高压的作用。

以广州地铁 2 号线为例，图 9.3 为其辅助逆变器主电路图，全车由 6 节车编组组成，采用 4 动 2 拖，其中 2 台动车和 1 台拖车为 1 个牵引单元。整列车有 2 个辅助逆变器，每个逆变器能提供约 50% 的冗余，保证一个辅助逆变器故障时全列车的空压机、牵引设备的冷却风扇和全列车一半的空调等设备的正常运行。

辅助逆变器模块的主电路图见图 9.4。逆变器模块包括滤波电容器、三相逆变器、过电压斩波模块、控制模块、低压电源模块、电压和电流以及温度传感器。放电电阻并联在该滤波器电容上，它能在 5min 内将电容电压放电到 50V 以下。过电压斩波模块的功能是将输入

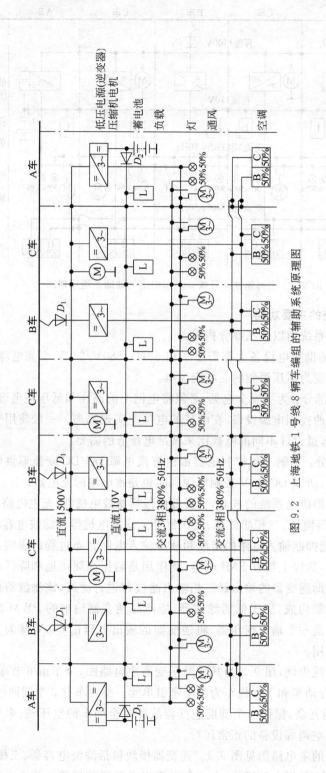

图 9.2 上海地铁 1 号线 8 辆车编组的辅助系统原理图

电压限制在允许范围内,限制控制模块的故障或者负载的突然减少等原因造成的电压升高值;如果输入电压超过限值,过电压斩波模块会立即启动直到电压低于过电压斩波模块设定的关闭电压值。

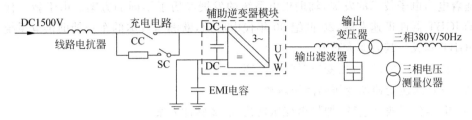

图 9.3 辅助逆变器主电路图

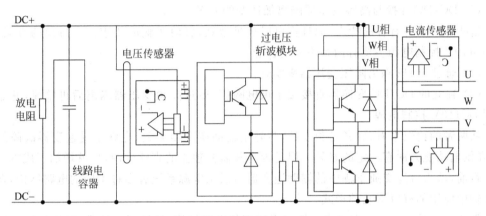

图 9.4 辅助逆变器模块主电路图

3. 辅助供电系统的供电方式

城市轨道列车辅助供电有分散供电和集中供电这两种供电方式。集中供电和分散供电是根据一个单元配置静止逆变器数量进行区分的。在2M1T(3节车辆)构成一个单元的地铁车辆(由两个单元,即6节编组构成一列车)中,每节车辆均配备一台静止辅助逆变器,每单元共用一台DC110V的控制电源,这种供电方式为分散供电。在6节编组地铁车辆中,每单元只配一台静止辅助逆变器,一台直流110V控制电源,这种供电方式为集中供电。

1) 分散供电

地铁列车很多都采用两动一拖(3节车辆)来构成一个单元,由两个单元(6节编组)构成一列车。每节车辆均配备一台静止逆变器,每个单元都共用一台DC110V控制电源。每节车辆的辅助逆变器容量为 75~80kV·A,DC110V控制电源功率约为 25kW。也有如法国阿尔斯通公司生产的地铁车辆,改为一个单元中配置两台静止逆变器,每台容量为 120kV·A,且每台含DC110V控制电源,功率约为 12kW。

2) 集中供电

国外有的城轨列车为6节编组,每单元只配置一台静止逆变器,容量约为 250kV·A,DC110V控制电源也为一台,容量约为 25kW。

分散供电和集中供电这两种供电方式各有优缺点。分散供电冗余度大,均衡轴重好配置,但造价高些,且总重也大些。集中供电冗余度小,每轴配重很难一致,但相对而言,总重和成本都低些。因此从冗余度与轴重均衡方面衡量,分散供电方式在地铁车辆中较常见。

4. 城轨车辆辅助逆变器电路结构

随着电力电子技术的发展,辅助供电系统的发展经历了不同的方案。由于新一代性能优良的 IGBT 器件迅速发展,20 世纪 90 年代中后期,欧洲与日本的车辆辅助供电系统大都采用 IGBT 构成。其方案大致有:

(1) 斩波稳压再逆变,加变压器降压隔离。

(2) 三点式逆变器加变压器降压隔离。

(3) 电容分压两路逆变,加隔离变压器构成 12 脉冲方案。

(4) 两点式逆变器加滤波器与变压器降压隔离。

(5) DC/DC 变换与高频变压器隔离加逆变的方案。

这些方案都各有各的特点,而且都可以满足地铁、轻轨车辆的要求。在目前的方案中,对 DC110V 控制电源主要有两种不同的设想:

(1) 通过 50Hz 隔离降压变压器来实现。

(2) 独立的 DC/DC 变换器直接接于供电网压,通过高频变压器隔离后再整流,并滤波得到 DC110V 控制电源。

从两者的比较来看,后者是独立的,与静止辅助逆变器无关,也就不受逆变器故障的影响,在供电功能方面有一定的好处。但是因为其需要独立的直流电源,也就增加了成本。

目前,城市轨道交通车辆中的辅助逆变器与低压电源系统有多种不同的电路结构,在城轨车辆中应用的有以下几种形式。

形式一:图 9.5 所示为先升压斩波再逆变的电路结构,接触网电源升/降压后送入逆变器,输出三相交流电经隔离变压器降压后分两路,一路直接输出三相 AC380V 电源,另一路经二极管整流器整流后输出 DC110V 电源。

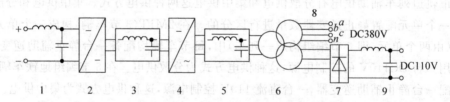

图 9.5 先升压斩波再逆变的电路结构

1—线路滤波器;2—升/降压斩波器;3—滤波器;4—逆变器;5—交流滤波器;
6—隔离变压器;7—二极管整流桥;8—带中点的 AC380V 电源;9—输出滤波器

这套先升压斩波再逆变的电路结构适用于 DC750V 接触网,因为它的网压波动范围为 500~900V,所以需要斩波器还有升压的功能,目的是一方面使逆变器的输入电压稳定,保证即使负载变化时,斩波器也具有稳定输出电压,另一方面对逆变器起保护作用。

形式二:电路结构见图 9.6。该电路结构与形式 1 基本相同,有以下两点不同。

(1) 环节 2 为一降压斩波器,故该电路适用于网压为 DC1500V 的供电系统。

(2) 逆变器输出是先经 △-Y 连接方式的变压器降压后输三相 AC380V(带中性线),一方面直接向空调等三相交流负载供电,另一方面再经两套降压-整流装置分别输出 DC110V 和 DC24V 直流电源。

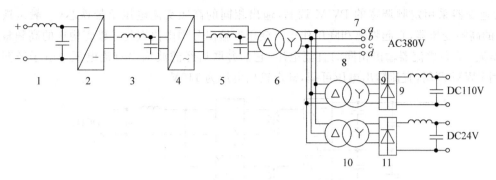

图9.6 先降压斩波再逆变的电路结构

1—线路滤波器;2—升/降压斩波器;3—直流侧滤波器;4—逆变器;5—交流滤波器;6—隔离变压器;7—三相AC380V输出(带中性线);8—降压变压器1;9—二极管整流器1;10—降压变压器2;11—二极管整流器2

形式三:如图9.7所示,接触网电压经滤波后直接送逆变器,经两套次级绕组三相变压器后,一组直接输出三相AC380V,另一组输出送二极管整流器整流后获得DC110V直流电源。

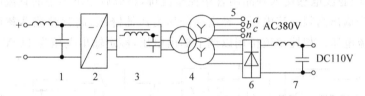

图9.7 隔离变压器两路输出的电路结构

1—线路滤波器;2—逆变器;3—交流滤波器;4—隔离变压器;5—输出带中点三相AC380V的隔离变压器一组次级绕组;6—二极管整流器;7—直流滤波器(输出DC110V)

形式四:如图9.8所示,接触网电压经滤波器直接送逆变器,经两套次级绕组隔离变压器后,一组直接输出三相AC380V,另一组输出送二极管整流器整流后获得DC110V直流电源。

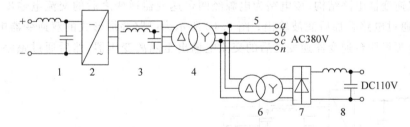

图9.8 隔离变压器一路输出的电路结构

1—线路滤波器;2—逆变器;3—交流滤波器;4—隔离变压器;5—输出带中点三相AC380V;6—△-Y降压变压器;7—二极管整流器;8—直流滤波器(输出DC110V)

以上四种形式的电路结构均是采用单台逆变器的方案,这种电路结构对于网压1500V、容量约200kV·A的辅助逆变器一般使用3300V/400A的IGBT元件。这种形式结构简单、可靠,逆变器用PWM调制可使输出电压的谐波含量在限制值以内,是目前普遍采用的形式。

形式五:图9.9所示为串联型DC/DC变换器原理电路图,这也是一种串联型电路。2台逆变器串联后由电网供电。这是单相半桥高频逆变器。滤波电容器并起均压作用。

2台逆变器采用定频调宽的 PWM 调制,输出相同的高频交流电压给带铁芯(一般是铁氧体)的高频变压器,它起隔离和降压作用。变压器输出分别由快恢复二极管构成的高频整流器整流。2台整流器输出相同的直流电压,它们并联后经滤波输出直流电压。由于逆变器采用 PWM 调制,直流输出电压可调,额定输出电压为110V。

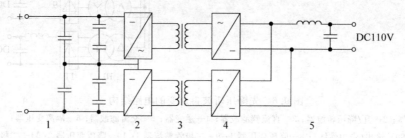

图 9.9　串联型 DC/DC 变换器原理电路图

形式六:图 9.10 所示为间接 DC/DC 变换器,这是一种高频变流方案,从 SIV 的 AC380V 输出,经滤波电感输入到晶闸管相控整流桥,整流后输出稳定的直流电压。然后经单相逆变器逆变输出高频交流电压。经高频降压变压器降压,高频整流器整流。滤波电路滤波后输出直流电压。相控整流桥用以调节输出电压,额定输出电压为110V。

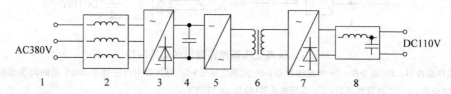

图 9.10　间接 DC/DC 变换器(高频方案)

另外,还有采用两台逆变器串联的电路结构,例如上海地铁1号线直流地铁车辆使用单台逆变器形式,上海地铁2号线地铁车辆使用两台逆变器串联形式。图 9.11 所示为电路叠加形式的双逆变器电路结构,该电路为电源经两台逆变器逆变之后的交流电输出至隔离变压器,然后通过电路叠加后滤波输出;图 9.12 所示为磁路叠加形式的双逆变器电路结构,该电路为电源经两台逆变器逆变之后的交流电输出至隔离变压器,然后通过磁路叠加后滤波输出。

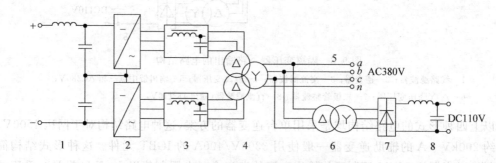

图 9.11　电路叠加形式的双逆变器电路结构

这种方案的优点,一是逆变器可以用低电压的 IGBT 元件;二是控制两台逆变器输出电压的相位差,当它们经过变压器的电路叠加或磁路叠加后,使变压器输出电压的谐波减少,这样对输出滤波器的要求可以降低,即可以减小滤波器的体积和质量。

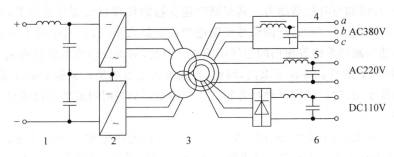

图 9.12 磁路叠加形式的双逆变器电路结构

但需要指出的是,这种电路较为复杂,尤其是变压器,用电路叠加的变压器称为 D_Y-D_Z 变压器,其次级绕组较为复杂。用磁路叠加的变压器,磁路设计较为复杂。另外,这种电路的产生是在早期 IGBT 元件水平不太高的情况下出现的,因此已基本不再采用该形式。

5. **辅助逆变器的工作原理和技术参数**

1) 辅助逆变器的工作原理

辅助逆变器原理框图见图 9.13,DC1500V 网压经 L-C 滤波器后由一个 GTO 或 IGBT 斩波器进行斩波调压至 770V,再经过中间直流环节送入六脉冲 GTO 或 IGBT 逆变器,其输出经隔离变压器后成为 AC380V。有的逆变器在隔离变压器次边还多了一组抽头,该组交流电压经整流后输出 DC110V。

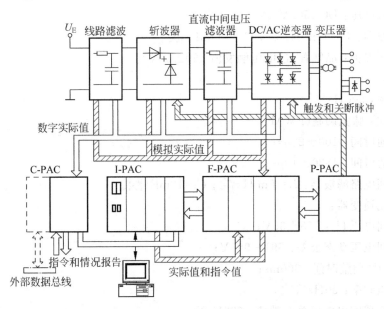

图 9.13 辅助逆变器原理框图

2) 辅助逆变器技术要求与技术参数

城轨列车的辅助逆变器技术要求高,列车辅助逆变器是恒压恒频输出,对它的技术性能要求与 VVVF 主逆变器有所不同,对 DC/DC 变换器性能也有特殊要求。列车的供电电压波动范围是 $-33.3\% \sim +20\%$,要求 SIV 在此电压范围内输出全功率,且要求输出电压值及其谐波含量在规定值之内。特别是在最低网压情况下能输出全功率，它的技术特性中最重要的是起动特性和短时过载能力。列车辅助逆变器的负载很大部分是泵类，而且是直接起动，起动冲击电流大。例如，空调机是辅助逆变器的最大负载，而其中的压缩机又占主要部分，包括其他如制动系统等使用的空气压缩机。因此，对辅助逆变器负载的起动有种种限制。正因为对 SIV 的负载特性要求高，因此，在辅助逆变器的型式试验中要经受负载突变、网压突变、重复起动、过载能力等种种考验。辅助逆变器的短时过载能力以能达到其额定容量的倍数及时间来表示。

GB 12668 中规定：在额定输出电流下连续工作时，允许施加非周期性过载，对额定容量小于或等于 100kV·A 的装置，过载能力 150% 时为 1min；对额定容量大于 100kV·A 的装置，过载能力 130% 时为 30s。辅助逆变器技术要求见表 9.1。

表 9.1 辅助逆变器技术要求

输出电压波动范围	±5%
输出电压波形畸变	畸变因数<10%
输出电压不均衡度	相间对称平衡时<1%
输出频率/Hz	50×(1±1%)
输入电压范围	DC1500V：1000～1800V 范围输出额定功率 DC750V：500～900V 范围输出额定功率

辅助逆变器的主要技术参数如下：

额定输入电压：DC $1500V^{+20\%}_{-30\%}$。

输入滤波器：$L=14mH^{+25\%}_{-15\%}$；$C=460mF^{+10\%}_{-10\%}$。

动态电压保护：晶闸管（过电压触发值 350±50V）。

斩波器：

工作频率：$500Hz^{+0.5\%}$；

控制方式：脉宽调制（PWM）；

最小导通时间：100±20μs；

最大导通时间：1820±10μs；

直流中间电路滤波器：$L=6mH^{+30\%}_{-10\%}$；$C=12mF^{+10\%}_{-10\%}$。

三相交流逆变器：

直流中间电压 U_d：775±35V；

直流中间电压动态公差：591～950V；

$\Delta U_d<10\%$ 调整时间：300ms；

输出电压频率：$50Hz^{+0.5\%}_{-0.5\%}$；

三相逆变器输出电压总有效值：$632V^{+5\%}_{-5\%}$；

三相逆变器输出电压基波有效值：$600V^{+5\%}_{-5\%}$。

隔离变压器：

输出电压总有效值为三相 $400V^{+5\%}_{-5\%}$；

基波电压总有效值为三相 $380V^{+5\%}_{-5\%}$；

峰值电压 $V_s=491V^{+5\%}_{-5\%}$。

逆变器输出功率：
额定功率：75kV·A；
短时功率：120kV·A。

9.2 变压器

在地铁动车车辆辅助电源系统中，存在各种用电设备，不同的用电设备常常需要接在各种不同等级电压的电源上。如北京复八线地铁、北京城轨 13 号线、天津滨海快速、武汉轻轨等交流传动的地铁车辆采用 SIV 静止逆变器电源辅助系统框图如图 9.14 所示。从图中可以看出，输出变压器将交流滤波器输出的三相交流电源变换为 AC380V 或 AC220V 提供给车辆交流负载，同时作为与输出回路的隔离自己用；还将输出的 AC380V 电源通过变压器再变换为 AC85V 和 AC20V 提供给整流装置，整流装置经过三相整流模块，输出 DC110V 和 DC24V 提供给车辆的直流负载。

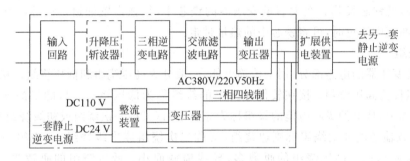

图 9.14 静止逆变器电源辅助系统框图

1. 变压器的基本结构及工作原理

变压器的基本结构部件是铁芯和绕组，由它们组成变压器的器身。为了改善散热条件，大、中容量变压器的器身浸入盛满变压器油的封闭油箱中，各绕组与外电路的连接则经绝缘套管引出。为了使变压器安全可靠地运行，还设有储油柜、气体继电器和安全气道等附件，如图 9.15 所示。

图 9.15 电力变压器外形

1) 变压器的基本结构

变压器由铁芯、绕组、油箱及附件等三大部分组成。下面以油浸式电力变压器为例分别予以介绍。

（1）铁芯

铁芯既作为变压器的磁路，又作为变压器的机械骨架。为了提高导磁性能，减少交变磁通在铁芯中引起的损耗，变压器的铁芯都采用厚度为 0.35～0.5mm 的电工钢片叠装而成。电工钢片的两面涂有绝缘层，起绝缘作用。

大容量变压器多采用高磁导率、低损耗的冷轧电工钢片。电力变压器的铁芯一般都采用心式结构，其铁芯可分为铁芯柱（有绕组的部分）和磁轭（连接两个铁芯柱的部分）两部分。绕组套装在铁芯柱上，磁轭使铁芯柱之间的磁路闭合。

在铁芯柱与磁轭组合成整个铁芯时，多采用交叠式装配，使各层的接缝不在同一地点，这样能减少励磁电流；但缺点是装配复杂、费工费时。在一般变压器中，铁芯柱截面采用外接圆的阶梯形，只有当变压器容量很小时才采用方形。交流磁通在铁芯中会引起涡流损耗和磁滞损耗，使铁芯发热。在大容量变压器的铁芯中，往往设置油道。铁芯浸在变压器油中，当油从油道中流过时，可将铁芯中的热量带走。

（2）绕组

绕组是变压器的电路部分，用来传输电能，一般分为高压绕组和低压绕组。接在较高电压上的绕组称为高压绕组；接在较低电压上的绕组称为低压绕组。从能量的变换传递来说，接在电源上，从电源吸收电能的绕组称为原边绕组（又称一次绕组或初级绕组）；与负载连接，给负载输送电能的绕组称副边绕组（又称二次绕组或次级绕组）。绕组一般是用绝缘的铜线绕制而成。高压绕组的匝数多、导线横截面小；低压绕组的匝数少、导线横截面大。

为了保证变压器能够安全可靠地运行以及有足够的使用寿命，对绕组的电气性能、耐热性能和机械强度都有一定的要求。绕组是按照一定规律连接起来的若干个线圈的组合。根据高压绕组和低压绕组相互位置的不同，绕组结构型式可分为同心式和交叠式两种。

同心式绕组是将高压绕组和低压绕组同心地套装在铁芯柱上。为了绝缘方便，低压绕组紧靠着铁芯，高压绕组则套装在低压绕组的外面，两个绕组之间留有油道。油道一是作为绕组间的绝缘间隙；二是作为散热通道，使油从油道中流过冷却绕组。

在单相变压器中，高、低压绕组均分为两部分，分别套装在两铁芯柱上，这两部分可以串联或并联；在三相变压器中属于同一相的高、低压绕组全部套装在同一铁芯柱上。同心式绕组的结构简单、制造方便，心式变压器一般都采用这种结构。

交叠式绕组是将高压绕组和低压绕组分成若干线饼，沿着铁芯柱交替排列而构成。为了便于绝缘和散热，高压绕组与低压绕组之间留有油道并且在最上层和最下层靠近磁轭处安放低压绕组。交叠式绕组的机械强度高、引线方便，壳式变压器一般采用这种结构。

（3）油箱及附件

① 油箱

油箱就是油浸式变压器的外壳。变压器在运行中绕组和铁芯会产生热量，为了迅速将热量散发到周围空气中去，可采用增加散热面积的方法。变压器油箱的结构型式主要有平板式、管式等。

对容量较大的变压器,采用在油箱壁的外侧装有散热管的管式油箱来增加散热面积,当油受热膨胀时,箱内的热油上升到油箱的上部,经散热管冷却后的油下降到油箱的底部,形成自然循环,把热量散发到周围空气中。

对大容量变压器,还可采用强迫冷却的方法,如用风扇吹冷变压器等以提高散热效果。变压器油由高、低压绕组套装在铁芯上总称为器身,器身放在油箱中,油箱中充以变压器油。

② 变压器油

变压器油是一种矿物油,具有很好的绝缘性能。

变压器油起两个作用:第一,在变压器绕组与绕组、绕组与铁芯及油箱之间起绝缘作用,提高绕组的绝缘强度。因为油的绝缘性能比空气好。第二,变压器油受热后产生对流,对变压器铁芯和绕组起散热作用,因为通过油受热后的对流作用,可以将绕组及铁芯的热量带到油箱壁,再由油箱壁散发到空气中去。对变压器油的要求是:介质强度高;着火点高;黏度小;水分和杂质含量尽可能少。

③ 储油柜

变压器油受热后要膨胀,因此油箱不能密封。为了减小油与空气的接触面积,变压器安装有储油柜。储油柜固定在油箱顶上并用管子与油箱直接连通,储油柜的上部有加油栓,可以向变压器内补油,油箱的下部有放油活门,可以排放变压器油。储油柜使油箱内部与外界空气隔绝,减少了油氧化及吸收水分的面积。

储油柜内的油面高度被控制在一定范围内,当油受热膨胀时,一部分油被挤入储油柜中使油面升高,而油遇冷收缩时,这部分油再流回油箱使油面降低。

储油柜的大小应能满足变压器在各种可能的运行温度下,油面的升降总是能保持在储油柜的范围内。

储油柜的一侧有油位计,可查看油面高度的变化。另外,储油柜上还装有吸湿器,它是一种空气过滤装置,外部空气经过吸湿器干燥后才能进入储油柜,从而使油箱中的油不易变质损坏。

在油箱与储油柜之间还装有气体继电器。当变压器发生故障时,油箱内部会产生气体,气体继电器动作而发出故障信号以提示工作人员及时处理或使相应的开关自动跳闸,切除变压器的电源。

大容量变压器的油箱盖上还装有安全气道,它是一个长的钢筒,下面与油箱相通,上端装有防爆膜。当变压器内部发生严重故障产生大量气体时,油箱内部压力迅速升高而冲破安全气道上的防爆膜,喷出气体,消除压力,以免产生重大事故。

变压器绕组的接线端子由绝缘套管从油箱内引到油箱外。绝缘套管由外部的瓷套和中心的导电杆组成,它穿过变压器上部的油箱壁,其导电杆在油箱内部的一端与绕组的出线端子连接,在外部的一端与外电路连接。绝缘套管的结构因电压的高低而不同,引出的电压越高,套管的结构越复杂。当电压不高时,可采用简单的瓷制实心式套管。电压很高时,要采用高压瓷套管,高压瓷套管在套管和导电杆之间充油,在外部做成多级伞形,电压越高,级数越多。

2) 变压器的分类

由于变压器的应用范围十分广泛,因此它的种类很多,主要有以下几种。

(1) 按用途分类

① 电力变压器。用来传输和分配电能,是所有变压器中用途最广、生产量最大的一种,如通过电力牵引供电系统的电力变压器。

远距离输送一定的电功率,电压越低则电流越大,消耗在输电线路上的电阻损耗越大;若要减小输电线电阻以输送大电流,就要用大截面的输电线而消耗较多的导体材料。所以,为了减小输电线路上的电阻损耗和节约导体材料,目前电力系统的输电线路都采用高压输电。由于受到绝缘水平的限制,发电厂的同步发电机一般输出的额定电压为 10.5kV(发电机额定电压越高,对发电机各部分的绝缘要求就越高),而一般高压输电线路的额定电压为 110kV、220kV、330kV、500kV,这就需要用升压变压器将电压升高后再送入输电线路;当电能经过高压输电线路传输到用电区后,必须用降压变压器把输电线路上的高电压降下来,才能供给动车所使用的动力用电。由此可见,电力系统中存在许多变压器,通过这些变压器的作用产生了不同等级的电压,从而能够满足不同的需要。

② 仪用变压器。包括电流互感器和电压互感器,在测量系统中使用。它们能够把大电流变换成小电流,或把高电压变换成低电压,从而隔离大电流或高电压以便于安全地进行测量工作。

③ 自耦变压器。容量较大的异步电动机降压起动时常用自耦变压器实现降压。在实验室中,经常要使用自耦变压器,可以很方便地调节输出电压。

④ 专用变压器。如电解用的整流变压器、焊接用的电焊变压器以及供无线电通信用的特殊变压器。

(2) 按相数分类

按相数分主要有两类:一是单相变压器,用于单相交流电系统;二是三相变压器,用于三相交流电系统。

(3) 按结构分类

按结构分类主要有心式变压器和壳式变压器两类,如图 9.16 所示。

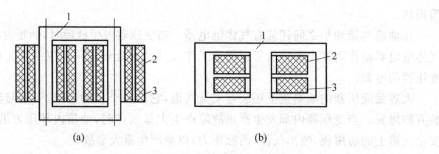

图 9.16 变压器的铁芯与绕组形式
(a) 心式铁芯和同心式绕组;(b) 壳式铁芯和交叠式绕组
1—铁芯;2—低压绕组;3—高压绕组

心式变压器:其结构特点是绕组包围铁芯,电力变压器都采用心式结构。

壳式变压器:其结构特点是铁芯包围绕组,电子设备中的小型变压器一般采用这种结构。该结构的变压器机械强度高,铁芯散热比较容易。

此外还有其他的分类方法。例如,按照绕组数目来区分,则有双绕组变压器、三绕组变压器等;按冷却方式来区分,则有干式变压器和油浸式变压器,油浸式变压器还可进一步分为油浸自冷、油浸风冷、油浸水冷、强迫油循环风冷或水冷等型式。

虽然变压器的种类很多,但各种变压器运行时的基本物理过程及分析变压器运行性能的基本方法大体上都是一样的。

3) 变压器的铭牌和额定值

每台变压器都有一块铭牌,上面标注着变压器的型号和额定值等。铭牌用不受气候影响的材料制成,并安装在变压器外壳上的明显位置。在使用变压器之前必须先查看铭牌。通过查看铭牌,对变压器的额定值等有了充分了解后,才能正确使用变压器。

额定值是制造工厂对变压器正常工作时所作的使用规定。在设计变压器时,根据所选用的导体截面、铁芯尺寸、绝缘材料以及冷却方式等条件来确定变压器正常运行时的有关数值,例如,它能流过多大电流及能承受多高的电压等。这些在正常运行时所承担的电流和电压等数值,就被规定为额定值。各个量都处在额定值时的状态称为额定运行。额定运行可以使变压器安全、经济地工作并保证一定的使用寿命。变压器的额定值主要有以下几种。

(1) 额定电压

在额定运行时规定加在原边绕组的端电压,称为原边绕组额定电压,以 U_{1N} 表示;当变压器空载时,原边绕组加以额定电压后,在副边绕组上测量到的电压,称为副边绕组额定电压,以 U_{2N} 表示。因此,副边绕组的额定电压是指它的空载电压。在三相变压器中,额定电压都是指线电压。电压的单位是 V 或 kV。

(2) 额定电流

在额定运行时,原边绕组、副边绕组所能承担的电流,分别称为原边绕组、副边绕组的额定电流,并分别用 I_{1N} 和 I_{2N} 表示。在三相变压器中,额定电流都是指线电流。电流的单位是 A。

(3) 额定容量

原边绕组或副边绕组额定电流与额定电压的乘积,称为额定容量,以 S_N 表示,它是在铭牌上所标注的额定运行状态下,变压器输出的视在功率。它的单位以 kV·A 表示。对于三相变压器来说,额定容量是指三相的总容量,即

$$\text{单相变压器}: S_N = I_{1N}U_{1N} = I_{2N}U_{2N} \tag{9.1}$$

$$\text{三相变压器}: S_N = \sqrt{3}\,I_{1N}U_{1N} = \sqrt{3}\,I_{2N}U_{2N} \tag{9.2}$$

(4) 额定频率

额定频率用 f_N 表示,我国交流电的额定频率为 50 Hz。

(5) 阻抗电压

阻抗电压又称为短路电压。它表示在额定电流时变压器短路阻抗压降的大小。通常用它的额定电压 U_N 的百分比来表示。

此外,额定值还包括额定状态下变压器的效率、温升等数据。在铭牌上除额定值外,还标注着变压器的制造厂名、出厂序号、制造年月、标准代号、相数、连接组标号、接线图、冷却方式等。为便于运输,有时还标注变压器的重量和外形尺寸等数据。

变压器的工作原理示意图如图 9.17 所示。

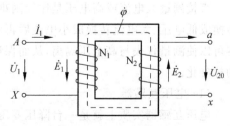

图 9.17 变压器的工作原理

在绕组 N_1 接上负载 U_1,就会有电能输出。由于绕组的感应电势正比于它的匝数,因此只要改变绕组,电压便有 $\dot{I}_1$ 流入,因而在铁芯中激励一交流磁通 $\dot{\varphi}$,磁通 $\dot{\varphi}$ 同时也与二次绕组 N_2 匝链。由于磁通 $\dot{\varphi}$ 的交变作用在二次绕组中,N_2 便感应出电势 $\dot{E}_2$。根据电磁感应定律,绕组的感应电势正比于它的匝数。因此,只要改变二次绕组的匝数,便能改变电势 $\dot{E}_2$ 的大小,如果接上用电设备,二次绕组便有电压输出,这就是变压器的工作原理。

2. 地铁动车车辆上的几种变压器

1) 自耦变压器

双绕组变压器的原、副边绕组是分开绕制的,原边绕组和副边绕组虽然装在同一个铁芯上,但它们之间只有磁的联系,没有电的直接联系。自耦变压器是原、副边共用一部分绕组的变压器,它只有一个绕组,低压绕组是高压绕组的一部分,如图 9.18 所示,图中标出了各电磁量的正方向,采用与双绕组变压器相同的惯例。这是一台降压自耦变压器,原边绕组匝数 N_1 大于副边绕组匝数 N_2。

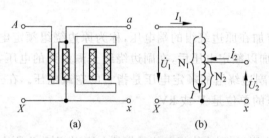

图 9.18 自耦变压器的工作原理

自耦变压器与双绕组变压器一样,有主磁通和漏磁通,主磁通在原绕组 N_1 和副绕组 N_2 中分别产生感应电势 E_1 和 E_2。当原边接在额定电压 U_{1N} 上,副边空载电压为 U_{2N},忽略漏阻抗压降,则它们的关系是

$$\frac{U_{1N}}{U_{2N}} = \frac{E_1}{E_2} = \frac{N_1}{N_2} = K_A > 1 \tag{9.3}$$

式中:K_A 为自耦变压器的变压比。

自耦变压器的变比一般在 1.2~2.0 的范围内。

原、副边绕组电路直接连在一起,高压侧的电气故障会波及低压侧,很不安全,因此,它对内部绝缘与过电压保护的要求较高,使用时必须正确接线,且外壳必须接地。

自耦变压器有单相的也有三相的。

2) 互感器

直接测量大电流或高电压是比较困难的。在交流电路中,常用特殊的变压器把高电压转换成低电压、大电流转换成小电流后再测量。这种特殊的变压器就是互感器。使用互感器可以使测量仪表与高电压隔离,从而保证人身和仪表安全;可以扩大仪表量限,便于仪表的标准化。

(1) 电压互感器

电压互感器实质上就是一台降压变压器,它将高电压转换成低电压以供测量,也可作为控制信号使用。电压互感器副边的额定电压一般为 100V。

电压互感器接线图如图 9.19 所示。原边绕组并联接入主线路,被测电压为 U_1。副边电压为 U_2,副边绕组接的电压表或功率表的电压线圈的阻抗很大,实际副边绕组近似为开路。因此,电压互感器是一个近似空载运行的单相降压变压器。为了安全,铁芯及副边绕组一端必须接地。

不计漏阻抗压降,电压互感器原边被测电压 U 与副边实际测量得到的电压 U_0 之间的关系为

$$U_1 = KU_2 \tag{9.4}$$

式中:K 是电压互感器的变压比,是常数,$K = N_1/N_2$;N_1 为原边绕组匝数;N_2 为副边绕组匝数。可见,电压互感器副边电压数值乘以常数 K 就是原边被测电压的数值。测量的电压表按 KU_2 来刻度,就可直接从表上读出被测电压的数值。

实际上的电压互感器,原、副边都有漏阻抗压降,因此,原、副边电压数值之比只是近似为常数 K,误差必然存在。电压互感器的误差包括电压误差(数值大小的误差)和相位误差。根据误差的大小分为 0.2、0.5、1.0、3.0 几个等级,每个等级的允许误差可查阅有关技术标准。

电压互感器使用时必须注意以下 3 个问题:

① 副边不许短路。电压互感器正常运行时接近空载,如副边短路,则电流变得很大,使绕组过热而烧毁。

② 铁芯及副边绕组一端接地。

③ 副边接的阻抗值不能太小,否则原、副边电流都将增大,使原、副边漏阻抗压降增加,误差加大,降低电压互感器的精度等级。

(2) 电流互感器

电流互感器实质上是一台升压变压器,它将大电流转换成小电流,送到电流表或功率表的电流线圈以供测量,也可作为控制信号使用。电流互感器副边的额定电流一般为 5A 或 1A。

电流互感器有以下几种分类方式:

① 按原边绕组所用电流种类分,有交流电流互感器和直流电流互感器。

② 按原边绕组电压等级分,有高压电流互感器和低压电流互感器。

③ 按用途分,有保护级电流互感器和测量级电流互感器。

电流互感器接线图如图 9.20 所示。原边绕组串联接入主线路,被测电流为 I_1。副边电流为 I_2,副边绕组接内阻很小的电流表或功率表的电流线圈,实际副边近似为短路。因此,电流互感器是一个近似短路运行的单相升压变压器。为了安全,铁芯及副边绕组一端必须接地。

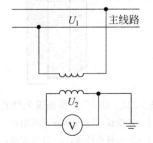

图 9.19 电压互感器接线图

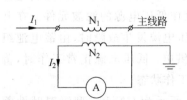

图 9.20 电流互感器接线图

采用单相变压器的分析方法分析电流互感器可知,忽略励磁电流,电流互感器原边被测电流 I_1 与副边实际测量得到的电流 I_2 之间的关系为

$$I_1 = \frac{1}{K} I_2 \tag{9.5}$$

K 是电流互感器的变压比,是常数,$K = N_1/N_2$,N_1 为原边绕组匝数,N_2 为副边绕组匝数。可见,电流互感器副边电流数值上乘以常数 K 就是原边被测电流的数值。用来测量的电流表按人来刻度,就可直接从表上读出被测电流的数值。

实际上的电流互感器中,励磁电流不可能为零,因此,原、副边电流数值之比只是近似为常数,误差必然存在。电流互感器的误差有电流误差(数值大小的误差)和相位误差。根据误差的大小,电流互感器分为以下几个等级:0.2、0.5、1.0、3.0 和 10.0,每个等级的允许误差可查阅有关技术标准。

电流互感器使用时必须注意以下 3 个问题:

① 副边不许开路。电流互感器正常运行时接近短路,如副边开路,则原边被测的主线路电流就成为励磁电流,它比正常工作时的励磁电流大几百倍,这样大的励磁电流会造成电流互感器的铁磁损耗急剧上升,使它过热甚至烧毁绝缘,会造成电流互感器的副边出现很高的电压,不但击穿绝缘,而且危及操作人员和其他设备安全。

② 铁芯及副边绕组一端接地。

③ 副边回路串入的阻抗值不能超过有关技术标准的规定。这是因为,如果副边回路串入的阻抗值过大,则副边电流变小,而原边电流(主线路电流)不变,造成励磁电流增大,使误差加大,降低电流互感器的精度等级。

9.3 蓄电池

1. 概述

蓄电池指的是将电能和化学能互相转换的装置,它可以将电能转变为化学能储存起来,使用时再将化学能转变为电能,而且这个过程是可逆的。以上两个过程前者叫做充电,后者叫做放电。

根据极板所用的材料及其电解液性质的不同,蓄电池可以分为酸性蓄电池和碱性蓄电池两大类。碱性蓄电池按其极板活性物质的不同,又可分为铁镍蓄电池和镉镍蓄电池等系列。

城轨车辆的蓄电池组与辅助逆变装置输出的低压电源并联,是城轨车辆上直流控制电源的辅助电源,并兼作低压电源的滤波元件。在升弓前及可控硅稳压电源发生故障时,由蓄电池组向车辆控制电路供电;低压电源正常工作时,蓄电池处于浮充电工作状态。

图 9.21 所示为 GN-100 型镉镍碱性蓄电池结构。GN-100 型镉镍碱性蓄电池组是一种城轨

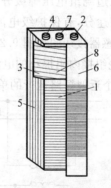

图 9.21 GN-100 型镉镍碱性蓄电池结构
1—正极板;2—正极板引线端;3—负极板;
4—负极板引线端;5—硬橡胶棍;6—电槽;
7—带有开关作用的螺丝塞;8—电解液

车辆采用较多的蓄电池,这是一种纤维结构电极的镍镉碱性蓄电池。它由 74 个蓄电池串联而成,每个蓄电池的标称电压为 1.25V,容量为 100A·h,蓄电池组的标称电压为 92.5V。组成为 5 个单节/格×16 格共 80 节蓄电池串联而成蓄电池组。安装位置在 A 车下的蓄电池箱内。作用为作为 DC110V 的备用电源,工作寿命为 20 年。其型号意义为:

GN-100 型

G——镉(负极板材料);

N——镍(正极板材料);

100——蓄电池容量(A·h)。

蓄电池的额定容量用 C 表示,单位为 A·h,是放电电流与放电时间的乘积。电池在工作中的电流强度常用"放电倍率"表示,写作 NC,N 是一个倍数。放电倍率对电池放电容量的影响很大。放电倍率越大,放电电流越大,电化学极化和浓差极化急剧增加,使电池放电电压急剧下降,电极活性物质来不及充分反应,电池容量会减少很多。

根据放电倍率分类:低倍率($<0.5C$);中倍率($0.5\sim3.5C$);高倍率($3.5\sim7C$);超高倍率($>7C$)。

城轨车辆蓄电池的工作模式为:

(1) 主供电系统接通前,为蓄电池预备模式,给列车激活供电。

(2) 直流电源正常工作时,蓄电池组被 A 车电源浮充电,作电路滤波装置,改善直流电源供电质量。

(3) 直流电源故障时,蓄电池转入紧急工作模式,为紧急负载供电。紧急负载包括:紧急照明,头灯、尾灯、状态灯及位置灯,通信设备,空调 50% 的紧急通风,以及相应的接触器和继电器。

一般规定:在隧道中运行车辆要保证供电 45min,在地面或高架运行车辆要保证供电 30min。

蓄电池充电时,正极发生氧化反应,负极发生还原反应。

放电时,负极发生氧化反应,正极发生还原反应。

2. 蓄电池使用与检修

1) 使用

(1) 蓄电池使用时,最好采用正常的充放电制,应急时方可采用快速充电。如遇过放电、反充电、小电流长期放电或间歇放电而造成容量损失,可用过充电制充电恢复。充放电时,电解液要始终高于极板,低于极板时,应补充蒸馏水或电解液。每使用 10~15 次充放电循环,应检查并调整电解液密度。

(2) 启用新的或短期(一年以内)存放的蓄电池组,注入电解液后应浸泡 2h 以上,然后采用过充电制充电。长期(一年以上)存放的蓄电池组,需经 2~3 次正常充放电循环,恢复到额定容量后,方可正常充电使用。

(3) 电解液容易吸收空气中的二氧化碳,增加碳酸盐含量,当含量超过 50g/L 时,蓄电池容量将显著降低。因此,一般使用一年左右或 50~100 次充放电循环应更换电解液。更换时应在放电状态下进行,必要时还需用水清洗电槽,然后注入新电解液。

(4) 环境温度升高或降低,蓄电池组容量和寿命均会降低。因此应根据环境温度选用合适的电解液。环境温度升高(+35℃以上)影响充电效率,除应及时补加蒸馏水、调整电解液密度和缩短更换电解液周期外,还应采取降温措施,在冷风、空调环境或在夜间通风良好的地方充电。

2) 镍镉蓄电池使用维护注意事项

(1) 不要敲拆、砸毁或焚烧蓄电池,否则会飞溅出腐蚀性碱液伤人或引起爆炸。

(2) 不允许在蓄电池上放置金属工具或其他器具,否则会使蓄电池急放电而过热,损坏蓄电池。

(3) 充电前打开气塞盖或将闷塞换成通气塞,带有闷塞的蓄电池充电会发生气胀而有可能引起蓄电池爆炸。

(4) 充电场所应保持通风,防止氢氧气体积累发生爆炸事故。

(5) 不允许有明火接近充电的蓄电池。

(6) 皮肤接触电解液时,应立即用硼酸水冲洗,避免碱性溶液的腐蚀。

3) 维护与检修

维护原因:由于城市轨道交通车辆蓄电池长期处于浮充电状态或其他恒压充电使用状态,会出现电池容量不足和单体电池之间容量不均等问题。

维护方法:蓄电池活化处理。对蓄电池进行1~3次深充电、深放电,使电池的电化学活性"复活",电容量恢复到一定的水平。每年进行一次活化。

(1) 日常维护

蓄电池使用中要经常维护,表面应清洁,气塞及绝缘件良好,无电解液泄漏现象,外壳耐碱绝缘的环氧磁漆层良好。

定期检查液面高度,调整电解液密度。定期检查每只蓄电池的容量,及时更换电压过低的元件。各连接铜板及接线应无烧痕、腐蚀现象。车辆入库检修,需长时间使用控制电源时,应外接电源,用正常充电制充电。

(2) 定期检修

蓄电池按规定周期自车上拆下做较大范围的检修时应逐个清扫元件,必要时可用70~80℃热水整体冲洗。检查电槽有无裂纹、漏液现象,气塞、绝缘件及密封件状态是否良好。检查元件的绝缘电阻及容量,每个元件的电压低于1V时应更换。

检查连接板及接线有无烧损、老化现象,连接螺帽是否紧固。电槽的漆层及连接板镀层应良好。双次定修时,应全部分解元件,电槽重新涂刷耐碱的绝缘漆。

检查电解液面的高度及密度,进行充放电试验,每个元件的容量应达到额定容量的60%以上。

3. 蓄电池充电器

以庞巴迪某车型6节编组地铁车辆为例。

蓄电池充电器(GVG1500/110-25),充电器为模块化设计。正常运营时充电器通过受电弓从接触网获得电源,充电器连接到列车1500V列车母线上。在车辆段则使用车间DC1500V电源供给充电器和辅助逆变器。

1) 蓄电池充电器的功能

(1) DC110V 负载供电

蓄电池充电器给全部110V负载供电,其中包括蓄电池。

充电器给蓄电池以限压恒流的浮充电对蓄电池持续充电。6辆编组列车的2个A车各设有一个蓄电池充电器,并联对 6 辆车供电。如果一个蓄电池充电器故障,将由另外一个给全部 6 辆车供电,DC110V 列车线接触器自动把它们连接在一起,此时充电器故障端的蓄电池不再使用,不影响列车继续运行。蓄电池充电器内部有一个紧急蓄电池,用于紧急启动,通过按下充电机紧急启动按钮可激发此功能。

其他 DC110V 负载包括:列车照明(车外信号灯、客室照明),门控制和驱动,列车通信(车载无线电台、广播),列车控制(牵引控制单元、制动控制单元、VTCU),雨刷。

(2) 控制蓄电池充电

蓄电池充电器控制蓄电池电压,充电电压设定值是电解液温度和蓄电池充电电流的函数,其温度补偿如图 9.22 所示。蓄电池充电电流受蓄电池电压和可配置最大电流的双重控制,蓄电池最大电流生产厂家设置为 42A($1.5 \times I_5$)。在蓄电池充电电流达到 7A(I_{20})以下的某个值时,蓄电池充电特性曲线将由一个转向另一个,蓄电池电压也相应减小,升压/浮充电控制曲线如图 9.23 所示。蓄电池充电器技术参数如表 9.2 所示。

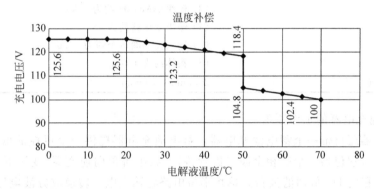

图 9.22 温度补偿

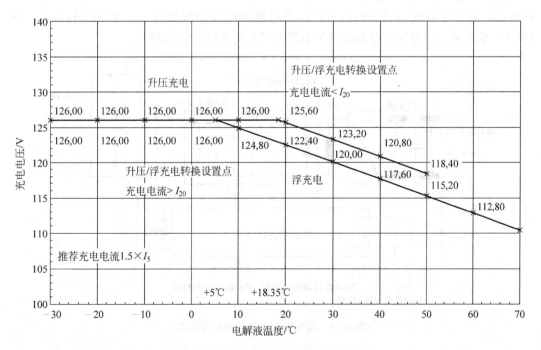

图 9.23 蓄电池升压/浮充电控制曲线

表 9.2 蓄电池充电器技术参数

输入电压	直流 1500V(1000～2000V)
输出电压	110～126V,取决于蓄电池温度
输出电流	最大 210A,永久;最大 225A,15min
蓄电池充电电流	最大为 42A
输出功率	25kW
测试电压	(1) 输入-输出/接地:5.5kV AC/min (2) 输出-接地:1.2kV DC/min
工作频率	1kHz
工作温度	−25℃～+外部温度
辅助电源	62～145V
质量	(1) 整个设备约为 540kg (2) 模块 GVG1500-02 约为 96kg (3) 模块 AMG-03 约为 69kg (4) 输出变压器约为 130kg (5) 输入扼流圈每个约为 34kg (6) 箱体约为 160kg
尺寸(宽×深)	2090mm×790mm

2) 蓄电池充电器的工作原理

辅助逆变器还自带一个蓄电池充电器。蓄电池充电器提供一个可控的低压 DC 输出,如图 9.24 所示,它包括一个三相全波二极管桥输入、半桥单向逆变器、变压器、输出整流器和调节输出平稳的 DC 低通滤波器。单相半桥电路将输入电压转换成方波电压后供给变压器的初级。变压器确保电池电压和初级电压之间的隔离。二极管整流器和输出滤波器将直流电压提供给电池和 110V 负载。这样,蓄电池充电器动作相当于一个可变转换比率的 DC/DC 变压器。蓄电池充电器的电压根据温度和蓄电池的电压调节。

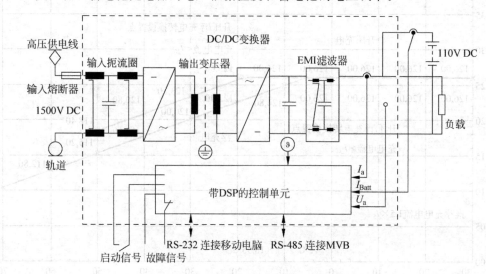

图 9.24 蓄电池充电器控制原理框图

蓄电池充电器没有预充电装置，也没有将充电器从接触网上断开的接触器。当受电弓与接触网接触时，1500V直流输入电压经输入熔断器直接连接到充电器上，经DC/DC变换及EMI滤波输出稳定的110VDC，带DSP的控制单元自动稳压和限流。

当蓄电池充电器给供电时，充电器接通内部电源，微处理器工作并等待启动信号，一旦得到启动信号即开始工作，输出电压上升，2s内到额定输出电压（输出电流在限定值内时），进入完全运行状态。若未完全启动微处理器，系统的总启动时间将有所延长，但不会超过20s。

启动信号：是一个由微处理器系统检测的数字信号，当蓄电池系统达到额定电压时被触发。一旦启动信号消失，充电器立即停止工作。

故障信号：是微处理器的输出信号，可视作开路接触器，蓄电池电压达到额定电压时闭合。故障信号只能在充电器完全运行的状态下出现。受到短暂的干扰充电器不会产生故障信号。

RS-232和RS-485接口：用于诊断软件对设备进行控制操作。

充电器监控蓄电池如充电器输出电流，以及蓄电池电流、电压和温度。

3) 自举电池运用及原理

逆变器箱中配置了自举电池，用于在主蓄电池完全放电时启动辅助逆变器。

当蓄电池电压过低的情况下，逆变器及充电器有紧急（自举）启动的功能。如果蓄电池电压过低，逆变器电子装置检测到后，逆变器不启动。在蓄电池组欠电压状态中辅助供电系统有一个启动功能。驾驶室中有一个自举按钮，可以依靠这个按钮，将自举蓄电池启动。在按下按钮之前，必须手动升起受电弓给辅助逆变器1500V直流电压。按钮必须闭合直到蓄电池充电器启动并给主电池提供足够的电压。

列车在正常工作条件下，从DC/AC逆变器输出的3相400VAC电源通过桥路二极管整流装置对一个逆变器内置的自举蓄电池充电。当接触器闭合时自举电池充电，将交流线电压230V引入自举电池的充电变压器，再经过桥路二极管整流后获得直流110V，给自举电池充电。

4) 蓄电池及其充电器的保护

当列车出现DC干线过压、蓄电池过压、功率元件和输出过流、散热器或蓄电池过热、控制系统电源故障、蓄电池充电过流等故障时，蓄电池充电器的控制系统立即封锁功率元件的控制信号。

充电器具有部分冗余保护措施功能。一方面，软件控制关键状态的输入和输出参数。另一方面，还对部分关键参数设有硬件保护，一旦超出硬件设定值，系统将立即停止运行。

系统还设有下列保护：输入或输出的浪涌电压，输入或输出过流，IGBT过压，IGBT过流，过热保护，短路保护，断路保护。此外，系统还监控散热器温度传感器和蓄电池温度传感器。

蓄电池充电器自身的保护方法如下：

（1）蓄电池充电器分别通过熔断器连接到蓄电池的正负极，以便在列车发生短路时保护蓄电池充电器。

（2）蓄电池充电器对输入高压有过电压和低电压保护。

5) 蓄电池充电器故障处理

如果一个蓄电池充电器故障，将由另外一个蓄电池充电器给全部6车供电。因

DC110V 列车线二极管的阻隔作用,故障充电器所在车的蓄电池不会放电,列车运行不受限制。

9.4 列车照明系统

列车照明系统是指城市地铁列车完成正常运行全过程所必需的车辆照明系统,它可以按照位置分为外部照明和内部照明两个独立的照明系统,外部照明包括司机室外侧的前照灯、标志灯和运行灯等。内部照明包括客室区的照明、司机室照明等。

按照列车照明功能的要求,它们又分为正常照明及应急照明两部分。其中,正常照明指的是列车供电接触网在受流的情况下,由列车辅助逆变器提供全部的照明电源。应急照明是指在列车辅助逆变器无法正常工作时,由列车主蓄电池提供部分必需的照明电源。图9.25所示为城市轨道交通车辆照明分布图。

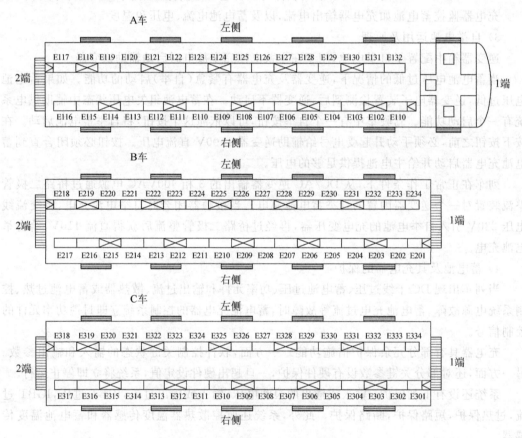

图 9.25 城市轨道交通车辆照明分布图

1) 内部照明

包括客室照明、司机室照明和车内设备柜照明。

客室照明由 A 车逆变器供电。荧光灯电源为 AC220V。

每节 A 车逆变器负担列车的 50% 客室照明。当一台 A 车逆变器故障时,另一台 A 车逆变器仍可保证客室有一半照明。

两条照明主线路的荧光灯在客室顶上交叉排列，保证即使某条主线路故障，照明仍能均匀分布。正常工作时座位席上水平面照度达 300lux。

司机台上的复位旋转开关"客室照明"控制客室全部照明灯的开/关（包括紧急照明）。

司机室照明：采用 DC110V，3 个司机室顶棚灯安装在司机室的天花板上。司机台"司机室灯"旋转开关控制灯的开/关。司机台上还安装有阅读灯。司机台上的各种仪表，在列车激活后将在司机台上保持点亮。

车内设备柜照明：由 DC110V 供电。照明开关与柜门相联，柜门打开照明接通，柜门关闭照明断开。

2) 外部照明

外部照明的作用有：运行照明，标识运行方向，标识运行状态。主要包括头灯、尾灯、运行灯、标志灯和列车号显示灯。

运行灯：在车顶线处，左右各一组，红白两色，用于显示列车的状态。电源为 DC110V。

头灯（前照灯）：DC24V 电源，聚焦灯，分亮、暗两种灯泡，"亮/暗"选择旋钮设置在司机台进行控制。头灯亮位即远光照明，头灯前方 190m 处的照度为 1.6lux；暗位即近光照明。

尾灯：位于列车司机室端面的下部，左右对称各一组。尾灯为红色非聚焦灯。

标志灯和列车号显示灯：列车主控器打开后自动接通。

头灯、尾灯、运行灯之间的控制由司机操作司机控制器手柄进行控制。

当司机室激活，方向手柄在"向前"位时，燃亮灯有：

(1) 在列车"前"端的前照灯和白色运行灯；

(2) 在列车"后"端的标志灯和运行灯。

当司机室激活，方向手柄在"向后"位时，燃亮灯有：

(1) "前"和"尾"两端的前照灯和白色运行灯；

(2) "前"和"尾"两端的标志灯和红色运行灯。

当司机室激活，方向手柄在"0"位时，燃亮灯有："前"和"后"两端的尾灯亮。

3) 指示灯

指示灯包括车外侧指示灯、门道指示灯和司机室指示灯，DC110V 供电。

(1) 车外侧指示灯作用为指示相应车辆气制动、停车制动、相应侧客室门状态以及是否启用车载 ATP 设备（仅 A 车电子柜有车载 ATP 设备）。主要设置情况为在每节车靠车辆两端的车体外侧墙上一竖排指示灯。每侧一组，每组 5 个，由上至下设置的颜色分别是绿色、橙色、白色、红色、蓝色。

各灯显示意义：

① 绿灯亮，表示该节车所有的气制动和停车制动已缓解；

② 橙灯亮，表示该节车该边至少有一个车门未关好；

③ 白灯亮（仅 A 车有显示），表示该单元 A 车的车载 ATP/ATO 对列车的控制与监控已切除；

④ 红灯亮，表示该节车至少有一转向架已施加气制动；

⑤ 蓝灯亮，表示该节车已施加停车制动。

(2) 门道指示灯。用于显示客车车门的状态。每个客室车门有 3 个指示灯，在每扇客室门内侧和外侧的上方均安装有橙色的门解锁指示灯,其中门内侧上方还安装有红色的门切除指示灯。门解锁指示灯指示相应车门的状态。

无显示(灭灯)——当相应车门关好时,该指示灯无显示;

固定显示(橙色灯亮)——当车门通过任何方式打开时(列车处于激活状态),指示灯为固定显示;

闪烁显示(橙色灯闪烁)——若列车客室门是通过司机室内的开门按钮开启的,则按关门按钮时将触发兼有声响的关门报警,此时门解锁指示灯闪烁(只有当所有客室门关好后,灯闪烁报警才能停止),以提示乘客车门即将关闭,一般情况下,触发关门报警约4s,两门页开始动作。

门切除指示灯显示有两种显示方式,即无显示和固定显示红色。正常情况下,该指示灯不显示。当该指示灯显示时,至少表示相应车门的控制电路已切除,此时该车门不能通过电控方式开与关。

(3) 司机室指示灯。位于正、副驾驶台以及司机室侧墙上。由包括20多个不同的指示灯和一个故障显示板组成。司机室指示灯功能为向司机指示各种列车信息,如故障信息、车门开关信息、制动牵引信息、受电弓升还是降弓信息等,便于司机正确全面掌握列车的状态。

4) 紧急照明

紧急照明用于列车在无网压情况下的客室照明。紧急照明使用专门线路,DC110V供电,断电时使用蓄电池电源供电。分布特点是:紧急照明灯在客室与一般客室灯交叉排放,使照明尽量均匀。

小结

辅助逆变器简称SIV,是城市轨道交通车辆上必不可少的电气部件。

变压器是一种传递电能的静止电器,由主磁通在原边、副边绕组中感应出电势 E_1 和 E_2 来传递电能。原边绕组电势 E_1 的大小与电源频率、原边绕组匝数、主磁通成正比,与铁芯材料和尺寸无关。当变压器原边电压一定时,无论负载是否变化,主磁通基本不变,电势 E_1 的大小也基本不变。

蓄电池指的是将电能和化学能互相转换的装置,它可以将电能转变为化学能储存起来,使用的时候再将化学能转变为电能,而且这个过程是可逆的。

列车照明系统是指城市地铁列车完成正常运行全过程所必需的车辆照明系统,它可以按照位置分为外部照明和内部照明两个独立的照明系统。

思考与练习

1. 自耦变压器有什么特点?自耦变压器与普通双绕组变压器相比有什么优缺点?
2. 电流互感器和电压互感器在使用中应注意哪些事项?

第 10 章

城轨车辆牵引与制动系统典型电器

城市轨道交通车辆牵引与制动系统典型电器是指专门为城市轨道交通车辆牵引与制动系统设计制造的电器。牵引与制动系统是列车驱动系统的组成部分,主要功能是把线网上的直流电流逆变成一个带有可变振幅和频率的三相电流,为牵引电动机运行提供合适的能量,以及实现制动。主要包括受流器(受电弓和集电靴)、接地装置、车间电源、熔断器、高速断路器、浪涌吸收器(避雷器)、制动电阻器及牵引逆变器等。城市轨道交通车辆中牵引与制动系统的典型电器的工作条件和环境比较恶劣,工作电压和工作电流的变化范围比较大。

城市轨道交通车辆控制系统部件是用来对城市轨道交通车辆以及其他的牵引设备进行切换、检测、控制、保护和调节的电器及装置,称为牵引电器。牵引电器的工作条件和环境较为恶劣,长时间受振动干扰、灰尘侵袭,工作环境温度和湿度变化范围大,工作电压和电流变化范围大,并且受安装位置和空间的限制。为有效利用空间、便于检修,电器外形呈平整的箱状,且宽度小,以便将电器尽可能成列布置。电器结构方面要便于更换触头、弹簧和其他易被磨损零件。在零件的机械与电气强度方面,要求在电器操作次数频繁时仍有较大的安全因数,同时必须保证有最大的可靠性。

牵引电器一般分为主电路电器、控制电路电器和辅助电路电器三大部分。城市轨道交通车辆主电路电器主要包括受电弓、高速断路器、主接触器、线路滤波器、制动电阻器、平波电抗器、浪涌吸收器和接地装置。

10.1 受流器

因地铁和轻轨交通运输的速度要求不高,所以常采用直流供电。直流供电的电压制式较多,其发展趋向是 IEC 标准中的 DC600V、DC750V、DC1500V 三种,我国国家标准《地铁直流供电系统》中的规定采用 DC750V(波动范围 500~900V)和 DC1500V(波动范围 1000~1800V)两种。

我国常用的供电方式有接触网供电和接触轨供电两种形式。电动列车的受流方式依据供电方式的不同分为接触网受流和第三轨受流。接触网供电是指通过沿轨道线路上空架设的特殊输电线向行走在线路上的电动列车不间断地供应电能,电动列车利用顶部的受电弓与接触网滑动摩擦而获得电能。接触轨供电是指在列车行走的两条路轨以外,再加上带电的钢轨(一般使用钢铝复合轨)。带电钢轨设于两轨之间或其中一轨的外侧。列车受流器(集电装置也叫集电靴或取流靴)在带电轨上接触滑行取流。

通常城市轨道交通车辆在电网电压为1500V时多采用架空接触网形式,由安装在车辆顶部的受电弓集电。当电网电压为750V及以下时,多由第三轨受电。例如北京地铁、天津轻轨采用DC750V电压,第三轨供电方式;如上海、广州地铁大部分线路采用DC1500V电压,高架接触网供电方式(详见表10.1)。

表 10.1 DC750V 和 DC1500V 馈电制式其他技术指标的比较

主要经济、技术参数	DC750V	DV1500V
峰值电流(2min间隔,6辆编组时)/A	7200~10000	3600~5000
电压损耗	大	小
杂散电流(迷流)影响	大	小
可承受的客流量	相对小	大
车辆再生制动对电压的影响	大	相对小
馈电方式	第三轨(小客流时也可以使用接触网)	接触网
设备国产化率	除了个别设备外,实现了国产化	基本实现了国产化
供电系统的综合造价	基本相当	基本相当

受流器是靠电力驱动的(简称电动)轨道车辆从接触网或第三轨获取电能的一种受流装置,受电弓是一种安装于车顶的受流器。电动轨道车辆包括城市交通运输用的无轨电车、有轨电车、地下铁道电动客车;铁路干线牵引列车用的电力城轨车辆以及城际交通用的电动车组等。根据它们运行条件的不同,所用电的受流器也有所不同。

根据受流器的形状与作用原理的不同,受流器可分为以下几种类型:

集电杆——常用于城市无轨电车;

弓形受流器——常用于城市有轨电车;

旁弓——常用于矿区内城轨车辆;

集电靴——常用于地下铁道的第三轨供电方式;

受电弓——用于铁路干线牵引列车的电力城轨车辆以及采用接触网供电的地下铁道和轻轨车辆等。

城市轨道交通车辆的受流器有受电弓、旁弓和第三轨受电器等形式。

1. 受电弓的特点

城轨车辆利用车顶的受电弓从接触网获得电能,通过绝缘子安装在城轨车辆的车顶上,是一种铰接式的机械构件。当受电弓不用时处于折叠状态,运行时升起与接触网接触,将电流从接触网引入车辆,供车辆内的电气设备使用。

受电弓是城轨车辆与固定供电装置之间的连接环节,通过与固定导线的滑动接触而受流。因此,滑板的质量是影响受电弓受流质量的关键因素之一,优质滑板应满足以下要求:

(1)摩擦系数低,对接触导线及滑板自身的磨耗小。

(2) 电阻率低,耐弧性强。
(3) 力学性能好,能承受一定的冲击载荷。
(4) 质量轻。

一般将安装于电力城轨车辆、地铁车辆、轻轨车辆等车辆的顶部,与接触网接触而获取电能的装置,称为受电弓。受电弓是城市轨道交通车辆的受流装置,安装在与车体几何中心点最近的车顶上部。当受电弓升起时,弓与网接触滑行,从接触网受取电流,通过车顶母线传送到车辆内部,供车辆设备使用。受电弓根据驱动动力分为气动弓和电动弓两类。气动弓使用较普遍。城市轨道交通车辆的受电弓为单臂、轻型结构。在4M2T编组的列车中,受电弓一般装于B车车顶;在2M2T编组的列车中,受电弓一般装于A车车顶。

受电弓靠滑动接触而受流,是城轨车辆与固定供电装置之间的连接环节,其性能的优劣直接影响到城轨车辆的受流质量和工作的可靠性,因此要求受电弓具备以下特点:

(1) 稳定的静态接触压力,使滑板与接触导线接触可靠,磨耗小,满足静态取流要求。通常直流系统的静态接触压力为60~90N,交流1500V系统的静态接触压力为70~110N。

(2) 升、降弓时要"先快后慢",避免受电弓对接触导线产生过分冲击。即升弓时滑板离开底架要快,贴近接触导线要慢,以防弹跳(弹跳会产生弓网间的拉弧,从而造成弓网的烧损);降弓时滑板脱离接触导线要快(以防拉弧造成烧损),落在底架上要慢(防止对底架有过分的机械冲击)。

(3) 受电弓运行过程中动作轻巧、平稳、动态稳定性好。

2. 受电弓的类型和型号

受电弓可按结构、速度、驱动方式和降弓方式等进行如下分类:

(1) 按结构形式,受电弓分为双臂式受电弓和单臂式受电弓。

双臂式:双臂式集电弓乃最传统的集电弓,因其形状为菱形,亦可称"菱"形集电弓。但现因保养成本较高,加上故障时有扯断电车线的风险,目前部分新出厂的铁路车辆已改用单臂式集电弓;亦有部分铁路车辆(如新干线300系列车)从原有的双臂式集电弓改造为单臂式集电弓。

单臂式:除了双臂式,其后亦有单臂式的集电弓,亦可称为"之"(Z)(く)字形的集电弓。此款集电弓的好处是比双臂式集电弓噪声低,故障时也较不易扯断电车线,为目前较普遍的集电弓类型。而依据各铁路车辆制造厂的设计方式不同,在集电弓的设计上会有些许差异。

垂直式:除了上述两款集电弓,还有某些集电弓是垂直式设计,亦可称成"T"字形(亦叫做翼形)集电弓,其低风阻的特性特别适合高速行驶,以减少行车时的噪声。所以此款集电弓主要用于高速铁路车辆。但是由于成本较高,垂直式集电弓已经没有使用(日本新干线500系改造时由垂直式集电弓改为单臂式集电弓)。

石津式:日本冈山电气轨道的第六代社长石津龙辅于1951年发明,又称为"冈电式""冈轨式"。

(2) 按速度,受电弓分为高速受电弓和常速受电弓。

(3) 按驱动方式,受电弓分为钢丝弹簧弓和空气弹簧弓。

(4) 按降弓方式,受电弓分为气动式、电动式、自重降弓式等几种方式。

3. TSG18D型受电弓的主要技术参数

额定电压:DC1500V

电压范围：DC1000～1800V

额定工作电流：1050A

最大起动电流(30s)：1600A

运行速度：90km/h

折叠高度(包括绝缘子)：310mm(0～+10mm)

最低工作高度(从落弓位置滑板面起)：165mm

最高工作高度(从落弓位置滑板面起)：1950mm

最大升弓高度(从落弓位置滑板面起)：≥2550mm

绝缘子高度：80mm

弓头长度：(1550±10)mm

弓头宽度：(328±3)mm

弓头高度：(225±10)mm

滑板长度：(800±1)mm

滑板宽度：35mm

滑板材质：浸金属碳

标称静态力：(120±10)N

静态力的可调节范围：70～140N

额定工作气压：560kPa

气源的工作压力：500～1000kPa

升弓时间：≤9s

降弓时间：≤8s

4. TSG18D型受电弓的基本结构及主要部件的作用

受电弓主要由弓头部分、受电弓构架、传动机构和控制机构四部分组成。图10.1所示为受电弓结构图。

1) 弓头部分

弓头部分由受电滑板和弓头支撑装置两部分组成。

(1) 受电滑板。受电滑板是与供电网直接接触受流的部件，在滑动的同时接收电能，为了提高导电性并减少接触磨耗，通常采用石墨和铜合金等材料制成，并分成几段，以便磨损后定期更换。滑板也是受电弓故障率较高的部件之一。最常见的故障是磨耗到限和拉槽。目前采用的滑板主要有碳滑板、钢滑板、铝包碳滑板、粉末冶金滑板等，其中，碳滑板较软，自身磨耗较大，需经常更换，适用于铜接触导线；钢滑板较硬，对接触网磨耗较大，适用于钢铝接触导线；粉末冶金滑板的主要成分是铁、铜和润滑油，它有较好的自润滑性和一定的机械强度，电阻率也较小，与接触网导线接触受流性能良好，既能同时适用于铜接触导线和钢铝接触导线，又有助于减少因滑板损坏而造成的刮弓事故，是目前较为理想的滑板材料。滑板的主体由铝板压制而成，在一定的强度下用铝可减轻整体质量，上面有两排宽20mm接触板，用压板固定。滑板的直线长度为1200mm，且两端处制成弯角形，这是为了防止在接触网分叉处接触网导线进入滑板底而造成刮弓事故。为了使接触板磨耗均匀，接触网导线与轨距中心线呈"之"字形布置。

(2) 弓头支撑装置。弓头支撑装置是受电弓与接触网导线间的第一系弹性系统，其好坏直接影响到受电弓的受流质量，结构如图10.1所示。弓头支撑装置由薄钢板支撑，内装有小型圆柱螺旋弹簧，使整个滑板在车辆运行时能够根据接触网导线弛度的变化而作前后、上下的摆动，以改善受流状况。滑板通过弓头支撑装置装在上部框架上，弓头支撑装置与上框架转轴的连接用低强度的铝保险座，目的是在发生刮弓事故时使其先断，避免事故扩大。

2) 受电弓构架

受电弓构架是用于安装弓头的受电弓零部件，且允许弓头在相关平面作垂向运动，保证使碳滑板与接触网有良好的接触，接触网的高度变化由受电弓构架进行均衡，构架形成了一个多边形连接。活动构架使受电滑板有一定自由度，保证其对供电网线具有的良好追随性。整个框架由上部框架、下臂杆、平衡杆、推杆和底架组成，其结构如图10.1所示。

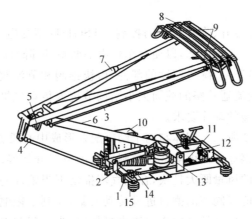

图 10.1 受电弓结构

1—底架组装；2—阻尼器组装；3—平衡杆组装；4—拉杆组装；5—肘接电流连接组装；6—下臂杆组装；7—上框架组装；8—弓头组装；9—弓头电流连接组装；10—阀箱；11—底架电流连接组装；12—降弓位置指示器；13—气囊组装；14—气路组装（含ADD自动降弓装置）；15—绝缘子组装

(1) 底架部分。底架部分是整个受电弓的基座部分，通过3个绝缘子固定在车辆顶盖上。受电弓的受流运动部件都装在底架上，因此整个受电弓应具有耐受一定电压的电气性能。为了使受电弓不发生变形而影响其性能，要求刚性底架有一定的机械强度。底架安装在车顶，它由方形的中空管、角钢及板的焊接构件组成，它作为下臂的支撑装置，包括轴承、下导杆的轴承滑轮、拉伸弹簧的悬挂及气压升弓传动装置，主要的电器连接位于底架后部的镀铜部件。绝缘子由环脂充填树脂制成，由一个不锈钢M20的螺母安装在车顶。螺栓螺纹的可用高度为20mm。

(2) 铰链机构。铰链机构是用来实现弓头升降运动的机构，包括下臂杆、上部框架、推杆、平衡杆、中间铰链座等，如图10.1所示。这些部件由无缝钢管组焊而成，通过铰链座铰接，各铰链处都装有滚动轴承，并采用金属软编织线进行短接，防止电流对轴承的电腐蚀。

上部框架其一端与弓头支撑装置的上铰链用螺栓连接，另一端借助于压板用螺栓装在中间铰链座上。推杆两端分别用正反扣螺扣与推杆铰链连接，这样可以便于调整落弓位和最大升弓高度。推杆与弓头之间装有平衡杆，其功能是保证弓头滑板面在受电弓整个工作高度范围内，始终保持水平状态。

下臂杆的转轴用无缝钢管组焊成"T"形构件，装在底架上。转轴上焊着两块扇形板，扇形板上各装有4个调整螺栓,通过调整螺栓的高度可以调整滑板在不同高度时的静态接触压力。升弓弹簧有两个,一端经扇形板螺栓固定于转轴上,另一端用螺杆固定于底架上。通过调整螺杆的长度,可以改变升弓弹簧张力的作用。下臂杆通过中间铰链座与上臂杆和推杆相连,中间铰链座为铸铁件。

3) 传动机构

传动机构是用来传递力矩,实现对受电弓升、降运动的控制,实现与受电弓之间的电绝缘。传动机构由传动气缸、拉杆绝缘子、滑环、拐臂等部件组成。

传动气缸是受电弓的动力装置,安装在车辆顶盖上,其缸体与水平面成15°仰角,通过拉杆绝缘子和滑环与下臂杆的转轴进行力的传递,进气时升弓,排气时降弓。

4) 控制机构

控制机构实现对受电弓升、降弓过程的控制。TSG18D型受电弓的控制机构由缓冲阀和升弓电空阀组成,安装在车辆内部,以便在车辆内部调整升、降弓时间。

缓冲阀是控制受电弓升弓、降弓速度的部件,由快排阀和节流阀组成,连接在气源和传动气缸之间。它借助改变流通管路的截面大小来调节进入传动气缸的气流量,以满足受电弓升弓、降弓过程先快后慢的动作要求。

缓冲阀结构如图10.2所示。阀体与两个阀座配合形成中心通道,在两个阀座上各开有一个槽口,通道中间有一钢球。当由电空阀控制的压缩空气开始经缓冲阀中心通道进入传动气缸时,进入传动气缸的风量既大且快,在此气流推动下当钢球与对应阀座接触后,中心通道被堵塞,压缩空气只能经阀座的槽口进入传动气缸,受到了限制。排风时,由于钢球的运动,传动风缸内的压缩空气开始经中心通道大量排出,当钢球与对应的阀座接触后,又只能经槽口缓慢排出。改变进气阀座和排气阀座的豁口尺寸,即可调整升弓和降弓的时间,图10.3为缓冲阀动作原理示意图。

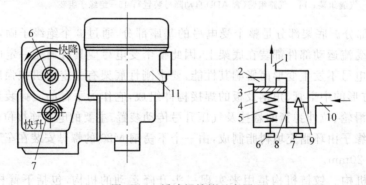

图10.2 缓冲阀结构示意图

1—缓冲阀排气口;2—快排阀快排口;3—活塞;4—快排阀;5—快排阀反力弹簧;
6—快排阀调节螺栓;7—节流阀调节螺栓;8,9—暗道;10—进气口;11—电空阀

升弓动作原理:电空阀得电—压缩空气进入缓冲阀气室—压缩空气进入传动气缸—活塞压缩降弓弹簧—转臂约束力解除—下臂杆和推杆作顺时针转动—铰链上移—弓头升起。

降弓动作原理:电空阀失电—传动气缸的气体排出—降弓弹簧作用—带动转臂—降弓。

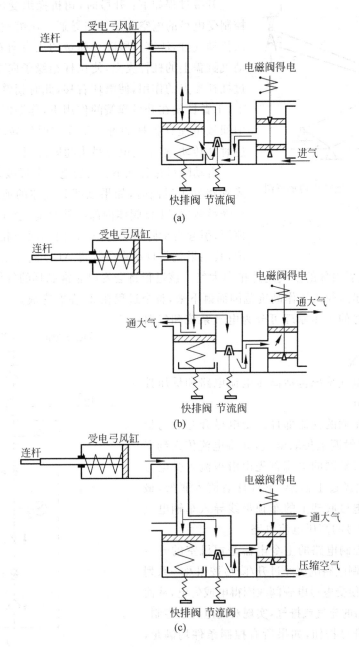

图 10.3 缓冲阀动作原理示意图
(a) 升弓过程;(b) 快速降弓过程;(c) 缓慢降弓过程

5. TSGI 型单臂受电弓的动作原理

单臂受电弓的连杆机构是由两个四连杆机构组成,如图 10.4 所示。上部四连杆机构由固定在铰链座上的上部框架 4、推杆铰接的平衡杆 3 和支架 2 组成,其作用是使滑板在整个运动高度保持水平状态。下部四连杆机构由下臂杆 6、铰链座 5、推杆 7 及底架 8 组成,其作用是当 φ 角度变化时,使滑板上升和下降并保持其运动轨迹基本为一铅垂线。

升弓过程如下：升弓时，司机操纵受电弓按键开关，控制受电弓的电空阀使气路导通。压缩空气经缓冲阀进入传动气缸，活塞克服降弓弹簧的压力向右移动，通过传动气缸盖上的杠杆支点，使拉杆绝缘子向左移动，同时通过杠杆支点的作用，使滑环右移，此时拐臂不受滑环的约束，下臂杆便在升弓弹簧的作用下，作顺时针转动。此时中间铰链座在推杆的推动下作逆时针转动，即上框架作逆时针转动，整个受电弓弓头随即升起。

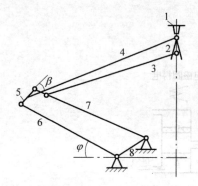

图 10.4 受电弓连杆机构示意图
1—滑板；2—支架；3—平衡杆；
4—上部框架；5—铰链座；6—下臂杆；
7—推杆；8—底架

自动降弓过程如下：当受电弓滑板破裂、磨损到极限或管路发生泄漏时，如果该部分气体的泄漏量远大于自动降弓装置 ADD 阀体内部的补给量，会导致该部分迅速掉压，引起自动降弓装置 ADD 内部两个腔体的气压不平衡，其结果就是自动降弓装置 ADD 阀体迅速打开通向气囊的腔体，将气囊内部的空气迅速排向大气。该过程将会发出非常刺耳的气体排放声音，并伴随着受电弓迅速脱离工作高度范围而砸下来，整个过程在 2s 左右完成。

单臂受电弓的工作原理可分为电气系统和气路系统两大方面。

1) 电气系统

受电弓的电气系统包括高压电流电路和低压控制电路两大部分。

受电弓是车辆的受流部件。受电弓升起后与接触网接触，从接触网上集取电流，并将电流传送到车辆电气系统。接触网的电流首先由滑板流入受电弓弓头，然后依次经过上框架、下臂杆后流入底架，最后经连接在受电弓底架上的车顶母线导入车辆电气系统，这是受电弓的高压电流电路。

受电弓的控制电路的主令电器是司机室的升弓和降弓按钮，控制电路电源经过升/降弓按钮及一系列控制环节，最终使受电弓电磁阀线圈得电或失电，从而控制受电弓气路的充气或排气，实现对受电弓的控制。

司机按下升弓按钮，如果所有控制条件均满足，受电弓电磁阀电磁线圈控制电路导通，将会使电磁阀线圈得电，从而使电磁阀阀口打开，使压缩空气进入受电弓气路部分。降弓时，按下降弓按钮，将使受电弓电磁阀失电，从而关闭向受电弓气路供气的通路，同时打开受电弓气囊的排气通路，使得受电弓降弓。

2) 气路系统

图 10.5 为受电弓气路工作原理，受电弓通过空气回路实现升、降弓动作。

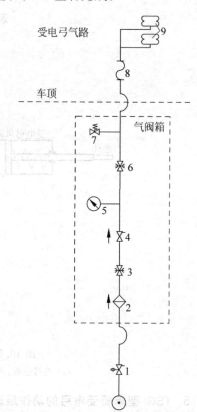

图 10.5 受电弓气路工作原理
1—电磁阀；2—空气过滤阀；3—单向节流阀；
4—精密调压阀；5—压力表；6—单向节流阀；
7—安全阀；8—管路连接软管；9—升弓气囊

升弓时,升弓电磁阀得电,压缩空气经电磁阀进入气阀箱后,依次经过空气过滤阀(序2)、单向节流阀(序3)、精密调压阀(序4)、单向节流阀(序6)、安全阀(序7)后分为两条支路分别向受电弓的两个升弓气囊(序9)供气,压缩空气进入升弓气囊后,气囊膨胀抬升,抬升的气囊带动钢丝绳(图10.5序2)拉拽下臂杆,使下臂杆转动,从而实现受电弓逐渐升起,直到受电弓弓头与接触网接触并保持规定的静态接触压力。此时升弓气囊中的气压稳定在气阀箱内精密调压阀的设定值。

受电弓工作时,升弓气囊被持续供以压缩空气,弓头与接触网之间的接触压力保持基本恒定。

6. 受电弓的特性

要使受电弓弓头滑板与接触网导线正常接触,可靠地受流,受电弓必须具备如下性能:

1) 静态接触压力与静特性

在静止状态下,受电弓滑板在工作高度范围内对接触网导线的压力称为受电弓的静态接触压力,该值的大小直接影响受电弓受流的质量。静态接触压力偏小,则接触电阻增大,功率损耗增加,车辆运行时易产生离线和电弧,从而导致接触导线和滑板的电磨损增加;压力偏大,则机械磨损增加,甚至造成滑板局部拉槽,进而造成接触导线弹跳拉弧,以致刮弓。因此,要求受电弓在其工作高度范围内有一个较为合适的、基本不变的接触压力,这个接触压力由受电弓机械结构和各部分参数决定。适当的静态接触压力可以使受电弓与接触网导线正常接触,减少离线,克服风和高速气流及轮轨传来的机械振动的影响,保证良好的受流特性。

静态接触压力是受电弓主要技术参数之一,它包括3个部分。

(1) 额定静态接触压力

它是指在静止状态下,受电弓弓头滑板在工作高度范围内对接触网导线的压力。该值的大小,直接影响受流质量。压力值偏小,受流时离线率高,离线瞬间所产生的电弧影响正常的受流,而且使滑板和接触网导线间的表面光滑度恶化,从而加剧摩擦偶件的磨损。此外,接触压力偏小,接触电阻就大,在车辆未运动时传较大电流,会在接触网导线和滑板间产生高温,从而损坏接触导线或滑板。压力值偏大,机械摩擦增大,磨损也随之增加,影响接触网导线和滑板的使用寿命。

受电弓的静态接触压力与工作高度之间的关系称为受电弓的静特性,它可以用受电弓的静态特性曲线来表示,如图10.6所示。试验证明:静态接触压力值70N是最佳值,并规定了压力值的允许偏差为±10N。

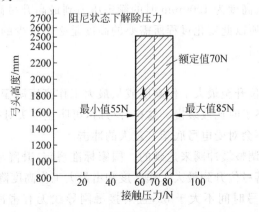

图10.6 受电弓的静态特性曲线

由图 10.6 可以看出以下 3 点：

① 在工作高度范围内，受电弓的静态接触压力变化不大。这是因为产生接触压力的升弓弹簧在升弓高度变化时变形不大和弧形调整板的作用所致。

② 受电弓上升过程与下降过程的静态特性曲线不重合，其原因是受电弓活动关节存在着摩擦力。由于该摩擦力始终与运动方向相反，因此，升、降弓过程的静态特性曲线之间的接触压力相差约为 2 倍的摩擦力。当接触网导线向下倾斜而要求弓头滑板跟随下降时，该摩擦力使接触压力增加；同理，当接触网导线向上倾斜而要求弓头滑板跟随上升时，该摩擦力使接触压力减小。所以，为了减小摩擦力，在受电弓的各铰接部分均装有滚动轴承。

③ 调整弧形调整板的倾角，可以改变受电弓静态接触压力的大小。倾角减小，静态特性曲线的下端左移，反之则右移。

(2) 同高压力差

它是指受电弓弓头在同一高度下，上升和下降时的静态接触压力差。该值的大小，表征了受电弓各运动铰接部分的摩擦力大小。由于摩擦力始终与运动方向相反，因此当接触网导线向下倾斜而要求弓头滑板跟随着下降时，该摩擦力使接触压力增加。同理，上升时接触压力小。所以为了减小摩擦力，在受电弓中的各铰接部分均装有滚动轴承。TSG 型受电弓规定同高压力差不大于 15N。

(3) 同向压力差

它是指在工作高度范围内，受电弓上升时和下降时的最大静态接触压力差。该值的大小表征了受电弓的总体调整水平。TSG 型受电弓规定该值不大于 10N。

2) 工作高度

工作高度是指在此高度范围内，弓头滑板对接触网导线的静态接触压力为额定值，即在此高度范围内，可以保证正常受流。该值的确定主要取决于接触网导线的车辆的高度。根据 GB/T 3317—2006 规定受电弓工作高度应在距轨面高度 5200~6500mm。这个高度减去车辆落弓位时的高度，便是受电弓实际工作高度区域，同时应考虑到车辆高度值的偏差和受电弓工作区的裕度。因此 DSA200 型受电弓工作高度为 88~2800mm。

3) 最高升弓高度

它是指受电弓按其结构所能升起的最高限度。通常该值小些，可以缩小受电弓的总体尺寸。但实际上，从弓头高度为 1900mm 时的额定压力到最高升弓高度时的零值压力是逐渐变化的，不可能突变，所以此变化过程所需要的高度是必不可少的。TSGI 型受电弓最高升弓高度不小于 2400mm。

4) 升、降弓时间

受电弓在弓头落弓位升至最大工作高度或从最大工作高度降至落弓位的过程中，都要求初始动作迅速，运动终了时比较缓慢。这样升弓时，可防止弓头对接触网导线的冲击。降弓时，弓头很快断弧且不会对受电弓底架有过大的冲击。

升降弓时间是通过调整缓冲阀来达到的。国家标准规定，升降弓时间指在传动风缸处在额定工作气压时，由落弓位升到最大工作高度和由最大工作高度降至落弓位所需的时间。TSG 型受电弓规定：升弓时间不大于 8s，且对接触网导线无有害冲击；降弓时间不大于 7s，且对受电弓底架无有害冲击。

5）弓头运动轨迹

弓头在工作高度范围内应该始终处于车辆转向架的回转中心上，这样当车辆在弯道运行时，弓头相对于轨道中心的偏移量最小，以避免弓头滑板偏离接触网，造成失流或刮弓等不良后果。因此要求弓头垂直运动轨迹在工作高度范围内是一条直线。对于单臂受电弓，由于结构因素，规定了允许偏差值，在设计时已考虑了受电弓上升过程与下降过程的静特性存在着差异。当受电弓下降时此摩擦力使接触压力增加，而当受电弓上升时此摩擦力使接触压力减小。为使同高压力差尽可能小，就必须设法减小摩擦力。

6）动特性

车辆运行时，受电弓是随着接触导线高度的变化而上下运动的。当运动速度不大时，接触压力可视为基本按静特性曲线变化，但随着运行速度的提高，接触压力不仅与受电弓的静特性有关，而且还与受电弓上下运动时的惯性力、风力、气体动态分力、列车运动产生的干扰力及受电弓运行于接触网导线下的干扰力等因素有关，即与受电弓的运动特性有关。在动能相等的情况下，把受电弓运动系统的质量归化到滑板上，该质量称为归化质量。也就是说归化质量所求得的总动能和受电弓实际质量的总动能是相等的。受电弓的归化质量与受电弓提升高度的关系称为受电弓的动特性。

为了在动态情况下取得较稳定的接触压力，就要设法减小归化质量。要想减小归化质量可减轻受电弓各部分的质量，受电弓应尽可能轻些，特别是减轻上部结构质量，如受电弓的上框架和弓头部分采用较轻的铝合金材料。

7. 受电弓的维护与调整

1）注意事项

在任何情况下，必须采取必要的安全和防护措施：

（1）车顶工作时，必须切断接触网线供电电源。

（2）受电弓升弓时，应确保压缩空气供应无意外故障发生。因为一旦压缩空气供应发生故障，受电弓就会下降，可能造成站在受电弓臂下检查人员的人身伤害。

（3）维修时，需用长度约0.9m的木棒支撑在底架和上交叉管间。注意：不能把木棒放在气囊或升弓装置的某些部件上。

（4）当调节受电弓的接触压力时，为防止受电弓意外下降（如自动降弓装置出现故障时），应使自动降弓装置关闭阀处于关闭状态。

（5）当受电弓的空气管路出现故障后，在重新运行前应清理干净渗入其中的水或杂质。

（6）发生过自动降弓的受电弓须经全面调试，才能重新使用。

2）受电弓的维护

受电弓日常维护检查：在降弓位置检查钢丝绳的松紧程度，两边的张紧程度应一致。清理阀板上的过滤器，拧开过滤器的外罩，清理灰尘和水。

TSG18D型单臂受电弓分为5个维修等级，具体规定如表10.2所示。

表10.2　单臂受电弓维修等级

维修等级	说明	运行里程数	间隔期
S	日检		1日
A	1～2周检	5000～10000km	1～2周

续表

维修等级	说明	运行里程数	间隔期
B	月检	20000~40000km	1月
C	半年检	200000km	0.5年
D	6~8年检	1500000~2000000km	6~8年

表10.3为单臂受电弓主要维修等级的维修内容。

表10.3 单臂受电弓维修内容

序号	部件	维修内容	维修等级
1	受电弓	目检各主要部件、底架、铰链系统无受损、裂纹、缺失、变形的零件或冲击零件;导流线(包括弓头电流连接组装、肘接电流连接组装、底架电流连接组装)无断裂或松动;滑板无断裂、裂纹、过度磨损;支持绝缘子无裂缝、污染或撞痕;降弓位置指示器上下感应面无污染;受电弓应能正常升降,无异响	S(日检)
2	受电弓	碳滑板紧固牢固,无松动现象,表面应规则无缺损,摩擦面应光滑;滑板出现裂纹、槽纹、刃部有冲击或滑板根部厚度4mm时,更换滑板;弓角磨损偶尔发生,但不是受电弓本身造成的,当弓角或滑板边缘切口严重磨损时,需立即维护接触网;擦拭干净降弓位置指示器的上下感应面	A(1~2周检)
3	受电弓	检查碳滑板和弓头悬挂装置间的连接是否松动,弓头悬挂装置和上框架顶管间的连接是否松动;弓角是否有开裂现象,更换有裂纹的弓角。受电弓在任何状态下,导流线都不应被拉紧或与其他部件接触,有断股的导流线必须更换。检查升弓装置钢丝绳是否有断股现象,如钢丝断裂必须更换钢丝绳。检查升弓气囊是否有漏气现象,必要时更新。擦拭干净降弓位置指示器的绝缘安装板表面	B(月检)

10.2 牵引逆变器

牵引逆变器主要由电源电流传感器、滤波电抗器、直流电压传感器、过电压释放晶闸管、过电压放电电阻、放电电阻、滤波电容器、IGBT模块、相电流传感器组成。

逆变电路是将直流电源变换成交流电源的一种电力变换电路,集成所有逆变电路器件及相关设备的装置称为逆变装置或逆变器。依据使用的电力系统的不同,逆变器可分为牵引逆变器(工作于牵引供电系统)和辅助逆变器(工作于辅助供电系统)。

由于我国城市轨道交通车辆技术来源较复杂,有阿尔斯通技术、西门子技术、庞巴迪技术,还有我国自主研发的技术,各公司的逆变器除基本工作原理相同外,其器件的集成、结构布局及所采用的控制技术均有所不同。本节将以某城市轨道交通车辆上所用的逆变器为例进行介绍。

图10.7虚线框内为一典型城市轨道交通车辆用逆变器原理简图,其中省去了保护环节和高压供电环节。从图10.7可知,逆变器内部主要由两个核心电路组成,即逆变环节和斩

波环节。逆变电路的作用是在牵引工况下工作于逆变状态（相控角大于 90°），将接触网或第三轨输送给车辆的 DC1500V 或 DC750V 电源变换成 VVVF 的三相交流电源供牵引电机使用，并进行牵引电机的调速。而在电制动工况下，使相控角工作于 0°～90°，使电路工作于整流状态，将牵引电机作为发电机工作发出的三相交流电整流成直流电回馈给电网或消耗在制动电阻上。在电阻制动阶段，可通过调整斩波环节的开通时间来改变制动电阻值的大小，从而实现在较宽的速度范围内获取较大制动力矩的控制目的。

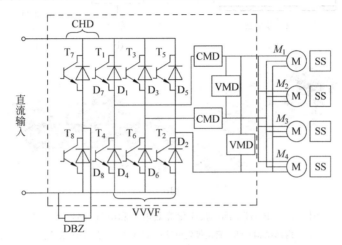

图 10.7　城市轨道交通车辆用逆变器原理简图

1. IGBT 的结构和基本工作原理

绝缘栅极双极型晶体管（Insulated Gate Bipolar Transistor，IGBT）是一种新发展起来的复合型电力电子器件，由于它结合了 MOSFET 和 GTR 的优点，既具有输入阻抗高、速度快、热稳定性好和驱动电路简单的优点，又具有输入通态电压低、耐压高和承受电流大的优点，使 IGBT 比 GTR 有更大的吸引力。在变频器驱动电机、中频和开关电源以及要求快速、低损耗的应用领域，IGBT 占据着主导地位。

1）IGBT 的基本结构

IGBT 是三端器件，它的三个极为漏极（D）、栅极（G）和源极（S）。有时也将 IGBT 的漏极称为集电极（C），源极称为发射极（E）。图 10.8(a) 是一种由 N 沟道功率 MOSFET 与晶体管复合而成的 IGBT 的基本结构，它比功率 MOSFET 多一层 P^+ 注入区，因而形成了一个大面积的 P^+N^- 结 J_1，使得 IGBT 导通时由 P^+ 注入区向 N 基区发射少数载流子，从而对漂移区电导率进行调制，使得 IGBT 具有很强的通流能力。其简化等效电路如图 10.8(b) 所示。可见，IGBT 是以 GTR 为主导器件，MOSFET 为驱动器件的复合管。图 10.8(b) 中 R_N 为晶体管基区内的调制电阻，图 10.8(c) 为 IGBT 的电气图形符号。

IGBT 有两种类型，一种是由 PNP 晶体管与 N 沟道 MOSFET 组合而成的 IGBT，称为 N 沟道 IGBT，记为 N-IGBT，其电气图形符号如图 10.8(c) 所示。另一种是由 NPN 晶体管与 P 沟道 MOSFET 组合而成的 IGBT，称为 P 沟槽 IGBT，记为 P-IGBT，其电气图形符号与图 10.8(c) 所示图形符号基本相同，只是箭头指向相反。由于实际应用中以 N 沟道 IGBT 为多，因此下面仍以 N 沟道 IGBT 为例进行介绍。图 10.8(d) 给出了 IGBT 的实物图片。

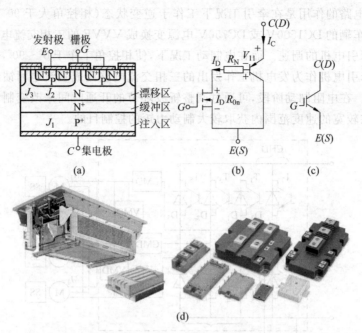

图 10.8 IGBT 的结构、简化等效电路和电气符号、实物图
(a) 内部结构；(b) 简化等效电路；(c) 电气符号；(d) 实物图

2) IGBT 的工作原理

IGBT 的驱动原理与电力 MOSFET 基本相同，它是一种压控型器件。其开通和关断是由栅极和发射极间的电压 U_E 所决定的，当 U_{GE} 为正且大于开启电压 $U_{GE(th)}$ 时，MOSFET 内形成沟道，并为晶体管提供基极电流使其导通。当栅极与发射极之间加反向电压或不加电压时，MOSFET 内的沟道消失，晶体管无基极电流，IGBT 关断。

3) IGBT 的基本特性

(1) 静态特性

与功率 MOSFET 相似，IGBT 的转移特性和输出特性分别描述器件的控制能力和工作状态。图 10.9(a) 为 IGBT 的转移特性，它描述的是集电极电流 I_c 与栅射电压 U_G 之间的关系，与功率 MOSFET 的转移特性相似。开启电压 $U_{GE(th)}$ 是 IGBT 能实现电导调制而导通的最低栅射电压。$U_{GE(th)}$ 随温度升高而略有下降，温度升高 1℃，其值下降 5mV 左右。在 +25℃ 时，$U_{GE(th)}$ 的值一般为 2~6V。

图 10.9(b) 为 IGBT 的输出特性，也称伏安特性，它描述的是以栅射电压为参考变量时，集电极电流 I_c 与集射极间电压 U_{CE} 之间的关系。此特性与 GTR 的输出特性相似，不同的是参考变量：IGBT 为栅射电压 U_{CE}，GTR 为基极电流 I_g。IGBT 的输出特性也分为三个区域：正向阻断区、有源区和饱和区。这分别与 GTR 的截止区、放大区和饱和区相对应。此外，当 $U_{CE}<0$，IGBT 为反向阻断工作状态。在电力电子电路中，IGBT 工作在开关状态，因而是在正向阻断区和饱和区之间来回转换。

(2) 动态特性

图 10.10 给出了 IGBT 开关过程的波形图。IGBT 的开通过程与功率 MOSFET 的开通过程很相似，这是因为 IGBT 在开通过程中，大部分时间是作为 MOSFET 来运行的。从

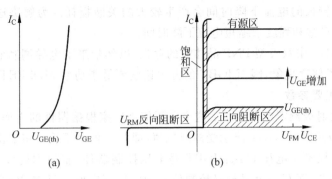

图 10.9 IGBT 的转移特性和输出特性
(a) 转移特性；(b) 输出特性

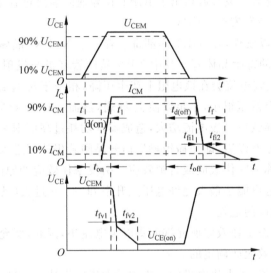

图 10.10 IGBT 的开关过程波形图

驱动电压 U_{CE} 的前沿上升至其幅度的 10% 的时刻起，到集电极电流 I_C 上升至其幅度的 10% 的时刻止，U_{CE} 这段时间开通延迟时间为 $t_{d(on)}$。而 I_C 从 10% I_{CM} 上升至 90% I_{CM} 所需要的时间为电流上升时间 t_r。同样，开通时间 t_{on} 为开通延迟时间 $t_{d(on)}$ 与上升时间 t_r 之和。开通时，集射电压 U_{CE} 的下降过程分为 t_{fv1} 和 t_{fv2} 两段。前者为 IGBT 中 MOSFET 单独工作的电压下降过程；后者为 MOSFET 和 PNP 晶体管同时工作的电压下降过程。由于 U_{CE} 下降时 IGBT 中 MOSFET 的栅漏电容增加，而且 IGBT 中的 PNP 晶体管由放大状态转入饱和状态也需要一个过程，因此 t_{fv2} 段电压下降过程变缓。只有在 t_{fv2} 段结束时，IGBT 才完全进入饱和状态。

IGBT 关断时，从驱动电压 U_{CE} 的脉冲后沿下降到其幅值的 90% 的时刻起，到集电极电流下降至 90% I_{CM} 止，这段时间称为关断延迟时间 $t_{d(off)}$。集电极电流从 90% I_{CM} 下降至 10% I_{CM} 的这段时间为电流下降时间。二者之和为关断时间 t_{off}。电流下降时间可分为 t_{fi1} 和 t_{fi2} 两段。其中，t_{fi1} 对应 IGBT 内部的 MOSFET 的关断过程，这段时间集电极电流 I_C 下降较快；t_{fi2} 对应 IGBT 内部的 PNP 晶体管的关断过程，这段时间内 MOSFET 已经关断，IGBT 又无反向电压，所以 N 基区内的少子复合缓慢，造成 I_C 下降较慢。由于此时集射电压已经建立,因此较长的电流下降时间会产生较大的关断损耗。为解决这一问题,可以与 GTR 一样通过减轻饱和程度来缩短电流下降时间。

可以看出,IGBT 中双极型 PNP 晶体管的存在,虽然带来了电导调制效应的好处,但也引入了少数载流子储存现象,因而 IGBT 的开关速度要低于功率 MOSFET。

4) IGBT 的主要参数

① 集电极-发射极额定电压 U_{CES}:这个电压值是厂家根据器件的雪崩击穿电压而规定的,是栅极-发射极短路时 IGBT 能承受的耐压值,即 U_{CES} 值小于等于雪崩击穿电压。

② 栅极-发射极额定电压 U_{GES}:IGBT 是电压控制器件,靠加到栅极的电压信号控制 IGBT 的导通和关断,而 U_{GES} 就是栅极控制信号的电压额定值。目前,IGBT 的 U_{GES} 值大部分为+20V,使用中不能超过该值。

③ 额定集电极电流 I_C:该参数给出了 IGBT 在导通时能流过管子的持续最大电流。

5) IGBT 的擎住效应和安全工作区

由 IGBT 的结构可以发现,在 IGBT 内部寄生着一个 N^-PN^+ 晶体管和作为主开关器件的 P^+N^-P 晶体管组成的寄生晶体管。其中 NPN 晶体管基极与发射极之间存在体区短路电阻,P 形体区的横向空穴电流会在该电阻上产生压降,相当于对 J_3 结施加正偏压,在额定集电极电流范围内,这个偏压很小,不足以使 J_3 导通,然而一旦 J_3 导通,栅极就会失去对集电极电流的控制作用,导致集电极电流增大,造成器件功耗过高而损坏。这种电流失控的现象,就像普通晶闸管被触发以后,即使撤销触发信号晶闸管仍然因进入正反馈过程而维持导通的机理一样,因此被称为擎住效应或自锁效应。引发擎住效应的原因,可能是集电极电流过大(静态擎住效应),也可能是最大允许电压上升率 dU_{CE}/dt 过大(动态擎住效应),温度升高也会加重发生擎住效应的危险。

动态擎住效应比静态擎住效应所允许的集电极电流小,因此,所允许的最大集电极电流实际上是根据动态擎住效应而确定的。

根据最大集电极电流、最大集电极间电压和最大集电极功耗,可以确定 IGBT 在导通工作状态的参数极限范围,即正向偏置安全工作电压(FBSOA);根据最大集电极电流、最大集射极间电压和最大允许电压上升率,可以确定 IGBT 在阻断工作状态下的参数极限范围,即反向偏置安全工作电压(RBSOA)。

擎住效应曾经是限制 IGBT 电流容量进一步提高的主要因素之一,但经过多年的努力,自 20 世纪 90 年代中后期开始,这个问题已得到了极大的改善,促进了 IGBT 研究和制造水平的迅速提高。

此外,为满足实际电路中的要求,IGBT 往往与反并联的快速二极管封装在一起制成模块,成为逆导器件,选用时应加以注意。

6) IGBT 的驱动电路

(1) 对驱动电路的要求

① IGBT 是由电压驱动的,具有一个 2.5~5.0V 的阈值电压,有一个容性输入阻抗,因此,IGBT 对栅极电荷非常敏感,故驱动电路必须很可靠,保证有一条低阻抗值的放电回路,即驱动电路与 IGBT 的连线要尽量短。

② 用内阻小的驱动源对栅极电容充放电,以保证栅极控制电压 U_{GE} 有足够陡的前后沿,使 IGBT 的开关损耗尽量小。另外,IGBT 开通后,栅极驱动源应能提供足够的功率,使

IGBT 不退出饱和而损坏。

③ 驱动电路中的正偏压应为 +12～+15V，负偏压应为 -10～-2V。

④ IGBT 多用于高压场合，故驱动电路应与整个控制电路在电位上严格隔离。

⑤ 驱动电路应尽可能简单实用，具有对 IGBT 的自保护功能，并有较强的抗干扰能力。

⑥ 若为大电感负载，IGBT 的关断时间不宜过短，以限制 di/dt 所形成的尖峰电压，保证 ICBT 的安全。

(2) 驱动电路

因为 IGBT 的输入特性几乎与 MOSFET 相同，所以用于 MOSFET 的驱动电路同样可以用于 IGBT。

在用于驱动电动机的逆变器电路中，为使 IGBT 能够稳定工作，要求 IGBT 的驱动电路采用正负偏压双电源的工作方式。为了使驱动电路与信号电隔离，应采用抗噪声能力强、信号传输时间短的光耦合器件。基极和发射极的引线应尽量短，基极驱动电路的输入线应为绞合线，其具体电路如图 10.11 所示。为抑制输入信号的振荡现象，在图 10.11(a) 中的基极和发射极并联一阻尼网络。

图 10.11(b) 为采用光耦合器使信号电路与驱动电路进行隔离。驱动电路的输出极采用互补电路的形式，以降低驱动源的内阻，同时加速 IGBT 的关断过程。

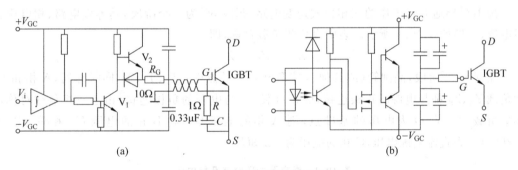

图 10.11　IGBT 基极驱动电路
(a) 阻尼滤波；(b) 光电隔离

(3) 集成化驱动电路

大多数 IGBT 生产厂家为了解决 IGBT 的可靠性问题，都生产与其配套的集成驱动电路。这些专用驱动电路抗干扰能力强，集成化程度高，速度快，保护功能完善，可实现 IGBT 的最优驱动。目前，国内市场应用最多的 IGBT 驱动模块是富士公司开发的 EXB 系列，它包括标准型和高速型。EXB 系列驱动模块可以驱动全部的 IGBT 产品范围，特点是驱动模块内部装有 2500V 的高隔离电压的光耦合器，有过电流保护电路和过电流保护输出端子，另外，可以单电源供电。标准型的驱动电路信号延迟最大为 $4\mu s$，高速型的驱动电路信号延迟最大为 $1.5\mu s$。

2. 三相逆变电路的原理分析

1) 三相逆变电路的基本工作原理

图 10.12 为一个由 IGBT 构成的三相桥式逆变电路，该电路可以看做是由 IGBT 构成的可控电路与二极管构成的不可控电路的反并联，其中可控电路用来实现直流到交流的逆变，不可控电路为感性负载电流提供续流回路，完成无功能量的续流或反馈。因此，与

IGBT 并联的 6 个二极管 $D_1 \sim D_6$ 称为续流二极管或反馈二极管。C 为滤波电容器,也称支撑电容。

图 10.12 所示的三相桥式逆变电路其管子的导通次序和整流电路一样,也是 T_1、T_2、T_3 各管的触发信号依次互差 60°。根据各管导通时间的长短,分为 180°导通型和 120°导通型两种。对瞬时完成换流的理想情况,180°导通型的逆变电路在任意瞬间都有 3 只管子导通,各管导通时间为 180°。同相中上下两桥臂中的两只管子称为互补管,它们轮流导通,如 A 相中的 T_1 和 T_4 各导通 180°,但相位也差 180°,不会引起电源经 T_1 和 T_4 的贯穿短路。所以 180°型三相桥式

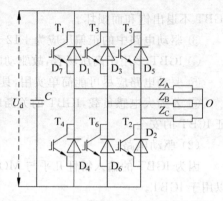

图 10.12 三相桥式逆变电路主电路

逆变电路每隔 60°,各管的导通情况依次是 T_1、T_2、T_3;T_2、T_3、T_4;T_4、T_5、T_6;…;T_5、T_6、T_1。

120°导通型逆变电路中各管导通 120°,任意瞬间只有不同相的两只管子导通,同一桥臂中的两只管子不是瞬时互补导通,而是有 60°的间隙时间。所以逆变器的各管每隔 60°,依次按 T_1、T_2、T_2、T_3、T_3、T_4,…,T_6、T_1 次序导通。当某相中没有逆变管导通时,该相的感性电流经该相中的二极管流通。

按 180°导通方式工作的三相桥式逆变电路,每隔 60°为一个阶段,其等效电路、相电压、线电压、图形如表 10.4 所示。表中设三相负载对称,即

$$Z_A = Z_B = Z_C$$

在 0°~60°阶段,晶闸管(或其他全控型电力电子器件)T_1、T_2、T_3 同时导通,A 相和 B 相负载 Z_A、Z_B 都与电源的正极连接,C 相负载 Z_C 与电源的负极连接,由于三相负载对称,如取负载中心点 O 为电压的基准点,则 A 相的电压 U_{AO} 和 B 相的电压 U_{BO} 相等,均为 $1/3U_d$,U_d 为直流电源电压,C 相的电压为 $-2/3U_d$。

表 10.4 逆变器导通顺序及相电压

阶 段		0°~60°	60°~120°	120°~180°	180°~240°	240°~300°	300°~360°
导通管号		1、2、3	2、3、4	3、4、5	4、5、6	5、6、1	6、1、2
等效电路							
相电压	u_{AO}	$+\frac{1}{3}U_d$	$-\frac{1}{3}U_d$	$-\frac{2}{3}U_d$	$-\frac{1}{3}U_d$	$+\frac{1}{3}U_d$	$+\frac{2}{3}U_d$
	u_{BO}	$+\frac{1}{3}U_d$	$+\frac{2}{3}U_d$	$+\frac{1}{3}U_d$	$-\frac{1}{3}U_d$	$-\frac{2}{3}U_d$	$-\frac{1}{3}U_d$
	u_{CO}	$-\frac{2}{3}U_d$	$-\frac{1}{3}U_d$	$+\frac{1}{3}U_d$	$+\frac{2}{3}U_d$	$+\frac{1}{3}U_d$	$-\frac{1}{3}U_d$
线电压	u_{AB}	0	$-U_d$	$-U_d$	0	$+U_d$	$+U_d$
	u_{BC}	$+U_d$	$+U_d$	0	$-U_d$	$-U_d$	0
	u_{CA}	$-U_d$	0	$+U_d$	$+U_d$	0	$-U_d$

同理，在 $60°\sim120°$ 阶段，逆变管 T_1 关断，T_2、T_3、T_4 导通，Z_B 与电源正极接通，Z_A 与 Z_C 和负载接通，故 $U_{BO}=+2/3U_d$，$U_{AO}=U_{CO}=-1/3U_d$。其余类推。最后得出任何一相的相电压的波形为六阶梯波，U_{BO} 落后 $U_{AO}120°$，U_{CO} 落后 $U_{BO}120°$，如图 10.13(a) 所示。线电压由相电压相减得出：

$$U_{AB}=U_{AO}-U_{BO} \quad (如 0°\sim60° 阶段其值为零)$$

$$U_{BC}=U_{BO}-U_{CO} \quad (如 0°\sim60° 阶段其值为 U_d)$$

$$U_{CA}=U_{CO}-U_{AO} \quad (如 0°\sim60° 阶段其值为 -U_d)$$

线电压波形如图 10.13(b) 所示，它们是宽为 $120°$ 的矩形波，各线电压波形依次相差 $120°$。初相角为 $0°$ 的 6 阶梯波（如图 10.13 中的 U_{BO}）的基波可用傅氏级数求得，相电压中无余弦项、偶次项和 3 的倍数次谐波。电压中最低为 5 次谐波，含量为基波的 20%，其次为 7 次谐波，含量为基波的 14.3%。

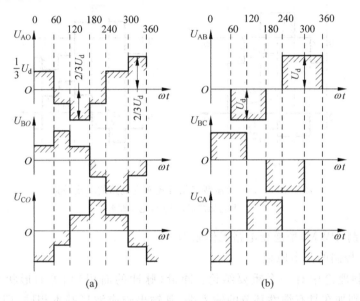

图 10.13　180°导通型三相桥式逆变电路的输出波形
(a) 相电压波形；(b) 线电压波形

对于基波无初相角的矩形波线电压，其谐波分量与相电压中的谐波分量相同，只是符号不同，使波形产生差异。线电压是相电压幅值的 $\sqrt{3}$ 倍。

根据图 10.13 可以算出 6 阶梯波的相电压和方波线电压的有效值之间仍是 $\sqrt{3}$ 倍的关系。实际的电压波形较上面分析的结果略有误差，这是由于在分析中忽略了换流过程，也未扣除逆变电路中的电压压降的缘故。

当三相逆变器按 $120°$ 导通方式工作时，如在 $0°\sim60°$ 阶段，T_6、T_1 导通，则 Z_A、Z_B 分别接电源正、负极（图 10.12），Z_C 不通电，则 $U_{AO}=1/2U_d$，$U_{BO}=-1/2U_d$，$U_{CO}=0$。在 $60°\sim120°$ 阶段，T_1、T_2 导通，Z_A、Z_C 分别接正、负电源，Z_B 不通电，则 $U_{AO}=1/2U_d$，$U_{BO}=0$，$U_{CO}=-1/2U_d$。据此类推，获得图 10.14 所示的输出电压波形。与图 10.13 相反，这里相电压为矩形波，而线电压为 6 阶梯波。

由图 10.14 可见，逆变器采用 $120°$ 导通方式时，由于同一桥臂中上下两管有 $60°$ 的导通间隙,对换流的安全有利。但管子的利用率较低,并且若电机采用星形接法,则始终有一相绕组断开,在换流时该相绕组中会引起较高的感应电势,应采用过电压保护措施。而对于180°导通方式,无论电动机采用星形接法或三角形接法,正常工作时都不会引起过电压,因此,对于电压型逆变器,180°导通方式应用较为普遍。

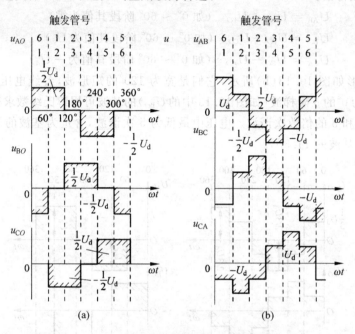

图 10.14　120°导通型三相桥式逆变电路的输出波形
(a) 相电压波形；(b) 线电压波形

2) 脉宽调制(PWM)型逆变电路工作原理

(1) PWM 控制的基本原理

在采样控制理论中有一个重要结论:冲量(脉冲的面积)相等而形状不同的窄脉冲(图 10.15),分别加在具有惯性环节的输入端,其输出响应波形基本相同,即尽管脉冲形状不同,但只要脉冲的面积相等,其作用的效果基本相同。这就是 PWM 控制的重要理论依据。如图 10.16 所示,一个正弦半波完全可以用等幅不等宽的脉冲列来等效,但必须做到正弦半波所等分的 6 块阴影面积与相对应的 6 个脉冲列的阴影面积相等,其作用的效果就基本相同。对于正弦波的负半周,用同样方法可得到 PWM 波形来取代正弦负半波。

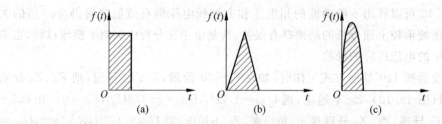

图 10.15　形状不同而冲量相同的各种窄脉冲

在 PWM 波形中,各脉冲的幅值是相等的,若要改变输出电压等效正弦波的幅值,只要按同一比例改变脉冲列中各脉冲的宽度即可。所以 U_d 直流电源采用不可控整流电路获得,不但使电路输入功率因数接近于1,而且整个装置控制简单,可靠性高。

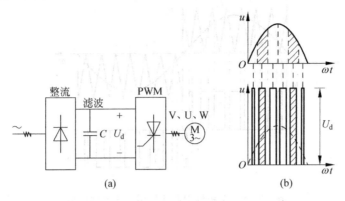

图 10.16　PWM 控制的基本原理图

(2) 单相桥式 PWM 变频电路工作原理

单相桥式 PWM 变频电路如图 10.17 所示,采用 GTR 作为逆变电路的自关断开关器件。设负载为电感性,控制方法可以有单极性与双极性两种。

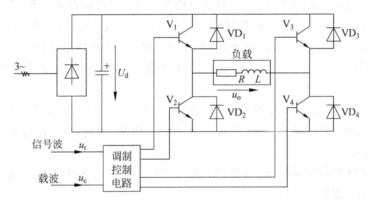

图 10.17　单相桥式 PWM 变频电路

1) 单极性 PWM 控制方式工作原理

按照 PWM 控制的基本原理,如果给定了正弦波频率、幅值和半个周期内的脉冲个数,PWM 波形各脉冲的宽度和间隔就可以准确地计算出来。依据计算结果来控制逆变电路中各开关器件的通断,就可以得到所需要的 PWM 波形。但是这种计算很烦琐,较为实用的方法是采用调制控制,如图 10.18 所示,把所希望输出的正弦波作为调制信号 u_r,把接受调制的等腰三角形波作为载波信号 u_c。对逆变桥 $V_1 \sim V_4$ 的控制方法如下。

(1) 在 u_r 正半周,让 V_1 一直保持通态,V_2 保持断态。在 u_r 与 u_c 正极性三角波交点处控制 V_4 的通断。在 $u_r > u_c$ 各区间,控制 V_4 为通态,输出负载电压 $u_o = U_d$。在 $u_r < u_c$ 各区间,控制 V_4 为断态,输出负载电压 $u_o = 0$,此时负载电流可以经过 VD_3 与 V_1 续流。

(2) 在 u_r 负半周,让 V_2 一直保持通态,V_1 保持断态。在 u_r 与 u_c 负极性三角波交点处控制 V_3 的通断。在 $u_r < u_c$ 各区间,控制 V_3 为通态,输出负载电压 $u_o = -U_d$。在 $u_r > u_c$ 各区间,控制 V_3 为断态,输出负载电压 $u_o = 0$,此时负载电流可以经过 VD_4 与 V_2 续流。

逆变电路输出的 u_o 为 PWM 波形,如图 10.18 所示,u_{of} 为 u_o 的基波分量。由于在这种

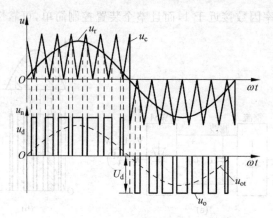

图 10.18 单极性 PWM 控制方式原理波形

控制方式中的 PWM 波形只能在一个方向变化,故称为单极性 PWM 控制方式。

2) 双极性 PWM 控制方式工作原理

电路仍然是图 10.17,调制信号 u_r 仍然是正弦波,而载波信号 u_c 改为正负两个方向变化的等腰三角形波,如图 10.19 所示。对逆变桥 $V_1 \sim V_4$ 的控制方法如下。

(1) 在 u_r 正半周,在 $u_r > u_c$ 的各区间,给 V_1 和 V_4 导通信号,而给 V_2 和 V_3 关断信号,输出负载电压 $u_o = U_d$。在 $u_r < u_c$ 的各区间,给 V_2 和 V_3 导通信号,而给 V_1 和 V_4 关断信号,输出负载电压 $u_o = -U_d$。这样逆变电路输出的 u_o 为两个方向变化等幅不等宽的脉冲列。

(2) 在 u_r 负半周,在 $u_r < u_c$ 的各区间,给 V_2 和 V_4 导通信号,而给 V_1 和 V_4 关断信号,输出负载电压 $u_o = -U_d$。在 $u_r > u_c$ 的各区间,给 V_1 和 V_4 导通信号,而给 V_2 和 V_3 关断信号,输出负载电压 $u_o = U_d$。

双极性 PWM 控制的输出 u_o 波形,如图 10.19 所示,它为两个方向变化等幅不等宽的脉列。这种控制方式特点是:

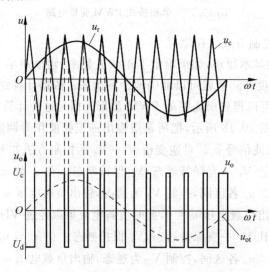

图 10.19 双极性 PWM 控制方式原理波形

(1) 同一平桥上下两个桥臂晶体管的驱动信号极性恰好相反,处于互补工作方式。

(2) 电感性负载时,若 V_1 和 V_4 处于通态,给 V_1 和 V_4 以关断信号,给 V_2 和 V_3 以导通信号时,V_1 和 V_4 将立即关断。但由于感性负载电流不能突变,因此 V_2 和 V_3 不可能立即导通(不能构成续流通路),原电流将通过二极管 VD_2 和 VD_3 续流,如果续流能维持到下一次 V_1 和 V_4 重新导通,负载电流方向将始终保持不变,V_2 和 V_3 始终未导通。只有在负载电流较小,无法连续续流情况下,在负载电流下降到零,VD_2 和 VD_3 续流完毕,V_2 和 V_3 才能导通,负载电流才反向。但是不论是 VD_2、VD_3 导通还是 V_2、V_3 导通,u_o 均为 $-U_d$。从 V_2、V_3 导通向 V_4 切换情况也类似。

(3) 三相桥式 PWM 变频电路的工作原理

图 10.20 所示三相桥式 PWM 变频电路采用 GTR 作为电压型三相桥式逆变电路的自关断开关器件,负载为电感性。从电路结构上看,三相桥式 PWM 变频电路只能选用双极性控制方式,其工作原理如下:

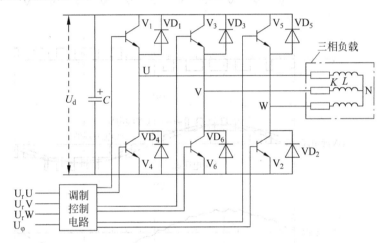

图 10.20 三相桥式 PWM 变频电路

三相桥式 PWM 逆变电路由 U 相调制波 ymU(U 相电压指令)、三角载波正侧和负侧的大小关系,得到 PWM 信号 G_{sw},取得 +1、0、-1 的信号。为降低谐波,V 相载波 ycV 与 ycU 错开 180°的相位,获得 PWM 控制信号 G_{sw} 的方法与 U 相相同。表 10.5 给出了调制波与载波比较生成 PWM 波的规则。

表 10.5 调制波和 PWW 载波的比较(生成 PWM 信号)

与载波的大小关系	ym>yc(上)>yc(下)	yc(上)>ym>yc(下)	yc(上)>yc(下)>ym
PWM 信号 G_{sw}	$G_{sw}=+1$	$G_{sw}=0$	$G_{sw}=-1$

G_{sw} 将通过 IGBT 驱动电路产生门极指令。各个 IGBT 由门极指令进行控制,最终获得三相相电压如图 10.21(b)所示,三相相电压矢量相减便得到三相线电压,如线电压 $U_{uv} = U_u - U_v$,其波形如图 10.21(e)所示。

在双极性 PWM 控制方式中,理论上要求同一相上下两个桥臂的开关管驱动信号相反,但实际上,为了防止上下两个桥臂直通造成直流电源的短路,通常要求先施加关断信号,经过 Δt 的延时才给另一个施加导通信号。延时时间的长短主要由自关断功能率开关器件的关断时间决定。这个延时将会给输出 PWM 波形带来偏离正弦波的不利影响,所以在保证安全可靠换流的前提下,延时时间应尽可能取小。

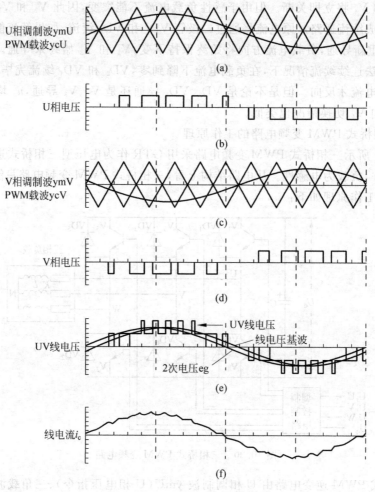

图 10.21 三相 PWM 逆变波形

3. 斩波电路原理

在城市轨道交通车辆牵引逆变器中,与逆变电路并联有一个斩波电路支路,如图 10.22 所示,该电路的作用是通过控制斩波电路开关器件的相控角 α 来控制斩波电路的占空比,从而控制制动电阻大小,可用式(10.1)来计算制动电阻的大小。

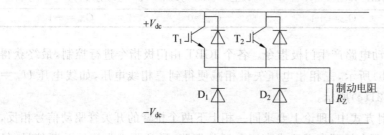

图 10.22 斩波电路原理简化图

$$\overline{R_Z} = R_Z \frac{t_{on}}{t_{on}+t_{off}} = R_Z \frac{t_{on}}{t} = \alpha R_Z \quad (10.1)$$

由式(10.1)可知,可以通过控制 α 的大小来控制电路制动电阻大小,从而实现在较宽的速度范围内保证较大的制动电流,以提供所需的制动力矩。

4. 牵引逆变器的功能和要求

逆变器内部主要由两个核心电路组成,即逆变环节和斩波环节(图 10.23)。逆变电路的作用是在牵引工况下工作于逆变状态(相控角大于 90°),将接触网或第三轨输送给车辆的 DC1500V 或 DC750V 电源变换成 VVVF 的三相交流电源供牵引电机使用,并进行牵引电机的调速。而在电制动工况下,使相控角工作于 0°~90°,使电路工作于整流状态,将牵引电机作为发电机工作发出的三相交流电整流成直流电回馈给电网或消耗在制动电阻上,在电阻制动阶段,可通过调整斩波环节的开通时间来改变制动电阻值的大小,从而实现在较宽的速度范围内获取较大制动力矩的控制目的。

牵引逆变器的功能和要求如下:

(1) 实现城轨车辆牵引工况下,通过控制内部的 IGBT 模块的通断来将直流环节提供的直流电能变换成牵引电动机需要的电压频率可控的三相交流电源。

(2) 实现城轨车辆制动工况下,将牵引电机的三相交流电能整流成直流电能反馈给电网或制动电阻。

(3) 希望输出谐波电流小,直流电压利用率高、自身损耗小。

图 10.23 牵引逆变器实物图

5. 牵引逆变器结构及基本参数

1) 逆变器的结构

逆变器的最主要部件是大功率半导体开关器件。大功率电力电子器件都需要用散热器冷却。IGBT 的散热器有多种形式,目前主要有两种。一种是翅片式散热器(图 10.24),另一种是热管散热器(图 10.25)。

2) 逆变器的主要技术参数

(1) 输入电压范围。对于额定网压 DC1500V 的系统,一般为 1000~1800V。在低电压时(<1500V)列车降功率运行。电制动时,高于设定值(一般是 1800V)只允许电阻制动。

(2) 输出电压:$0 \sim (\sqrt{6}/\pi)U_d$(U_d 是额定输入电压)。

(3) 额定值:容量、输入电流、输出电流。

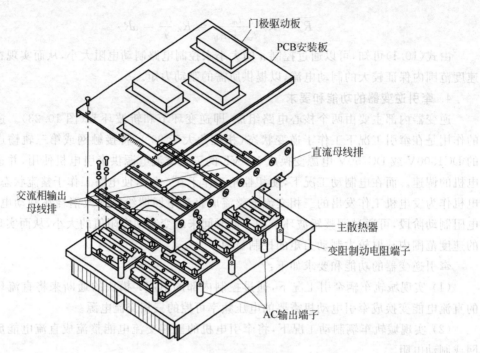

图 10.24 翅片式整体散热片

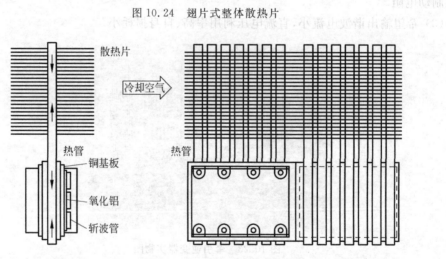

图 10.25 热管散热器

(4) 最大值：牵引时最大输出容量与电流、制动时最大输出容量与电流。

(5) 频率：输出频率（基波）、功率电子器件最高开关频率。

(6) 额定点输出效率。

(7) 绝缘耐压。

(8) 保护等级：IPXX。

(9) 冷却方式。

一般，有以下参数：

线电压 $U_N = 1000 \sim 1800 \text{VDC}$

输入线电流 $I_N = 480 \text{A}$

最大线电流（牵引）$I_{NDMAX}=692A$

最大线电流（制动）$I_{NBMAX}=1171A$

输出电流 $I_A=720A$

输出电压 $U_N=0\sim1480V$

输出频率 $f_A=0\sim112Hz$

模块冷却方式：逆变器冷却采用热管走行风冷，对于大功率电力电子器件的散热方法有多种，如强迫风冷、水冷、油冷、热管等，其中油冷及水冷系统较为复杂，强迫风冷产生较大的噪声。采用热管散热器既保留了风冷散热器结构简单、维护方便的特点，又保证了散热效率，而且无噪声、无污染。现场实测的结果表明，逆变器长期输出额定电流时，散热器最大温升为38℃，保证IGBT元件工作时所产生的热量能及时被带走，留有较大的温升裕量。

10.3 高速断路器

1. 概述

电路由电源、负载及中间环节组成。在电源与负载之间，通常通过开关来实现电路的连通与切断。我们可以把城市轨道交通车辆与牵引供电系统的关系形象地比喻为一个电路，那么城市轨道交通车辆电源的接通与切断也需要由一个专门的电器来实现。

也许有人会认为，可以通过受电弓的升、降来实现车辆电源的供给与切断。考虑一下：首先受电弓的升、降是需要时间的，这不能满足车辆工作的灵敏度要求；其次在受电弓升、降过程中会有电弧产生，如果较多地进行升、降弓操作会带来弓、网的过多烧损。因此，需要在车辆上配置专用电器实现车辆电源的供给与切断。

车辆上实现此功能的专用电器称为主断路器。

1) 主断路器的作用

在高压大电流的复杂电路中，通常用高压断路器来实现电源的接通与切断控制。

高压断路器是在高压大电流电力系统中最重要的控制和保护设备，它的作用如下：

(1) 控制作用。根据电力系统运行的需要，将部分或全部电气设备，以及部分或全部线路投入或退出运行。

(2) 保护作用。当电力系统某一部分发生故障时，它和保护装置、自动装置相配合，将该故障部分从系统中迅速切除，保护系统中各类电气设备不受损坏，保证系统无故障部分安全运行。

高压断路器的主要结构大体分为导流部分、灭弧部分、绝缘部分、操作机构部分。

高压断路器的分类：

(1) 按灭弧介质，分为油断路器、空气断路器、真空断路器、六氟化硫断路器、固体产气断路器、磁吹断路器和灭弧罩断路器。

(2) 按操作性质，分为电磁机构、气动机构、液压机构、弹簧储能机构和手动机构。

主断路器是高压断路器的一种，按其灭弧介质不同可分为油断路器、空气断路器、六氟化硫断路器和真空断路器等。

2) 主断路器的分类及应用

高速断路器(HSCB)是一种采用电磁驱动方式的高压断路器，由于电磁驱动装置反应迅速,动作快,因此称其为高速断路器。由于其工作于直流电路,故采用灭弧罩进行灭弧。

高速断路器主要用于城市轨道交通车辆上,作为车辆电气系统的总开关和保护电器。当高速断路器闭合时,车辆将获得由受电弓从接触网(或第三轨)引入的电源,使车辆得以投入工作;若车辆主电路或辅助电路(是否包括辅助电路,视不同电气系统结构原理而定)发生短路、过载、接地等严重故障时,故障信号通过相关控制电路使高速断路器自动开断,切断车辆总电源,防止故障范围的扩大。

高速断路器安装在含有受流装置车辆的底部高压箱内。庞巴迪公司生产的 A 型车,安装在 B 车的 PH 箱内。每辆动车配置一个,正常状态下通、断车辆主电路(DC1500V 电路),在车辆发生故障时执行保护指令,切断动力电源。因此 HSCB 既是主电路的总电源开关,也是总的保护开关。目前,城轨车辆上使用较多的是赛雪龙公司的 UR6 系列高速断路器,其中,UR6-31 型额定工作电压为 900V,适用于在 750V 网压下运行的城轨车辆,UR6-32 型额定工作电压为 1800V,适用于在 1500V 网压下运行的城轨车辆。赛雪龙高速断路器是一种直流高速断路器,为机械式单相快速断路器,采用电磁吹弧、电动操作、直接瞬时过流脱扣、间接快速脱扣和空气自然冷却等技术。当主电路电流超过整定值时即进行分断,响应时间极短,在 di/dt 为 2×10^6 A/s 时,机械响应时间仅 2.8ms,故它以迅速的分断能力和极高的可靠性被广泛使用在地铁车辆上,对地铁车辆核心部件牵引逆变器起到很好的保护作用。下面以 UR6-32 型高速断路器作为例子,介绍高速断路器的结构和动作原理。

2. UR6-32 型高速断路器结构

UR6-32 型高速断路器结构如图 10.26 所示,由固定绝缘架、主电路、驱动装置、灭弧装置、过流脱扣装置和辅助触头及其驱动部件 6 个部分组成。

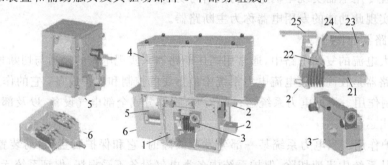

图 10.26　UR6-32 型高速断路器主体结构图

1—固定绝缘架;2—主回路(21—下连接铜排;22—动触头;23—上连接铜排;24—带引弧角的静触头;25—引弧角);3—过流脱扣装置;4—灭弧罩;5—驱动装置;6—辅助触点组件

1) 主电路部分

主电路部分细节主要由图 10.26 中的动、静触头(22 和 24)、动触头对外的连接端——下连接铜排(21)、静触头对外的连接端——上连接铜排(23)以及将电弧引入灭弧罩的引弧角(25)组成。

2) 驱动装置

驱动装置由图 10.27 中的动铁芯(1)、静铁芯和线圈(2)、拨叉(11)、恢复弹簧(10)和触头压力弹簧(9)组成。

3) 过流脱扣装置

过流脱扣装置由图10.27中的杠杆(17)和动铁芯(18)组成。

4) 灭弧装置

灭弧装置主要成分为阻燃材料,由图10.27中的灭弧隔板(15)和灭弧栅板(16)组成。

5) 辅助触头部分

辅助触头部分由图10.27中的辅助触头盒(8)及其驱动导杆(7和19)以及恢复弹簧(20)组成。

图10.27 高速断路器内部结构图

1—动铁芯;2—静铁芯和线圈;3—动触头;4—引弧角;5—静触头;6—下冲击减振器;
7—导杆(上);8—辅助触头盒;9—触头压力弹簧;10—恢复弹簧;11—拨叉;12—上冲击减振器;
13—动触头推杆;14—灭弧罩;15—去电离隔板;16—灭弧栅板;17—杠杆;
18—过电流驱动装置动铁芯;19—导杆(下);20—导杆弹簧

UR6-32型高速直流断路器装有6个双触点辅助触头(图10.28)。每个触点的开关容量为:工作电路为交流220V时,容量为10A电流,工作电路为直流110V时容量为1A电流。每个辅助触头盒包含一对常开辅助触点和一对常闭辅助触点,通过4根线对外提供独立的断开和接通信号。

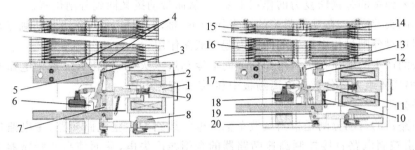

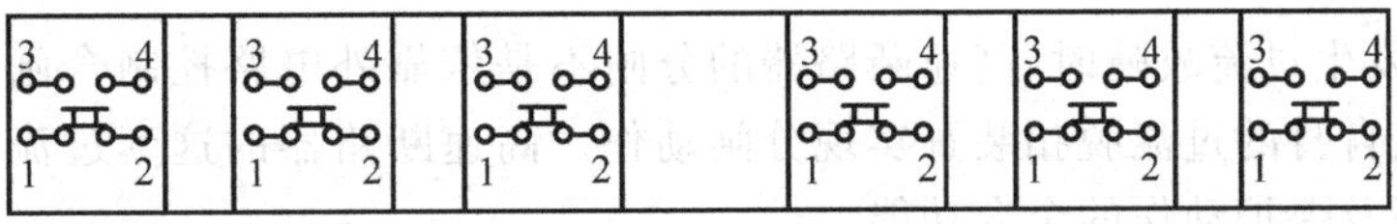

图10.28 高速断路器辅助触头的构成

3. UR6-32型高速断路器动作原理

下面对高速断路器的合闸和分闸的动作原理进行详细说明。

1) 合闸

当高速断路器接收到一个合闸命令时,驱动装置的线圈得电,便在动、静铁芯之间产生磁场,使动铁芯受到静铁芯电磁吸力的作用而左移,进而推动拨叉左移,由拨叉推动动触头与静触头闭合,同时触头压力弹簧向主触头施加适当的接触压力,以保证动、静主触头的可靠闭合。

同时,与动触头连接的导杆驱动辅助触头盒中的杠杆动作,使盒中的常开/常闭辅助触头的状态与动、静主触头同步变化。

下冲击减振器可对合闸过程中产生的冲击力起到减振的作用,有效避免动静触头撞击力过大。

2) 保持

主触头闭合之后,由于高速断路器常开,辅助触头控制的限流电阻加入线圈回路,从而使驱动装置的电磁铁以一个较小的保持电流维持主触头的闭合状态。

3) 分闸

高速断路器的分闸有手动分闸和自动分闸两种方式。

① 手动分闸

向断路器发送一个分闸命令,切断合闸线圈的保持电流,从而使合闸电磁铁失去磁性,动铁芯在恢复弹簧的弹簧恢复力的作用下复位,从而带动拨叉回到分闸位置。

打开动触头的同时,在导杆弹簧的反力作用下,推动导杆动作,带动辅助触点复位。上冲击减振器可对分闸过程中产生的冲击力起到减振作用。

主触头间产生的电弧在引弧角作用下向上运动进入灭弧罩,在灭弧罩中电弧被灭弧栅板分割,电离气体绝大部分被去电离隔板中和,从而熄灭电弧。

② 自动分闸

高速断路器的自动分闸是指当城轨车辆的电气线路发生主电路短路、主电路接地等严重故障时,由控制电路直接控制高速断路器的合闸线圈失电,从而使高速断路器主触头断开,起到保护的作用。这种情况下高速断路器内部的动作原理同手动分闸一样,只是导致合闸线圈失电的原因不同。

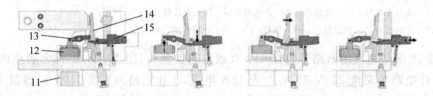

图 10.29　高速断路器过流脱扣保护动作过程

11—过流脱扣装置静铁芯和线圈；12—过流脱扣装置动铁芯；13—杠杆；14—动触头推杆；15—拨叉

当主电路发生过流故障时,高速断路器的分闸不是依靠外电路控制合闸线圈失电而分闸,而是依靠其自身的过流脱扣装置实现分闸动作。高速断路器的这套过流脱扣装置具有过流检测、判断及保护动作的全套功能。

当主电路正常工作时,流过高速断路器主触头的电流为正常值,过流脱扣装置的电磁铁的电流也为正常值,此时,其驱动装置不动作。如图 10.29 所示,当主电路发生过流故障时,主触头间电流超过最大电流设定值,从而使过流脱扣装置的电磁铁电磁力大于动铁芯的自重而将其推起,向上提升的铁芯将导致杠杆(13)的一端被抬起,而另一端下压,从而向下按压拨叉(15),从而使动触头推杆(14)右移,导致动静主触头分离。动作过程如图 10.29 所示。

4. UR6-32 型高速断路器主要技术参数

衡量断路器性能的主要指标有两个：机械响应时间和分断能力。

1) 机械响应时间

机械响应时间指从通过断路器的电流达到动作值,到主触头打开的时间,用 T_m 表示。机械响应时间(T_m)是电流增长率(di/dt)的函数,如图 10.30 所示。

2) 分断能力

可用图 10.31 所示的电流、电压波形图说明。相同短路电流下,开断电压越高电流增长率越大,则开断电流越大,限制时间越短,总开断时间越短。

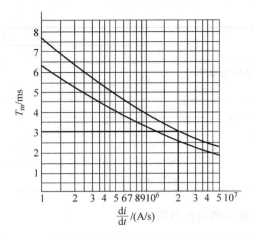

图 10.30　高速断路器机械响应时间与电流增长率关系

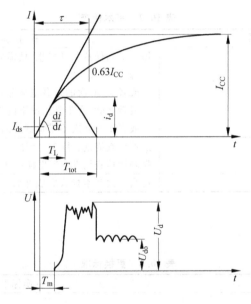

图 10.31　高速断路器分断过程电流、电压波形图

其他常用技术参数见表 10.6。

表 10.6　常用技术参数

项　目	参　数	
	UR6-31	UR6-32
额定工作电压 U_e	900 V	1800 V
最大工作电压	1000 V	2000 V
分断过电压	2100 V	4000 V
最大电弧电压 $\hat{U}_{arc}$	$1.5 \sim 2.1 U_e$	
额定绝缘电压 U_i	2000 V	
绝缘耐压试验电压	8 kV,50 Hz,1 min	
额定工作电流 I_e	1000 A	

续表

项 目	参 数	
	UR6-31	UR6-32
自然空气冷却情况下约定发热电流 I_{th}（$T_{amb}=+40℃$）	1000A	
直流瞬时过电流整定范围	1200～2400A	
分断时间	15ms	
机械寿命	UR6型高速直流断路器只在清洗和润滑保养操作下的机械寿命是 $5×10^5$ 次开关（无电流），在100000次开关之后，更换磨损的零件	

5．UR6-32型高速断路器的检查与维护

1）基本检查

见表10.7。

表10.7 基本检查

检查项目	检查时间
主触头磨损测量 引弧角检查 清洁	每当下列任意条件发生，便需要进行前面的检查项目： 每18个月 或者1000次的过载电流分断 或者2000次正常情况下的带负载电流分断 或者10000次不带负载分断
灭弧罩检查	推荐检查周期：每18个月。 强制性检查周期：当更换主触头时
机械部件检查	每当一次基本检查完成之后

2）更换标准

见表10.8。

表10.8 更换标准

部件名称	更换标准
动触头 静触头	当动静触头尺寸磨耗达到 15(0/+0.5)mm 时
引弧角套件	当引弧角截面积达到其初始截面积（$20×3mm^2$）的一半时
灭弧导向板（灭弧栅板）	当材料沉淀物造成灭弧栅板之间没有缝隙时
驱动装置	每100000次
驱动装置中的易耗件： 合闸线圈组件 动铁芯组件 拨叉 分闸缓冲器 垫片等	每当下列条件之一发生： 每5～7年 每100000次
驱动装置中的其他部件	每200000次
过电流脱扣器	每10000次过电流分断

3) 安全注意事项

(1) 仔细阅读断路器上贴示的安全警告说明。

(2) 断路器进行检查、维修和安装操作前，必须保证断路器电源的关闭和断路器的接地。

(3) 受电弓必须降下。

(4) 需要用到低压(直流)电源的部分控制装置，需依据安全操作规范进行操作。

(5) 在高压回路失电和装置没有可靠接地前，禁止接触断路器。

(6) 在进行安装、检查和维护时，保证手远离正在进行分/合闸操作的断路器运动部件。

(7) 在没有有资质人员的陪同下，不能进行断路器的内部构件的维护等工作。

(8) 出现损坏或故障的断路器应该从电路中隔离出去，以免造成误动作，直到专业人员对其进行修复。

10.4 制动系统电磁阀

城市轨道交通车辆的制动系统中，大量采用了各种电磁阀。

城市轨道交通车辆制动系统主要由风源系统、制动控制系统和基础制动装置等组成。目前空气制动系统采用微机控制模拟直通电空制动系统，具有常用制动、快速制动、紧急制动、空气防滑控制、停放制动等功能。空气制动系统采用基于网络的分布式控制方式，每个车辆制动控制单元通过车辆的总线耦合模块连接到MVB总线上，实现空气制动系统的网络控制，同时空气制动系统具有硬线指令控制，包括常用制动控制、紧急制动控制、ATP制动控制等，采用电空复合的常用制动和纯空气的紧急制动，紧急制动采用独立的控制回路，系统具有更高的安全性。

当微处理机根据制动要求而发出制动指令时，伴随着也出现制动信号，此信号使开关线路 R_1 导通，这样制动指令就能通过 R_1 和 R_2 到达防冲动限制器，以让其检测减速度的变化率是否过大。通过防冲动限制器的制动指令立即又到达负载补偿器，此补偿器实际就是一个负载检测器。它根据负载信号存储器中所存储的负载大小，来检测制动指令的大小，然后检测调整好的指令送至开关线路 R_3。为了防止制动力过大，R_3 只有当电制动关闭信号触发下才导通，否则是断开的。通过 R_3 的指令又被送至制动力作用器(这里的制动力还是电信号)，中途还经过 R_4。制动力作用器将指令信号转化为制动力。为了缩短空走时间，作用器的初始阶段有一段陡峭的线段，然后再转向较平坦的斜线平稳地上升，直至达到指令要求。从作用器出来的电信号被送至电-气转换器。这个转换器是将电信号转换成控制电流，再由这个控制电流去控制制动控制单元(BCU)中的模拟转换阀。并且接收模拟转换阀反馈回来的电信号，从而进一步调整控制电流。它并没有真正将电信号(弱电)转换成控制空气压力。从电-气转换器输出的控制电流直接控制制动控制单元中的模拟转换阀，这就完成了微处理机对制动控制单元的控制。当然在列车速度低于4km/h时，制动指令将被保持制动的级(与制动指令相对应)所替代，这在前面已有叙述。

当列车需要施行常用全制动(即100%制动指令)和紧急制动时，最大常用制动信号或紧急制动信号可触发一个旁路或门电路，使它输出一个高电平来驱动开关电路 R_4，使制动作用器直接接受负载存储器的信号，大大缩短信号传输时间，并使电-气转换器工作。

还要补充说明的是,制动作用器初始阶段有一段陡峭线段,这是由于跃升元件所导致的。跃升元件是一个非稳态触发器,它可由电制动关闭信号、制动信号及制动指令信号中的任一个信号将其触发,使它输出一个高电平。同样,这个高电平也可使旁路或门电路触发输出一个高电平从而使 R_4 动作,导致制动作用器直接接收负载信号,产生了一段陡峭的线段。

电空制动控制系统框图如图 10.32 所示,主要由列车制动控制指令单元、制动控制装置(BCUX)和基础制动装置等组成。

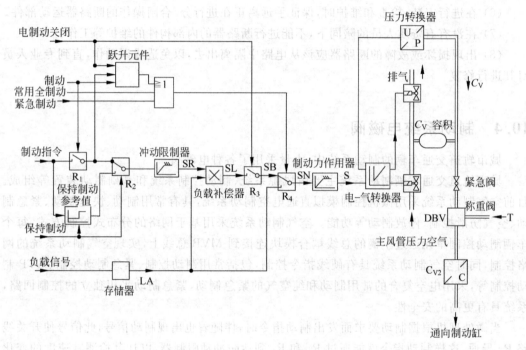

图 10.32 电空制动控制系统框图

列车制动控制指令单元主要由司机控制器、车辆控制单元(VTCU)、列车制动逻辑部分三个部分组成。司机控制器产生牵引/制动控制指令,车辆控制单元接收司机控制器和 ATO 指令,通过 MVB 总线进行指令传送,制动逻辑部分对司机控制器指令、紧急制动指令、安全警惕防护指令、ATP 等实施必要的联锁控制。

制动控制装置主要由电子制动控制单元(EBCU)和气动电空制动控制单元组成。电子制动控制单元接收 MVB 列车总线的网络指令,实现列车的常用制动和快速制动控制,同时接收硬线指令的冗余控制。当网络功能正常时,各个车接收网络控制的同时,也接收硬线指令控制,以网络控制优先,实现制动力的无级控制,适合于列车的自动驾驶;当网络故障时,硬线指令可以保证制动的冗余控制,列车降级使用,采用人工 ATP 控制模式,完成基本的控制功能,保证车辆的安全运营。另外,在列车回送时,通过牵引车辆或隔离车的回送装置,硬线控制实现多列车的编组回送。

制动系统除了常用制动的指令冗余控制外,同时具有独立于电子制动控制单元的紧急制动控制回路。紧急制动采用纯空气制动,具有最高的制动级别,以达到安全制动停车的目的。

列车的 ATP 紧急制动指令通过硬线传送给制动控制装置,制动系统施加紧急制动,实现列车运行的安全防护。ATP 常用制动指令通过网络和/或硬线方式传送给制动控制装置,并由制动控制装置实施常用制动。

列车在 ATO 控制时,其控制指令通过车辆控制单元的检测,转换为制动控制指令,传送给列车总线 MVB,经由各车的总线耦合器(BCM),控制各车的制动控制装置响应,产生相应的制动力控制。动力车的电子制动控制单元通过本车的网络向牵引控制单元(DCU)发送电制动命令,以实现空电混合制动。

1. 电子制动控制单元

电子制动控制单元包括制动控制、防滑控制、通信 3 个部分。电子制动控制单元可以接收列车制动指令,进行空气和电制动的混合制动模式运算,控制电空中继阀实现对制动缸的压力控制。电子制动控制单元又可根据两路空气弹簧压力 AS1、AS2 的监测,实现制动力按载重的自动调整。在常用制动时,动车中的电子制动控制单元根据本车及拖车的载荷信号,进行制动力混合模式运算,实现动力制动力的分配,优先使用电制动,混合制动不足的制动力以拖车优先补充空气制动。

电子制动控制单元的防滑控制部分可以测定各车轴的速度,一旦检测到有车轮滑行,便驱动防滑控制阀降低滑行轴的制动缸压力,使滑行车轮恢复到正常的黏着状态。电子制动控制单元的通信部分能够通过 MVB 通信接口进行数据传送并具有存储、显示、数据下载等功能。

空气制动系统的核心制动控制单元(BCU)主要由模拟转换阀、紧急阀、称重阀、均衡阀等组成,见图 10.33(a)。这些部件都安装在一块铝合金的气路板上,见图 10.33(b)。

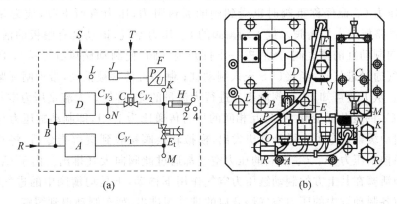

图 10.33 电子制动控制单元

A—模拟转换阀;C—称重阀;D—均衡阀;E—紧急阀;F—负载压力 T 的空电转换器;
H—预控制压力 C_{V_2} 的压力开关;J、K、L、M、N—测量压力 T、C_{V_2}、C、C_{V_1}、C_{V_3} 的接口;
C—通制动缸;R—从制动储风缸来的压力空气;C_{V_1}、C_{V_2}、C_{V_3}—预控制压力;
T—负载压力(空气弹簧处来的压力空气)

在气路板上装置了一些测试接口,使整个气路板的安装、调试和检修都很方便。制动控制单元将来自微处理机的电子模拟制动信号,通过模拟转换阀转换成与其线性对应的预控制(空气)压力 C_{V_1},同时受到称重阀和防冲动检测装置的检测和限制,最后使制动缸获得符合制动指令的气制动压力。

当压力空气从制动储风缸进入制动控留单元后,分成三路,一路进入紧急阀,一路进入模拟转换阀,另一路进入均衡阀。

模拟转换阀(图 10.34)由一个电磁进气阀(类似控导阀)、一个电磁排气阀及一个电-气转换器组成。当进气阀的励磁线圈收到微处理机的制动指令时,吸开阀芯,使制动储风缸的压力空气通过进气阀转变成预控制压力 G,并送向紧急阀 E。与此同时,具有 C_{V1} 压力的空气也送向电-气转换器和排气阀。

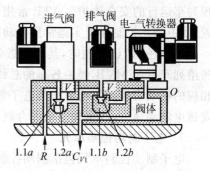

图 10.34 模拟转换阀

2. 紧急阀

紧急阀实际上是一个二位三通电磁阀,它的三个通道分别与模拟转换阀输出口、制动储风缸及称重阀进口相连接。在常用制动时,紧急阀励磁,使制动储风缸与称重阀直接相通,而切断模拟转换阀与称重阀的通路,这时预控制压力 C_{V1} 越过模拟转换阀而直接进入称重阀。当预控制压力 C_{V1} 经过紧急阀时,由于阀的通道阻力使预控制压力略有下降,这个从紧急阀输出的预控制压力称为 C_{V2}。同样,C_{V2} 压力空气也是通过管路板进入称重阀。

3. 称重阀

称重阀在常用制动中几乎不起作用,只是用来限制过大的制动力。微处理机根据车辆的负载、车速和制动要求而给出制动指令,控制模拟转换阀输出预控制压力。

称重阀主要是在紧急制动时起预防作用,当模拟转换阀控制失灵时,预控制压力只受称重阀的限制,即为最大的预控制压力。

预控制压力 C_{V2} 流经称重阀时也受到阀的通道阻力,压力有所下降,成为预控制压力 C_{V3},并通过管路板进入均衡阀。进入均衡阀的 C_{V3} 压力空气,推动具有膜板的活塞上移,首先关闭了通向制动缸的排气阀,然后进一步打开进气阀,使制动储风缸经接口 R 进入均衡阀的压力空气通过进气阀,经接口 S 充入制动缸;制动缸活塞被推动,带动闸瓦紧贴车轮产生制动作用。从上述可知,均衡阀能迅速进行大流量的充、排气。大流量压力空气的压力随预控制压力 C_{V3} 的变化而变化,并且互相间的压力传递比为 1∶1,即制动缸压力与 C_{V3} 相等。

同样,制动缓解指令也由微处理机发出,模拟转换阀接收到缓解指令后,将其排气阀打开,使具有预控制压力 C_{V1}、C_{V2}、C_{V3} 的压力空气都通过此阀向大气排出。由于 C_{V3} 压力空气排出,均衡阀活塞在其上方的制动缸压力空气作用下移动,于是均衡阀中的进气阀关闭,排气阀打开,使各制动缸中的压力空气经开启的排气阀排出,列车制动得到缓解。

4. EP 阀

开关型 EP 阀特别适用于计算机控制系统。它的结构比较简单,由一个压力传感器和两个电磁阀(充风电磁阀和排风电磁阀)组成,见图 10.35。开关型电磁阀只有开和关两个作用位置,需要有压力反馈信号才能构成完整的控制方式。通过压力传感器,计算机检测被控制装置的压力变化来操纵 EP 阀的电磁阀动作。阀的控制和反馈都由电路构成闭环控制,因而灵敏度、响应特性和

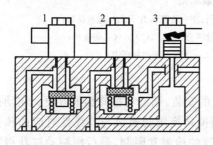

图 10.35 开关型 EP 阀原理框图
1—充风电磁阀;2—排风电磁阀;3—压力传感器

控制精度都比较高。其缺点是由于电器元件的响应特性远比气动元件快,需要多次进行开关动作才能达到控制的目标值,为了在保证控制精度的情况下尽量减少阀的动作次数,除了阀口开度和空气流量需要选配外,计算机的控制算法也需要考虑。实验证明,采用模糊算法对参数进行优选后,开关阀动作3～5次即可达到控制目标值,大大减少了机械磨耗。开关型EP阀的另一个缺点是对压力传感器的安装位置和可靠性要求也比较高。

10.5 制动电阻器

在制动工况下,列车的惯性力带动牵引电动机按发电机工况运转,产生与列车运行方向相反的制动力,制动列车;所产生的电能通过制动电阻,制动电阻吸收未被消耗掉的电机发电能量,转换成热能散失于大气中。由于是依靠电阻来消耗列车的动能,所以称为电阻制动。

制动电阻器用于地铁列车的电阻制动,为牵引系统在电制动时消耗过高再生电压的耗能设备,保证线网及列车的安全。列车在电制动的情况下,当能量不能接触网完全吸收时,多余的能量必须转换为热能消耗在制动电阻上,否则电网电压将抬高到不能承受的水平。因此制动电阻的存在确保了电网上其他设备的安全。如图10.36所示,每个牵引系统包括一个制动电阻箱,悬挂安装于车辆底架上。制动电阻器冷却方式为强迫风冷(卧式通风),对制动电阻起保护作用。

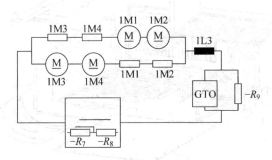

图10.36 电阻制动的电气原理图

1. 制动电阻器的主要参数

电阻制动具有以下优势:①采用电阻制动可以提高列车在下坡道上的运行速度;②大大降低列车车辆轮毂的磨耗,大量节省制动闸瓦,最小限度地使用空气制动使闸瓦、轮毂的发热减小,因而提高了使用闸瓦时的制动效果;③由于列车上配备了两套制动系统,因而更能保证列车安全运行。必须指出,由于电阻制动功率的限制,以及列车低速运行时制动力太小,电阻制动一般不能单独用来停车。

列车制动时,电机工作在发电机状态,产生了制动电流。这个电流通过条状电阻使电阻条发热,把电能转化成热能消耗掉。这就要求制动电阻具有良好的热容量,耐振动,抗腐蚀,在高温下不生成氧化层。特别要注意,在正常使用周期内,条状电阻不能断裂。主要参数为:

额定电压:DC1800V

最大工作电压:DC2200V

常温阻值：$2\times1.96\Omega$

运行时的阻值：$2\times2.90\Omega$

2. 制动电阻器的结构

图 10.37(a)为制动电阻器实物图。电阻制动所采用的制动电阻,材料一般采用合金带钢条,这种合金带钢条不仅具有稳定的电阻率,而且具有相当大的热容性。如图 10.37(b)所示,制动电阻器主要由主单元和通风风扇两部分组成。

1) 主单元(条状电阻箱)

条状电阻箱包括制动电阻外壳(内部安装有条状制动电阻)、制动电阻框架、压力监控器、温度监控器、制动电阻安装框架、接线盒。

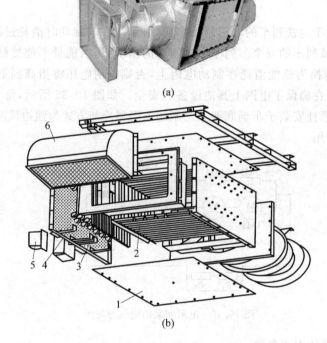

图 10.37 制动电阻器的主要结构
(a) 制动电阻器实物图；(b) 制动电阻器结构
1—底面板；2—电阻排；3—绝缘板；4—铜棒；5—热量显示盒；6—风道

2) 通风风扇

通风风扇包括电机、外壳、风叶。

3. 制动电阻通风风扇

制动电阻通风风扇的作用是降低制动电阻箱内的温度,使制动电阻在制动电阻风扇强迫通风方式下正常工作。在每节动车上各有 1 个制动电阻箱及制动电阻风扇。制动电阻风扇的工作电源为三相交流 380V。它的监控由风量监控压力传感器和制动电阻出口温度监控传感器完成。

风量监控压力传感器通过监控通风风扇的进风口与出风口间的压力差来确认风扇的工

作状态是否正常。当压力差小于设定值时,本车 TCU(牵引控制单元)被封锁。通风风扇产生故障的原因可能是:灰尘挡住了风口,或风扇电机转速未达到额定值。

制动电阻器出口设有温度监控传感器,用于监控制动电阻箱的出口温度,以确认风扇的工作状态是否正常。当检测到出风口温度大于设定值时,TCU 被封锁。

10.6 司机控制器

1. 概述

司机控制器是用来操纵地铁车辆运行的主令控制器,是利用控制电路的低压电器间接控制主电路的电气设备。

我国城轨车辆大部分采用 A-B-C-C-B-A 的编组模式,在 A 车的前端各有一个司机室,在每个司机室内各有一台结构完全相同的司机控制器,以便于双端操作。

图 10.38 所示为司机控制器。目前,在国内城市轨道交通车辆中配备的司机控制器种类较多,其外观、操作模式及功能存在较大差异,但应用范围最广、配备数量最多的为 S355 型、S353 型及 S354A 型司机控制器。城轨车辆上所用司机控制器大部分由德国沙尔特宝公司提供,本章主要针对沙尔特宝公司的 S355E 型司机控制器的结构、主要参数、工作原理以及检修方面进行介绍。

图 10.38 司机控制器

S355E 型司机控制器符合 TB 1333—96《城轨车辆电器基本技术条件》和 TB/T 1391—93《城轨车辆司机控制器基本技术条件》。

2. S355E 型司机控制器的结构

图 10.39 为司机控制器结构。S355E 型驾驶员控制室属于凸轮和辅助触头配合实现触点开闭控制的有触点电器。该控制器由上、中、下三层组成(图 10.39 和图 10.40),上层(面板上)由钥匙开关 1、推拉式控制手柄 3、方向手柄 5、紧急制动按钮 4 和位置标牌等组成。中层由安装面板组成。下层主要由联锁结构、转轴凸轮结构、辅助触头盒、调速电位器和电连接器等组成。

控制手柄和方向手柄各配置一套转轴、凸轮和辅助触头装置,分别称为控制轴机构和方向轴机构。控制轴机构包括与控制手柄连接的控制轴 8 及其安装在该轴上的控制凸轮 9、控制辅助触头组 10 等。方向轴机构包括与方向手柄连接的换向轴 6 及其安装在该轴上的换向凸轮 7、换向辅助触头组 11 等。其中控制轴是一个实心细长轴,作内轴;换向轴是一根空心粗短轴,套在实心轴的外层,其配套凸轮分别套在两根轴上,通过手柄的转动便可带动相应的轴及凸轮转动,从而带动辅助触头开闭状态的变换。

3. S355E 型司机控制器的工作原理

1) 控制功能及机械联锁关系

如图 10.41 所示,控制手柄有"牵引"区、"0"位、"制动"区、"快速制动"位四个区域,用于调节列车的速度。控制手柄在"0"位、"牵引"最大位、"制动"最大位、"快速制动"位有定位,在这些挡位之间为无级调节。左侧为方向手柄,连接换向轴,用于控制车辆的运行方式及运

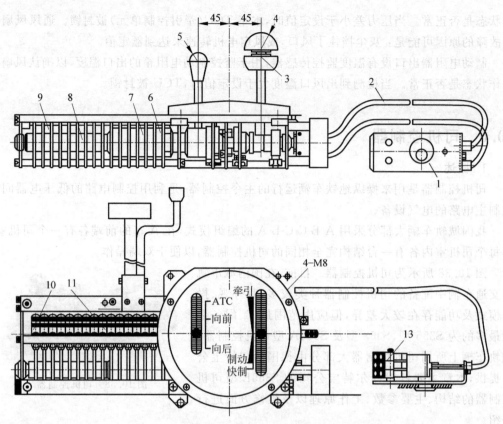

图 10.39 驾驶员控制器结构(尺寸单元:mm)

1—钥匙开关;2—钢丝绳;3—控制手柄;4—紧急制动按钮;5—方向手柄;6—换向轴;7—换向凸轮;
8—控制轴;9—控制凸轮;10—控制辅助触头组;11—换向辅助触头组;12—电连接器;13—钥匙开关辅助触头组

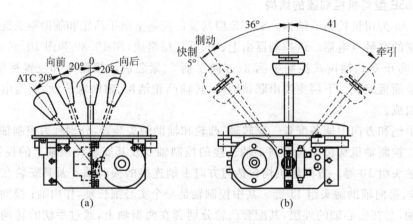

图 10.40 司机控制器左视图和右视图
(a) 方向手柄;(b) 控制手柄

行方向,共有"ATC""向前""0""向后"四个位置,这四个位置由机械联锁装置定位。钥匙开关有 0、1 两个位置,用于激活司机台。

为了防止可能产生的误操作,确保列车设备及运行安全,驾驶员控制室的控制手柄、换向手柄和机械锁之间有机械联锁。

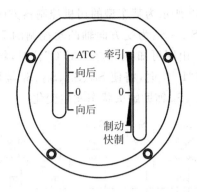
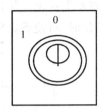

图 10.41　司机控制器手柄位置图

在使用时,先由钥匙开关打开机械锁,才能对控制手柄和换向手柄进行操作。当操纵列车时,先将钥匙开关打到"1"位,再由方向手柄选定列车的行车方向,再操作控制手柄来控制列车的速度。在行车过程中,如需要改变列车的工况,必须先将控制手柄放回"0"位后,才可进行方向手柄的操作。如果驾驶员需要进行异端操作,必须将本端驾驶员控制器的控制手柄置"0"位,换向手柄置"0"位,钥匙开关回"0"位,锁闭机械锁,拔出钥匙,方可进行异端操作。在列车的惰行期间,如果方式方向手柄移动到其他位置,牵引控制单元中牵引指令将失效,将启动紧急制动。

S355E 型司控器的钥匙开关、控制手柄和方向手柄之间的联锁关系如下:

(1) 钥匙开关在"0"位时,控制手柄和方向手柄均锁定在"0"位不动;反之,只有控制手柄和方向手柄均在"0"位时,钥匙开关才可由"0"位打到"1"位。

(2) 钥匙开关在"1"位时,控制手柄和方向手柄可进行操作,但控制手柄和方向手柄之间还存在以下互锁关系:

① 方向手柄在"0"位,控制手柄被锁定在"0"位不动。

② 方向手柄在"前"位时,控制手柄可在"牵引"和"制动"区域范围内活动。

③ 方向手柄在"后"位时,启用列车手动折返模式。

④ 方向手柄在"ATC"位时,启用列车自动驾驶模式。

⑤ 控制手柄在"牵引"区、"制动"区或"最大制动"位时,方向手柄不能进行位置转换,只有控制手柄在"0"时,方向手柄才可在"前"位、"后"位和"ATC"位之间转换。

上述机械联锁要求是由机械联锁装置来实现的。

2) 闭合表的实现

电逻辑即闭合表的要求由控制轴、换向轴、辅助触头盒及电连接来实现。

当推动控制手柄时,通过齿轮传动带动控制轴转动,轴上的凸轮随之转动,当凸轮的凸起位置转动到辅助触头盒的杠杆位置时,杠杆受到凸轮凸起部分的挤压而将与其连接的动触头顶开,此时使该触头盒的常开或常闭状态发生变化,从而使与该辅助触头盒相连接的控制线路得失电的状态发生变化;反之,当凸轮凸起部分转到无凸起的地方时,由于触头盒自身恢复弹簧的作用,辅助触头盒的触点复原,从而使与该辅助触头盒相连接的控制线路得失电的状态恢复原样。

基于此原理,可根据电路原理图上司机控制器各控制线路得失电情况,在控制轴和换向轴上布置相应的凸轮凸起部分,如图10.42所示为某车型的司机控制器方向轴的闭合表,图中ATC、F、0、R为方向手柄的四个位置,$S_{10} \sim S_{16}$为受方向轴凸轮控制的7个辅助触头,辅助触头下的长条块表示凸轮的凸起位置。由图可知,手柄在"ATC"位时,将使S_{10}、S_{11}、S_{12}、S_{15}、S_{16}辅助触头状态发生变化;当手柄在"F"位时,将使S_{10}、S_{11}、S_{12}、S_{15}辅助触头状态发生变化;当手柄在"R"位时,将使S_{10}、S_{11}、S_{13}、S_{14}辅助触头状态发生变化。

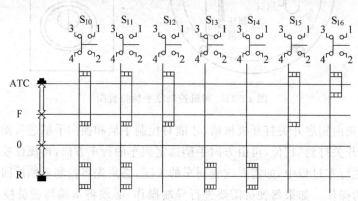

图10.42 S355E型司机控制器方向手柄闭合表

3) 电位器的调节

控制手柄的调速主要是通过调节电位器电阻大小来实现的。

其工作原理参见图10.43,其中的电阻R代表的是"牵引"区域或"制动"区域的单边电阻,两边的结构以"0"位为中心对称。

两个电位器的公共端接地,另一端经限流电阻接+15V直流电源,滑动端随控制手柄转动而移动,从而改变滑动端和15V电源端之间的电压,如图10.43所示,这三点电位信号由X2-2、X2-3、X2-5输出到控制主机,控制主机根据这一电压信号判断控制手柄的级位设定值。

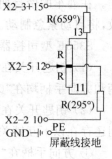

图10.43 调速电位器原理图

4. 主要技术参数

(1) 触头S826a/L额定电压

① 额定电压(U_e):DC110V;

② 约定发热电流(I_{th}):DC10A;

③ 额定电流(I_e):DC1.0A。

(2) 触头特点

① 接点位速动型;

② 密封式结构;

③ 接点具有自净功能,可提高用作计算机信号时的可靠性。

(3) 电位器特性

① 输出电位器型号:FSGPW702X1043Ω;

② 独立线性度:1.0%;

③ 输出平滑性:≤0.1%;

④ 绝缘电压:500VAC,50Hz;

⑤ 工作温度范围：-55～+80℃；

⑥ 额定功耗：6W(25℃)；

⑦ 电位器输出值：

输出电压：15VDC；

0 位：3±0.1VDC

牵引最大位：8.3±0.15VDC

制动最大位：8±0.1VDC

快速制动：8.3±0.15VDC

(4) 手柄操作力

调速手柄操作力：不大于 35N

换向手柄操作力：不大于 25N

注：调速手柄从制动最大位转到"快制"位时手柄操作力为 40±10N。

(5) 防护等级(污染等级 3)

整机：TP00；

触头 S826a/F：IP00(接线部分)；IP40(触点部分)。

(6) 寿命

机械寿命$>1\times10^6$ 次；

电寿命$>1\times10^5$ 次。

(7) 质量

质量约 10kg。

5. 检修与维护

S355E 型司机控制器的检修与维护主要有以下工作内容：

(1) 司机控制器的铭牌及标识符号应齐全、完整、清晰、正确。

(2) 司机控制器各部件应清扫干净，绝缘性能良好，对外连接插座连接正确，零部件齐全完整。

(3) 各紧固件齐全，紧固状态良好。

(4) 控制手柄在各个挡位之间应转动灵活，无机械卡阻，相邻两挡位之间不应出现停滞现象。

(5) 换向手柄在各个挡位之间应转动灵活，无机械卡阻，相邻两挡位之间不应出现停滞现象。

(6) 当换向手柄在"0"位时控制手柄被锁定。当换向手柄在"向后"或者"向前"位置时，控制手柄可以在"牵引""制动""最大速度""快速制动"位移动。

(7) 当换向手柄在"0"位时，机械锁应转动灵活。机械锁在锁定位置的时候钥匙方可拔出。

(8) 司机控制器的闭合表和对外连接线应与规定相一致。

(9) 在司机控制器的各个转动部位加注 6 号汽油机油(GB 485—72)，在机械联锁处加润滑脂。在刚拉线和对外接线处加汽油和机械油。

(10) 司机控制器的绝缘应符合以下要求

① 相互绝缘的带电部分之间及对地的绝缘电阻不小于 10MΩ(用 500V 兆欧表)；

② 检修后应进行绝缘介电强度试验。司机控制器的发光装置对地施以 50Hz,500V,正弦波交流电 1min,应无击穿、闪络现象,司机控制器的其余带电部分对地及相互间施以 50Hz,1100V,正弦波交流电 1min,应无击穿、闪络现象。

(11) 司机控制器触头的检修应符合以下要求

① 司机控制器日常检修时,应注意检查触头内部及滚轮架(包括滚轮滚动)的动作是否灵活可靠。否则,应在触头滚轮轴芯及滚轮架轴芯部分加少许稀 6 号汽油机油(GB485—72),以增加触头动作的灵活性。

② 本司机控制器使用的触头 S826a/L 为自净式速动开关元件,均为免维修型。如确有严重烧损和动作不灵活者,应更换该触头。更换时,注意触头型号和触头滚轮的安装方向。

③ 应定期检测触头 S826a/L 的接触电阻,采用低电阻测试仪(如固纬 GOM-801G)测量,测量电流不小于 1A。触头的接触电阻应小于 500mΩ,如果接触电阻较大,可按电路接线,分断 1A 左右时间常数 τ 为 20~50ms 的感性电流负载,用分断弧光清除表面氧化膜,减小接触电阻。

若是由于机械原因造成的故障,需要对司机控制器进行拆卸时,应注意以下几点:

① 司机控制器的控制凸轮组件和换向凸轮组件有机械联锁关系,在拆装时,应注意作好标记,必须按照闭合表进行。

② 控制侧和换向侧的弹片组件安装的倾斜程度,可调整控制手轮和换向手柄的操作力大小,在保证司机控制器动作可靠的情况下,两手柄操纵轻便、灵活。

③ 控制侧和换向侧的凸轮是产品出厂前整定好的组件,在拆装时不要随意拆开。

④ 为了保证司控器对外的连接无误,在检修、拆装时,应注意司控器对外连接。

10.7 浪涌电压吸收器(避雷器)

浪涌电压吸收器简称浪涌吸收器,是一种限制过电压的保护装置,防止来自车辆外部过电压(如雷击)对车辆电气设备的破坏。图 10.44 为浪涌电压吸收器实物图,浪涌电压吸收器安装于 B 车车顶的受电弓侧。它包括一个火花间隙和一个非线性电阻,装配于一个陶瓷壳内。

1. 结构原理

浪涌吸收器通常由火花间隙和非线性电阻组成,其基本工作原理如图 10.45 所示。它与被保护物并联,当出现过电压危及被保护物时,浪涌吸收器放电,使高压冲击电流泄入大地,而后,它仍能恢复原工作状态,截止伴随而来的正常工频电流,使电路与大地绝缘。过电压越高,火花间隙击穿越快,从而限制了加于被保护物上的过电压。

图 10.44 浪涌电压吸收器实物图

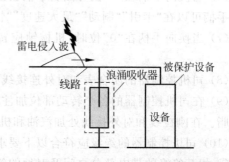

图 10.45 浪涌吸收器的工作原理图

正常电压下火花间隙处于不通状态,出现大气过电压时击穿放电,将过电压限制在一定水平,保护设备。当过电压终止后,迅速恢复至正常状态。

击穿电压的幅值同击穿时机的关系曲线称为伏秒特性。要可靠保护用电设备,浪涌吸收器的伏秒特性应低于被保护绝缘的伏秒特性,即同一过电压下浪涌吸收器应先击穿。

击穿电压的幅值同击穿时间的关系称为伏秒特性。为了使浪涌吸收器能可靠地保护被保护物,浪涌吸收器的伏秒特性至少应比被保护物绝缘的伏秒特性低20%~25%,如图10.46所示;另外,浪涌吸收器在放电时,应能承受耐热以及机械应力等变化,而本身结构不致损坏。

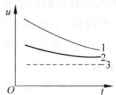

图 10.46 浪涌吸收器的伏秒特性
1—浪涌吸收器的伏秒特性;
2—被保护物绝缘的伏秒特性;
3—电气设备上可能出现的最高工频电压

浪涌吸收器的主要类型有保护间隙、管形浪涌吸收器、阀形浪涌吸收器和氧化浪涌吸收器等。本节只介绍 Y10W-42/105TD 型氧化锌浪涌吸收器(又称无间隙金属氧化物避雷器)。

2. 氧化锌浪涌吸收器

氧化锌浪涌吸收器安装于列车顶部,是专用的过电压防护装置,主要用于列车一次侧高压电气设备的绝缘,使之免受大气过电压和操作过电压的损害。

1) 工作原理

氧化锌浪涌吸收器的主要元件是氧化锌阀片,它以氧化锌为主要成分,并附以多种精选过的、具有非线性特性的金属氧化物添加剂,用高温烧结而成。它具有相当理想的伏安特性(相当于稳压二极管的反向特性),其非线性系数约为0.025。

该浪涌吸收器优异的伏安特性可使其在正常工作电压下呈现高电阻,流过的电流非常小,可视为绝缘体,从而实现无间隙。而当系统上出现超过某一电压动作值的电压时,则呈低电阻,电流急剧增加,使浪涌吸收器残压被限制在允许值下,并将冲击电流迅速泄入大地,从而保护了与其并联的列车电气设备的绝缘。待电压恢复到正常工作范围时,电流又非常小,浪涌吸收器又呈绝缘状态。因此该浪涌吸收器不存在工频续流,也不影响系统的正常工作。无间隙、无续流正是其技术先进性的体现。

2) 产品特点

氧化锌浪涌吸收器主要由盖板组装、浪涌吸收器心体、瓷套及底板等组成,具有以下特点:

(1) 是理想的全天候避雷器。与放电间隙相比,不存在间隙放电电压随气候变化而变化的问题。

(2) 防污性能好,适用范围广。因为设计了防污型瓷套,保证了足够的爬电距离,故污秽不影响间隙电压,所以,在重污秽地区比传统避雷器有很大的优越性。

(3) 防震性能好。对吸收器心体采取了防震及加固措施,减少了各部件之间的相对位移,使心体牢固地固定在瓷套内,适应了列车运行中振动频繁的要求。

(4) 防爆性能好。使用了压力释放装置,在法兰侧面开一缺口,使气体定向释放。当浪涌吸收器在超负载动作或意外损坏时,瓷套内部压力剧增,使得压力释放装置动作,排出气体,从而保护瓷套不致爆炸,确保即使出现意外情况,车顶设备仍然完好,并能可靠运行。

(5) 非线性系数好,阀片电荷率高,保护性能优越,它不但能抑制雷电过电压,而且对操作过电压也有良好的抑制作用。

(6) 无续流,不存在灭弧问题,使地面变电站因列车引起的不明跳闸故障大为减少。

(7) 体积小,重量轻,通流容量大,抗老化能力强,运行寿命长。

3) 安装

浪涌吸收器的安装应自下而上进行,在安装过程中,首先安装连接过渡板,要确保气体释放方向朝向列车外侧未安装电气设备的空旷区。高压端用软连接带与车顶母线连接,地线接在接地连接片上。浪涌吸收器退出运行时,其拆卸方向与安装方向逆向进行。

4) 维护与保养

(1) 在使用氧化锌浪涌吸收器的过程中,要始终保持瓷套表面干燥、光洁、无裂纹。每次回库定修时,需用干净软布擦拭瓷套,清除污垢。如瓷套表面污物无法清除干净,则用集流环屏蔽。

(2) 每次回库定修时需检查喷口,不允许有开裂或缺口。

(3) 每次回库定修时需检查导线和编织线,导线需连接紧固,编织线折损面积不得超过原截面的10%。

(4) 运行过程中,原有刷漆部分每隔1~2年补漆一次。

5) 预防性试验

因氧化锌阀片在长期运行电压作用下存在老化问题,装配时或运行中因密封不良可能受潮,因此在运行中需加强对浪涌吸收器的监测,并应定期对其进行预防性试验。另外,在每年的雷雨季节前,也应有选择性地进行试验。

预防性试验一般分为测量直流参考电压、测量直流泄漏电流、测量绝缘电阻、测量交流参考电压和测量持续运行电流五类试验。直流参考电压和直流泄漏电流的测量是必做的试验,对有条件的用户,建议进行绝缘电阻测量、交流参考电压测量和持续运行电流测量这三项试验。

3. 主要技术参数

浪涌吸收器的主要技术参数:

(1) 额定冲击释放电流、冲击电流、持续释放电流、短路电流;

(2) 阀座电压、冲击释放电压、直流放电电压;

(3) 爬电距离、放电距离;

(4) 特性曲线。

如一浪涌吸收器的使用车型为A型车,网压DC1500V,其主要技术参数见表10.9。

表10.9 某浪涌吸收器主要技术参数

标称电压/V	DC1500
最大电压/V	DC2000
额定冲击释放电流/kA	10
冲击电流/kA	100
短路电流/kA	20
阀座电压/kV	7.1
爬电距离/5mm	16

小结

城市轨道交通车辆的受流器有受电弓、旁弓和第三轨受电器等形式。

牵引逆变器主要由电源电流传感器、滤波电抗器、直流电压传感器、过电压释放晶闸管、过电压放电电阻、放电电阻、滤波电容器、IGBT模块、相电流传感器组成。

高速断路器是一种采用电磁驱动方式的高压断路器,由于电磁驱动装置反应迅速,动作快,因此称其为高速断路器。

城市轨道交通车辆的制动系统中,大量采用了各种电磁阀。

制动电阻器用于地铁列车的电阻制动,为牵引系统在电制动时消耗过高再生电压的耗能设备,保证线网及列车的安全。

司机控制器是用来操纵地铁车辆运行的主令控制器,是利用控制电路的低压电器间接控制主电路的电气设备。

浪涌吸收器是一种限制过电压的保护装置,防止来自车辆外部过电压(如雷击)对车辆电气设备的破坏。

思考与练习

1. 从功能上看,受电弓相当于家用电器的插头,但其使用情况却有很大的区别,请列举受电弓使用条件的特殊性。
2. 简述TSG18D型受电弓的结构及各主要部件的作用。
3. 仔细观察受电弓在升降过程中,弓头的轨迹是怎样的?思考弓头为什么会按照这样的轨迹运动?
4. 思考受电弓动作所需的压缩空气如何获取?绘制一张受电弓控制气路图。
5. 简述UR6-32型高速断路器的主要结构及分、合闸动作原理。
6. 简述司机控制器控制手柄和方向手柄的位置及互锁关系。
7. 简述司机控制器的控制原理。

第 11 章

车辆空调与空气调节装置

1. 概述

客车空调与空气调节装置的作用是将一定量的车外新鲜空气和车内再循环空气混合,经过滤、冷却或加热、减湿或加湿等处理后,以一定的流速送入车内,并将车内一定量的污浊空气排出车外,从而控制客室内温度、湿度、风速、清洁度及噪声,并使之达到规定标准,以提高车内的舒适性,改善乘车环境。

国内地铁建设开始的时间比较晚,而且早期的地铁列车均未安装空调。中国首个自主研发的国产化地铁为北京地铁复八线,于 1992 年投入运营,以辐流风机作为通风设备。自 1992 年,中国铁路 25G 型客车开始安装空调,涂装主色调为橘红色和白色,因此也俗称"红皮车",逐渐取代非空调客车的"绿皮车"。随着中国的城市化进程,城市人口增多,为缓解交通压力,自 2000 年特别是 2005 年后,国内的大中型城市开始大规模修建地铁。为使乘车人员对车厢内的舒适度感到满意,城轨车辆都配置空调。在人们生活得越来越好的同时,乘客对车厢环境的要求随之增加,地铁空调控制系统也在逐步完善。

2010 年前后,轨道交通空调开始逐渐提倡应用变频技术。当前在上海轨道交通 5 号线、沈阳地铁 1 号线和 2 号线、长春轻轨等项目上,变频调速空调已经成功运行。

2. 城轨车辆空调系统的分类

列车空调主要分为铁路列车空调和地铁列车空调两类。从空调系统在列车上的布置方面来看,铁路列车空调与地铁列车空调大体相同,即列车的每个车厢的顶部均安装两个空调机组,在车顶上送风管路的分布是纵向的,经两头往中部送风。但与铁路火车不同的是,地铁车辆运行时处于几乎完全与外面环境隔绝的地下环境条件中。地铁列车工作在较为密闭的空间中,因此行驶在地下时,其通风换气会受到隧道压强分布的影响以及轨道两边断面的限制。这些因素决定了两者的内部结构有较大的分别。

地铁列车空调主要包括控制系统、空调机组两部分。列车空调器有分装式空调和单元式空调两种形式。在我国,单元式空调机组在城轨交通系统中的应用相对普遍。单元式空调机组在冬、夏两季能够满足乘客的需求,可创造较为舒适的车内人工环境。单元式空调机组每两个机组都进行相互的联系,它们是相互调节、相互影响的。一节车的空调工况会对另一节车的空调有影响,第一单元的空调工况会影响同一节车第二单元的空调工作。另外,地铁空调要求系统必须设有各种保护,尽可能地减少危险因素,以保护乘客的安全,因此地铁空调的控制系统必须操作简便、功能完整，这就决定了其控制系统设计较为复杂。不仅如此，地铁运行在相对封闭的空间中，一旦主电路出现故障，通风装置不能正常工作，乘客会出现窒息等生命危险，因此地铁列车空调要求设有在紧急情况下应急的通风换气功能，在列车空调系统处于异常或故障状态时，应急换气通风功能用来保障列车车内的临时通风。

车辆客室内的空气调节，还应包括夏季对车外新鲜空气和车内再循环空气进行除尘、冷却、减湿及冬季对车外新鲜空气和再循环空气进行除尘、加热、必要时的加湿处理，并把处理后的空气以一定的流速送入车内，同时将车内的污浊空气排出至车外。因此，车辆客室空调装置应由通风系统、空气冷却系统、空气加热系统、空气加湿系统和自动控制系统等组成。

车辆上采用的空气调节装置有集中式和分散式两种类型。集中式空气调节装置是指一节车厢配有一套带通风、制冷、加热等系统的装置；分散式空气调节装置是指一节车厢安装有多套空气调节机组，因为每台空调机组常将压缩冷凝机组和空气冷却机组等组合在一起，故又称为单元式。

分体式结构的空调机组在车底部安装压缩冷凝单元，在车厢顶部安装空气处理单元，而车厢内则安装列车空调的控制柜。空调的出风口与车厢顶部送风管道相连，在车厢内顶板上经由开孔隔板送风；回风口和回风管道在车厢侧壁的行李架下，它们沿列车长度方向布置，列车的回风经由回风管道到达空调机组附近，一部分返回列车空调机组，另一部分通过排风机将其排出车外。由于分体结构的空调机组结构复杂分散，修理起来较为困难，所以当前我国大部分地铁列车空调机组的结构是单元式。

1）分体式空调系统

分体式空调系统分成两个部分，一部分为在车内的空气冷、热处理和输送、分配单元，置于客车端部，空气通过送风道和送风口送入车内，一般上送风，下回风，从车端墙新风口引入新风；另一部分为车下的压缩冷凝部分。

分体式空调系统是指每节客车上只安装一套空调装置，且将制冷压缩机、冷凝器、冷凝风扇、贮液器集中装在一个箱中，并悬挂在车底架下，而将蒸发器、通风机、膨胀阀、空气预热器等安装在车顶内部，用铜管将制冷系统的各设备连接起来，组成封闭的循环系统。送风道布置在车内顶棚中央，其上均匀地设置送风口（见图11.1）。

这种形式使车辆重心降低，但因体积大，拆装困难和检修不方便，而且制冷管路长，接头多，容易产生泄漏。

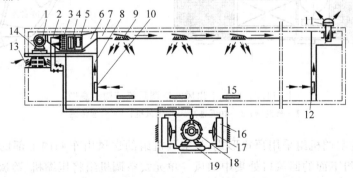

图 11.1 分体式客车空调系统原理图

1—通风机；2—渐扩风道；3—蒸发器；4—水分离器；5—电预热器；6—渐缩风道；7—主风道；
8—回风道；9—送风口；10—回风口；11—排风扇；12—排风口；13—进风口；14—滤尘器；
15—补偿电热器；16—冷凝器；17—冷凝风扇；18—压缩机；19—储液器

2) 单元式空调系统

单元式空调系统常将压缩冷凝部分、空气冷却部分等组合在一起,并安装在车端顶部,故称车顶单元式空调系统。根据车型不同,每辆车上可安装一台或两台单元式空调系统。送风道布置在车内顶棚的中央或两侧,电气控制柜也是安装在乘务员室内。

单元式空调系统多采用全封闭式压缩机。这种形式结构紧凑、制冷量大、重量轻、管路短、不易泄漏,不占用车下空间。

单元式空调系统的底边有圆底的和平底的,出风方向有前出风和下出风两种形式(图11.2、图11.3)。

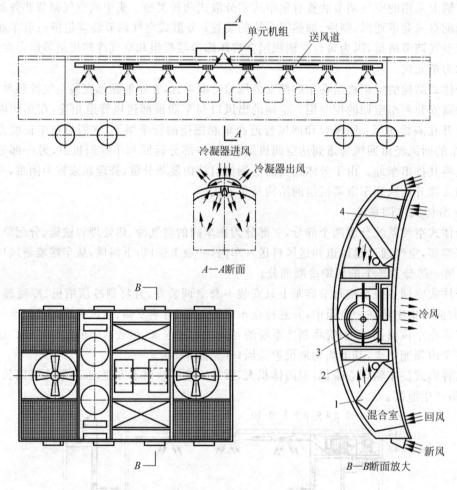

图11.2 圆底下出风式空调系统结构示意图
1—蒸发器;2—电预热器;3—通风机;4—温度传感器

单元结构的空调机组采用顶置形式,从空调机组的送风由车厢内上部的送风管道到达乘客车厢,在机组下面的回风口处集中回风。单元式空调机组将压缩机、冷凝器、节流装置、蒸发器、通风机以及冷凝风机等全部安装在同一个箱中,组成一个完整的单元后安装在车厢上方。一般要求空调机组凸出于车顶部的高度控制在320mm以内。单元式空调机组结构如图11.4所示。

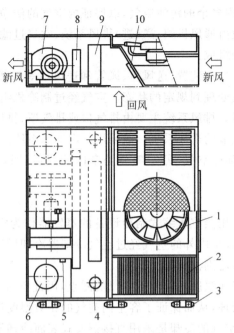

图 11.3　平底前出风单元式空调系统结构示意图

1—冷凝风扇；2—冷凝器；3—安装座；4—气液分离器；5—压力控制器；6—压缩机；
7—通风机；8—蒸发器；9—电预热器；10—新风过滤器

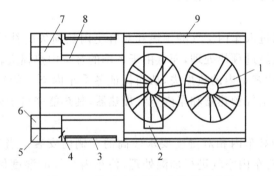

图 11.4　单元式空调机组结构示意图

1—冷凝风机；2—压缩机；3—新风调节阀；4—回风调节阀；5—回风口；6—送风口；
7—送风机；8—蒸发器；9—冷凝器

3. 城轨车辆空调系统的组成

客车空调与空气调节装置的组成主要有五大部分，即通风系统、空气冷却系统、空气加热系统、空气加湿系统和自动控制系统。

1) 通风系统

通风系统一般是指机械强迫通风，由离心式通风机、滤尘装置、送风道、回风道等组成。它起着空气过滤、空气输送及空气分配等作用。离心式送风机将车外新鲜空气吸入车内与再循环空气混合，并滤清灰尘与杂质后，再送入客室内，同时排出客室内多余的污浊空气，以保持客室内空气的洁净度和空气的流速。

通风系统将车外新鲜空气吸入并与车内再循环空气混合，在滤清灰尘和杂质后，再压送分配到车内,同时排出车内多余的污浊空气,以保证内空气的洁净度以及合理的流动速度和气流组织。通风系统一般由通风机组、送(进)排风系统、空气过滤器、回风口、回风道以及空气净化设备几个主要部分组成。

送风系统主要由空气处理装置、送风机、风管和送风口等组成,其中空气处理装置的功能是按要求把室外的空气处理到规定的状态。空气经过制冷机组的蒸发器降温除湿后由离心式通风机送入送风风道。排风系统主要由排气口或排气罩、排风机、风管和风帽等组成。

城市轨道车辆空气调节的送风系统一般采用一次回风系统。一次回分系统是指经过处理的空气来源一部分是新鲜空气,另一部分是室内的回风,回风与新风在空气冷却器前混合。

2) 空气冷却系统

空气冷却系统一般采用蒸汽压缩式制冷设备的蒸发器作为空气冷却器。在夏季,制冷设备工作时,由通风机吸入车内外的空气经过空气冷却器冷却后送入客室内,以保证夏季客室内空气的温度达到指定范围。

由于空气冷却器的表面温度通常低于空气的露点,因此空气在通过空气冷却器冷却工程的同时也得到了减湿处理,从而保证了客室内空气的相对湿度达到指定的范围。

在客车空气调节中,空气的冷却是采用直接蒸发式表面冷却器来完成的,即把制冷系统的蒸发器放在空气处理室内,靠制冷剂在蒸发器内沸腾吸热而冷却空气。

对送入车内的空气不仅需要进行冷却降温处理,对于多定员的客车,还需要提高空气去湿程度来实现空气环境参数的舒适性条件。

3) 空气加热系统

空气加热系统包括进入车内空气的预热和对客室内热损失的补偿。在冬季,由送风机吸入客室内的空气必须经过预热处理,而且由于冬季的客室内热损失较大,所以必须加设地面式的取暖装置,以补偿客室内的热损失,从而保证冬季车内空气的温度达到指定的范围。空气加热系统包括吸入空气预热器和车内空气加热器,其热能来自于列车供电系统的电能。

4) 空气加湿系统

加湿系统仅在某些对车内相对湿度要求较高的车辆内安装。当车内的空气湿度较低时,空气加湿系统可以对车内空气进行加湿处理,使车内空气的湿度保持在规定的范围内。在冬季,由于车外空气温度很低,含湿量较低,但空气被加热而温度提高之后,其相对湿度就非常低,而某些客车由于定员量少,乘客的散湿量也甚小,因此对客室内环境要求较高的车辆须对空气进行加湿处理。

5) 自动控制系统

自动控制系统包括自动调节和控制各种空气参数的仪表和设备,它用于控制各个系统按照给定的调节方案,协调地进行工作,以保证车内所要求的空气参数维持在一定的范围内。

通过空调的电子控制系统可自动实现制冷、取暖和换气的有机结合,向车内提供冷暖适宜、风量与风向适当的空气,即具有自动对车内环境进行全季节、全方位、多功能的最佳控制功能。

4. 城轨车辆空调系统的设计要求

1) 空调机组

城市轨道交通车辆空调机组一般应达到小型轻量化、可靠性好、免维护程度高、噪声低等要求。

(1) 小型轻量化

小型轻量化是城轨车辆空调系统的显著特点。城轨车辆的空调机组通常安装于车顶部，其体积重量受到上部限界的限制，所以小型轻量化是空调机组必须满足的条件。近年来，国产城轨车辆空调采用了一系列新技术以缩小空调机组体积，如采用卧式涡旋式压缩机，换热器采用内螺纹管以增强换热效果、减少换热器体积，采用带亲水膜轻质铝翅片以降低换热器重量，引进高效进口风机等，在保证流量、噪声等要求下降低了体积和重量。

(2) 可靠性好

城轨车辆空调机组应能满足车辆运行振动和冲击条件下的可靠性要求。

首先，空调机组的耐振性要好。车辆在运行过程中会产生振动，空调机组要具备足够的耐振性能。我国铁路行业标准 TB/T 1804—2003《铁道客车空调机组》中对铁路客车的空调设备提出了抗振要求及试验标准。与国铁线路相比，城市轨道交通线路状况相对稳定、车辆振动较小，所以 TB/T 1804—2003 的标准对于城轨车辆空调系统来说是适用的。

其次，空调机组的耐腐蚀性要好。现代城市污染程度较大，对暴露在大气中的空调电机和换热器壳体的耐腐蚀性要求较高，须采取相应的保护措施。例如采用防护等级较高的电机，并在电机外部配合处增加电机防护技术措施；在换热器上采用耐酸、碱、盐雾腐蚀的覆膜铝翅片，并采用不锈钢板材制造空调机组壳体，以防止腐蚀，延长空调机组使用寿命。

(3) 噪声低

随着生活水平的提高，人们对环境污染的要求和控制水平也越来越高。轨道交通也属于噪声污染源之一，尤其对沿线的影响更大。城轨车辆在选用空调与制冷装置时，必须考虑其噪声的影响。

(4) 免维护程度高

安装于城市轨道交通车辆上的空调机组不能像地面制冷机组那样，可以给检修和维护人员一个易于检视的环境和空间。根据轨道交通空调的使用经验，在条件允许的情况下，空调系统应尽量使用单元式、全封闭式制冷循环系统，并提高免维护的元件使用率。

图 11.5 为车辆空调机组图，空调机组是保证列车车厢内的空气新鲜且流通的重要设备。同时，在列车整个运行过程中，空调机组消耗大量的电能。根据相关的数据统计，列车空调消耗的电量占列车运行总耗电量的 50% 左右，而列车空调的主要耗电设备就是空调机组。空调机组的耗电量大且该问题难以解决。

车辆制冷系统按用途分为两大类：空调客车制冷系统和机械冷藏与制冷系统。

按车内空气冷却方式不同可以分为直接冷却式和间接冷却式两类。间接冷却式：蒸发器冷却载冷剂(水或盐水)，载冷剂再去冷却空气。直接冷却式：蒸发器直接放在房间里(或风道内)冷却空气。目前，轨道交通车辆上都采用直接冷却方式。

按空调系统的安装方式主要分为两类：一类为分体式空调系统(又称集中式空调系统)，另一类为车顶单元式空调系统(又称独立式空调系统)。两类系统均具有制冷系统、通风系统、供热系统和自动控制系统。

2) 空调控制器

空调控制器控制空调系统正常运行，是空调与制冷装置的重要组成部分。现代城轨车辆的空调控制器要求自动化程度高、电磁兼容性好、可靠性高。

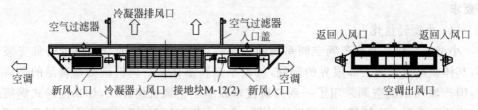
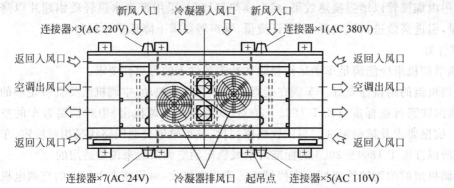

图 11.5 车辆空调机组图

(1) 自动化程度高

城轨车辆在运行时没有车辆设备巡检员,这就要求空调系统有较高的自动运行能力,能够在出现问题时自动处理,对非故障问题有自我保护及自我恢复能力;同时,对故障能够进行自我诊断和存储,以便在车辆进站或回库后,能够及时进行修复。目前,很多城市的城轨车辆空调系统都采用微处理器控制,对偶发性非故障现象进行自我判断,对实际故障进行诊断记录,可以通过手提电脑进行手动调试,为乘客和司机创造舒适的环境。

(2) 电磁兼容性好

车辆的自动化程度越高,车辆设备及信号控制系统的电磁环境越复杂。因此,空调系统的控制装置要充分考虑电磁兼容性,使其能在预期的电磁环境中正常工作,且无性能降低或故障。

(3) 可靠性高

目前,车辆空调控制器的关键元件采用的是质量较好的进口元件或合资工厂生产的元件,降低了元件的故障率。电路设计经过大量的实际运行验证,可靠性较高。

3) 通风系统

经空调机组处理后的空气通过通风系统送入车内,并保持车内送风均匀。城轨车辆的空调通风系统应具备以下一些特点。

(1) 温度均匀

客室内温度的均匀性主要取决于风道送风的均匀性,所以风道的设计至关重要。城轨车辆空调多采用静压送风风道,保证冷热空气能够均匀送出,使得车内温度均匀。

(2) 气流组织

城市轨道交通车辆内的空气流速能影响人体的散热。车内空气流速的增大可以加速人体表面的对流散热,促进汗液的蒸发,从而增加散热效果;但风速过高,乘客头部的吹风感较强,会影响舒适性。据相关研究数据,设计送风风速在 0.15~0.25m/s 范围内,既能使车厢内温度均匀,又能控制好车内微风速。

(3) 新风量和废排量

城市轨道交通车辆载客量大,若乘客众多,则乘客的呼吸会造成车内氧气减少、二氧化碳含量增加,导致乘客感到气闷、疲劳,二氧化碳增加到一定浓度后会影响人的健康。此外,车内还可能产生其他有害气体,使空气变得污浊。因此,必须不断更换车内空气,保持一定的新鲜程度。按照卫生标准和要求,每人必须有 $20\sim25\text{m}^3/\text{h}$ 的新鲜空气量。但是,若新风量过大,会导致客室内的正压值增大,这时就需要将客室内多余的空气排出车外。一般设置废排口或废排装置。

(4) 紧急通风

城市轨道交通车辆在运行中是一个密闭的空间,当列车正常供电失效时,空调系统应能自动转为紧急通风状态,制冷压缩机和冷凝风机全部停止运转,仅通过紧急逆变器将列车蓄电池的 DC110V 电源逆变为交流电,维持通风机一定时间的紧急通风,保证车厢内乘客所需的氧气量。

5. 地铁空调主要问题

虽然我国地铁空调投入使用已有十多年,但是在运行过程中仍发现列车的空调系统存在以下几个主要问题:

(1) 车厢内部温度、湿度等参数控制不恰当。车厢内乘客的数量在临近上下班高峰期变动幅度较大,由于列车设定的温湿度参数是一定的,车厢乘客较多时,车厢温度会稍高,湿度稍低,而车厢乘客少时温度会稍低。空调控制系统无法及时反馈调控车内温湿度,这样无法满足乘客对车内舒适度的要求,影响了地铁运输的服务质量。

(2) 空调系统耗能高。通常,按照列车远期负荷量最大值来确定列车空调的设计选型,空调系统选用定频系统时,大部分时间里空调在负荷较低的条件下工作,造成了能源的极大浪费。传统轨道交通车辆空调系统运行能耗较高,南方城市约 50% 的运营能耗为空调系统耗能,北方城市能耗也达到运行总能耗的近 1/3。

(3) 空调磨损严重,维修量大。压缩机间歇运行,造成电机频繁启动,对设备造成严重损害,缩短设备的使用时间。

客车空调与空气调节的分类有多种方式:按制冷压缩机的工作方式分为活塞式、螺杆式和离心式;按照安装方式分为分装式和单元式;按客车空调供电方式分为本主供电和集中式供电;还可以按制冷剂进行分类。

11.1 热力学理论知识

在热工学中,我们把含有水蒸气的空气叫做湿空气。在大气中永远包含一定量的水蒸气,所以绝对干的空气在自然界中是不存在的。而在一般空调研究中,把干空气作为一个整体,对它的组成成分不作详细讨论,因此,就可认为空调就是空气调节,也就是将外界空气(湿空气)经过一定的处理并用一定的方式送入室内,使室内空气的温度、相对湿度、气流速度和洁净度等控制在一定范围内。湿空气是空气调节的对象,湿空气的状态通常用压力、温度、相对湿度、含湿量及焓等参数来度量和描述,这些参数称为湿空气的状态参数。因此,首先要对湿空气的状态参数,如压力、温度、湿度和焓等有所了解。

1. 温度

温度在宏观上是描述物体冷热程度的物理量,在微观上标志物质内部大量分子热运动的激烈程度。我国法定计量单位规定采用的温度制为摄氏温度和绝对温度(也称热力学温度),而欧美国家采用华氏温度。

测量温度的标尺称为温标,工程上常用的温标又可以分为3种:热力学温标、摄氏温标和华氏温标,其对应关系如图11.6所示。

(1) 热力学温标。又称开尔文温标或绝对温标,符号为 T,单位为 K。热力学温标在一个标准大气压下定义纯水的冰点温度为273.16K,沸点温度为373.16K,其间分为100等份,每等份称为绝对温度1度(1K)。

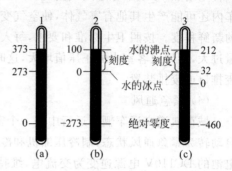

图 11.6 不同温标
(a) 热力学温标;(b) 摄氏温标;(c) 华氏温标

(2) 摄氏温标。又叫国际温标,符号为 t,单位为℃。在一个标准大气压下,把纯水的冰点温度定为0℃,沸点温度定为100℃,其间分成100等份,每一等份就叫1℃。若温度低于0℃时,应在温度数字前面加"—"号。

(3) 华氏温标。其符号本书用 θ 表示,单位为℉。华氏温标在一个标准大气压下把纯水的冰点温度定为32℉,沸点温度定为212℉,其间分成180等份,每一等份就叫1℉。

3种温标的换算关系:

$$t = T - 273.16 (℃)$$
$$\theta = 9/5 t + 32 (℉)$$
$$T = t + 273.16 (K)$$

2. 压力

工程上常把单位面积上受到的垂直作用力叫做压力,压力的法定单位是 Pa(帕)。大气压力是指地球表面的空气对地面的压力;在工程上为使用方便和计算方便,把一个大气压按 0.98×10^5 Pa 来计算,称为一个工程大气压。

压力有绝对压力、表压力和真空度之分。绝对压力是指被测流体对于容器内壁的实际压力,用 $P_{绝}$ 表示;空气对容器壁面的实际压力就是绝对压力。在空调系统中。空气的压力是用仪表测出的。位表上指示的压力称为工作压力,它是以当地大气压(用 B 表示)作为参考点,所测得的工作压力就不是绝对压力,而是绝对压力与当时当地大气压的差值,也称为表压力,用 $P_{表}$ 表示。压力的单位用帕(Pa)或千帕(kPa)表示。而系统抽真空时压力计的示数叫做真空度,用 $P_{真}$ 表示,它们之间的关系是

$$P_{绝} = P_{表} + B, P_{真} = B - P_{绝}$$

只有绝对压力才是湿空气的状态参数。凡未指明是工作压力的,均应理解为绝对压力。由上所述的湿空气是由干空气和水蒸气组成的混合气体,所以湿空气的压力即为干空气分压力 P_g 与水蒸气的分压力 P_s 之和,即 $P = P_g + P_s$。

在空调工程中所处理的湿空气就是大气,所谓湿空气的总压力 P 就是当地的大气压 P_b,即 $P_b = P_g + P_s$。

3. 湿度和露点

空气是由干空气和水蒸气两部分组成的。在一定温度下,空气中所含水蒸气的量达到最大值,这种空气就叫做饱和空气。当空气未达到饱和时,空气中所含水蒸气的多少用湿度来表示,湿度常用绝对湿度、相对湿度、含湿量、露点来表示。

为了对湿空气的压力,特别是对其中水蒸气的分压力有进一步的认识,必须了解饱和空气与未饱和空气的概念。

1) 饱和空气

在一定的温度条件下,空气中水蒸气分子的含量越多,水蒸气的分压力就越大。如果空气中水蒸气的含量超过某一含量时,空气中就有水析出。这说明在一定温度条件下,湿空气中容纳的水蒸气的数量是有一定范围的,也就是说,湿空气中水蒸气分压力有一个最大值,这个最大值就称为该温度下的饱和水蒸气分压力 P_{sb}。在大气中,如由水蒸发为汽的数量与空气中水蒸气凝结为水的数量相等,此时大气中所含的水蒸气数量达到最大限度,即水蒸气处于饱和状态。这种湿空气就是干空气及饱和湿空气的混合物,称为饱和空气。

2) 未饱和空气

若湿空气中水蒸气的分压力低于其相同温度下饱和空气的水蒸气分压力,这时的水蒸气就处于过热状态,这种空气是水蒸气的混合物,称为未饱和空气。

由此可见,在一定温度下,湿空气中水蒸气分压力的大小,是衡量水蒸气含量即空气干燥或潮湿的指标。温度相同的情况下,水蒸气分压力越高,说明空气中水蒸气的含量就越多;水蒸气含量相同的情况下,温度越高,水蒸气的分压力就越大。

3) 绝对湿度与相对湿度

单位体积空气中所含水蒸气的质量,叫做空气的绝对湿度,单位为 kg/m^3。而相对湿度是指在某一温度时,空气中所含的水蒸气质量与同一温度下空气中的饱和水蒸气质量的百分比。在实际中直接测量空气所含水分质量较困难,由于空气中水分产生的压力在 $100℃$ 以下时与空气中含水量成正比,从而可用空气中水蒸气产生的压力表示空气中的绝对湿度。饱和空气的绝对湿度与温度有关,温度高(低),饱和空气的绝对湿度大(小),因此,在空气中水蒸气含量不变的情况下,可降低温度以提高空气的相对湿度。空气中的绝对湿度与相对湿度的关系是:相对湿度是空气中水蒸气分压力与同温度下饱和水蒸气分压力之比,用符号 Φ 表示,即

$$相对湿度 = \frac{绝对湿度(水蒸气分压力)}{饱和水蒸气分压力} \times 100\% \tag{11.1}$$

从式(11.1)可看出,相对湿度反映了湿空气中所含水蒸气的量接近饱和的程度,相对湿度越小,说明空气越干燥,吸湿能力越强;反之,相对湿度越大,说明空气越潮湿,空气的吸湿能力越弱。当相对湿度为 100% 时,指的是饱和湿空气;反之,相对湿度值为 0 时,指的是干空气。所以相对湿度亦可称为饱和度。

4) 含湿量与露点

在空调工程中,调节湿空气中水蒸气的含量是经常要遇到的问题。但用什么样的数值来表达水蒸气的含量最为方便呢?若以单位体积即绝对湿度来表示,由于空气温度的变化,其体积也随之而变化,虽然其中水蒸气的绝对含量不变,但单位体积即每立方米体积内含有的水蒸气量相应地发生了变化,绝对湿度的数值也就不同了;若用单位质量即 $1kg$ 湿空气

中所带有水蒸气量来表示,虽然没有随着空气温度变化的问题,但湿空气在其状态变化过程中,由于水分的蒸发或水蒸气的凝结,不仅水蒸气的含量发生了变化,而且因为 $m = m_a + m_q$ (m 为湿空气质量,m_a 为干空气质量,m_q 为水蒸气质量),湿空气以体积或质量作为标准,都会给计算带来麻烦。但可以看到,无论湿空气的状态如何变化,其中干空气的质量总是不变的。为了计算方便,就采用 1kg 干空气作为计算的标准。

在实际应用中,一般不使用绝对湿度,而使用"含湿量"这一概念。1kg 干空气所含水蒸气的质量,叫做空气的含湿量,其单位是 g/kg。在含湿量不变的条件下,空气中水蒸气刚好达到饱和时的温度或湿空气开始结露时的温度叫露点。在空调技术中,常利用冷却方式使空气温度降到露点温度以下,以便水蒸气从空气中析出凝结成水,从而达到干燥空气的目的。空气的含湿量大,它的露点温度就高,物体表面也就容易结露。

随 1kg 干空气同时存在的水蒸气质量(g),称为湿空气的含量,用符号 d 来表示,即

$$d = \frac{m_v}{m_a} \quad (\text{g/kg,干空气}) \tag{11.2}$$

式中:m_v 为水蒸气质量;m_a 为干空气质量。要注意:这里是以 1kg 干空气为标准,而非 1kg 的湿空气,湿空气的质量应是 $(1+d/1000)$ kg。

相对湿度和含湿量都是表示空气湿度的参数,但意义却不相同。相对湿度能表示空气接近饱和的程度,却不能表示水蒸气的含量多少;而含湿量能表示水蒸气的含量多少,却不能表示空气接近饱和的程度。

5) 饱和温度与饱和压力

液体沸腾时维持不变的温度称为沸点或称为在某一压力下的饱和温度;而与饱和温度相对应的某一压力称为该温度下的饱和压力。

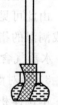

图 11.7 湿球

饱和温度和饱和压力都是随着相应的压力和温度的增大而升高,一定的饱和温度对应着一定的饱和压力。如在一个大气压(约 0.1MPa)下水的饱和温度为 100℃;水在 100℃时的饱和压力为一个大气压,而在 0.048MPa 的绝对压力下,水的饱和温度为 80℃,即 80℃时水的饱和压力为 0.048MPa。

饱和温度和饱和压力对制冷系统有重要的意义。在蒸发器中,制冷剂液体在(与蒸发器内压力相对应的)饱和温度下进行吸热、沸腾;而在冷凝器中,制冷剂蒸气的冷凝温度即是所处压力下的饱和温度。在整个凝结过程中,尽管蒸气还是不断受到冷却,但饱和温度始终维持不变(因冷凝器内压力不变)。

6) 临界压力与临界温度

当饱和气体的温度不变,压力升高,比容值减小,随着压力的不断升高,气态的比容值逐渐接近液态的比容;当压力增加到一定值时,气态和液态之间就没有明显的区别了,这种状态叫做临界状态。此时所对应的压力和温度分别叫做临界压力、临界温度。在临界温度以上的气态,无论加多大的压力都不能使它液化。因此,对于制冷剂来说,为了使制冷剂在常温下能够液化,其临界温度应较高一些。

4. 焓

在空调工程中,湿空气的状态经常发生变化,也经常需要确定此状态变化过程中的热交换量。例如,对空气进行加热和冷却时,常需要确定空气吸收或放出多少热量。湿空气的焓是以 1kg 干空气作为计算基础的。含有 1kg 干空气的湿空气即 $(1+d/1000)$ kg 湿空气的焓

h,是 1kg 干空气的焓 h_a 和 $d(g)$ 水蒸气的焓 h_q 的总和,即

$$h = h_a + 0.001dh_q \tag{11.3}$$

从热工学的基础知道,在压力不变的情况下,焓差值等于热交换量。而空调工程中对空气加热或冷却都是在定压条件下进行的,故空气定压过程中热量的变化量等于空气状态变化前后的焓差,即

$$q = h_2 - h_1 \tag{11.4}$$

5. 过冷与过热

1) 过冷

在制冷技术中,过冷是对液体而言的。将冷凝后的液体制冷剂在压力不变的情况下继续冷却,其温度就会比冷凝时的饱和温度更低。这种现象称为过冷。这时的液体称为过冷液体,其温度称为过冷温度。饱和温度(即冷凝温度)与过冷温度之差称为过冷度。

2) 过热

在制冷技术中,过冷是对气态制冷剂而言的。让蒸发器中的干饱和蒸气继续定压吸热的热力过程称为过热。过热蒸气温度称为过热温度,其比干饱和蒸气的饱和温度高,两者之间的温度差称为过热度。在蒸气压缩式制冷系统中,压缩机吸入和排除的蒸气都是过热蒸气。

空调中为了限制节流汽化,从冷凝器出来的液态制冷剂应进一步降温,使其过冷;而为了防止液击,气态制冷剂进入压缩机前,应吸热升温,使其成为过热蒸气。因此常常将毛细管和压缩机低压回气管套在一起,使低压回气管中的低温低压干饱和蒸气状态的制冷剂与毛细管中的高压常温饱和状态的制冷剂进行热交换,一方面降低了节流前制冷剂的温度,使之变成比饱和温度低的过冷液,另一方面又让蒸发器流出来的低温低压干饱和蒸气吸收热量,变成低温低压的过热蒸气,这样就大大提高了制冷系统的制冷量。

6. 热量

热量是能量变化的一种量度,表示物体在吸热或放热过程中所转移的热能。热量有显热和潜热两种形式。

1) 显热

显热是指物质在只改变温度而不改变其状态的过程中所转移的热量,如水的温度从 20℃升至 80℃,这时水吸收的热量为显热。

2) 潜热

潜热是指物质在只改变状态(如熔解、液化等),而不改变温度的过程中所转移的热量。如将 100℃的水变为 100℃的水蒸气时,需要吸收的热量。依据物态变化,潜热可分为汽化潜热、液化潜热、熔化潜热和凝固潜热等。

在实际应用中,潜热与显热的关系如图 11.8 所示。

7. 制冷量

制冷量是单位时间内制冷剂在制冷系统所吸收的热量。单位为瓦(W)或千瓦(kW),它是衡量制冷装置制冷能力的主要参数。现在空调销售行业中习惯用"匹"作为制冷量的单位,所谓的 1 匹大约相当于 2300W 的制冷量,1.5 匹约为 3450W,2 匹约为 4600W。

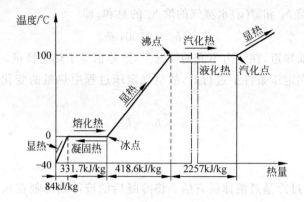

图 11.8 水的潜热与显热的关系

11.2 制冷与空调的基本原理

1. 制冷方法

根据制冷产生的环境温度的不同,制冷技术大致可分为以下几种:

(1) 普通制冷:环境温度以下到 $-153.15℃$;

(2) 深度制冷: $-153.15 \sim -253.15℃$;

(3) 低温和超低温制冷: $-253.15℃$ 到接近绝对零度,即 $-273.15℃$。

空调制冷是用一定的方法使物体或空间的温度低于周围环境介质的温度,并且使其维持在某一范围内。空调器中的制冷属普通制冷。制冷的方法很多,所获得的低温温度范围也不同。普通制冷常用的制冷方法有相变、节流、膨胀、半导体制冷等。

一般城轨车辆都采用蒸气压缩式制冷。

1) 相变制冷

物质在状态变化过程中,如熔解、汽化和升华等,都要吸收热量,因此都有制冷作用。利用相变制冷,系统所能达到的温度取决于物质相变的温度,而系统所获得的制冷量,取决于该物质的相变潜热。为了连续获得一定的制冷量,使系统保持所要求的低温,就必须不断补充相变物质。而相变物质的补充方式有单向和循环两种方式,固体熔解和升华属单向制冷,液体汽化可实现循环制冷,因为汽化后的相变物质可采用一定方法使之重新液化,供循环使用。由于汽化、液化的潜热很大,因而制冷能力很强。

目前,广泛采用的是相变循环制冷方式。

(1) 蒸气压缩制冷循环

将蒸发器出来的蒸气冷却加压后,重新冷凝为液体,然后再蒸发,如此不断循环,这就是蒸气压缩制冷循环。电冰箱和家用空调器采用这种制冷方式。蒸气压缩制冷循环原理如图 11.9 所示。将制冷用的工质充灌在一个密封的系统内,液态工质经节流装置节流降压后,在蒸发器中等压汽化吸热,变为低温低压蒸气,然后经过压缩机绝热压缩成高温高压蒸气,最后在冷凝器中液化放热,并再进入节流装置,从

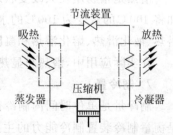

图 11.9 蒸气压缩制冷循环原理

而完成一个制冷循环。

(2) 蒸气压缩制冷机组组成

蒸气压缩制冷机组主要是由压缩机、冷凝器、膨胀阀和蒸发器四个部分组成的,并用管道连接,形成一个封闭的循环系统。

① 蒸发器:是制冷的部件,经膨胀阀的制冷剂气液混合物在蒸发器内汽化,吸收被冷却物的热量变为气体。

② 制冷压缩机:它是制冷系统中最主要的部件,它吸入蒸发器中低压制冷剂蒸气,将其压缩成达到冷凝压力的高温、高压蒸气,然后排至冷凝器。

③ 冷凝器:是放热的部件,它的作用是将来自压缩机的高温高压的制冷剂蒸气冷凝成高压的液体。在冷凝的过程中,制冷剂蒸气放出热量,被水或空气带走。

④ 膨胀阀:制冷剂的高压液体经节流,压力从冷凝压力降至蒸发压力,一部分液体由于降压而变为蒸气,制冷剂成为气液两相混合物。

(3) 蒸气压缩制冷机组工作过程

① 制冷剂液体在蒸发器中吸收被冷却物体(如室内的空气)的热量,而汽化成低压低温的蒸气后被压缩机吸入。

② 压缩机消耗一定的机械功将制冷蒸气压缩成压力、温度都较高的蒸气并将其输入冷凝器。

③ 高温、高压的制冷剂蒸气在冷凝器内被环境空气(或水)冷却,制冷剂蒸气放出热量后被冷凝成液体,此时的制冷剂液体还处于高温、高压状态。

④ 高温、高压的制冷剂液体经过膨胀阀节流降压、降温后进入蒸发器。此时的制冷剂液体已变为低温、低压状态。在蒸发器中,低温、低压的制冷剂又吸收被冷却物体的热量蒸发成相对的低温、低压的制冷剂蒸气,再被压缩机吸入,如此周而复始地循环。

(4) 吸收式制冷循环

吸收式制冷循环利用热源所提供的热能,使工质产生循环。

2) 节流制冷

一定压力的流体在管内流动过程中,若管子的某一部分的横截面积突然缩小,则流体会由于局部的作用而降压,这种现象称为节流,节流后流体温度会降低。因此,节流后的低温气体可以作为制冷源,而且节流降温还可能使气体液化。

3) 膨胀制冷

高压气体绝缘膨胀一方面可以降低温度,产生制冷作用;另一方面膨胀过程还会对外做功,回收能量,提高制冷装置的效率。气体在节流与膨胀过程都有降温制冷作用,但气体绝热节流制冷的初温必须低于转换温度,而气体绝热膨胀后温度总是降低的。因此实际应用中常根据需要来选择适当的制冷方式。例如,在高温高压或高温中压时,通常选用绝热膨胀制冷;而在温度较低时,采用节流制冷效果较好;至于气体液化,往往将两种方法结合起来,组成气体液化系统。

4) 半导体制冷

利用某种半导体材料的热电效应实现制冷。产生热电效应的原因是:不同材料传导电荷能量不同,当不同材料组成回路,电荷在接触面处从一种材料移到另一种材料时,能量发生变化,而能量变化取自材料本身内能,使接触面温度升高或降低,从而产生放热、吸热。

2. 空调技术基础

空调技术在实现温度调节时,用到了制冷技术,但它不等同于制冷技术,它有着自身的技术特点。简单地说空调技术是一种空气调节技术,它包括了空气的温度调节、湿度调节、流速调节和洁净度调节四个方面的内容。

1) 温度调节

空调降温时采用的制冷原理,一般是压缩式制冷和吸收式制冷。空调在升温时采用的加热原理,一般是热泵式制热和电热式制热两种。

2) 湿度调节

空调对空调湿度调节主要采用的方式是除湿和加湿。常见除湿方式是冷冻除湿、液体除湿和固体除湿。加湿的常见方法有离心喷雾法、空气喷水处理法和水蒸气加湿法。

3) 流速调节

在空调器中,调节空气的流速主要是通过调整风机的转速来完成的。另外,空调器还通过调整出风栅、风门和风道调节开关等部件,来调整空气的流向和流量。

4) 洁净度调节

除尘主要通过滤尘网和等离子除尘;除臭主要通过新风除臭;杀菌主要有臭氧杀菌、高温杀菌、光触媒杀菌和光波杀菌等。

3. 空调装置的基本工作原理

空调系统结构组成包括 2 个冷凝盘管、2 个轴流风扇电机(即室外热交换机),其作用是将室外风机吸入的新鲜空气经过盘管,实现内部制冷剂的冷凝;2 个涡旋式压缩机,吸入低温的制冷剂将其压缩为高温高压的制冷剂后送出;2 个干燥过滤器,用以吸收制冷剂中的水分,同时过滤制冷剂中的杂质,避免制冷系统出现脏堵;1 套蒸发器,包括 1 个带有两个热力膨胀阀的蒸发器盘管、1 套风扇及其驱动电机、1 个压力开关、1 个供风温度传感器、1 个空气过滤器,其作用是将制冷剂与混合空气进行热交换;1 个基于微处理器的温度控制器控制板;通过数字输入/输出和 MVB 总线与车辆信息系统连接,用来报告故障、启动命令、启动授权和自检测结果。

1) 制冷工况

(1) 制冷循环

空调采用蒸气压缩制冷循环方式,包括压缩、冷凝、节流和蒸发四个热力过程,制冷剂经节流降压后,在室内侧的蒸发器中等压蒸发,吸收汽化热,变成低温低压的蒸气,然后经过压缩机压缩,变成高温高压的蒸气,最后在室外侧的冷凝器中冷凝成液体,放出液化热,见图 11.10(a)。

(2) 空气循环

空气循环是利用机内电风扇强迫车厢内外空气按一定路线对流,以提高换热器的热交换效率。

2) 制热工况

制热工况见图 11.10(b)。

4. 城轨车辆空调基本工作原理

地铁车辆空调机组就是把制冷和空气调节两种技术结合起来,并加上电气控制的设备。

1) 通风功能

空调机组一般由一台压缩机压缩输出,分两路通过蒸发器、节流阀、冷凝器后,合为一路

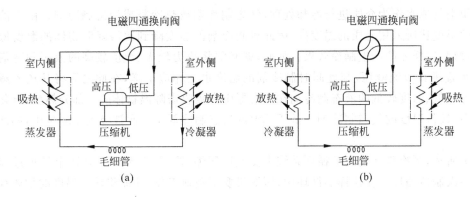

图 11.10　热泵型空调器运行原理
(a) 制冷工况；(b) 制热工况

再次回到压缩机。压缩机装有能量调节阀,可以调节压缩机不同的工作状态。空调采用一次回风系统,是"平送平回"的两端送出风、两端回来风的型式。列车内不设专用的回风口以及回风管道,即空调送风与车厢顶部送风管道相连,在车厢顶部的顶板上经由孔板送风；车厢内回风经由侧壁下方及拐角顶板的回风口,经过回风管道进入机组,在内部的蒸发间与列车外面新鲜空气合一起后,经过过滤、冷凝过程后由车厢内的送风管道送至车厢里。列车车厢内的废气凭借车内高于常压的空气压力,由安装在车厢顶部的主动废排风机排到列车外。

2) 制冷功能

空调机组制冷方法有许多种,目前蒸气压缩式制冷机是列车空调上使用最多的一类制冷设备,它利用了单级压缩制冷循环原理。

蒸气压缩式制冷机的工作基本原理：在空气压力为一定值的条件下,当液体自身的温度达到某温度值时它会开始沸腾,把这个特定的温度值称为该液体的沸点。在空气制冷的相关专业中,与沸点意思相同的专业名词是蒸发温度。同吸收热量变为气态的过程正好相反,在达到对应的冷凝温度的情况下气体会释放热量从而变为液态。假如用水或者空气作为介质对气态的制冷剂进行冷凝处理,气态制冷剂的冷凝温度要比所使用介质的温度稍微高一点。而气体的压力比较高,其冷凝温度也会相对较高,所以只需使用压缩机将气态的制冷剂的压力压缩至系统可以实现的冷凝温度相应的压力,就可以利用水或空气作为介质进行冷凝,将其在冷凝过程中吸收热量气化的气态制冷剂再次冷却变为液态,然后让液态制冷剂在较低的温度下再吸收热量成为气态。如此这样,在密闭的循环系统中仅仅通过压缩机不断的工作,就可以实现制冷剂循环地由液态变气态,又由气态变液态的状态转变。经过这样的状态转变可以把较低温度地方的热量移到较高温度的地方去。单级压缩制冷的原理图如图 11.11 所示。

蒸气压缩式制冷机的主要部件包括压缩机、冷凝器、节流装置和蒸发器,并通过相互连接的管路形成密闭的制冷系统。其工作过程如下：在蒸发器中,液态制冷剂吸收需降温物体的足够多的热量转成低压力、低温度的气态制冷剂,之后气态制冷剂被吸到压缩机中。通过一段时间的工作压缩机将气态制冷剂的压力增大、温度提高,然后将高压高温的气态制冷剂送入冷凝器。在冷凝器内,气态制

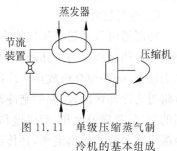

图 11.11　单级压缩蒸气制冷机的基本组成

冷剂采用空气或水作为介质进行冷却处理，气态制冷剂放热冷凝成液态制冷剂。由于液态制冷剂的温度比所采用介质的温度高，因此将制冷剂的温度降到比需降温物体的温度低是必需的过程，这样才能产生制冷效果。如此，就必须将压力较大、温度较高的液态制冷剂通过节流装置进行节流降压，与此同时制冷剂的温度也会相应下降，在此之后将其送入蒸发器。压力较低、温度较低的液态制冷剂在蒸发器中会吸收需降温物体的一部分热量，汽化成较低压力、较低温度的气态制冷剂。低压低温的气态制冷剂又一次被吸进压缩机中，如此循环往复。

如上所述，制冷剂在密闭的循环系统中要经历压缩、冷凝、节流和蒸发四个处理过程才算完成一次制冷循环。在这样的循环中，压缩机要不断地工作，才能将较低温度的物体释放出的热量移到温度较高的水或空气介质里，从而达到制冷的目的。

(1) 制冷循环过程

① 蒸发过程

蒸发过程是在蒸发器中进行的，蒸发器可以低温低压液体在其中吸热蒸发成气体（图 11.12）。液态制冷剂在蒸发器中蒸发时吸收热量，使其周围的介质温度降低或保持一定的低温状态，从而达到制冷的目的。蒸发器制冷量大小主要取决于液态制冷剂在蒸发器内蒸发量的多少。气态制冷剂流经蒸发器时不发生相变，不产生制冷效应，因而应限制毛细管的节流汽化效应，使流入蒸发器的制冷剂必须是液态制冷剂。另外，蒸发温度降低，相应的制冷量也略为降低，并会使压缩机的功耗增加，循环的制冷系数下降。

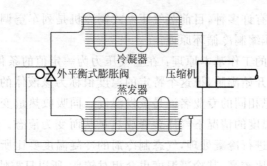

图 11.12　蒸气压缩制冷循环系统图

② 压缩过程

压缩机可以将低压气体压缩成高压气体。压缩过程在压缩机中进行，这是一个升压升温过程。压缩机将从蒸发器流出的低压制冷剂蒸气压缩，使蒸气的压力提高到与冷凝温度对应的冷凝压力，从而保证制冷剂蒸气能在常温下被冷凝液化。而制冷剂经压缩机压缩后，温度也升高了。

③ 冷凝过程

冷凝器可以高温高压气体在其中放热冷凝成液体。冷凝过程在冷凝器中进行，它是一个恒压放热过程。为了让制冷剂蒸气能被反复使用，需将蒸发器流出的制冷剂蒸气冷凝还原为液态，向环境介质放热。冷凝器按工作过程可分为冷却区段和冷凝区段。冷凝器的入口附近为冷却区段，高温的制冷剂过热蒸气通过冷凝器的金属盘管和散热片，将热量传给周围的空气，并降温冷却，变成饱和蒸气。冷凝器的出口附近为冷凝区段，制冷剂由饱和蒸气冷凝为饱和液体放出潜热，并传给周围空气。

④ 节流过程

节流器可以将高温高压液体节流成低温低压液体。节流阀一般是又细又长的毛细管。由于冷凝器冷凝得到的液态制冷剂的冷凝温度和冷凝压力要高于蒸发温度和蒸发压力,在进入蒸发器前需让它降压降温。液态制冷剂通过毛细管时由于流动阻力而降压,并伴随着一定程度的散热和少许的汽化,因此节流过程是一个降压降温的过程。节流汽化的制冷剂量越大,蒸发器中的制冷量就越少,因而必须减少节流汽化。

(2) 制冷剂液体过冷和吸气过热对制冷循环的影响

① 制冷剂液体过冷的影响

制冷剂在冷凝器中被冷凝成液体后,如果液体制冷剂继续向外放热,换句话说液体制冷剂继续被冷凝,就会使制冷剂液体的温度低于饱和温度(这是指对应于冷凝压力的冷凝温度)而成为过冷液体。

② 吸气过热的影响

在理论循环中,假定由蒸发器流出和被压缩机吸入的制冷剂都是饱和蒸气,从蒸发器出口至压缩机吸入口之间的管路不存在热交换。

③ 回热制冷循环

为了限制节流汽化,从冷凝器出来的液态制冷剂应进一步降温,使其过冷(图 11.13)。

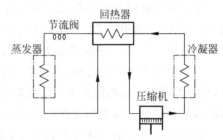

图 11.13 回热制冷循环

11.3 城轨车辆客室内空气参数的确定

空气调节就是把经过一定处理之后的空气,以一定的方式送入室内,使室内空气的温度、湿度、洁净度和气流速度控制在适当的范围内。

1. 舒适性指标

乘客的舒适性包括客室内的温度、湿度、新风、CO_2 含量、含尘量、微风速、温度场均匀性和噪声等指标。在标准大气压下,人体对舒适度的要求,因个人的体质、年龄、民族、地域、生活习惯、衣着服装等不同而有所不同,冷热干湿的要求也有很大差别,如北京天气炎热、比较干燥,而上海气候除炎热高温外,相对湿度较大。南北方的这种差异决定了城轨车辆车内空气参数设定的指标规定应有所不同。表 11.1 给出了大多数人感到舒适的温热条件。

表 11.1 人体感到舒适的空气条件

程度	夏季温度/℃	冬季温度/℃	相对湿度/%	新鲜空气流量/(m³/h)	风速/(m/s)
舒适	22~28	15~21	30~70	>20	0~0.2
适应	27~43	0~15	15~30	8~20	0.2~0.4
有害	>43	<0	<15 >70	<8	>0.4

如果将表 11.1 中的参数直接用于城轨车辆上的空调与制冷系统,乘客不一定就会感到舒适。城轨车辆自身的运行特点和运行条件决定了乘客对舒适度要求有其特殊性。

通过分析乘客乘坐列车车辆的具体情况可以发现,表 11.1 所列的舒适值是基于人体在空调环境中长时间停留的稳定状态下得出的。由于停留时间长，人员在车辆中可适当增减衣物，以达到个人的舒适要求，国铁干线铁路采用这些参数完全没有问题。但对城市轨道交通来说，车辆的全程运行时间一般不超过 1h,乘客在车内最长的乘坐时间大概在 30~40min,多数乘客只有几分钟或十几分钟的乘坐时间。同时，城轨车辆车门较多，停站开启频繁，有利于气流的流通。这些都说明城轨车辆的空调系统不同于国铁干线铁路车辆。

1) 温湿度指标

客室内温湿度的确定，需考虑车内外温差、乘客的体质对环境的感受等诸多因素。空气湿度大时，温度应有所下降；湿度小时，温度应有所提高。乘客不同，对温度、湿度的要求也不同，一般能够使 80% 的乘客感到舒适和适应，就可以认为已经达到了设计要求。

温湿度的确定与乘客的乘车率也有关。在城轨车辆空调设计中，遇到的最难解决的问题就是乘客多、超员严重。《地下铁道车辆通用技术条件》(GB 7928—1987)规定，设计定额站立定员为 6 人$/m^2$,超员状态下为 9 人$/m^2$。如果按定员设计，在超员严重的情况下，车内空气参数指标无法满足需要，乘客会有湿热和闷的感觉，特别在早晚高峰期更显得突出。另外，乘客人数不仅随时间的不同变化较大，随区段的不同变化也较大，繁华地段乘客最多，偏远地段乘客较少。这些都是在设计温湿度指标时应充分考虑的。

在城市轨道交通车辆空调设计中，还应注意到新线和已运营一段时间的旧线的区别。因为新线隧道内温度偏低，相对湿度偏大，除湿是主要问题；而旧线随着运行时间增长，隧道内温度升高，相对湿度下降，因而降温成为主要问题。

2) 车内空气参数

(1) 城市轨道交通车辆空调的外气参数

城市轨道交通车辆是运用在某个城市的车辆，具有明显的地方性。因此，城轨车辆空调与制冷系统的调节参数应以所运用城市的气象条件为依据，如北京的车辆空调系统和广州、哈尔滨的车辆空调系统标准应是不一样的。城轨车辆空调的外气参数可参照"我国主要城市空调室外气象参数"。

(2) 客室温度

夏季，客室温度应考虑外气温度，否则过大的车内外温差会使人不适应。因此，客室内的设定温度要能随外气温度的变化而变化。《铁道客车通用技术条件》(GB/T 12817—1991)中规定，当夏季车外空气温度高于 35℃ 时，客室内平均气温按下述关系来考虑：

$$t_{客室} = 20 + 0.5(t_{外气} - 20)$$

根据我国实际情况，28℃ 一般是感觉舒适与不舒适的分界点，也是人体生理活动由正常到开始恶化的分界点，因此可把 28℃ 设定为客室最高设定温度。

冬季，地铁站内的温度相对地面来说较高，乘客穿的衣服较厚，在短暂的乘车过程中乘客一般不脱下外衣，因此冬季内客室温度不宜设定太高，可为 18~20℃。

(3) 客室湿度

结合相对湿度的适应性，当人体周围温度在 26.7℃ 以下时，湿度对人体的影响不很明显；但是当温度在 28℃ 以上时，空气相对湿度对人体的影响就较为明显了，当相对湿度达到 70% 时人开始感觉不舒适。因此，车内相对湿度最大允许值可取 70%,一般应在 45%~65% 的范围内。

(4) 客室风速

空调吹出的空气流速又称微风速,同样影响人体散热,是空调系统设计中一个很重要的指标。车内空气流速增大可以加速人体表面的对流散热,促进汗液蒸发,从而增加散热效果。我国铁路客车规定微风速≤0.35m/s。城轨车辆的内顶高度比铁路客车低,若风速过高,会导致乘客头部的吹风感较强,影响舒适性;但城轨车辆的容客量较大,若风速过低,会影响散热效果。在欧洲 UIC 标准规定的轨道客车空调设计中,人体在生理上允许的最高风速的大小与环境温度的大小大致为线性关系,温度越高,允许的最高风速越大。一般可设计送风风速在 0.15~0.25m/s 范围内,冬季比夏季略低一些。

(5) 新风量

现代城市轨道交通车辆在运行时均为密闭空间,空调系统必须保证持续更换车内空气,使车内各种污染物保持在卫生标准所允许的浓度值以下。除了空调的通风系统外,列车到站时车门的打开关闭过程也能在一定程度上提供车内少量新风。但实际上,列车在隧道内运行时,隧道内的空气并非真正的"新风",而是与隧道通风的具体设计有关。欧洲国家的城轨车辆新风量一般为 8~12m³/(h·人),我国《地下铁道车辆通用技术条件》定为不少于 10m³/(h·人),在实际设计时,可将新风量的数值取高一些,如取到 15m³/(h·人),CO_2 含量容积比取 0.15%~0.2%。

(6) 含尘量

含尘量是城市轨道交通车辆空调设计中的一项卫生指标,铁路客车规定空气含尘量为 1mg/m³。对于地下运行的城轨列车,考虑到技术可行性,可以适当放宽该项标准。车辆在隧道内运行,隧道内的灰尘、闸瓦制动产生的粉末等颗粒,必然会通过各种渠道进入车内,含尘量数值应以不超过 1.5mg/m³ 为宜。

综上所述,城市轨道交通车辆的车内空气参数标准如表 11.2 所示。

表 11.2 城市轨道交通车辆的车内空气参数标准

空气参数	标准	
	夏季	冬季
温度/℃	24~28	18~20
相对湿度/%	≤65	≥45
微风速/(m/s)	0.15~0.25	0.15~0.20
新风量/[m³/(h·人)]	≥10	≥10
CO_2 体积分数/%	≤0.15	≤0.15
含尘量/(mg/m³)	≤1	≤1

2. 城市轨道交通列车空气调节参数要求

地铁列车的运输任务是单一的运送短途乘客,这就要求客室内要有卫生而且舒适的环境条件。根据人们的生活实践和人体生理卫生上的要求以及车内的特点,可分析出影响车内人体卫生和舒适性的主要因素:客室内的空气温度、人体周围空气的流动速度、客室内空气的洁净度。

在正常的气候条件下,一般只要能够使身体内所产生的热量和向外界发散出去的热量保持平衡,人就感到舒适。而如果空气温度不能使人保持热量平衡,就会使人感到不舒服。

在一般的情况下,人体产生的热量主要靠皮肤和呼吸器官散发到周围的空气中去,这种散发热量的方式有辐射、蒸发、对流和传导。

在客室内空气的相对湿度也是影响人体舒适的重要因素,当人体周围的相对湿度较大时,将要影响人体的蒸发散热,而使人们感到闷热。卫生学的观点也认为:当人体周围空气温度在26.7℃以下时,湿度对人体影响不明显,但当温度在28℃以上时,空气的相对湿度对人体的影响就较为明显了。相对湿度对人体影响使人感觉不舒适的极限值约为70%。

在客室内的空气的流速,同样影响人体的散热。车内空气流速的增大可以加速人体表面的对流散热,尤其是当人体周围空气的温度和相对湿度都较高的情况下,增大空气流速会促进人体表面汗液的蒸发,从而增加散热效果,给乘客一个舒适的感觉。

在客室内,由于人的呼吸,二氧化碳(CO_2)将增加,当增加到一定浓度后就会影响人的健康。另外,车内乘客携带的物品中产生的有害气体等,使车内空气变得污浊,这时就需要外界新鲜空气,对车内的空气进行一定的更换。

综上所述,客室内的温度、相对湿度、流速、洁净度等参数是影响乘客舒适性的重要因素。

1) 制冷

(1) 正常情况下,温度:27℃;相对湿度:最大相对湿度65%。

(2) 在以下环境中:

地面:温度35℃,最大相对湿度为68%,载客负荷 AW2(310人/车厢),太阳负荷840cal/s。

隧道:温度35℃,最大相对湿度为65%,载客负荷 AW2,其他负荷为内部照明灯、送风机等。

2) 制热

列车在环境温度-5~10℃范围内运行时,要求列车客室内温度10~18℃。

3) 其他要求

人均供风量不应少于30m³/h,人均新风量不应低于10m³/h;在寒冷季节,司机室内温度应不低于14℃;客室内空气含尘量应不大于0.5mg/m³;列车在紧急情况下应具有事故通风能力。

由此根据上海地区的气象条件,确定了地铁车辆客室内夏季的空调参数,每辆车均按满载310人计算,可得:

客室内的温度:$t=27$ ℃;

客室内的相对湿度:$\varphi=65\%$;

客室内空气流速:0.5m/s(在1.2~1.7m处),最大不超过(0.7±0.2)m/s;

新鲜空气量:10m³/(h·人);

车内空气含尘量:≤0.5 mg/m³;

每辆车总的通风量:直流车为8000m³/h,交流车为8500m³/h;

每辆车总的新风量:直流车为4000m³/h,交流车为3200m³/h。

3. 外气参数的确定

外气参数是根据本地区的地理位置和气象条件所确定的。以上海地铁车辆为例:

上海地区的纬度:31°10′。

上海地区的经度：121°26′。

上海地区的年平均温度：16.1℃。

上海地区的月平均最高温度：27.8℃。

根据以上的气象地理条件，上海地铁车辆的客室空调只在夏季进行制冷调节，冬季不进行采暖调节。为了改善驾驶员的工作环境，司机室设有电加热采暖。

要使列车空调设备具有良好的经济性和运行完好性，将其外气条件定为：

隧道内：外部气温 $t=35℃$，相对湿度 $\varphi=60\%$；

地面：外部气温 $t=32.2℃$，相对湿度 $\varphi=68\%$。

11.4 制冷剂与冷冻油

1. 制冷剂

空调制冷系统中，将室内的热量连续不断地转移到室外环境空气中去的工作物质称为制冷剂。制冷剂在蒸发器内吸收被冷却介质（水或空气等）的热量而汽化，在冷凝器中将热量传递给周围空气或水而冷凝。从理论上讲凡是能在蒸发器中吸收被冷却介质的热量而汽化，并在冷凝器中放出热量而液化的物质都可以作为制冷剂，但对于空调制冷系统，必须要考虑所选用的制冷剂能使整个空调制冷系统安全、可靠、高效和经济地工作，因此对制冷剂是有一定的要求的，同时，节能、环保也是当前城市轨道交通发展的重要课题。在地铁空调机组中常用的制冷剂有氟利昂22(R22)、R407C和R134a。

1) 制冷剂的分类

(1) 低温高压制冷剂。冷凝压力大于2MPa，正常汽化温度低于70℃，主要有R13、R14和R503等，适用于低温制冷装置及复叠式制冷的低温部分。

(2) 中温中压制冷剂。冷凝压力在0.3～2MPa，正常汽化温度介于0～70℃，主要有R12、R22和R502等，适用于电冰箱及中、小型空调器、城轨车辆空调。

(3) 高温低压制冷剂。冷凝压力在0.2～0.3MPa，正常汽化温度大于0℃，主要有R11、R21、R113和R114等，多用于空调系统的离心式压缩机（中高档宾馆的中央空调）。

2) 制冷剂的性能

(1) 热力学要求

制冷剂的蒸发压力在要求的蒸发温度下，不能过低，应略高于大气压力，以防外界空气渗入系统而降低制冷能力；在要求的冷凝温度下，冷凝压力不能过高，压力过高一方面给系统的密封增加难度，同时还要提高系统的高压部分的耐压能力，增加了设备的重量和成本，另一方面又使压缩机的压缩功增大，压缩机的实际排气量减小。

另外，制冷剂的临界温度要高，以便用环境空气（或水）来冷却，而凝固温度要低，以便获得较低的蒸发温度。

制冷剂的单位容积制冷量也应越大越好。这样当制冷量一定时，单位容积制冷量增大，制冷剂的循环量就可减少，同时可缩小压缩机和系统的尺寸。

(2) 物理性能

临界温度比环境温度高，在常温或普通低温下可冷凝成液体，因为制冷循环的冷凝温度如果接近临界温度，节流损失就很大，制冷循环的经济性能势必不好；在制冷温度范围内，制冷剂的饱和蒸发压力应稍高于大气压,以免空气漏入制冷系统;冷凝压力不能过高,一般不超过 1.5~2.2MPa,以免设备过于笨重,压缩机功耗太大;同时,冷凝压力与蒸发压力之比也不能过大,以免压缩机排气温度过高;凝固温度尽可能低,以便获得更低的蒸发温度;单位容积制冷量要大,以提高压缩机的能效比,减少设备的体积。

热导率要高,以提高热交换器的效率。制冷剂的黏度和比重要小,以减少制冷剂在制冷装置中流动阻力及能量损耗。制冷剂的导热系数与放热系数尽量大些,以提高换热器的传热效率,减小传热面积。

制冷剂有一定的水溶性。制冷剂最好不含水分,但实际上制冷系统中难免渗入极少量的水分,若制冷剂能溶解少量的水分,在蒸发温度低于 0℃时,系统就不易产生"冰塞"现象而影响制冷装置的正常运转。

制冷剂能与润滑油互溶或混合,而且不影响润滑油的润滑性能和电气性能,也不降低制冷剂本身的热力学性能。制冷剂与润滑油的互溶性好有利于润滑油渗透到各运动部件的摩擦面以改善润滑条件,并且在蒸发器等各换热器的传热面上也不易形成油膜面阻碍传热。缺点是制冷剂含油量增加会引起蒸发温度升高,造成制冷能力下降。

(3) 化学性能

化学稳定性好,在高温下不分解;对金属和其他材料无腐蚀作用;与冷冻油不发生化学反应。在制冷剂的工作温度和工作压力范围内,应不分解、不聚合、无燃烧和爆炸的危险。

(4) 安全性能

在一般条件下,不燃烧、不爆炸,无毒、无臭、无味,不污染环境。制冷剂应对人体无毒、无刺激性气味。

(5) 经济性能

价格低廉,易于购买、储运。

2. 常用制冷剂

可以当作制冷剂的物质有几十种,但目前工业上常用的不过十余种,其中被广泛采用的有氨(R717)、氟利昂-12(R-12,别名 R12)、氟利昂-22(R-22,别名 R22)、R134a、R407c、R404a、R410a 等。上海地铁 1 号线车辆空调机组采用的制冷剂为 R22,2 号线车辆空调机组采用 R134a;广州地铁 1 号线车辆空调机组采用 R134a,2 号线采用 R407c;深圳地铁车辆空调机组采用新型环保制冷剂 R407c。

氟利昂是饱和碳氢化合物的卤素衍生物的总成,目前用作制冷剂的主要是甲烷(CH_4)和乙烷(C_2H_2)的衍生物。用卤素原子代替原化合物中的一部分或全部氢原子就能得到不同性质的氟利昂,以符号"R"配以两位数字(甲烷族)或三位数字(乙烷族)表示,如代号为 R-22 的制冷剂是二氟一氯甲烷,化学分子式为 $CHClF_2$。所配的数字表示氢原子数,不含氢原子为 1,以后每多一个氢原子再加 1,第二位表示氟原子数。例如:

  化学名称 化学分子式 代号

  二氟二氯甲烷 CCl_2F_2 R-12

  二氟一氯甲烷 $CHClF_2$ R-22

氟利昂的优点:无毒、燃烧和爆炸的可能性小,对金属不腐蚀。绝热指数小,因而压缩机的排气温度较低。

氟利昂的缺点:单位容积制冷量较小,因而制冷剂特循环量大;比重大,引起流动阻力大；放热系数低；含有氯原子的氟利昂遇明火（400℃以上）会分解出少量剧毒的光气，对天然橡胶和树脂有腐蚀作用；易泄漏，又不易发现，要求系统有良好的密封性。此外，价格也较贵。

常用的制冷剂主要有 R12（$CHCl_2F_2$，二氟二氯甲烷）、R22（$CHClF_2$，二氟一氯甲烷）、R502 等（表 11.3）。此外，新型制冷剂代替剂主要有：

（1）R12 的替代物。比较成熟的有两类：一类是氢氟烃，以 R134a 为代表；另一类是丙烷和丁烷形成的烃。

（2）R22 的替代物。氢氟烃类物质不破坏臭氧层。

R134a 不能与传统的矿物油共用，专门合成的酯类油容易分解，危及压缩机安全；具有高度的吸湿性，要求对系统进行仔细的抽空和干燥处理，给实际应用带来不少麻烦；用于替代 R22 时容积制冷量下降约 20%～30%，需要更大的压缩机排量。

R407c 是由 HFC-32、HFC-125 和 HFC-134a 按质量百分比 23%、25%、52% 混合而成的共沸制冷剂，目前国外主要用于大中型制冷系统 HCFC-22 的替代物品。R407c 的成分中 R134a 所占比例超过 50%，也不能与矿物油共用，但采用 R407c 新型环保制冷工质压缩机容积制冷量变化不大。

上海地铁 1 号线车辆空调机组采用的制冷剂为 R22，2 号线车辆空调机组采用新型环保制冷工质 R134a；广州地铁 1 号线空调机组制冷剂采用 R134a，2 号线空调机组制冷剂采用 R407c；深圳地铁车辆空调机采用新型环保制冷工质 R407c。

表 11.3 不同制冷剂的性能指标比较

性能指标	R12	R22	R134a	R410a	R407c
标准沸点/℃	−30	−41	−24	−53	−43.6
凝固温度/℃	−158	−160	−97	−155	—
临界温度/℃	112	96.1	101	72.5	87.3
临界压力/MPa	4.12	4.98	4.07	4.95	4.82
ODP(R11=1.0)	0.9～1.0	0.06	0	0	0
GWP(CO_2=1)	8500	1900	1600	1700	1530
可燃性	无	无	无	无	无
毒性	无	低	无	低	低

注：ODP 为消耗臭氧潜能值；GWP 为全球变暖潜能值。

3. 冷冻油

1）冷冻油的性能与要求

（1）黏度适当。黏度是表示流体黏滞性大小的物理量。

（2）浊点低于蒸发温度。冷冻油中残留有微量的石蜡，当温度降到某个值时，石蜡就开始析出，这时的温度称为浊点。

（3）凝固点足够低。冷冻油失去流动性时的温度称为凝固点，其凝固点总比浊点低。

（4）闪点足够高。冷冻油蒸气与火焰接触时发生闪火的最低温度，叫做冷冻油的闪点。

（5）化学稳定性好。冷冻油在与制冷剂、金属共存的系统中，若温度比较高，则会在金属的催化作用下，发生分解、聚合、氧化等化学反应，生成具有腐蚀作用的酸。

(6) 杂质含量低。制冷剂、冷冻油溶液中若混入微量水分，则会加速该溶液的酸化作用，使制冷系统出现有害的镀铜现象，并使压缩机的电动机绝缘性能降低。

(7) 绝缘性能好。封闭式压缩机的电动机绕组及其接线柱与冷冻油直接接触，因此，要求冷冻油有良好的绝缘性能。

2) 冷冻油的选用

(1) 牌号选择。目前，我国生产的冷冻油主要有五种，其牌号按运动黏度来标定，黏度越大，标号越高。

(2) 质量判断。从冷冻油外观可以初步判断其质量的优劣。

11.5 制冷压缩机

1. 活塞式制冷压缩机的工作过程

从热力学观点来评价一台压缩机的完善程度主要有两个指标：压缩机气缸的利用程度和功率的消耗。

压缩机的理论工作过程是由等压吸气、绝热压缩和等压排气过程组成的。但由于气缸存在余隙容积，压缩后的气体不能排尽，因此实际上要比理论工作过程多增加一个膨胀过程，即活塞由上死点位置回程时，余隙内剩余气体开始膨胀，直至压力低于吸入气体的压力。所以压缩机实际工作过程与理论工作过程存在很大的差异，主要是：①实际上压缩机有余隙容积。②吸、排气过程中存在流动阻力损失。③制冷剂气体与气缸等机件接触处有热交换。④吸、排气阀和活塞环等处还有泄漏损失，以及在工作时运动机构的摩擦面要消耗摩擦功等。由于这些因素的影响，使得压缩机实际工作过程的输气量要小于理论过程，而功率消耗则大于理论过程。

2. 活塞式制冷压缩机的结构

活塞式制冷压缩机的结构式样有多种，图11.14为全封闭压缩机示意图。按压缩机与电动机的组合方式的不同，可分为开启式、半封闭式和全封闭式三种。

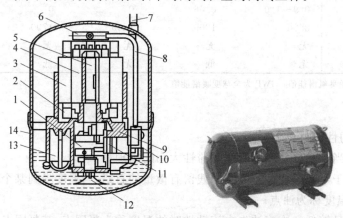

图11.14　全封闭压缩机示意图

1—连杆；2—电动机绕组；3—电动机定子铁芯；4—转子铁芯；5—偏心轴(主轴)；6—吸气包；
7—排气管；8—吸气管；9—气缸体；10—气缸盖；11—活塞；12—过滤器；13—稳压室；14—罩壳

1) 开启式是压缩机和电动机分开,压缩机的曲轴有一端伸出机体,并通过联轴节与电动机相连。

2) 半封闭式压缩机是压缩机与电动机共同组装在一个可拆的密封机壳内,压缩机的曲轴和电动机的转子轴是一根整体轴,压缩机没有伸出机体之外的转动部件。

3) 全封闭式压缩机是将压缩机与电动机共同组装在一个封闭的机壳内,机壳的接缝用焊接的方法焊死。

上海地铁1号线车辆的空调采用的就是全封闭压缩机,全封闭压缩机具有足够的可靠性和寿命,一般不需维修,若有损坏则采取整个更换的方法。

3. 螺杆式制冷压缩机

螺杆式压缩机又分为双螺杆和单螺杆压缩机。通常为简化起见,也称双螺杆压缩机为螺杆式压缩机。单螺杆压缩机,又称蜗杆压缩机,它由一根螺杆和两个星轮组成。它在很多方面与双螺杆压缩机类似,而且具有更加理想的力平衡性,故在国内外得到了较快的发展,不过目前在制冷方面使用还不广泛。

1) 工作特点

螺杆式制冷压缩机作为回转式制冷压缩机的一种,同时具有活塞式和速度式两者的特点。

(1) 与往复活塞式制冷压缩机相比,具有转速高、重量轻、体积小、占地面积小以及排气脉动低等一系列优点。

(2) 螺杆式制冷压缩机没有往复质量惯性力,动力平衡性能好,运转平稳,机座振动小,基础可制得较小。

(3) 螺杆式制冷压缩机结构简单,机件数量少,没有如气阀、活塞环等易损件,它的主要摩擦件如转子、轴承等,强度和耐磨程度都比较高,而且润滑条件良好,因而机加工量少,材料消耗低,运行周期长,使用比较可靠,维修简单,有利于实现操纵自动化。

(4) 与速度式压缩机相比,螺杆式压缩机具有强制输气的特点,即排气量几乎不受排气压力的影响,在小排气量时不发生喘振现象,在宽广的工况范围内仍可保持较高的效率。

(5) 采用了滑阀调节,可实现能量元级调节。

(6) 螺杆压缩机对进液不敏感,可以采用喷油冷却,故在相同的压力比下,排温比活塞式低得多,因此单级压力比高。

(7) 没有余隙容积,因而容积效率高。

2) 螺杆式制冷压缩机尚存在以下缺陷:

(1) 制冷剂气体周期性地高速通过吸、排气孔口,通过缝隙的泄漏等原因,使压缩机有很大噪声,需要采取消声减噪措施。

(2) 螺旋形转子的空间曲面,加工精度要求高,需用专用设备和刀具来加工。

(3) 由于间隙密封和转子刚度等的限制,目前螺杆式压缩机还不能像往复式压缩机那样达到较高的终了压力。近年来,螺杆式制冷压缩机发展很快,其制冷系数、噪声级等指标已接近或达到活塞式压缩机的水平,在中等制冷量范围内的应用取得了盛誉。而且机组逐渐更新,品种日益增加,制冷量向更低与更高的范围内延伸,不断地扩大了使用范围,并向不同的领域扩张,已发展成为制冷机的主要型式之一。

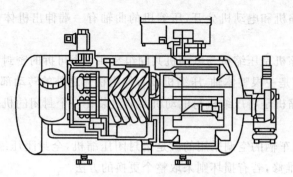

图 11.15 全封闭螺杆式制冷压缩机的结构

4. 涡旋压缩机特点

从结构及工作原理看,小型涡旋式压缩机具有如下的特点:

(1) 效率高——涡旋压缩机吸气、压缩、排气连续单向进行,直接吸气,因而吸入气体有害过热小;没有余隙容积中气体的膨胀过程,因而输气系数高。同时,两相邻压缩腔中的压差小,气体泄漏量少。另外,旋转涡旋盘上所有接触线转动半径小,摩擦速度低,损失小,加之吸、排气阀流动损失小,因而效率高。

(2) 力矩变化小、振动小、噪声低——涡旋压缩机压缩过程较慢,并可同时进行两三个压缩过程,机器运转平稳,而且曲轴转动力矩变化小;另外,气体基本连续流动,吸、排气压力脉动小。

(3) 结构简单,体积小,重量轻,运动零部件少——没有吸、排气阀,易损件少,可靠性好。涡旋压缩机同活塞式压缩机相比,体积小 40%,重量减轻 15%,效率高 10%,噪声低 5dB(A)。

但其制造需高精度的加工设备及精确的调心装配技术,这就限制了它的制造及应用。

11.6 换热器和辅助设备

制冷系统中,除了制冷压缩机以外,还有一些为完成制冷循环所必需的换热器及其他辅助设备。冷凝器和蒸发器是最主要的换热器,它们传热效果的好坏直接影响制冷机的重量尺寸和经济性。此外,在低温设备(如复叠式制冷机和二级压缩制冷机)中的制冷换热器还有蒸发冷凝器、中间冷却器、过冷器等,其作用或结构与一般的冷凝器、蒸发器略有不同。

1. 冷凝器

冷凝器是制冷机的主要热交换设备。在制冷过程中冷凝器起着输出热量并使制冷剂得以冷凝的作用。从制冷压缩机排出的高压过热蒸气进入冷凝器后,将其在工作工程吸收的全部热量,其中包括从蒸发器和制冷压缩机中以及在管道内所吸收的热量都传递给周围冷却介质(水或空气)带走,制冷剂高压过热蒸气重新冷却、冷凝成高温高压的过冷液体。为了增强换热时的空气流动循环,空调机组采用强迫通风的对流冷却,并通过两台轴流式风机来强化制冷剂在冷凝器中的凝结放热过程。过热蒸气在冷凝器中放热而变成液体时,一般可分为三个放热过程:

(1) 过热蒸气冷却为干蒸气。过热蒸气进入冷凝器放热的初级阶段,由排气温度下降至冷凝温度(即该压力下的饱和温度),此时,过热蒸气就冷却为干蒸气。

(2) 干蒸气冷凝为饱和液体。蒸气在冷凝器内放热冷凝过程中温度不变(仍为冷凝温度)。

(3) 饱和液体进一步冷却为过冷液体。在冷凝器末端,蒸气已经全部冷凝为饱和液体,但是由于制冷剂的冷凝温度总是比冷却介质的温度高,饱和液还可以进一步被冷却介质所冷却,使其成为温度低于该压力下饱和温度的过冷液体。

经以上三个过程,冷凝器的放热才结束。从以上可见,制冷剂放热的初末阶段其温度是下降的,但在整个放热过程中压力却是不变的。

根据冷却介质和冷却方式的不同,冷凝器可分为三类:水冷式冷凝器、空气冷却式冷凝器和蒸发式冷凝器。

水冷式冷凝器的特点是传热效率高,结构紧凑,故适用于大中型制冷装置。但采用这种冷凝器需要有冷却水系统,且管壁上结水垢后传热效果会降低,故需要定期清洗。

空气冷却式冷凝器不需要冷却水,因而使用、安装都比较方便,特别适用于小型制冷装置。但空气冷却式冷凝器传热系数低,因此体积和重量都比较大,另外翅片表面积灰后会使传热恶化,故需要及时进行清洗。

蒸发式冷凝器是利用水在管外蒸发时吸收热量而使管内制冷剂蒸气冷凝的一种换热器。它耗水量少,适用于缺水地区。但管外结垢后更难清洗,因而应使用水质较好或经过软化处理的水作为补充水。

2. 蒸发器

蒸发器是依靠制冷剂液体的蒸发(沸腾)来吸收被冷却介质热量的换热设备。它在制冷系统中的功能是吸收热量(或称输出冷量)。在蒸发器中,制冷剂液体在较低温度下蒸发而转变为蒸气,利用制冷剂的蒸发潜热,吸收被冷却介质的热量而使被冷却介质的温度降低。所以,蒸发器是制冷系统中产生和输出冷量的设备。为了保证蒸发过程能稳定持久地进行,必须不断地用制冷压缩机将蒸发的气体抽走,以保持一定的蒸发压力。同时,蒸发温度的高低取决于其对应的蒸发压力。蒸发风机为两台离心式风,兼有吸风和送风的双重功能。

蒸发器内绝大部分是湿蒸气区。湿蒸气进入蒸发器时,其蒸汽的含量只占10%左右,其余都是液体。随着湿蒸气在蒸发器内流动与吸热,液体逐渐蒸发为蒸气,蒸气含量越来越多,当流至接近蒸发器出口时,一般已成为干蒸气。在这个过程中,其蒸发温度几乎始终保持不变,且与蒸发压力相对应。由于蒸发温度总是比被冷却对象温度低,干蒸气还会继续吸热。当蒸发器内全部蒸发成干蒸气时,在蒸发器末端温度将继续上升,成为过热蒸气。因此,蒸发器的出口端总是处于过热蒸气区,若处于湿蒸气区,就有可能使压缩机产生液击。

从以上分析可见,整个蒸发器可分成两个区域,即湿蒸气区与过热蒸气区,但过热蒸气区占蒸发器的极小部分。

根据冷却介质种类不同,蒸发器可分为两大类:冷却液体型蒸发器和冷却空气型蒸发器。

(1) 冷却液体型蒸发器有水箱式(沉浸式)蒸发器(包括立管式、螺旋管式、蛇形式)、板式蒸发器、螺旋板式蒸发器、壳管式蒸发器(包括卧式蒸发器、干式蒸发器)等。

图 11.16 蒸发器实物图

(2) 冷却空气型蒸发器有空调用翅片蒸发器、冷冻冷藏用空气冷却器及冷却排管等。

3. 辅助设备

在蒸气压缩使制冷装置中,除了必需的制冷压缩机、冷凝器、蒸发器和膨胀机构外,还有许多改善制冷系数和保证运转安全不可缺少的辅助设备。属于这类设备的主要有储液器、气液分离器、干燥器、过滤器等。这些辅助设备的作用是保证制冷系统的正常运转,提高运行经济性,保证操作的安全可靠。辅助设备不是完成制冷循环的必需设备,有些小型制冷装置往往省去某些部件。

1) 储液器

储液器又称储液筒,用于储存制冷剂液体。按储液器功能和用途的不同,分为低压储液器和高压储液器两类。高压储液器用于储存由冷凝器来的高压液体制冷剂,以适应工况变化时制冷系统中所需制冷剂量的变化,并减少每年补充制冷剂的次数。高压储液器一般为卧式结构,高压储液器上应安装有液位计、安全阀等,同时应有气体平衡管与冷凝器相通,以利于液体流入储液器中。高压储液器的充灌高度一般不超过筒体直径的80%。低压储液器仅在大型氨制冷装置中使用,用于存储低压液氨。其结构与高压储液器相同。

2) 油分离器

在空调制冷系统中,压缩机是唯一需要冷冻润滑油的设备。压缩机的排气中都带有润滑油。润滑油随高压排气一起进入排气管,并有可能进入冷凝器和蒸发器内。对于氟利昂系统,由于润滑油在氟利昂中的溶解度大,一般不会在传热表面形成油污,但是对其蒸发温度影响比较大,能使蒸发温度升高。对于氨制冷系统,润滑油会在换热器传热表面上形成严重的油污,降低传热系数,并使制冷剂的蒸发温度有所提高。因此,一般在压缩机排出口和冷凝器之间安装油分离,将压缩机排气中的润滑油分离出来,使制冷剂气体中的润滑油在压缩之后设法排回压缩机。

3) 气液分离器

气液分离器是用来分离蒸发器出口的蒸气中的液体,从而保证压缩机为干压缩。如果制冷压缩机吸入了带有液滴的制冷剂蒸气,就有可能产生液击而使阀片、活塞、连杆等损坏。为避免制冷压缩机吸入液体制冷剂,在压缩机的回气管上可装设气液分离器,对制冷剂蒸气中的液体分离储存。

气流分离器的作用原理是:从蒸发器来的制冷剂蒸气由进气管进入分离器后,由于气流的突然转向和减速,把液滴分离出来留在容器的底部,而气体则从出气管被压缩机吸入。在U形管的底部开有一个小孔,能使一定量的冷冻机油随吸入气体一起返回压缩机。均压孔可防止压缩机停机时由于蒸发器侧压力上升,使气液分离器中的液体流向压缩机。

4) 排液桶

排液桶的作用是设备检修或蒸发器除霜时暂时储存制冷剂液体。

5) 低压循环桶

低压循环桶用于强制供液系统,用泵循环低压制冷剂,同时起到气液分离作用。

6) 干燥器和过滤器

由于制冷本身含有的水分或系统未严格干燥而带来的水分溶解于制冷剂中,当温度下降时,水分就会析出。含有水分的制冷剂在制冷系统中流到膨胀阀时,由于温度急剧下降,析出的水分就会结冰堵塞阀孔,造成冰塞,使制冷系统无法正常工作。

干燥器中的干燥剂用来吸收制冷循环系统中的水分,过滤器用来清除系统中的一些机械杂质,如金属屑和氧化皮等,防止进入膨胀阀堵塞阀孔和进入压缩机刮伤气缸和吸、排气阀,避免系统中出现"冰堵"和"脏堵"。干燥过滤器安装在储液与膨胀阀之间的输液管上。

干燥器只用在氟利昂制冷机中,装在液体管路中用于吸附制冷剂中的水分。干燥器一般安装于节流元件之前。该设备用于吸收制冷回路上可能存留的少量潮气和杂质,从而防止系统在热力膨胀阀的节流口形成冰堵与冰塞,提高系统运行的可靠性。

过滤器用于清除制冷剂中的机械杂质,如金属屑及氧化皮等。

在小型的氟利昂制冷装置中,通常将干燥器和过滤器合二为一,如图11.17所示,称为干燥过滤器。

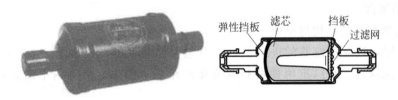

图 11.17　干燥过滤器实物图

7) 管道

制冷装置中各单个设备或部件需用管道连接才能构成完整的系统,制冷剂所产生的冷量也要通过管道才能输送至需要冷量的地方。若将制冷压缩机比作制冷系统的心脏,那么管道就是血管。因此,管道尺寸确定得正确与否,直接影响制冷机的能力,甚至影响制冷机的正常运转。

管道采用的材质一般有铜管(不适于氨机)或无缝钢管。管路之间的连接采用焊接。

11.7　节流元件和阀门

在蒸气压缩式制冷系统中,除了制冷压缩机和各种换热设备外,还需专门的膨胀机构,使制冷剂节流后降低温度和压力。低温、低压的制冷剂在蒸发器中汽化,吸收汽化潜热,进行制冷。

膨胀机构位于冷凝器之后,从冷凝器出来的高压制冷剂液体流经膨胀机构后,压力降低,然后进入蒸发器中。膨胀机构除了起节流作用以外,还起调节进入蒸发器制冷剂流量的作用。通过膨胀机构的调节,使制冷剂离开蒸发器时有一定的过热度,保证制冷剂液体不会进入压缩机。

膨胀机构的种类很多,根据它们的应用范围,可分为以下五大类型:

(1) 手动膨胀阀,用于工业用的制冷装置;

(2) 热力膨胀阀,用于工业、商业和空气调节装置;

(3) 电子膨胀阀,用途与热力膨胀阀相同;

(4) 毛细管,用于家用制冷装置;

(5) 浮球调节阀,用于工业、商业和生活用制冷装置。

在轨道车辆制冷装置中一般采用热力膨胀阀,故在下面的篇幅中将对其进行介绍。

1. 热力膨胀阀

在制冷系统中，能够按一定需要向蒸发器中供应液体制冷剂的设备，总称为流量控制设备。流量控制设备是制冷系统中的一个重要部分，它应当保证向蒸发器送入充足的液体制冷剂，使蒸发器的冷却盘管内全部为液体制冷剂所浸润，以充分发挥蒸发器的制冷效能；同时还应保证在蒸发器出口处的制冷剂能全部汽化，而不致因送入过量的液体制冷剂造成部分液体制冷剂来不及蒸发而随回气进入压缩机，发生"液击"，致使阀和密封元件损坏。

自动调节流量的设备很多，对蒸发器供液量的自动调节通常用热力膨胀阀（图10.18）。

热力膨胀阀又称自动膨胀阀，它除了利用蒸发器出口处制冷剂蒸气的过热度来调节制冷剂流量外，还对高压液体制冷剂起节流降压作用，使制冷剂一出阀孔就沸腾膨胀为湿蒸气，故也称节流阀。

1) 热力膨胀阀的结构与原理

热力膨胀阀接在蒸发器的进口上。感温包紧贴蒸发器的出口管上，主要由感温包、毛细管、节流阀针、顶杆、定值弹簧和调节螺丝组成。图11.19为内平衡式热力膨胀阀结构图。

内平衡式热力膨胀阀是利用波纹管的变形，通过顶杆带动阀针上下移动，使阀门的开度增大或减小，从而调节制冷剂的流量。

图11.18 热力膨胀阀实物图

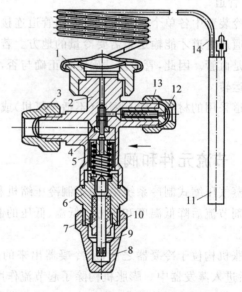

图11.19 内平衡式热力膨胀阀结构图

1—密封室座；2—阀体；3—出管锁母；4—座孔体；
5—阀针；6—调节阀；7—密封填料；8—螺母；9—调节杆；
10—填料压母；11—感温包；12—滤网；13—进管锁母；
14—毛细管

2) 热力膨胀阀的基本调节特性

(1) 关闭过热度及可变过热度

根据以上所述，当出口蒸气的过热度减小时，阀孔的开度也减小，而当过热度减小到某一数值时，阀门便关闭，这时的过热度称为关闭过热度（即前面所述的给定过热度）。

(2) 过热度与蒸发温度的关系

热力膨胀阀所控制的过热度，是随蒸发温度而变的。

3) 外平衡式热力膨胀阀

外平衡式热力膨胀阀的结构特点为金属膜片两侧工质来自感温包和蒸发器出口。它与内平衡式热力膨胀阀基本相同，其不同之处是金属膜片下部空间与膨胀阀出口互不相通，而是在蒸发器出口端至阀的膜片下侧连接了一根外平衡管，其平衡压力取自蒸发器出口处，可以补偿由于蒸发器流程长而引起的过度压力降，以减少过热度，保证蒸发器的有效面积和制冷效果。

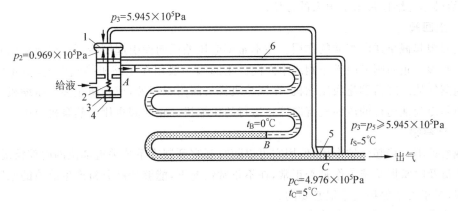

图 11.20 外平衡式热力膨胀阀工作示意图

1—弹性金属膜片；2—阀针；3—弹簧；4—调节杆；5—感温包；6—平衡管；
p_3—使膜片有一向下的推力(感温包内的压力)；p_C—蒸发器出口压力；p_2—弹簧力

4) 热力膨胀阀的安装

热力膨胀阀的安装位置应靠近蒸发器，阀体应垂直放置，不可倾斜，更不可颠倒安装。由于热力膨胀阀依靠感温包感受到的温度进行工作，且温度传感系统的灵敏度比较低，传递信号的时间滞后较大，易造成膨胀阀频繁启闭和供液量波动，因此感温包的安装非常重要。

2. 热气旁路阀

压缩空气在蒸发器中冷却时，有大量凝结水析出。如果工质蒸发温度过低，使蒸发器铜管表面温度在负荷条件下低于水的冰点，凝结水就会在蒸发器里结冰，严重时阻塞气流通道，使供气管道瘫痪。为了防止这种情况的出现，必须对工质蒸发温度加以控制。其简单有效的措施就是在冷凝器和蒸发器之间加设一只热气旁路阀，热气旁路阀的测压管与蒸发压力直接连接。当蒸发压力低于一定程度时，热气旁路阀自动开启，冷凝器中的高温工质蒸气直接进入蒸发器，提升蒸发温度，避免冰堵现象。图 11.21 为热气旁路阀结构图。

3. 电磁阀

电磁阀是一种自动开启的阀门，用于自动接通和切断制冷系统的管路，广泛应用于氟利昂制冷机中。

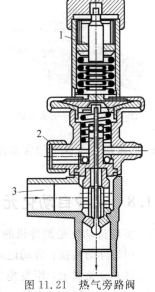

图 11.21 热气旁路阀

1—阀杆；2—阀帽；3—进气管

电磁阀通常安装在膨胀阀和冷凝器之间,位置应尽量靠近膨胀阀。因为膨胀阀只是一个节流元件,本身无法关严,因而需利用电磁阀切断供液管路。

电磁阀与压缩机同时开动,压缩机停机时电磁阀立即关闭,停止供液,避免停机后大量的制冷剂流入蒸发器中,造成再次启动时压缩机中发生液击。

4. 截止阀

截止阀安装在制冷设备和管路上,起着接通和切断制冷剂通道的作用。制冷压缩机上的截止阀和管路中的截止阀结构基本相同,主要区别在于前者具有多用通道。多用通道可以开启和关闭,其用途很多,如安装压力表、对系统进行抽真空操作以及添加制冷剂与润滑油等,给操作与维修带来了很大的方便。

5. 止回阀

止回阀起截止逆向流动的作用。在不希望应压差反向而引起制冷剂逆向流动的管道上安装止回阀。止回阀又叫逆止阀或单向阀。止回阀一般用在压缩机排气管上,防止停机时制冷剂蒸气从冷凝器倒流回压缩机,在压缩机排气阀附近积液,或者防止多台压缩机并联的系统中制冷剂从运行的压缩机流向停止运行的压缩机。止回阀也用于热泵机组中。

6. 观察镜

观察镜不直接起保护作用,但用它可以随时观察到制冷系统关键部位的内部情况,以便操作人员及时掌握系统工作是否正常,在不正常情况下,能够帮助分析产生故障的原因。这种监视,对于安全保护也是很必要的。

制冷系统中常用的观察镜有以下三类。

(1) 液流观察镜。安装在制冷剂液管、回油管和冷却水或冷媒水管上,观察管内上述液流情况是否正常。

(2) 液位观察镜。它由耐压玻璃制作,安装在储液容器上的控制液面附近,作为容器的一个透明窗口。常用来观察储液器的液位和曲轴箱中的油位。大型压缩机的曲轴箱上有时安装上、下两个观察镜,可以分别观察低限和高限油位。

图 11.22 观察镜实物图

(3) 制冷剂含水量观察镜(水分指示器)。安装在制冷剂液管上,用于观察氟利昂工质中的含水量。结构如图 11.22 所示。它是在液流观察镜的中心装入一个能显示含水量的纸芯。纸芯在一定的金属盐溶液中浸过,金属盐与制冷剂中的水分相遇发生化学反应,其水化物视含水量的不同而呈现出不同的颜色,观察镜的外环上有比色带,给出各种颜色所代表的含水量数值。观察时,可将纸芯的颜色与比色带的颜色比较,从而知道系统中的含水是否在许可的范围内。

11.8 制冷自动化元件

实现自动化是制冷机的发展方向。一般来说,动力机械的自动化包括如下五个方面:

(1) 自动监视:自动记录某些参数随时间的变化情况。

(2) 自动显示:用发光二极管或声响来预示某一参数已达到规定数值。

(3) 自动保护:当某一参数达到危险的数值时,使机器停止工作。

(4) 自动控制：使系统中各元件按规定的顺序启动及停止运转。

(5) 自动调节：使某些参数保持给定的数值或按规定的规律来变动。

这五个方面的任务都是通过计算机、传感器及控制元件来实现的。

下面就小型制冷装置中几种常见的自动化设备的结构与作用原理作一说明。

1) 蒸发器液量的自动调节

对蒸发器液量的自动调节主要是通过膨胀机构来实现的，在轨道车辆制冷机组中常用的有热力膨胀阀。此部件在前面已作介绍，在此就不多作说明。

2) 制冷机的压力保护器件

为了保证制冷机的运行安全，在系统中常装有压力保护器件，以便压力达到规定的极限值时，压缩机能自动停车。常用的压力保护器件有压力控制器。

压力控制器也称压力继电器，是一种受压力信号控制的电器开关。压缩机的吸排气压力有剧烈的变化，是制冷系统工作不正常的反映，当压缩机的吸排气压力超出其正常工作压力范围时，压力控制器应自动作用，切断电源，使压缩机停车。

压力控制器由高压和低压控制器组合成一个高低压控制器，也可以各自单独分开为单体。

高压控制器的波纹管室接于压缩机的排气腔，以监视和控制排气压力，如果压缩机的排气压力过高，超过正常运行负荷，很可能使电机绕组烧毁和损伤压缩机的排气阀门，所以当排气压力高于正常值时，高压控制器就动作，切断了主电机的电源，压缩机即停转。

低压控制器的波纹管室接于压缩机的吸气腔，以监视和控制吸气压力。压缩机吸气压力过低，不仅影响制冷机组的正常工作，甚至不能制冷，而白耗了电力，特别是封闭式压缩机，长时间空转可能烧毁电机绕组。故当吸气压力低于正常值时，控制器动作，切断主电机电源，压缩机停转。

压力控制器的结构型式很多，但其动作原理基本相同，都是以波纹管气箱为动力室，接受压力信号后使气箱产生位移，以推动触点的通和断。

3) 热气旁通能量调节

热气旁通能量调节的原理是：在负荷下降使吸气压力降低时，将压缩机排出的热气旁通一部分到低压侧，用于补偿因负荷下降而减少的蒸发器回气量，保持压缩机连续运行所必需的最低吸气压力。它能使压缩机的能力与蒸发器的实际负荷相适应，在蒸发器负荷下降时，来自高压侧的热气为其提供一个虚负荷。

使用场合和基本布置：

热气旁通能量调节的使用场合如下：

(1) 用在压缩机没有气缸卸载机构的小型装置中。大型压缩机中广泛采用气缸卸载机构，但在 7.5kW 以下的小型压缩机中考虑到造价太高，一般不设气缸卸载机构，比较多地采用低压控制器控制压缩机启停。但这种方式存在下述问题：①在空调装置中，启停控制很不舒适，而且造成湿度控制困难；②负荷变化大时，启停频繁，影响压缩机寿命；③更主要的是启动电流冲击大，增加运行费用，不经济。因此，热气旁通是一种解决方法。它把热气旁通到吸气管，给压缩机施加负荷，使之连续运转，可以提高经济性和寿命。

(2) 用在有能量卸载的压缩机上。启动时和降负荷调节到最低挡时，压缩机都处于基本能级。如果还希望启动负荷更小，或者希望在负荷小到几乎是空载时仍要压缩机不停止运行的场合,可以在最低能级挡再设热气旁通,实现该范围内的无级能量调节。

采用热气旁通能量调节在系统布置上应考虑以下问题:①吸气过热度不要太大;②不造成液击;③不影响系统回油。

4) 被冷却对象温度工况的自动控制

出于工艺要求或安全工作条件,制冷装置有许多工作点温度需要控制。首先是被冷却对象温度恒定;此外,排气温度等必须在安全范围以内。为此用温度调节器实现调节或者用温度控制器作为电开关,发出电气指令,使执行器对装置的相应部分完成控制动作。

使被冷却对象达到并保持在工艺要求指定的温度既是装置使用的最终目的,也是制冷装置调节的一个主要内容。保持被冷却对象的温度恒定,意味着机组的工况和产冷量随时适应外界条件和负荷变化的要求,使制冷量与负荷之间始终保持动态平衡。制冷装置由一系列部件组成,从调节的角度看,它包括多个阻容环节,每个环节都有自己的时间常数,存在一定的反应滞后;干扰因素也很多;另外,机组变工况后恢复稳定需要一定的时间,所以,无论采用什么方式,被冷却对象的温度波动总不可避免的,只能根据工艺提出的恒温控制精度要求,采取相应的调节手段,将被冷却对象的温度波动控制在允许的范围内。

城轨车辆空调装置以自动控制为主,在自动控制部分发生故障时,采用手动调节装置。城轨车辆空调系统的自动化包括:

(1) 制冷剂供液量的自动调节;

(2) 压缩机制冷量的自动调节;

(3) 被冷却对象温度工况的自动控制;

(4) 自动保护装置。

在城市轨道交通车辆的空调系统中,常采用传感器与电子温控器(常采用电子调节器)相配合进行温度控制。温控器多使用电子调节器,传感器用作温度检测,一般采用热电偶或热敏电阻作传感器。热电偶是利用热电效应(即塞贝克效应)将温度转变成电位差,其温度测量精度较高。热敏电阻由 Mn、Ni、Co 等金属氧化物烧结而成。电阻值随温度升高而减少,电阻随温度的变化率约比铂电阻高 10 倍,反应灵敏。

11.9 空调装置的调节及控制

城市轨道交通车辆空调系统以自动控制为主,在自动控制部分发生故障时,可采用手动调节装置。空调机组的工作由微机进行控制,通过微机调节器可控室温。空调系统中新风口、风道和客室座位下均设有温度传感器,由温度传感器测得的温度值,传递到调节器中进行处理。每节车有一台微机调节器,它控制两个空调单元,可由司机室集中控制或每节车单独控制。

1) 运转前的检查

在启动空调机组之前,必须对下列各项进行检查,在确认各部分状态良好后,方可开始启动。

(1) 配线用电气连接器是否确实接好。

(2) 电气回路是否正常。

(3) 主回路及控制回路的绝缘电阻是否均正常。

(4) 各风机的叶轮是否碰风筒的内壁。
(5) 防止逆相连接。
2) 运转确认
(1) 离心风机
首先确认车内是否有风吹出,风量极小时,应检查风机是否反转。如果反转,应将电源相序调整正确,即将三相中的任意两相对调,然后再确认是否有异常振动和异常噪声。
(2) 送风均匀性的调整
可通过对车内出风口导风板的调整,保证客室内送风均匀。
(3) 轴流风机
确认室外轴流风机的运转是否正常。
(4) 制冷
全制冷状态时,吸入和吹出的空气温差为8~10℃时为正常,应确认是否有异常振动、异常噪声。
(5) 加热
全加热状态时,吸入和吹出的空气温差为7~9℃时为正常,同时注意电流读数。
(6) 当车内温度处于20℃以下时的低温运转
低温运转时,可能在蒸发器上引起结霜现象从而导致对压缩机造成损伤,应避免在这样的条件下运转。
(7) 再启动
短时间再启动,启动电流会造成电动机绝缘不良、电磁接触器的接点损耗,所以再启动一定要在停机后2~3min以后。
3) 空调机组的安全操作
(1) 操作
需由懂得制冷技术和电气技术的工人操作。开机前,必须认真检查电气系统的安全性,严格按照电工操作规则进行操作。在进行电气控制柜的检修时,必须切断电源,严禁带电作业。
(2) 保护措施
保护措施主要有电源有过电压和欠电压保护。
压缩机有空气开关、压力开关、过电流、低温、延时起动等保护。
风机有热继电器保护。
电加热器有空气开关、温度继电器及温度熔断器保护。
使用电加热器的注意事项:
① 通电前的检查
检查电加热回路中各处接线是否完好。
检查温度继电器、温度熔断器及其他保护装置是否正常。
检查通风机的接触器、热继电器是否良好。
将电热管上及其周围的附着物及其他杂物清理干净。
② 开机顺序
先开通风机,确认通风机工作后,方可开电热运转。

③ 开机后的检查

检查通风机工作是否正常。

注意观察电加热器的工作情况及工作电流。

④ 关机顺序

先关断电热,让通风机继续运转 3min 以上方可关断通风机。

4) 空调系统的运行模式

空调系统的运行模式通常有：

(1) 通风(无制冷)。

(2) 预制冷(只有循环空气)。空调系统启动时,预制冷模式自动启动,一直保持到发出驾驶指令,在这期间没有新风被送入客室。

(3) 制冷——一般新鲜空气模式。来自客室的循环空气和吸入的新鲜空气混合后,通过相应的空气调节风门进入蒸发器模块,被风扇强迫吹过蒸发器盘管,利用制冷剂,空气热量被翅片吸收,使温度下降后即冷却空气送入客室。

(4) 制冷——减少新鲜空气模式。

(5) 紧急通风(只有新鲜空气)。车载供电系统故障时,例如车载 380V 交流供电系统故障,空调无法使用。为了保持向客室内供应新鲜空气,地板下的一个静止逆变器启动,由蓄电池供电,供风风扇工作,同时循环空气盖被关闭,只允许外部空气供向车内。

(6) 试验模式。可以在每辆车的空调控制板(图 11.23)上选择。空调系统一启动,就开始系列试验,检查系统的正常工作。

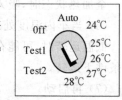

图 11.23 空调控制板

下面以长客某车辆的空调控制系统为例,介绍空调系统的控制及操作。

每辆车的空调控制柜内均设置有集控、本控选择开关。列车正常运行时,选择集控模式,此时整列车所有车辆的空调通风和采暖系统工作状态接受激活司机室指令控制；列车在检修时选择本控模式,车辆将接受本车空调控制柜内功能选择开关的控制,此时空调控制器保持对列车监控系统的通信和状态更新。司机通过 TMS(列车监控显示屏)对空调的设置如图 11.24 所示。

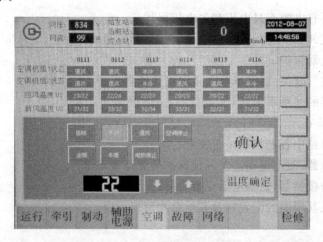

图 11.24 TMS 空调状态显示

(1) 集控模式

将每辆车的空调控制柜内选择开关设置为集控有效。在司机室继电器柜内设置有一个空调控制开关,该开关设置有三个位置:自动位、手动位、停止位。

将控制开关打到自动位时,操作 TMS 的触摸键来实现系统的启动、停止、自动、手动、通风、半暖、全暖功能指令控制;TMS 显示器通过与列车监控系统、空调控制器的通讯来实现对空调通风和采暖系统的监控和信息传递。

将控制开关打到手动位,则整列车的空调系统自动运行,手动模式对制冷设置温度有效,温度设置范围为 21~28℃,其他控制功能同自动模式。

(2) 本控模式

车辆在检修时选择本控模式,此时只需将空调控制柜内的选择开关打到"本控位"即可。在本控模式下,空调控制器保持对列车监控系统的通信和状态信息更新,但是不再执行列车监控系统发来的控制命令。本控模式具有下列操作模式:通风、半冷、全冷、半暖、全暖、停止和服务模式。

(3) 紧急通风模式

无论空调控制柜内的集控、本控选择开关处于什么位置,只要空调控制器检测到交流 380V 失电,空调通风和采暖系统工作电源电路中过流保护断路器闭合而电压检测模块触点断开,在 12s 的时间内检测到"半载模式准备命令"为 0,空调系统就进入紧急通风。紧急通风时回风口关闭。

5) 司机室空调

目前大部分城轨车辆不单设司机室空调单元,司机室送风由设在头尾车辆上邻近司机室的空调机组提供,通过送风道,从司机室的可调式送风口均匀送出。带驾驶室车辆的空调系统气流分布如图 11.25 所示。

司机室空调的转换开关分为停止、低速、中速、高速、紧急通风五挡,司机可根据需求调节送风风速,当列车进行紧急通风工况时,司机将通风单元转换开关转到紧急通风挡,司机室通风单元执行紧急通风工况。

司机室电暖安装于驾驶室左右侧墙下方。

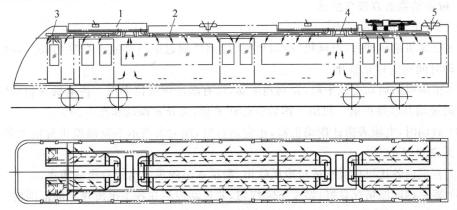

图 11.25　带驾驶室车辆的空调系统气流分布图
1—空调机组;2—主风道;3—司机室可调送风口;4—回风口;5—自然排风口

11.10 空调装置的维护与故障分析

1. 空调装置的维护

1) 通风系统的日常维护保养

新风机每年进行一次清扫、涂装。检查外表是否涂装剥落及有锈斑,做除锈及补漆处理。另外,检查轴承是否有异常振动及杂声,否则需拆卸更换。通风机每年进行一次清扫,使用毛刷等工具清扫风扇叶片的污垢。

通风系统中的新风滤尘网、蒸发器滤尘网和回风滤尘网应定期用毛刷等工具清洗。

2) 空调机组箱的日常维护保养

空调机组每年进行一次全面的检查与清洗。

冷凝器翅片脏污,会降低换热效果,造成排气压力过高,影响制冷能力。蒸发器表面太脏,会增加通风机的阻隔力,降低风量,同样影响制冷能力,定期用压缩空气冲吹翅片表面,去除污垢。

检查通风机、冷凝风机与压缩机的启动运转情况,定期对电机接线盒、轴承、炭刷进行检查保养。电机轴承应添加润滑脂,轴承不良者应更换。

检查油压、油位与制冷剂液位是否正常,检查制冷剂管道接缝处表面是否有油污。发现油渍,制冷剂即有泄漏,需拆机检修。检查机组座下纵向梁的排水孔,如有异物堵塞,予以清除,避免箱内积水。检查空调机组与主风道连接的软风筒密封状态。检查空调机组箱内各种部件安装是否有松动的现象,制冷管路与箱体是否有摩擦现象。

3) 空调控制柜的日常维护保养

对电气回路每年进行一次绝缘测试。电力输送线插头、压缩机电机、通风机电机和其他电机使用摇表测试,绝缘电阻应满足要求。

定期检查电线端子接线头是否松脱或断线,保持连接清洁及坚固。检查各接触器、继电器、指示灯、仪表等电器元件上的接线是否松动,触点、接线端子、引线有烧焦变色的地方应进行检查、修理、更换。

对温度控制器、各保护电器整定值要合理、适当,检查时要一个个地重新验证延时整定值。

2. 检查故障的方法与步骤

1) 机组正常运行的特点

(1) 空调机组启动后,通风机、冷凝风机、压缩机通过电气连锁按顺序启动。各台压缩机的启动时间也应相互错开。

(2) 压缩机的启动应该平稳,无剧烈振动,没有敲击声或拉锯声。各电机在启动时应没有异常的振动及摩擦声响。机组工作后应运转平稳,无异常振动和噪声。

(3) 启动时,电流表指针摆动正常,正常运行时,压力表指示不应偏差正常值太多,指针平稳且无剧烈摆动。

(4) 客室内各送风口应有适量冷风吹出,凝结水不随风吹出或有泄漏滴水。

(5) 客室内降温情况良好,温度下降均匀,并自动控制在各工况所规定的范围内。

(6) 机组在"强冷"或"强暖"工况时,回风口和排风口温差在 $8 \sim 9℃$。

2) 检查故障的方法

可通过看、听、摸、测的方法对空调机组进行故障分析和检查。

看就是观察机组各部件有无损坏,制冷剂管路有无裂缝,连接部位是否松脱,电器接线有无断开,压力继电器、压差继电器、温度继电器的整定值是否合适,高低压力表及油压表所指示的压力是否在正常范围内,蒸发器、回气管和输液管上的结霜、凝露部位是否正常,油位与制冷剂液位高低是否适当等。

听就是听压缩机、膨胀阀运转声音是否正常,风扇运转有无杂声,电机噪声是否过大等。

摸就是用手触摸压缩机外壳是否过热,振动是否异常,制冷剂管路的温度是否正常以及过滤器两端管路有无温差等。但注意不要用手触摸带电部位。

测就是用万用表、兆欧表等测量电压、绝缘电阻以及运转电流是否符合要求,用压力表测量压缩机吸气压力与排气压力是否在正常范围内,用卤素灯、电子检漏仪等检查制冷剂有无泄漏。

3) 故障检查的步骤

首先应排除空调机组本身问题造成的故障。例如,温度控制器温度整定值设定不合适,夏季设定得过高,冬季设定得过低,空调机组中的制冷或加热系统当然不会运转。

其次检查电气部分。电机通电后不运转,可以从电源主回路查到控制回路,也可以从控制回路查到主回路。最好能够先确认是否负载本身的故障。

如果电气回路本身没有问题,故障发生原因往往在于制冷系统,可以在掌握制冷循环系统的基本构造原理和典型故障事例的基础上,进行制冷系统的故障查找和分析。

3. 主要常见故障

空调装置的故障主要为电气系统故障和制冷故障。

1) 电气系统的故障

可归纳为"松""断""烧"三类。

"松"是指电气接头松动、脱落,接触不良导致的电气故障。

"断"包括电源断线、熔断器断开;压缩机吸入压力、排出压力、润滑压力不正常引起的压力或压差继电器的触点断开,电流过大引起过热保护器动作而切断电路等电气故障。

"烧"包括电动机线圈、电磁阀线圈及其他各种继电器线圈的烧毁。另外,在检查单元式空调机组故障时,不可忽视插头的问题,特别是通风机电机或压缩机烧损,有可能因电流过大而损坏插头。

2) 制冷系统的故障

制冷系统的故障主要可分为"漏"和"堵"两类。

"漏"包括制冷剂的泄漏、感温包内充灌剂的泄漏以及空调机组漏水等故障。

"堵"包括制冷管路内膨胀阀、毛细管、干燥过滤器的脏堵和冰堵,蒸发器和冷凝器的积灰以及空气滤尘网的堵塞。冰堵是由干冰引起的制冷循环的堵塞,多数发生在膨胀阀或毛细管节流机构处。脏堵是由于杂质引起的堵塞,多数发生在干燥过滤器或膨胀阀进口滤网处。冰堵和脏堵的共同现象是吸气压力明显降低。

4. 故障分析与处理

1) 出风口无风或风量小

(1) 连接接插件处断线,配线连接部分螺钉松动

判定方法:测量线路是否导通,检查螺钉是否松动。

处理措施:将断线部分接线修理,松动部分重新旋紧牢固。

(2) 电机烧毁或断线

判定方法：用万用表欧姆挡测量电机的线圈电阻，如相间电阻无穷大，说明电机断线，如电阻偏离正常值，说明电机已烧毁。用兆欧表测量电机的对地电阻，如对地电阻为零，说明电机已通地；如对地电阻小于 2MΩ，说明电机已绝缘受潮。

处理措施：更换电机。

(3) 电机过载热继电器动作

判定方法：用电笔分别检查电机的交流接触器出线端和热继电器的出线端，如交流接触器出线端有电，而热继电器的出线端无电，说明热继电器动作。

处理措施：按下复位触头，如热继电器损坏，需进行更换。

(4) 通风机不转或反转

① 电机线圈烧毁

判定方法：测量线圈是否有电阻值。

处理措施：拆卸更换。

② 电机轴承损坏

判定方法：检查电机转速。

处理措施：更换电机轴承。

③ 通风机反转

判定方法：检查通风机转向是否正确。

处理措施：任意更换通风机电机两相接线。

(5) 空气滤尘网堵塞

原因分析：空气滤尘网如果堵塞严重，会使冷却风阻力增大，导致风量减小。

判定方法：检查滤尘网上是否有脏物。

处理措施：清洗或更换滤尘网。

(6) 蒸发器结霜

判定方法：目视检查蒸发器是否结霜。

处理措施：开启通风机，送风融霜。

2) 机组不能制冷

(1) 空调控制柜内电气元件故障

① 插头或插座接触不良

判定方法：用电笔测量压缩机交流接触器出线端和压缩机线盒端子，是否有电。

处理措施：重新接线，紧固插头或插座，连接牢固。

② 开关、接触器等电气元件损坏

判定方法：检查电气元件。

处理措施：更换或修理电气元件。

(2) 压缩机问题

① 电机断线烧坏

判定方法：测量线圈是否有电阻。

处理措施：更换压缩机。

② 压缩机热继电器或温度继电器动作

原因分析：压缩机传动装置卡死或润滑油供应不足使轴承发热，都会造成电机过载，导致热继电器或温度继电器动作而切断电源。

③ 压缩机气缸盖纸箔垫中筋补击穿

判定方法：吸气压力过高，排气压力过低，高低压压差很小，压缩机烫手。

处理措施：及时停车，进行修理。

④ 吸气阀片被击碎

判定方法：吸气压力表指针摆动剧烈，吸气压力与吸气温度均很高。

处理措施：及时停车，进行修理。

（3）通风机或冷凝风机故障

原因分析：由于通风机及冷凝风机和压缩机连锁，如它们发生故障无法启动，压缩机也不能启动。

判定方法：目视检查通风机及冷凝风机是否启动。

处理措施：找出通风机及冷凝风机无法启动的原因，进行修理，使其正常运行。

（4）温度继电器感温包内充灌剂泄漏导致触头常开

判定方法：调低温度继电器的整定值，检查触头闭合与否，以判断是否真正失灵。如不闭合将感温包稍微加温，再看触头是否动作，若仍不动作，说明感温包内充灌剂泄漏。

处理措施：重新更换。

（5）压力或压差继电器动作，切断压缩机电源

判定方法：用万用表测量电阻，如为无穷大，则压力继电器动作且未复位。

处理方法：找出压力继电器或压差继电器动作原因并修理。

（6）制冷剂几乎全部泄漏

判定方法：吸气压力呈真空，排气压力极低，排气管不热。

处理措施：检查泄漏部位，补漏，抽空气并填充制冷剂。

3）机组制冷效果差

（1）温度控制器温度设定过高或作用不良

判定方法：检查温度控制器温度设定值，检查温度控制器是否及时动作。

处理措施：重新设定温度值，如温度控制器已损坏，进行更换或修理。

（2）空气滤尘网堵塞

判定方法：检查滤尘网有无脏物。

处理措施：清洗或更换滤尘网。

（3）蒸发器结霜

判定方法：目视检查蒸发器是否结霜。

处理措施：开启通风机，送风融霜。

（4）蒸发器表面太脏

判定方法：目视检查蒸发器表面。

处理措施:清扫蒸发器表面。

(5) 制冷剂有少量泄漏

判定方法:压缩机电机工作电流低于正常值;吸气压力、排气压力均低于正常值,但排气温度较高。膨胀阀处可听到断续的"吱吱"声,且响声比平时大,停车后系统的平衡压力可能低于环境温度所对应的饱和压力。

处理措施:检修制冷剂物循环部分,充灌制冷剂。

(6) 制冷剂充注过多

原因分析:系统中充加过多的制冷剂,必然会使冷凝器中积液过多(特别是不带储液器的空调装置),使排气压力和排气压力升高,耗功增加。过高的排气温度会使润滑油缓慢炭化,并在排气阀积炭。这不但影响阀片的正常起闭,使制冷量减少,严重时还会损坏阀片,压缩机无法进行正常工作。尤其是单元式调机组大量采用毛细管节流,系统对制冷剂充灌量十分敏感,必须严格控制制冷剂的充灌量。

判定方法:排气压力和吸气压力均很高。

处理措施:抽出多余的制冷剂。

(7) 制冷系统内有空气

原因分析:由于空气常温情况下不能凝结成液体,会积聚在冷凝器内,减弱冷凝器的传热效果,使冷凝温度和排气压力均升高。除排气压力升高外,吸气压力也要相应升高。

判定方法:吸气和排气压力均很高,压缩机排气压力表指针出现摆动不稳的现象,指针摆动幅度较大,比较缓慢。这时指针摆动不同于排气不均匀时压力表的摆动,排气不均匀,压力表指针摆动幅度小,又比较快。

处理措施:放出多余空气。

5. 空调系统部件维修

1) 压缩机的检修要点

(1) 定期对压缩机的外观进行检查,要求外表面无损伤、无泄漏,各紧固件紧固无松动。

(2) 如压缩机电机有热保护装置,则需要定期对热保护装置进行检测。

(3) 在每次列车大修时,需要更换压缩机底架上橡胶坐垫。

(4) 在车载空调系统中一般采用的是全封闭式压缩机,一般情况下发现此类压缩机损坏,只需更换压缩机,无需对其进行维修。

2) 换热器的检修

(1) 换热设备:蒸发器和冷凝器。

(2) 必须定期对车载空调系统的换热器进行吹污清洁或中性洗涤剂清洗,并逐段检漏。对腐蚀严重的应焊修或更换换热器。

3) 膨胀机构的检修要点:

(1) 定期检查感温包(使用热力膨胀阀的制冷机组)及毛细管的安装。

(2) 如系统出现脏堵,安装热力膨胀阀时需拆开膨胀阀对其进行清洁或更换膨胀阀(或阀芯);安装毛细管的则需要打开系统,将毛细管中的杂质用高压气吹出或更换毛细管。对使用性能良好的热力膨胀阀,检修时可不拆卸。

4) 阀类检修

(1) 组成:压缩机、蒸发器、冷凝器、膨胀阀等。

(2) 检修：应根据具体条件，在可能的条件下对所有阀门的填料进行检修。另外，部分阀门带有电气部分，还需对其进行电气测试。状态不良者应予以修理或更换。

5）储液器的检修

对储液器需要定期进行外表面吹污及清洁和检漏。

6）更换干燥过滤器（或过滤器芯）的检查要点

(1) 必须确保更换部件区域附近管路没有制冷剂。

(2) 安装上新的过滤器后，检查干燥过滤器区域的气密性（用氮气检测）。

(3) 充氮保压检查合格后，需对干燥过滤器区域进行抽空，防止空气或氮气进入制冷系统回路。

7）空气过滤器的检修

必须定期对其进行更换和清洗。

8）风机的检修

检修要点：

(1) 定期对电机的外表面及配套的风叶进行吹灰，防止电机表面及风叶上积灰严重影响电机正常工作。

(2) 定期检查电机的表面及风叶，要求电机表面无损伤，风叶无损伤、变形。

(3) 定期检查电机的电气连接，要求电气连接紧固无松动。

(4) 定期对电机进行维护保养。

9）空调自动控制系统

组成：各种继电器及微机控制单元。

10）通风系统的维修

(1) 组成：离心式通风机、送风风道、回风风道、排风口。

(2) 要求：定期对风道进行吹灰、消毒处理。

11）空气加热系统的维修

维修要求：定期对电加热器表面吹灰。防止表面积严重而影响制热效果及损坏加热器。定期测量电加热器的电阻丝阻值及测试电加热器的热保护装置的性能。

12）其他维修

(1) 定期的检查空调机组的外观，要求无损伤、无变形。

(2) 定期清洗空调机组的外表面。

(3) 定期按照规定的扭矩要求检查空调机组的各紧固件。

(4) 根据橡胶件的规定使用年限，对空调系统中的橡胶件进行更换。

(5) 检查所有的电气连接、电缆、接地装置，要求连接紧固无松动，电缆表面无破损。

(6) 检查空调机组内部和外部的油漆是否损坏和腐蚀。

(7) 修补油漆缺口，换掉腐蚀的部分并对该修理区进行油漆。

13）气动系统检查

(1) 检查每个气动导管的走向，确保牢固，保证启动气缸有足够的移动空间。

(2) 确保管路连接正确及做必要的修理，以免影响使用和气体泄漏。

14）焊接

焊接工具：焊枪。

焊接处的准备：在阀和电枢上焊接前，热敏感元件要拆除。制冷剂回路接口，原有的焊接要清除并且不能用加热方式打开，安装前对焊接表面进行彻底清洗。用纱布、毛刷清洗焊接表面。

焊后的焊缝处理：冷却后，焊好后的焊缝处必须清洗和擦拭。焊缝处焊处理剂不能去掉，以免引起腐蚀。

11.11 空调系统的消声与隔振装置

各种不同频率和声强的声音无规律的组合称为噪声。使人烦躁、讨厌而且不需要的声音都是噪声，有的声音本身不是噪声，但在不需要的地方出现，也是噪声。人耳能感到的频率范围为 20~20000Hz，人耳敏感的频率范围为 600~4800Hz。噪声有低频噪声和高频噪声之分：250Hz 以下为低频，250~800Hz 为中频；800Hz 以上为高频噪声，令人烦恼、精力难以集中、影响谈话效果，易疲劳，影响血液循环，对心血管病人和动脉硬化病人影响较大。噪声级 80dB 以下，不致引起噪声性耳聋，许多国家规定 90dB 为最高限额。

1. 空调系统的噪声源及降噪措施

地铁车辆空调系统噪声主要包括固体传声和气流噪声等。固体传声是空调机组内部风机压缩机的机械振动通过连接结构传至室内产生的，如通风机风扇、电机的运转产生机械噪声等。气流噪声是经过机组风道栅格传至室内产生的，如通风机风扇叶片旋转引起的空气湍流噪声、空气在管道内的流动噪声（弯头、支管等引起的湍流、高速气流引起的管壁振动、高速风气流喷入室内时产生的湍流）等。

针对固体传声，减小噪声的具体措施有：

(1) 保证空调制冷量的前提下，尽量选取转速低、叶片小的低噪声风机；

(2) 电机与风机直联，避免传动装置；

(3) 选用高性能减振座；

(4) 在门窗及车体焊缝处尤其车辆铰接部分要做特别的密封处理。

针对气流噪声，减小噪声的措施有：

(1) 在车顶处作吸声隔声处理；

(2) 在风道的内外侧表面粘贴吸声材料，风机进出口不能直弯、变直径，应该采用长度 100~150mm 的柔性接管；

(3) 降低风速，减小风道阻力，在风道上噪声明显部位使用消声器等能够取得较好的降噪效果。

2. 消声器分类

(1) 阻性消声器——由吸声材料产生吸声性能。吸声材料是超细玻璃棉、多孔聚氨酯泡沫塑料、微孔吸声砖等。

声能作用在吸声材料上时，一部分被反射，另一部分声能被吸收，引起孔隙中空气、材料纤维振动，由于摩擦力、黏滞力使声能转为热能而被吸收。对中、高频噪声消声显著，对低频效果较差。

有管式、片式、蜂窝式、折板式、消声静压箱、消声弯头等。

(2) 抗性消声器——供助风管管道截面的突变（扩张/收缩/旁接共振腔）使沿管道传播

的某些频率的噪声在突变处向声源反射回去而不再向前传播,如膨胀消声器。对低频消声效果较好,但消声频率较窄。空气阻力大、占空间多,很少用。

(3) 阻抗复合消声器:管道截面突变(抗性)与空腔共振吸收噪声(阻性)结合。

当噪声频率与共振吸声结构自振频率相同时,小孔孔颈处空气较强烈共振,消耗声能。有共振消声器、电子消声器、抗性膨胀室。

3. 消声器的选择及设置

在需要消声的空调系统中,消声器主要以阻抗复合式消声器为主,适当配以消声弯头,以及风口末端消声静压箱,其消声效果十分理想,而且设计、安装都比较容易。

消声器一般不能设在机房内,否则机房噪声会经消声器后的管道传出(消声器方向性)。在风管接入空调房间前加装消声器,送风、回风管道都要设消声器以防止空调房间互相串声。

4. 隔振

风机、水泵、机组运行时都会产生振动,除风机噪声通过空气传播外,还会通过结构进行传播———固体振动噪声。

隔振措施主要有:风机、水泵、机组的基础上装隔振元件,如弹簧、橡胶、支撑等;风管道采用隔振软风道。

11.12 车辆制热、加湿与减湿系统

1. 车辆制热系统

冬季,需要对客室的空气温度加热。加热系统一般由两部分组成:①对送入车内空气的预热;②对车体热损失的补偿。

空气的预热是使空气在空气处理室内流过空气预热器而实现的,热媒可用热水或电加热。

对车体热损失的补偿可采用温水取暖或在车内两侧墙板及地板上设置暖气设备(通常地面辐射最好)。

1) 空气预热器

城市轨道交通车辆主要采用电热采暖,电热器由底板、安装架、罩板及电热元件等组成,安装在座椅下面,如图11.26所示。

电热作为城轨车辆的采暖形式,由于结构简单、调控方便、无污染、易布置而获得广泛应用。但考虑触电、失火、烫伤等安全因素,电热装置必须严格执行其技术条件及操作规范。

2) 热泵

利用制冷机从低温外气中吸热,而在温度高的室内空气中放热,即可以从外界低温空气中将热量泵入室内的装置称热泵。

图11.26 城轨车辆客室电热器安装位置

热泵的种类可以有以下分类方法:

(1) 按照用途分类。建筑物供热、干燥除湿、浓缩、分馏。

(2) 按照出热温度分类。低温热泵($t<100℃$)和高温热泵($t>100℃$)。

(3) 按照补偿过程分类。压缩式热泵、吸收式热泵、喷射式热泵、吸附式热泵、电热式热泵、化学式热泵。

热泵的热源主要有以下几种：

(1) 空气。以空气为热源的热泵适合室外环境温度较高的区域，当室外气温低于-10℃时，使用空气为热源的热泵将不合适。

(2) 地下水以及非冰冻的地表水。水容易获得，比热容大，传热性能好，是热泵理想的热源；但要考虑水质问题。

(3) 废热。在食品、造纸、纺织、化工等部门的工艺过程中，许多低品位的废热可以作为热泵的热源。

2. 车辆加湿系统

空气湿度条件的保证，冬季外气温度低，其含湿量也小；夏季空气湿度大，因此需要采取一定措施保证室内湿度。空气的加湿方法分为两类：

一类是直接把水蒸气喷入空气中进行混合，常用的加湿设备有干式蒸气加湿器、电加湿器、PTC（氧化陶瓷半导体）蒸气加湿器和红外线加湿器；另一类是通过水在空气中直接蒸发的方法，例如压缩空气喷水加湿、超声波加湿等。

1) 减少新风量保证湿度

当外气温度为-12℃，饱和空气含湿量 $d_{bh}=1.5g/kg$，若车内温度 $t_B=18℃$，每名旅客散湿量为 32.4g/h。

当新风量 $V_H=20\sim25m^3/h$ 时，车内含湿量 $d_B=2.6\sim2.9g/kg$，$\varphi_B=20\%\sim24\%$。

若减少新风量 $V_H=10\sim15m^3/h$，则含湿量 d_B 可以达到 $3.5\sim4.4g/kg$，相对湿度 φ_B 约为 30%。

因此，在保证卫生的条件下，可以采用减小新风量来保证室内的湿度要求。

2) 将蒸气与空气直接混合

采用蒸气加湿方法，首先需要计算加湿量，根据加湿量并考虑适当余量，选择加湿设备。常用的电极式加湿器的原理为：电极棒通电后，加热水而产生蒸气，蒸气由排出口引到需要加湿的空气中，直接与空气混合。水位的高低决定了产生蒸气量的多少，水位高度由溢水管调节。它比电热式安全。

蒸气加湿相当于等温过程，也就是加入蒸气后空气温度并不升高。

3) 喷水加湿设备

(1) 高压喷雾加湿器

原理：把经过高压泵加压的高压水从喷嘴小孔喷出，形成粒径细小的水雾，与周围空气进行热湿交换而蒸发加湿。

(2) 湿帘淋水蒸发加湿器

原理：向湿帘上淋水，使干热空气通过湿帘时，水吸收空气中的显热而蒸发成水汽并与空气混合，达到既加湿空气又使空气降温的目的。也称其为湿帘淋水加湿-降温器。

(3) 离心式加湿器

原理：靠离心力作用将水雾化成水滴（粒径比高压喷雾大），在空气中蒸发进行加湿。

(4) 超声波加湿器

原理：它利用压电换能器将高频（1.7MHz）电能转化为超声波机械能，造成剧烈的水滴撕裂作用,使水箱表面的水直接雾化成直径为 $1\sim2\mu m$ 的水雾,扩散到周围空气中,吸收空气的显热蒸发成水蒸气,从而对空气进行加湿。

在使水雾化的过程中,还伴随产生负氧离子。

3. 空气减湿处理方法

1) 通风减湿

原理:当室外空气的湿度低于室内空气的湿度时,可以采用自然通风或机械通风的方法,将室外新风送入室内,将室内空气排出,达到减湿目的。

2) 冷却减湿

原理:将空气温度降低到露点以下,使空气中的一部分水蒸气结露而被除去。

3) 吸收减湿

原理:利用某些盐类的水溶液所具有的对水蒸气的吸收能力,对空气进行减湿处理。

4) 吸附减湿

原理:用固体吸湿剂减湿的方法称为吸附减湿。

靠吸湿剂与水蒸气间的纯分子间吸引力减湿的过程称为物理吸附;吸湿前后吸湿剂的分子结构发生变化时,称为化学吸附。

11.13 南京地铁车辆空调通风系统简介

1. 客室空调

南京地铁车辆每节车有两个独立的单元式机组、两个送风道,每节车厢共用一个客室空调控制盘。每节车厢有两个完全相同的车顶单元式空调机组:制冷量为 44kW,分别安装在车辆的端部。每车包括一个单独的控制盘。通过一个控制盘来控制空调系统的运行。紧急逆变器为一个,规格为 110VDC/400VAC,此逆变器安装在车内,在紧急运行时将 110VDC 电池电源逆变为交流电源为蒸发风机供电。

1) 车辆客室空调外形尺寸及技术参数

南京地铁车辆客室空调外形尺寸及技术参数见表 11.4。

表 11.4 南京地铁车辆客室空调外形尺寸及技术参数

项目	参数
外形尺寸($L\times W\times H$)/mm	$446.5\times2058\times3430$
质量/kg	$780\times(1\pm5\%)$
制冷量/kW	44
总风量/(m³/h)	$5000\times(1\pm10\%)$
最小新风量/(m³/h)	$1600\times(1\pm10\%)$
紧急通风量/(m³/h)	$2000\times(1\pm10\%)$
回风量/(m³/h)	$3400\times(1\pm10\%)$
制冷剂	R134a
电源	三相 400V,50Hz
控制电源	110VDC

2) 主要工作原理及部件

南京地铁车辆采用单元式空调机组，其制冷系统原理为制冷系统以易挥发液体在蒸发过程中或从液态变为气态时吸收热量为基础而设计（图 11.27）。

单元式空调机组主要部件有：

（1）压缩机：为全密封螺杆类型，具有 2 级调节。

（2）冷凝器：每个冷凝器由铜管和铝翅片组成。

（3）冷凝风机：吸入外界空气吹入冷凝器管路，并通过机组两侧的上盖排出。

（4）干燥过滤器：干燥过滤器安装在液管上冷凝器的出口处，其滤芯是 100 目分子筛，可除去制冷剂中的水分和杂质，防止水及杂质对系统及部件造成损害。

（5）湿度指示器（视液镜）：湿度指示器位于干燥过滤器出口的下游，可显示出系统中是否具有过多的水分。

（6）蒸发风机：经处理后的空气在两个离心风机的作用下吹入车内。

（7）蒸发器：蒸发器由铜螺纹管和铝翅片组成。

（8）热力膨胀阀：热力膨胀阀位于制冷剂液管内的每个蒸发器的入口处，起调节制冷剂流量作用，保证蒸发器具有足够的制冷剂来满足所需负载条件。

（9）回风温度传感器：回风口处有一个温度传感器，用来检测室内温度。

（10）手动截止阀：截止阀位于每个冷凝器的出口处，它含有手动调节手轮，可在维修时手动截止制冷剂的流动，便于维修操作。

（11）回风阀：空调机组包括两个回风阀，由伺服电动机驱动，安装在回风入口内。

（12）新风阀：空调机组包括两个新风阀，位于压缩机腔与蒸发腔之间的隔板上。

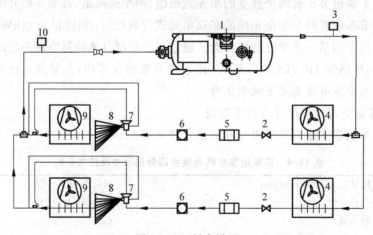

图 11.27　制冷循环

1—压缩机；2—截止阀；3—高压保护器；4—冷凝器；5—干燥过滤器；
6—视液镜；7—膨胀阀；8—分液器；9—蒸发器；10—低压保护器

南京地铁车辆的风道气流分布如图 11.28 所示，在每段风道上，均嵌装入一个送风格栅。

3) 空调的运行

（1）模式选择

空调机组控制盘有两个选择开关，一个为模式选择开关（SA1），另一个为温度选择开关（SA2）。

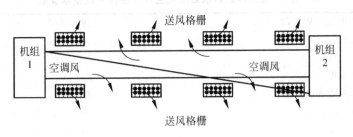

图 11.28 气流分布

（2）运行过程

空调系统由中间电压供电，紧急模式下（HV 或 IV 失效时）由低电压供电。运行模式为自检、通风、半冷、全冷、预冷、紧急通风。图 11.29 所示为工作状态与设定温度图。

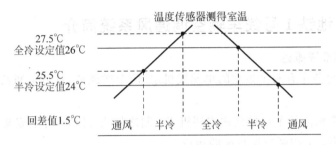

图 11.29 工作状态与设定温度图

2．司机室空调

每节 A 车有一个单独的驾驶室空调机组、一个控制盘和紧急逆变器。表 11.5 所示为驾驶室空调外形尺寸及技术参数。图 11.30 为司机室空调机组结构图。

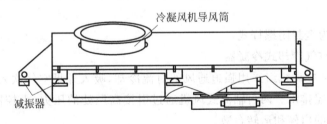

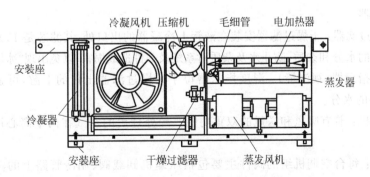

图 11.30 司机室空调机组

表 11.5 南京地铁车辆驾驶室空调外形尺寸及技术参数

外形尺寸($L \times W \times H$)/mm	$1600 \times 620 \times 400$
质量/kg	145
制冷量/kW	4.5
制热量/kW	2.1
额定输入功率/kW	2.5
总风量/(m³/h)	$800 \times (1 \pm 10\%)$
新风量/(m³/h)	$30 \times (1 \pm 10\%)$
制冷剂	R407c
电源	三相 400V,50Hz
控制电源	110VDC

11.14 广州地铁 1 号线车辆空调通风系统简介

1. 客室空调系统概述

总体信息为每节车有两个独立的单元式机组、两个送风道,每节车厢共用一个客室空调控制盘。

(1) 两个完全相同的车顶单元式空调机组:制冷量为 44kW,分别安装在车辆的端部。

(2) 一个控制盘:控制空调系统的运行。

(3) 一个紧急逆变器:110VDC/400VAC,在紧急通风模式下运行时为空调机组通风机供电。

2. 单元式空调机组主要部件

单元式空调机组主要部件由空气处理室和压缩机/冷凝室两部分组成。尺寸为 2950mm×1850mm×455mm;每台机组质量为 889kg。空气处理室的主要部件压缩机/冷凝室的主要部件。

(1) 压缩机:为全封闭螺杆式。

(2) 冷凝器:空气冷却式冷凝器。

(3) 冷凝风机:空调机组采用强迫通风的对流冷却,吸入外界空气吹入冷凝器管路,并通过机组两侧的上盖排出。两台轴流式风机通过引接高压处的压力,由控制器根据压力变化情况来控制风机的启停和运转台数。

(4) 蒸发器。

(5) 干燥过滤器:干燥过滤器安装在液管上冷凝器的出口处,其滤芯是 100 目分子筛,可除去制冷剂中的水分和杂质,防止水及杂质对系统及部件造成损害,以免出现"冰堵"和"脏堵"。

(6) 湿度指示器(视液镜):湿度指示器位于干燥过滤器出口的下游,可显示出系统中是否具有过多的水分。

(7) 送风机:兼有吸风和送风的双重功能。经处理后的空气在两个离心风机的作用下吹入车内。

(8) 阀件:每台空调机组的阀件主要包括压缩机卸载阀、制冷管路上的液管电磁阀和手动截止阀、控制压缩空气风缸的组合电磁阀。手动截止阀可在维修时手动截止制冷剂的流动,便于维修操作。

(9) 储液器。

(10) 热力膨胀阀：热力膨胀阀位于制冷剂液管内的每个蒸发器的入口处，起调节制冷剂流量作用，保证蒸发器具有足够的制冷剂来满足所需负载条件。

(11) 温度传感器：客室、新风入口、送风管道处设有温度传感器，用来监测温度。通过对温度采样值的判断来控制空调机组的运行模式。

(12) 压力开关：2个高压压力开关，1个控制压力开关，1个低压压力开关。

11.15 上海地铁车辆空调系统

目前，城市轨道交通的列车空调系统一般是在每节客室的顶部安装一台或一台以上的空调(制冷或热泵)机组，分散地向客室车厢内各部位送风。夏季，通过制冷机组和送风风道向车厢内送冷风；冬季，通风机仅向车厢内送风(新风与回风混合后的混合风)或是经空气预热器预热后的混合风，另由安装在车厢内的辅助电热设备(空气加热器)对车厢加热。空调系统的起动、工作与监控都是由其自身的自动控制系统来实现自动控制、自动调节的。

以上海地铁1号线直流电动列车空调系统为例。直流电动列车空调系统无制热系统，空调机组主要部件：全封闭活塞式压缩机2台、冷凝器2台、蒸发器1台、储液筒1只、热力膨胀阀1只。每节车辆空调系统的主要技术参数如下：

总通风量：8000m^3/h。

新风量：4000m^3/h。

循环风量：4000m^3/h。

排风风量：4000m^3/h。

事故通风：4000m^3/h(全新风)。

总制冷量：70kW。

而上海地铁9号线车空调系统如下：

结构型式：顶置式单元空调机组。

外形尺寸：3760mm×1800mm×510mm。

制冷量：42kW。

风量：送风量5500m^3/h；新风量：1600m^3/h。

额定功耗：18.8(kW)。

设计工况：室外,35℃DB；室内,29.6℃DB,68%RH。

极限环境温度：45℃(全负荷状态)。

电源：主回路 3/380VAC/50Hz；控制回路 DC110V。

压缩机数量：2。

质量：930kg。

壳体材料：不锈钢。

冲击和振动执行标准：IEC 61373—2010 中Ⅰ类的 B 级。

制冷剂：R407c。

图11.31为上海地铁9号线A型车客室空调机组，图11.32和图11.33分别为上海地铁直流传动车辆空调制冷循环流程图和上海地铁交流传动车辆空调制冷循环流程图。

图 11.31　上海地铁 9 号线 A 型车客室空调机组

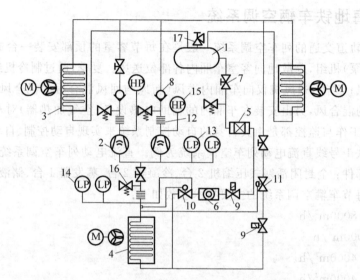

图 11.32　上海地铁直流传动车辆空调制冷循环流程图

1—储液器；2—压缩机；3—冷凝器；4—蒸发器；5—过滤干燥器；6—视液镜；
7—截止阀；8—单向阀；9—电磁阀；10—膨胀阀；11—热气旁路阀；12—软管；
13—压力表；14—低压表；15—高压表；16—限压阀；17—进给阀

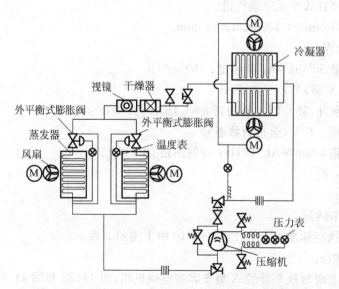

图 11.33　上海地铁交流传动车辆空调制冷循环流程图

11.16 城轨车辆空调系统的现状与发展方向

1. 现有城市轨道车辆空调系统电器现状

目前,我国采用的轨道车辆空调类型是传统的单冷型,只作为制冷机,有些空调机组安装有电加热器,功率很小(9~12kW),仅作为预热;分离型,独立的空调机组和控制柜;定速型,电源采用辅助逆变器直供型。

单冷型设计使空调机组的利用率降低,空调机组的效能和功能没有全部利用起来,造成浪费;分离的控制柜占用车辆内部空间,而且与空调机组间的线路连接复杂繁多,不方便空调机组的安装、维护、检修等;定速压缩机起动时电流冲击大,要求辅助逆变电源容量大,车厢冷热负荷变化大,制冷能力不能迅速调节,使客室内温度不均匀。

2. 空调系统发展的方向

变频技术已历经30多年的发展,日趋成熟。变频空调机实现了低频起动,起动电流很小,电源电压波动小。变频空调机可实现更宽的工作电压,自动修正加到压缩机上去的电压,使压缩机的工作更稳定,效率更高。

根据变频空调的特点,未来城轨车辆空调的发展目标如下:

冷暖一体化:热泵型冷暖两用车用空调,弥补目前定速车用空调不能供热的不足,提高空调机的利用率,取消电暖气。

机电一体化:变频控制器与变频空调机实现了一体化组装,使城轨车辆设备布置简单、安装简易、安全。安装简单:产品采用先进的集成技术,使得该产品体积更小、质量更小。配电简单:与外在的电气连接只是两个航空插头。

小结

城市轨道交通车辆空调装置应由通风系统、空气冷却系统、空气加热系统、空气加湿系统和自动控制系统等组成。

车辆上采用的空气调节装置有集中式和分散式两种类型。

城轨车辆自身的运行特点和运行条件决定了乘客对舒适度要求有其特殊性。

空调机组制冷方法有许多种,目前蒸气压缩式制冷机是列车空调上使用最多的一类制冷设备,它利用了单级压缩制冷循环原理。

思考与练习

1. 车内空气冷却采用什么方式?
2. 车辆空调分哪几部分?
3. 空气预热器有哪些类型?
4. 表征制冷装置运行状况的主要参数是什么?
5. 空调机组故障判断与处理方法是什么?
6. 空调系统的噪声源及降噪措施有哪些?

7. 城轨车辆的空调系统具有哪些特点？
8. 影响乘客舒适性的主要因素是什么？
9. 简述蒸气压缩式空调制冷系统的制冷原理。
10. 简述城轨车辆空调系统的组成及功能。
11. 通风系统主要由哪些部分构成？各部分的作用是什么？
12. 冷凝器的作用是什么？它可以分为哪几种类型？
13. 蒸发器的作用是什么？它可以分为哪几种类型？
14. 制冷压缩机的作用是什么？常用的压缩机有哪些型式？

第12章

传感器与检测系统装置

12.1 概述

随着微电子技术和微处理机技术的不断发展,传感器作为获取信息的工具,在当今信息时代的重要性是显而易见的。城市轨道交通车辆的控制系统越来越复杂,自动化程度也越来越高。为了满足控制系统的功能要求,需要检测有关部件、系统或整车的各种参数。因此,传感器作为测量元件在城市轨道交通车辆上得到了广泛应用,例如,进行电流过载检测;在电机控制驱动中,作为电流反馈元件,构成电流反馈回路;进行速度检测、压力检测以及温度检测等。一般使用传感器时,被测信号绝大部分是非电量。

12.2 电流、电压传感器

城轨车辆上的监控系统需要测取各电压电流信号,如接触网网压、牵引电机的电流和电压等信号,在直流传动系统的城轨车辆中,广泛使用霍尔元件传感器测取牵引电机的直流电流和电压。图12.1(a)、(b)分别是用于检测牵引电机电压和电流的电流传感器和电压传感器。

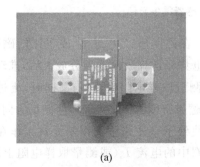
(a)

(b)

图 12.1

(a)电流传感器;(b)电压传感器

1. 霍尔传感器的工作原理

霍尔传感器利用霍尔元件的工作原理,特别是输出霍尔电势与磁场的线性关系,并运用磁平衡技术而制成。

霍尔芯片置于聚磁铁芯的气隙中。原边主要电流回路所造成的磁场和副边电流回路造成的磁场方向相反,相互抵消,使霍尔芯片处于没有磁通的状态。当主电路造成的磁场使聚磁环中的霍尔芯片产生霍尔电压时,霍尔电压驱使电子放大器相应的功率管导通,并由霍尔电压的数值提供相应的补偿电流。副边电流造成的磁场抵消原边电流造成的磁场,直至霍尔电压为零,从而达到磁回路平衡,霍尔芯片又工作在零磁通状态。

这里,平衡是在一瞬间完成的,并且平衡后又会立刻出现不平衡,因此这是一个瞬间的动态平衡过程。因磁路为零磁通,可以保证原边电流与副边电流是线性关系,测量副边数值就可得到原边主电流。

2. 电流传感器

电流传感器是一种通过霍尔发生器测磁来实现对各种电流进行测量的检测设备。它们串接在牵引电动机电枢回路或励磁回路中,将相应电流反馈信号输入到电子控制柜的相应信号插件。TQG4A 型和 TCSl 型电流传感器原理基本一样,现以 TQG4A 型电流传感器为例介绍如下。

工作原理:TQG4A 型电流传感器是利用磁补偿原理,通过霍尔元件来实现对直流、交流及脉动电流的电隔离测量,输出信号与被测电流成正比。

电流传感器中使用的关键器件是霍尔元件。如图 12.2 所示,霍尔元件加入适当的控制电流 I_C 后,在磁场方向不变的情况下,其输出电压 U 正比于所在磁场的磁通密度 B。

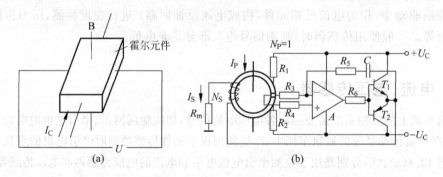

图 12.2 电流传感器霍尔元件

当传感器一次侧 N_P 流过待测电流 I_P 时,在磁路中产生与 I_P 成正比的磁通密度 B_P ($I_P \infty B_P$),引起霍尔元件产生霍尔电势 U_B,该电势经运算放大器差分放大后,推动功放形成二次侧电流 I_S,该电流流过二次侧线圈 N_S,到测量取样电阻 R_m。与此同时,流过二次侧线圈的电流 I_S 也会在磁路中产生与 I_S 成正比的磁通密度 B_S ($I_S \infty B_S$),两磁场方向相反,引起磁路中总磁通密度减小,最终达到平衡,从而使处于该磁路中的霍尔元件工作在零磁通状态。整个过程是一个动态平衡过程,二次侧线圈中的电流 I_S(或测量取样电阻上的电压)真实地反映了待测电流 I_P。

3. 电压传感器

电压传感器安装在高压电器柜内,跨接在每台牵引电动机的两端,用来检测各牵引电机的电压大小,并将反馈信号输出到电子控制柜。TQG3A 型与 TSV1 型电压传感器原理基本一样,现以 TQG3A 型电压传感器为例介绍如下(如图 12.3 所示)。

工作原理:TQG3A 型电压传感器中使用的关键器件是霍尔元件。霍尔元件加入适当的控制电流 I_C 后,在磁场方向不变的情况下,其输出电压 U 正比于所在磁场的磁通密度 B。

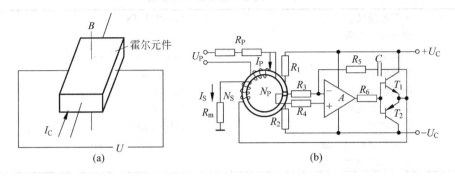

图 12.3　电压传感器霍尔元件

12.3　速度传感器

速度传感器安装于车辆轮轴上,它提供控制系统信号的选取、转换和传输。装于城市轨道交通车辆上的速度传感器要求性能可靠、精度要高、抗干扰性强(图 12.4)。

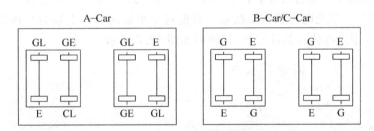

图 12.4　速度传感器类型

GE—ATC 系统速度传感器;GL—防滑速度传感器;G—防空转防滑行速度传感器;E—接地装置

速度传感器构造见图 12.5。

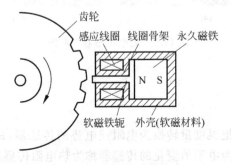

图 12.5　速度传感器构造

当齿轮随车轴旋转时,齿轮与软磁铁轭之间的气隙随之变化,从而导致气隙磁阻和穿过气隙的主磁通的变化,在线圈中感应出电动势。设每转一圈传感器发出 110 个脉冲,其频率为

$$f = Nn/60 (\text{Hz})$$

式中：n 为转速(r/min)；N 为齿数(110)。

速度传感器的工作参数见表 12.1。

表 12.1 速度传感器的工作参数

工作电压(U_g)	12～20V DC
信号输出电阻	1kΩ
输出电压	峰值≥U_B－2.5V,低值≤0.6V
负载电阻	≥2.2kΩ
静态输出电压	7±1V
额定工作电压	15VDC
频率范围	1Hz～5kHz
探头与磁轮间气隙	0.90×(1±5%)mm
工作环境温度	－40～＋80℃

(1) 某型号城轨车辆在 4 个车轴轴端安装了 CS·GDDF16 型光电速度传感器，它们将车辆车轴转速量变换为脉冲量，输出脉冲信号，进入接线盒，再由接线盒送入微机柜，对车辆进行特性控制和防空转、防滑行保护。

(2) 结构及工作原理。CS·GDDF16 型光电速度传感器由红外发射、光栅、光电接收、放大整形、两路彼此隔离的电路通道、外壳、传动轴、软性连接器、6 芯防水插头座及连接导线组成。传感器的作用是将转速转换成频率为 $f = n \times p/60$（p 为每转脉冲数）。

(3) CS·JH-6 型光电传感器接线盒。靠近每个车轴的车体上装有与该速度传感器配套的 CS·JH-6 型光电传感器接线盒，其外形如图 12.6 所示。

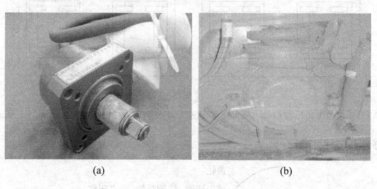

(a)　　　　　　　　(b)

图 12.6 光电传感器外形图

12.4 温度传感器

温度传感器是指能够把温度量转换为电阻或电势的传感器，最常用的是热电阻和热电偶。其中将温度变化转换为电阻值变化的传感器称为热电阻传感器；将温度变化转换为热电势变化的称为热电偶传感器。这两种传感器在许多领域中都得到了广泛应用。

下面仅介绍热电阻传感器的工作原理。

热电阻传感器用于 500℃ 以下的中、低温测量。它利用导体或半导体的电阻值随温度变化而变化的原理进行测温。

热电阻传感器中的热电阻大都由纯金属材料铜、铂或镍制成,通常将铜、铂或镍丝绕在陶瓷或云母基板上,或是采用电镀的方法,将某种金属涂敷在陶瓷材料基板上形成薄膜。其电阻率随温度变化而变化,致使它的电阻值随温度变化而变化。并且在温度升高的时候阻值会增大,温度降低的时候阻值会减小,这样就达到了测量温度的目的。

小结

传感器作为测量元件在城市轨道交通车辆上得到了广泛应用,使用传感器时,被测信号绝大部分是非电量。

在直流传动系统的城轨车辆中,广泛使用霍尔元件传感器测取牵引电机的直流电流和电压。

速度传感器安装于车辆轮轴上,它提供控制系统信号的选取、转换和传输。

温度传感器是指能够把温度量转换为电阻或电势的传感器,最常用的是热电阻和热电偶。

思考与练习

1. 归纳各类传感器的工作原理。
2. 简述速度传感器和温度传感器的应用。

参 考 文 献

[1] 何宗华,汪松滋,何其光.城市轨道交通车辆运用与维修[M].北京:中国建筑工业出版社,2006.
[2] 王艳荣.城市轨道交通车辆电气检修[M].上海:上海科学技术出版社,2010.
[3] 赵嘉涛.电力车辆电器[M].北京:中国铁道出版社,2003.
[4] 华平,唐春林.城市轨道交通车辆电气控制[M].北京:机械工业出版社,2011.
[5] 吴冰,张琳.城市轨道交通车辆电器[M].北京:人民交通出版社,2011.
[6] 宋奇吼,李学武.城市轨道交通供电[M].北京:中国铁道出版社,2009.
[7] 郑瞳炽,张明锐.城市轨道交通牵引供电[M].北京:中国铁道出版社,2000.
[8] 冯晓,刘仲恕.电机与电器控制[M].北京:机械工业出版社,2005.
[9] 王成福.电器与PLC控制技术[M].北京:机械工业出版社,2008.
[10] 周全,遇大道,李维立.控制技术[M].北京:中国劳动社会保障出版社,2008.
[11] 上海地铁轨道交通培训中心.城市轨道交通电动列车驾驶[M].北京:中国铁道出版社,2010.
[12] 李增国.传感器与检测技术[M].北京:北京航空航天大学出版社,2009.
[13] 牛永奎,冷芳.传感器及应用[M].北京:清华大学出版社,2007.
[14] 郝云,梅晓莉.传感器原理与应用[M].北京:电子工业出版社,2013.